쉽게 읽는 **천로역정**
Pilgrim's Progress

Pilgrim's Progress

By John Bunyan
Translated by Jin-Woon Kim
Illustration by In-Young Jung
Korean Edition by Mizpah Books, Seoul © 2020, Printed in Korea

쉽게 읽는 천로역정

초판 인쇄 : 2020년 4월 10일
초판 발행 : 2020년 4월 20일

저자 : 존 번연
역자 : 김진운
삽화 : 정인영
편집 : 김용일
감수 : 고세진
펴낸이 : 김용일
펴낸곳 : 미스바북스
등록 : 제2000-000034호(2000. 12. 28.)
주소 : 서울 강동구 구천면로 42길 87
전화 : 02)426-7005, 010-9903-5417
홈페이지 : www.mizpahbooks.com
ISBN : 978-89-89516-17-0 (04230)
ISBN : 978-89-89516-00-2 (세트)

* 이 책의 저작권은 미스바북스에 있습니다. 저작권자의 허락 없이 이 책의 일부 또는 전체를 무단 복제나 전재해서 사용할 수 없습니다.

순례자가 가는 길

쉽게 읽는 천로역정

존 번연 지음
김진운 옮김
정인영 그림

미스바북스

추천사

　인류 역사상 최고의 베스트셀러는 성경이며, 그다음은 천로역정입니다. 영어권에 있는 사람이라면 어린이로부터 노인에 이르기까지 천로역정을 모르는 사람이 없을 것입니다. 성경이 교과서라면 천로역정은 그 교과서를 전체적으로 해석하고 요약한 참고서라고 할 수 있습니다.

　아브라함, 이삭, 야곱 등 성경에 나오는 위대한 인물들과 같이 오늘 믿음 생활을 하는 우리 모든 성도들도 다 똑같은 코스를 가고 있습니다. 그것이 바로 '천로역정'입니다. 미국 청교도들의 삶에도 천로역정이 있고, 독일 사람들의 삶에도 천로역정이 있고 영국 사람들의 삶에도 천로역정이 있습니다. 그래서 그들의 경제가 건강하고, 그들의 사회가 건강한 것입니다.

　천로역정을 보면 지금 우리가 어디에 서 있는지, 어디를 향해서 가고 있는지를 분명히 알 수 있습니다. 천로역정을 읽으면 길이 보입니다. 천로역정을 보면서 하늘길로 걸어가는 믿음의 삶을 살기를 소망합니다.

2020년 1월 20일
명성교회 원로
김삼환 목사

쉽게 읽는 **천로역정**
Pilgrim's Progress

Pilgrim's Progress

By John Bunyan
Translated by Jin-Woon Kim
Illustration by In-Young Jung
Korean Edition by Mizpah Books, Seoul © 2020, Printed in Korea

쉽게 읽는 천로역정

초판 인쇄 : 2020년 4월 10일
초판 발행 : 2020년 4월 20일

저자 : 존 번연
역자 : 김진운
삽화 : 정인영
편집 : 김용일
감수 : 고세진
펴낸이 : 김용일
펴낸곳 : 미스바북스
등록 : 제2000-000034호(2000. 12. 28.)
주소 : 서울 강동구 구천면로 42길 87
전화 : 02)426-7005, 010-9903-5417
홈페이지 : www.mizpahbooks.com
ISBN : 978-89-89516-17-0 (04230)
ISBN : 978-89-89516-00-2 (세트)

* 이 책의 저작권은 미스바북스에 있습니다. 저작권자의 허락 없이 이 책의 일부 또는 전체를 무단 복제나 전제해서 사용할 수 없습니다.

순례자가 가는 길

쉽게 읽는 천로역정

존 번연 지음
김진운 옮김
정인영 그림

미스바북스

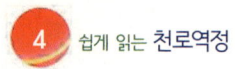

추천사

　인류 역사상 최고의 베스트셀러는 성경이며, 그다음은 천로역정입니다. 영어권에 있는 사람이라면 어린이로부터 노인에 이르기까지 천로역정을 모르는 사람이 없을 것입니다. 성경이 교과서라면 천로역정은 그 교과서를 전체적으로 해석하고 요약한 참고서라고 할 수 있습니다.

　아브라함, 이삭, 야곱 등 성경에 나오는 위대한 인물들과 같이 오늘 믿음 생활을 하는 우리 모든 성도들도 다 똑같은 코스를 가고 있습니다. 그것이 바로 '천로역정'입니다. 미국 청교도들의 삶에도 천로역정이 있고, 독일 사람들의 삶에도 천로역정이 있고 영국 사람들의 삶에도 천로역정이 있습니다. 그래서 그들의 경제가 건강하고, 그들의 사회가 건강한 것입니다.

　천로역정을 보면 지금 우리가 어디에 서 있는지, 어디를 향해서 가고 있는지를 분명히 알 수 있습니다. 천로역정을 읽으면 길이 보입니다. 천로역정을 보면서 하늘길로 걸어가는 믿음의 삶을 살기를 소망합니다.

2020년 1월 20일
명성교회 원로
김삼환 목사

추천사

　그동안 세계적인 명작 『천로역정』은 기독교 필독서로 분류되었으나 어려운 내용으로 쉽게 이해하기 어려웠습니다.
　하지만 금번에 미스바북스에서 번역자, 삽화가, 편집진 등 많은 분들의 수고로 원문에 충실하면서도 성경 말씀을 온전히 인용한 쉬운 내용과 그림으로 보다 쉽고 편안하게 읽을 수 있도록 『천로역정』을 담아낸 책이 출간됨을 기쁘게 생각합니다.

　특히 원서에 수록된 삽화가 350년 전 영국 문화와 전통의상에 맞춰진 흑백그림들이었는데, 이번에 한글 번역판을 만들면서 현대 한국문화에 맞춰서 한국 사람을 모델로 컬러로 작업해서 수록하므로, 한국 독자들로 하여금 글의 내용을 더 친밀하고 쉽게 이해할 수 있도록 했으니 이 점이 매우 돋보입니다.

　무엇보다도 이 책을 읽는 사람들마다 천국의 주인이시며, 생명의 근원 되시는 하나님을 만나게 되는 소중한 통로가 되길 소망하며 기쁘게 추천합니다.

수원중앙침례교회 원로
극동방송 이사장
김장환 목사

추천사

존 번연이 지은 『천로역정』은 복음의 진리와 성경의 중요한 교리들을 생동감 있게 해설하고 있는 책이며, 구원의 도리를 설명하고 믿음과 행위가 일치하는 성도의 삶을 가르치는 책입니다. 그리스도인들이 당하는 많은 시험과 영적 싸움에 대해서도 말하고 있습니다.

『천로역정』은 350년 전 영국에서 출간된 후 지금까지 전 세계 독자들의 사랑을 받아 온 책으로서 성경 다음으로 많이 읽히는 책입니다. 세계적 설교자인 찰스 스펄전도 100독을 했다고 하는 불후의 명작입니다.

우리 모두는 『천로역정』의 주인공과 똑같은 순례자들입니다. 여정을 마치기까지 곁길로 낙오되지 않고 끝까지 좁은 길로만 잘 달려가 승리하는 것이 『천로역정』의 정신이요 책을 저술한 존 번연의 마음일 것입니다.

이러한 귀한 책이 금번 미스바북스에서 잘 번역되고 이해하기 쉬운 그림과 함께 편찬되어 나오게 된 것이 매우 반가운 일이기에 온 성도들 앞에 기쁘게 추천하는 바입니다.

군포제일교회 담임목사
한국교회연합 대표회장
권태진 목사

추천사

사람이 새나 들짐승과 다른 것은 무엇인가?

서양에서 중세와 근세 사이를 이어주는 르네상스 시대에, 인간들은 문명의 내용인 철학, 미학, 예술, 사상을 망라한 모든 분야에서 깊은 성찰과 인식을 하며 지성과 삶의 새로운 방향을 모색하였다. 이 시기에 인간은 자신에 대하여 새롭게 깨달은 결과를 문학에 반영하였다. 이탈리아에서는 단테 알리기에리(신곡)와 지오반니 보카치오(데카메론), 스페인에서는 세르반테스(돈키호테)가 불멸의 작품들을 지었다. 영국에서는 세쓰리 조서(캔터베리 이야기)와 셰익스피어(맥베쓰)와 존 번연(천로역정)이 사람의 내면과 삶과 종말에 대한 획기적인 작품들을 발표하여 문학사에 새로운 길을 열었다.

존 번연(John Bunyun)은 초등 교육만 받았고 문학 공부를 한 적이 없으며, 기독교 신앙도 늦게 시작했는데 영문학의 효시를 이룬 선두주자들의 반열에 올랐다. 그의 작품들은 그가 성경을 종횡무진으로 알고 이해하고 있었음을 놀라운 수준으로 보여주고 있다.

그는 그리스도교 신앙이 없었으나 청교도 처녀와 결혼하고 아내의 영향을 받아서 개신교도가 되었고 열렬하게 복음을 전하는 삶을 살았다. 그러나 영국국교회(성공회) 외에는 전도나 설교를 금지했던 찰스 2세의 법령을 어겼다는 죄목으로 열두 해를 감옥에서 지냈다. 그는 감옥에서 천로역정(Pilgrim's Progress)을 포함한 여러 작품들을 저술하였다. 이 작품은 1부와 2부로 구성되어 있는데 2부를 1684년에 완성하였다. 그는 감옥의 작고 더러운 방을 삶의 이슈 연구실로, 사색의 코너로, 작품집필실로, 신학의 제련소로, 기도의 골방으로 사용하며 자신과 환경의 한계를 뛰어넘는 삶을 살아내었다.

번연은 모든 면에서 열악한 조건과 부닥쳤으나, 삶과 그리스도 신앙에 대한 불굴의 열정을 글로 승화시켜서 영문학의 기원을 이루는 작품들을 완성했기에, 같은 영국 사람들로서 훨씬 좋은 가문과 유복한 환경에서 문학을 즐기면서 거장이 된 초서나 셰익스피어보다 다른 차원에서 존경을 받는다. 그는 삶의 현실과 영문학과 기독교문학에 전율할 만한 모범과 감동을 남긴 인물이었다.

천로역정은 알레고리 수법으로, 인간이 삶 속에서 어떠한 일들을 겪고 극복하면서 창조주의 품으로 돌아가는지를 보여주고 있다. 성경을 사랑하는 사람들, 그리스도교인들, 영적인 진리를 추구하는 사람들은 물론이고 문학을 업으로 하는 사람들과 인간의 운명에 대해서 진지하게 질문하는 사람들에게 필독서이다. 해가 지지 않는다는 대영제국은 망했지만, 천로역정은 세계 200여 언어로 번역이 되어 참으로 해가 지지 않는 책으로, 절판되지 않는 책으로 전 세계에서 끊임없이 읽히는 고전이다. 미국인들은 어려서 초·중학교 때에 이 책을 필독서로 만난다. 교양인이 되려면 이 책을 피해갈 수 없다. 식구들이 모두 이 책을 읽고 몇 날 며칠이건 토론을 하는 것은 코로나바이러스를 이기는 좋은 방법이 될 것이다.

미스바북스에서 옛 영어로 된 천로역정을 오늘의 한국인이 읽기 쉽도록 새롭게 번역하여 내어놓았다. 나는 한글을 아는 모든 사람들이 이 책을 꼭 읽게 되기를 간절히 희망하면서 정성을 들여 감수하였고 뜨거운 마음으로 추천하는 바이다.

독자들이 이 책을 읽음으로써 사람이 새나 들짐승과, 왜 그리고 어떻게 달라야 하는지 알게 된다면 이 책이 독자의 손에 닿기까지 수고한 저자와 역자와 모든 사람들의 노고가 참된 보상을 받은 것이다.

2020년 3월 23일

전 아세아연합신학대학교 총장,
전 이스라엘 예루살렘대학 총장,
전 KBS교향악단 사장 및 대표이사,
민족복음화운동본부 부총재
고세진 박사

저자의 변명

처음에 글을 쓰려고 펜을 들었을 때, 설마 이런 책을 쓰게 되리라고는 생각지 못했습니다. 글을 쓰기 시작하자 펜이 생각을 따라잡기 위해 몸부림치면서 이야기는 쏜살같이 흘러갔습니다. 생각들이 너무 빨리 흘러서 마지막 문장을 마쳤을 때, 지금 막 시작한 것 같은 느낌이 들었습니다.

『천로역정』은 '구원의 복음'을 쉽게 해석한 '성도들의 여정과 영광의 길'을 말하고 있습니다. 그 이야기는 자연스럽게 풍유 형식을 띠었고, 그 의미는 명확합니다. 내가 이 풍유 형식을 따라, 20개가 넘는 중요한 진실을 이야기 속에 적고 나니까, 석탄에서 벌겋게 날아오는 불꽃처럼 내 머릿속에서 또 20개가 더 맴돌았습니다. 나는 첫 번째 20개의 이야기로 충분하다고 생각했고 나머지 20개는 또 다른 시간을 위해 남겨두기로 했습니다. 그렇지 않으면 한없이 늘어나 이미 시작된 책을 잡아먹으리라고 생각했습니다.

솔직히 내가 이 책을 쓰기 시작했을 때 이 책의 범위와 깊이를 알지 못했습니다. 나는 결코 온 세상이 나의 책을 읽을 것이라는 생각을 하지 않았습니다. 내가 이 이야기를 쓰기 시작했을 때 이웃을 기쁘게 하거나 나 자신을 만족시키기 위한 것이 아니었습니다. 사실 나는 내가 원래 계획했던 목표가 무엇이었는지도 모르고 그저 끼적대며 지루함을 달랬을 뿐입니다. 하지만 나는 이것이 나에게 떠올랐던 무엇이든지 간에 아무렇게나 마구 휘갈겨 쓴 것 이상이었다고 말할 수 있습니다. 또 이것은 여러 가지 골똘한 생각에서 주의를 딴 데로 돌리려는 것 이상이었다고 말할 수 있습니다.

이리하여 나는 즐겁게 종이에 펜을 놀려 재빨리 생각을 글로 적어 나갔습니다. 이제 어찌해야 하는지를 알게 되자 끄집어내는 대로 계속해서 나왔습니다. 그렇게 쓰기를 마치고 나니 놀랍게도 길이도 폭도 이렇게 거대해졌습니다.

이렇게 글을 마무리한 뒤 좋은지 나쁜지 사람들에게 보여주었습니다.

어떤 이는 어서 원고를 없애버리라고 말했고, 어떤 이는 "존, 어서 그 책을 출판하게"라고 말하면서 나를 격려했습니다. 엇갈린 반응이 교차하면서 나는 최선의 방법이 무엇인지 곤란한 상황에 직면했습니다.

한참을 고민하던 나는 이 책을 출판하기로 했습니다. 반대하는 사람도 있지만 출판해야 한다고 생각하는 사람들이 있는 만큼, 어느 의견이 옳은지 시험해 보기 위해서는 출판해 보는 것이 좋겠다고 생각했기 때문입니다. 또 출판하지 않는다면 출판되기를 바라는 사람들에게 줄 수 있는 큰 기쁨의 기회를 막을 수 있기 때문입니다.

나는 또 출판하지 말라고 말하는 사람들에게 말했습니다. "당신들을 불쾌하게 할 생각은 전혀 없습니다. 못마땅하겠지만 출판을 바라는 사람들도 있으니 결과를 볼 때까지 판단은 하지 말고 기다려 봅시다. 읽고 싶지 않으면 그냥 두시기 바랍니다."

이처럼 나는 이 책을 개인의 선호와 확신에 맡기기로 했습니다. 영적인 음식에 관해서라면, 살코기를 좋아하는 사람이 있는가 하면 **뼈**를 발라 먹기를 좋아하는 사람도 있습니다.

그 사람들을 더욱 달래기 위해 이렇게 말하기도 했습니다. "이런 기법으로 글을 썼다고 해서 내가 당신들의 바라는 행복을 저버리겠는가? 출판해서는 안될 이유가 어디에 있겠습니까? 앞으로 나아가는 나의 목적은 불친절한 것이 아니라는 것을 분명히 해둡니다. 즉 이것을 계속 진행하려는 목적이 모두를 유익하게 하고자 함임을 분명히 하겠습니다."

어부가 물고기를 어떻게 잡는지 생각해 보세요. 그는 온갖 재치를 짜냅니다. 투망, 낚싯줄, 낚싯바늘, 갈고리, 그물 따위를 사용합니다. 하지만 이런 모든 도구를 가지고도 잡을 수 없는 고기가 있습니다. 그런 고기들은 손으로 더듬어 찾아서 움켜잡아야 합니다. 그렇지 않으면 무슨 수를 써도 그 고기들은 잡히지 않습니다.

새 사냥꾼을 생각해 보세요. 그는 사냥감을 잡으려 어떻게 애쓸까요? 엽총, 그물, 덫, 등불, 방울과 같은 다양한 전술과 장치들을 동원합니다. 그는 살금살금 기어가서, 숨죽이고 보이지 않게 숨어서 다양한 자세를 취

합니다. 하지만 노리는 새를 마음대로 잡기란 쉽지 않습니다. 또 새를 유인하려고 휘파람을 불고 피리를 사용하기도 하지만 놓치기 일쑤입니다.

하나만 더 생각해 보겠습니다. 굴 껍데기에서 발견되는 귀한 진주가 신화에 나오는 것처럼 두꺼비의 머리에서도 발견될 수 있다면, 그것은 황금을 가질 가능성이 전혀 없는 하찮은 것이 황금을 품고 있다는 의미가 됩니다. 나의 보잘것없는 책에 이런 귀중한 것이 담겨 있습니다.

우리가 누군데 귀중한 무언가를 찾기보다는 오히려 어떤 생각을 경멸하며 바라보겠습니까?

이 책은 책을 매력적으로 만나는 예쁜 그림들을 포함하고 있지 않습니다. 하지만 이 책은 분명히 찾을 가치가 있는 보물을 담고 있습니다.

어떤 이들은 이렇게 말했습니다. "글쎄요, 저는 당신의 책이 출판되었을 때 제대로 서 있을 거라는 생각이 들지 않네요."

그들의 우려에 대해 내가 더 구체적으로 물어보았을 때, 그들이 보였던 반응은 "이 책은 명확하지가 않다."라는 것이었습니다. 또 그들은 "이 책이 단지 허구에 지나지 않는다."라고 지적했습니다.

그들의 반대에 나는 "허구에 무슨 문제가 있습니까?"라고 물었습니다. 어떤 사람들은 나처럼 명확하지 않은 허구적인 어휘로 진리, 빛, 현실을 만듭니다. 또 그들은 내가 사용하는 것과 같은 비유와 풍자로 진리, 빛, 현실을 빛나게 합니다.

또 다른 사람은 "하지만 그들은 근거가 확실한 것을 원한다."라고 반대 이유를 댔습니다. 그들의 우려는 다음과 같은 생각에 기반을 두고 있습니다. 즉 이런 문체는 약하고 은유, 풍자, 비유는 분명하지 않다는 것입니다. 그는 계속해서 "은유, 풍자, 비유는 약한 자들을 혼란케 합니다." 그리고 "은유는 우리를 눈멀게 합니다."라고 말했습니다.

하지만 나는 이런 주장에 동의하지 않습니다.

누구나 은유법을 사용해서 글을 쓸 수 있고, 무엇을 의미하는지 단호하게 말할 수 있습니다. 하나님의 율법, 그리스도의 복음이 은유, 풍자, 비유를 사용하여 제시되지 않았습니까? 하지만 어떤 명석한 사람이라도 가장 높으신 분의 지혜에 맞서고 싶지 않다면, 그는 은유, 풍자, 비유에 흠을 잡으려 하지 않을 것입니다. 흠을 잡는 대신 오히려 그런 귀중한 것들을 몸을 구부리고 찾으려 할 것이고 그것들을 이해하려고 노력할 것입니다.

그는 성막을 구성하고 있는 말뚝과 고리와 같은 물건들이 담고 있는 가치와 의미를 찾을 것입니다. 또 송아지와 양, 암소와 숫염소, 새와 풀, 어린양의 피로써 하나님께서 무엇을 나타내려 하셨는가를 찾으려 할 것이고, 그 안에 깃든 빛과 은혜를 깨닫는 사람은 복된 사람일 것입니다.

성경이 어떻게 비유로 진리를 말하는가를 고찰해 보시기 바랍니다. 이야기가 풍자적이기 때문에 그것을 무시해서는 안 됩니다. 나의 애매하고 불명확한 어휘는 분명히 진리를 담고 있습니다.

성경에서 예언자들이 진리를 말하기 위해 은유를 사용했고, 그리스도와 사도들의 가르침도 같은 방식으로 덮여 있다는 것을 분명히 알게 될 것입니다. 성경은 은유적 측면이 있으며 비밀스러운 상징과 풍자로 가득합니다. 하지만 그 비유와 은유의 말씀에서 인간의 어두움을 밝게 변화시키는 광채와 광선이 솟아 나옵니다.

이 책을 비판하는 분들은 자신들의 삶을 살펴보시기 바랍니다. 심지어 하나님의 자녀인 우리 모두도 이 책의 어두운 면보다 더 어두운 면을 가지고 있습니다. 그래서 나는 『천로 역정』보다 여러분 자신에 대해 더 비판적이 되라고 말하고 싶습니다. 공명정대한 사람들이 이 책을 판단하게 하도록 놔두십시오.

비록 풍자로 가득하지만, 진리는 여전히 곤경에 처한 사람들과 성숙하지 못한 사람들에게 사탄의 거짓말보다 훨씬 더 큰 도움이 되며, 판단력을 고쳐 시키고 정신을 올바르게 합니다.

사도 바울은 디모데에게 건전한 말을 사용하고 망령되고 허탄한 이야기를 버리라고 명령했습니다. 하지만 그는 최대한 주의 깊게 파낼 가치가 있는 숨겨진 보물을 제공하는 비유의 사용을 결코 금하지 않았습니다.

결론을 내리기 전에 경건한 비평가들에게 다음과 같은 질문을 하겠습니다. 기분이 상했습니까? 내가 다른 문체로 나의 이야기를 전달했었기를 원하십니까? 아니면 내가 더 직접적인 방식으로 전달했었기를 원하십니까? 존경하는 마음으로 세 가지를 제시하겠습니다.

첫째로, 나는 성경에서 나의 풍유적인 문체 사용을 부정하는 어떤 것도 찾지 못했습니다. 성경을 적용할 때 나는 이런 방식으로 진리를 추구합니다. 오늘날 살아있는 사람들보다, 말이나 행동으로 하나님을 기쁘게 한 성경 속의 사람들이 저를 거부하지 않았습니다. 또 그들은 나의 방법을 허락했고 나에게는 본이 되기도 합니다. 따라서 나는 여러분들에게 가장 훌륭한 것을 선포하기 위해 나 자신의 방식으로 내 생각을 표현했습니다.

둘째로, 나는 높이 존경받는 사람들이 대화 방식으로 글을 쓴다는 것을 압니다. 하지만 그들이 그렇게 글을 쓴다고 누구도 그들을 멸시한 사람은 없었습니다. 만일 그들이 진리를 왜곡했다면 저주받아 마땅하고, 진리를 왜곡하기 위해 사용한 그들의 문체도 저주받아 마땅합니다.

그러나 진리는 어떤 식으로든 하나님의 뜻을 따르도록 저와 여러분을 다그칩니다. 우리의 마음과 펜을 하나님의 뜻에 맞도록 사용하는 법을, 인간에게 경작하는 방법을 처음 가르치신 하나님보다 더 잘 아는 사람이 어디에 있겠습니까. 그분께서는 비천한 것들을 거룩하게 사용하시는 분이십니다.

셋째로, 나는 성경의 여러 곳에서 이와 비슷한 글쓰기 방법을 사용한 것을 발견합니다. 이는 어떤 일을 나타내기 위해 다른 일에 주의를 환기시키는 방식입니다. 그러므로 내가 그런 방식을 사용하여도 진리의 황금빛이 가려지기는커녕 오히려 낮과 같이 밝게 퍼져 나갈 것입니다.

이제 펜을 놓기 전에 내 책의 유익함을 소개하고 난 다음, 강한 자를 낮추시고 약한 자를 높이시는 하나님의 손에 나의 책과 독자들 그리고 비평가들을 맡기겠습니다.

이 책은 여러분 앞에 영원한 상을 찾는 사람들을 그려냈습니다. 이 책은 우리가 어디를 떠나 어디로 가고 있으며, 또한 무엇을 해야 하고 무엇을 하지 말아야 하는가를 보여줍니다. 이 책은 우리가 영광의 문 앞으로 부르심을 입을 때까지 어떻게 경주를 해야 하는가를 보여줍니다. 이 책은 또한 마치 자신들이 하는 일로 영원한 면류관을 얻을 수 있는 것처럼 착각하고 헛수고하는 사람들도 보여줍니다. 내 책에 나와 있는 삽화에서 독자들은 그런 식으로 노력하는 사람들이 바보처럼 죽는 이유를 알게 될 것입니다.

여러분이 이 책의 권고를 따른다면 이 책은 여러분을 순례자로 만들어 줄 것이고, 여러분은 거룩한 땅으로 인도함을 받을 것입니다.

진실로 이 책은 영적으로 게으른 자들을 민첩하게 해주고, 영적으로 눈 먼 자들에게 볼 수 있도록 자극할 것입니다.

여러분, 희귀하고 유익한 것을 얻기 원하십니까? 풍자 가운데서 진리를 보기 원하십니까? 혹시 쉽게 망각하지는 않으십니까? 신년 초하루부터 섣달그믐날까지 잊지 않기를 바라십니까?

그렇다면 상상으로 가득한 나의 책을 읽으시기 바랍니다. 나의 상상들은 옷에 달라붙는 가시 풀 씨앗처럼 여러분의 기억에 달라붙어 무기력한 사람들에게 위로가 될 것입니다.

이 책은 무감각한 사람의 마음도 움직이는 말로 쓰였습니다. 신기하게 여기겠지만, 건전하고 진실한 복음의 노래들이 담겨 있습니다.

근심 걱정에서 벗어나고 싶으십니까? 우울증에서 벗어나 유쾌해지고 싶으십니까? 수수께끼와 그 해답을 알고 싶으십니까? 묵상에 잠기고 싶으십니까? 문제의 본질을 알고 싶으십니까? 잠들지 않고 꿈을 꾸고 싶으십니까? 동시에 웃기도 하고 울기도 하고 싶으십니까? 자기 자신을 읽고 싶으십니까? 뭔지도 모르고 읽었지만, 그 덕분에 복을 받았는지, 아닌지를 알고 싶으십니까?

그렇다면, 이리로 와서 당신의 머리와 마음을 내 책과 하나로 만드십시오.

저자 존 번연

목차 15

목 차

추천사 / 4   저자의 변명 / 9

제1부 기독도의 순례 여정

1. 순례 여행을 떠나는 기독도 / 19
전도자를 만나다 /좁은 문을 향해서 /고집쟁이와 변덕쟁이 /변덕쟁이와 동행 /낙심의 늪에 빠지다 /도우미가 구해주다 /세속현인을 믿니디 /율법시를 찾아서

2. 좁은 문으로 들어가다 / 41
좁은 문에 도착하다 /해설가의 집에서 /예수님의 초상화 /구원받지 못한 사람의 마음 /욕망이와 인내 /은혜의 불길 /궁전에 들어가는 용맹한 사람 /낙심한 사람 /심판에 대한 꿈을 꾸는 자

3. 십자가에서 짐을 벗는 기독도 / 61
십자가 앞에서 /단순함, 느림보, 거만함 /형식주의자와 위선자 /곤고산 언덕길 /정자에서 잠들다 /겁쟁이와 의심이 /아름다운 궁전에서 /경건과의 대화 /신중과의 대화 /자선과의 대화 /저녁 식사 중의 대화 /평강의 침실 /서재 /무기고 /기쁨의 산 /전신 갑주

4. 겸손 골짜기와 사망의 음침한 골짜기 / 87
겸손 골짜기 /아볼루온과의 싸움 /사망의 음침한 골짜기

5. 기독도와 믿음의 동행 / 101
믿음을 만나다 /음탕의 유혹 /첫 사람 아담 /두들겨 패는 모세 /불만 / 수치 /수다쟁이

6. 허영 시장 / 127
전도자를 다시 만나다 /허영 시장 /체포되다 /재판

7. 소망과의 동행 / 143
소망을 만나다 /이기심 /이기심과 세 친구들 /데마의 유혹 /소금기둥 /생명수 강 /샛길 초원 /거인 절망에게 붙잡히다 /약속의 열쇠

8. 기쁨의 산 / 171
목자들의 환영 /그릇됨 언덕 /경고 산꼭대기 /지옥으로 가는 길

9. 소망의 회심 이야기 / 177
무지 /변절자의 멸망 /작은 믿음 /아첨꾼 /무신론자 /마법의 땅 /소망의 회심 이야기 / 무지와 재회 /선한 생각 /무지의 어리석음

10. 순례를 마치고 천국으로 / 211
기독도와 소망의 대화 /타락 원인 /어떻게 점점 타락해 가는가? /뿔라에 이르다 /요단 강기에 도착하다 /행복한 천성 이야기 /천사의 환영 /하늘나라로

1부를 끝내면서 / 230

제2부 기독도의 아내와 네 아들의 순례 여정

1. 여행 준비 / 231
기독도의 아내 소식 /천사 비밀의 방문 /겁쟁이 부인과 자비의 방문

2. 순례를 떠나는 기독도 가족 / 247
순례 여행을 출발하다 /낙심의 늪 /좁은 문에 도착하다

3. 좁은 문을 지나 순례 길을 가다 / 259
노래하는 기독도여사 /두 사나이 /해설가의 집에서 /먼지만 긁는 사람 /아름다운 방에 있는 거미 /암탉과 병아리들 /조용히 죽임당하는 양 /정원에 핀 꽃들 /열매 없는 밀과 옥수수 /거미를 먹는 울새 /해설가의 다른 이야기들 /속이 썩은 나무 /저녁 식사 자리에서 /새 옷으로 갈아입는 순례자들

4. 곤고산 언덕 / 279
안내자 담대 /교수형을 당한 세 사람 /곤고산 억덕 /시원한 정자

5. 아름다운 궁전 / 291
담대와 잔인함의 전투 /아름다운 궁전 /기독도여사와 자비의 대화 /질문하는 신중 /자비에게 구애하는 청년 /신중과 자비의 대화 /병이 든 마태 /신중에게 질문하는 마태 /안내원을 구하다 /하와가 따먹었던 사과 /야곱의 사닥다리 /길을 나서는 순례자들

18 쉽게 읽는 천로역정

6. 겸손 골짜기와 사망의 음침한 골짜기 / 317
겸손 골짜기 /사망의 음침한 골짜기 /거인 몽둥이와의 싸움

7. 가이오와 나손의 집 / 331
정직 노인 /두려움의 순례 이야기 /아집과 과대망상 /가이오의 집에서 /자비와 마태의 결혼 제안 /여인들의 수고와 헌신 /저녁 식사 /수수께끼 /살선과 심약 /망설임의 방문 /담대와 노신사의 대화 /허영 마을 나손의 집에서 /선량한 사람들의 토론 /결혼하는 기독도의 아들들 /괴물 용을 무찌르다

8. 기쁨의 산과 의심성 / 375
재물 언덕과 소금기둥 /푸른 초장과 쉴만한 물가 /의심성을 무너뜨리다 /기쁨의 산과 목자들

9. 요단강을 건너는 순례자들 / 389
변절자 /진리의 용사 /마법의 땅 /기도하는 불굴 /뿔라 땅에 다다르다 /강을 건너가는 기독도여사 /강을 건너는 망설임 /강을 건너는 심약 /강을 건너는 낙심과 근심 /강을 건너는 정직 노인 /강을 건너는 진리의 용사 /강을 건너는 불굴

제1부
기독도의 순례 여정

1

순례 여행을 떠나는 기독도

내가 이 세상의 황량한 들판을 두루 다니다가, 어느 한 곳에 이르러 그곳에서 굴을 발견했다. 나는 그 굴에 들어가 앉아서 쉬다가 그만 잠이 들었다.*

잠을 자다가 꿈을 꾸었다. 꿈에, 나는 누더기 옷을 입고 서 있는 한 남자를 보았다. 그는 자신의 집을 뒤로하고 서 있었는데, 등에 커다란 짐을 짊어진 채 손에 성경책을 펴들고 읽고 있었다(시 38:4).

그는 책을 펴서 읽으면서 부들부들 떨면서 울고 있었다. 그러다가 감정을 더 이상 억제할 수가 없는 듯 큰 소리로 대성통곡하면서 소리쳤다(합 1:2-3). "내가 어찌할꼬!"(행 2:37).

슬픔이 가득한 참담한 얼굴로 집에 돌아온 그는 아내와 아이들이 눈치채지 못하도록, 될 수 있는 한 감정을 억눌렀다. 처음에는 아내는 물론 아이들까

---

* 저자 존 번연이 양심수로 베드포드 감옥(Bedford jail)에 갇힌 것을 상징한다. 번연은 베드포드 감옥에서 12년간 복역하면서 『천로역정』을 집필했다.

지도 그의 고통을 눈치채지 못했다. 그러나 그는 점점 더 고통스러워서 더이상 숨길 수가 없었다.

마침내, 그의 아내가 물었다. "무슨 일이죠?"

드디어 그는 사랑하는 아내와 아이들에게 그 책에서 깨달은 것과 그것이 얼마나 그의 마음을 괴롭히는지를 털어놓았다.

"여보, 나는 등에 짊어진 무거운 짐 때문에 너무나 고통스럽고 미칠 것 같소. 더욱이 머지않아 우리가 사는 이 도시가 하늘로부터 쏟아지는 불덩어리에 잿더미가 되고 멸망할 거라는 경고를 받았소. 살아남기 위해서 피할 길을 찾지 못하면 나와 당신뿐만 아니라 아이들까지 모두 비참하게 죽을 수밖에 없소. 하지만 나는 아직 살 수 있는 길을 찾지 못했소."

이 말을 듣고 가족들은 깜짝 놀랐다. 아내와 아이들은 그의 말을 믿어서가 아니라, 정신이 이상해졌다고 생각했기 때문이다. 밤이 되자 그들은

자기 침실에 들어가 기도하는 기독도

잠을 잘 자고 나면 그의 정신이 가라앉을 거라는 생각으로, 서둘러 그를 잠자리에 들게 했다. 그러나 그는 여전히 고통스러워했고 잠들지 못하고 새벽까지 눈물과 한숨으로 온밤을 지새웠다.

아침이 되자 가족들은 좀 괜찮아졌느냐고 물었다. 그러나 그가 잠을 자지 않았다는 것을 금방 알 수 있었다.

"나는 점점 더 고통스럽소."

그는 다시 그 책에서 배운 것에 대해 말하기 시작했다. 가족들은 처음에는 그를 위로하려고 애썼고 참을 만큼 참았지만, 그가 자기 말을 계속하자 쌀쌀맞게 대해야 정신을 차릴거라고 생각했다. 마침내 거친 말로 그에게 퉁명스럽게 대답하기 시작했다. 심지어 그를 비웃었고, 어떤 때는 그를 꾸짖었다. 완전히 그를 무시했다.

이러한 가족들의 행동을 보니 그는 슬펐다. 진실로, 가족들을 불쌍히 여기며 자기 침실로 들어가 가족을 위해 기도를 했다. 또 성경책을 읽거나 기도를 하면서 혼자 들판을 걸어 다니기도 했다.

그렇게 며칠을 보내고 난 후, 어느 날 그는 또 책을 읽으면서 들판을 거닐다가 너무 슬퍼서 전처럼 울음을 터뜨리고 울부짖었다.

"어떻게 해야 구원을 받으리이까?"(행 16:30).

그는 어딘가로 뛰어갈 것처럼 이리저리 두리번거리다가, 제자리에 가만히 서 있었다. 어느 길로 가야 할지 도무지 몰랐기 때문이었다.

전도자를 만나다

거기 그렇게 서 있을 때, 전도자라는 분이 다가와서 물었다. "왜 울고 계십니까?"

그러자 그가 대답했다. "선생님, 저는 이 책에서 읽었습니다. 저는 죽을 수밖에 없는 운명이고 죽은 후에는 심판이 있다는 것을 알았습니다(히 9:27). 그런데 나는 죽고 싶지가 않습니다(욥 10:21-22). 그리고 죽은 다음 심판을 받을 용기도 없습니다"(겔 22:14).

그때 전도자가 말했다.

"이 세상은 사악한 죄악이 넘쳐나는데 왜 죽기가 싫은 거죠?"

그가 대답했다. "내 등의 이 짐이 너무 무거워서 내가 무덤보다 더 깊은 곳으로 가라앉아 지옥에 떨어지게 될까 봐 두렵기 때문입니다(사 30:33).

그리고 선생님, 내가 감옥살이도 견디지 못할 텐데, 심판을 받고 무서운 죽음을 받게 된다고 생각하니 울지 않을 수가 없습니다."

전도자가 그에게 물었다. "그렇다면, 당신은 왜 아직도 여기에 멍하니 서 있습니까?"

그가 어깨를 으쓱하며 대답했다. "어디로 가야 할지 모르기 때문입니다."

그때 전도자가 그에게 양가죽으로 된 두루마리 하나를 주었다. 거기에는 '임박한 진노를 피하라'라고 적혀 있었다(마 3:7).

그는 그것을 읽고 전도자를 빤히 쳐다보면서,
"진노를 피하려면 어디로 도망가야 합니까?"
전도자는 매우 드넓은 들판을 손가락으로 가리켰다.
"저기 멀리 있는 좁은 문이 보입니까?"(마 7:13-14).

그가 그쪽을 바라보면서 말했다.
"아니오, 안 보입니다."
전도자가 다시 말했다.
"그렇다면 저 멀리서 반짝이는 불빛은 보입니까?"(벧후 1:19).
"네, 보입니다."
전도자가 말했다. "그 불빛을 계속 바라보면서 그곳까지 가세요. 그러면 좁은 문이 나타날 거예요. 문 앞에 도착하면, 두드리세요. 그러면 누군가가 나와서 당신이 어떻게 해야 할지를 알려 줄 것입니다."

좁은 문을 가리키는 전도자

좁은 문을 향해서

내가 꿈속에서 보니 그 남자는 불빛을 향해서 달리기 시작했다. 그가 아직 자기 집에서 멀리 가지 못했을 때, 아내와 아이들이 그 사실을 알아차리고 뛰어나와서 발을 동동 구르며 그에게 소리쳤다.

"돌아와! 돌아와!"
"집으로 돌아오세요!"

그 남자는 손가락으로 귀를 틀어막고 계속 달렸다. 달리면서 외쳤다.

"생명! 생명! 영원한 생명이 있는 곳으로!"(눅 14:26).

그는 뒤돌아보지 않았다. 뒤에 있는 자기 집이나 가족을 쳐다보지 않았다(창 19:17). 그리고 들판 한가운데로 냅다 도망갔다.

장망성을 탈출하는 기독도

고집쟁이와 변덕쟁이

그의 이웃 사람들도 그가 달려가는 것을 보려고 모두 나왔다(렘 20:10). 이웃 사람들이 그를 비웃는 소리가 들려와도 그 남자는 계속 달렸다. 어떤 사람들은 그를 위협했고, 몇몇 사람은 그의 가족과 함께 돌아오도록 그에게 고함을 질러댔다. 그를 집으로 돌아오라고 소리치는 이웃 중에서, 강제로라도 그를 붙잡아 끌고 오기로 결심한 사람이 두 사람 있었다. 그 한 사람의 이름은 고집쟁이이고 다른 한 사람은 변덕쟁이였다.

그 남자는 그들보다 훨씬 앞서 달리고 있었지만, 그들이 작정하고 뒤쫓아 간 바람에 얼마 못 가서 그를 따라잡았다.

"왜들 나를 쫓아왔소?" 그 남자가 숨을 고르면서 멈춰 서서 말했다.

"우리는 당신을 설득해서 함께 마을로 돌아가려고 쫓아왔소."

그 남자가 머리를 흔들었다. "절대로 그럴 순 없습니다. 곧 멸망하게 될 장망성(將亡城)에서는 더이상 살 수 없습니다. 나는 그곳에서 태어나서 평생을 살아오면서 삶과 죽음의 실제를 보아왔습니다. 얼마 안 있으면 도시가 멸망하고 모두가 무덤보다 더 깊은 곳, 유황불이 활활 타오르는 지옥에 떨어지게 될 것입니다. 자, 제 말을 들은 두 분께서도 마음을 돌이켜 저랑 함께 가십시다." 그 남자는 두 사람에게 애원했다.

고집쟁이 : "뭐라구요!" 놀라서 눈을 부릅뜨면서 "사랑하는 가족, 소중한 재산, 친구들, 즐겁고 편안한 생활을 모두 버리고 떠나가자는 말입니까?"

그 남자의 이름은 기독도(基督徒)였다.

기독도 : "그렇소, 이 세상에 버리고 가는 것들은 내가 찾아 누리려 하는 것에 비하면 하찮은 것들입니다(고후 4:18). 당신들이 나와 함께 간다면, 그래서 참된 진리를 붙잡기만 한다면, 당신들은 저와 같이 행복한 삶을 누릴 수 있습니다. 그곳은 모든 것이 풍족하여 쓰고도 남음이 있는 아름다운 곳이지요(눅 15:17). 자! 함께 갑시다. 그러면 내 말이 사실이라는 것을 알게 될 것입니다."

고집쟁이 : "당신이 온 세상을 버리면서까지 찾고자 하는 것이 도대체 무엇입니까?"

기독도 : "나는 썩지 않고, 더럽지 않고, 쇠하지 아니하는 유업을 얻으려고 그럽니다. 그것은 안전한 하늘나라에 보관되어 있습니다(벧전 1:4). 그것은 부지런히 찾는 사람들에게 주신다고 했습니다. 이 책에 그렇게 씌어 있습니다. 원한다면 드릴 테니 한번 읽어보세요"(히 11:6).

고집쟁이 : "쳇! 말도 안 되는 소리! 그 책일랑 집어치우시오 우리

기독도를 데리러 가는 변덕쟁이와 고집쟁이

와 함께 돌아갈 거요 말 거요?"

기독도 : 고개를 저었다. "아니요, 안 갈 거예요. 나는 이미 손에 쟁기를 잡았으니, 절대로 뒤돌아가지 않을 것입니다"(눅 9:62).

고집쟁이 : "변덕쟁이씨, 안 되겠어요. 저 사람은 포기하고 우리끼리 그냥 돌아갑시다. 저처럼 정신이 이상하고 허영과 자만심으로 가득한 사람들은 일곱 명의 지혜로운 사람보다 자신이 더 지혜롭다고 우기는 법이지요."

변덕쟁이 : "그렇다고 꾸짖지는 마세요. 이 착한 기독도 씨의 말이 사실이라면 이분의 추구하는

혼자서 뒤돌아가는 고집쟁이

것들이 우리가 집착하는 것들보다 훨씬 낫지 않겠어요? 저도 이분과 함께 가고 싶은 마음이 드는군요."

고집쟁이 : "뭐요? 바보가 하나 더 있군! 그러지 말고 내 말대로 집으로 돌아갑시다. 이런 정신병자가 당신을 어디로 데려갈지 어떻게 압니까? 어서 나와 함께 돌아갑시다. 정신 차리고 돌아가자고요."

기독도 : "고집쟁이 씨, 변덕쟁이 씨와 함께 갑시다. 그곳에 가면 내가 말한 것 말고도 더 많은 영광을 얻게 됩니다. 내 말을 못 믿겠으면 이 책을 읽어보세요. 당신은 이 책에서 진리를 발견할 것입니다. 그리고 이 진리는 이것을 만드셨던 분의 피로 모두 확증되었습니다"(히 9:17-21).

변덕쟁이 : "고집쟁이 씨, 나는 이제 결정을 했습니다. 이 착한 기독도 씨와 함께 가서 내 운명을 맡겨 보렵니다. 그런데 기독도 씨, 당신은 그곳으로 가는 길을 알고 있습니까?"

기독도 : "전도자라는 분이 저 앞에 있는 좁은 문으로 가라고 알려 주었

습니다. 그곳에 가면 우리가 어떻게 해야 할지 길을 알려 줄 사람이 있다고 했습니다."

변덕쟁이 : "그래요? 기독도 씨 그럼 어서 가봅시다."

고집쟁이를 그 자리에 남겨둔 채 두 사람은 함께 출발했다.

고집쟁이 : "흥! 잘들 가거라! 이 미치광이들아! 난 장망성으로 돌아간다. 잘 못 가고 있는 저런 정신병자들하고는 친구가 될 수 없지."

변덕쟁이와 동행

내가 꿈속에서 보니 고집쟁이는 다시 장망성으로 돌아가고 기독도와 변덕쟁이는 평원을 따라 걸어가고 있었다. 두 사람은 정답게 대화를 나누면서 걸어갔다.

기독도 : "자 기분이 좀 어떠세요. 변덕쟁이 씨! 나와 동행해 주셔서 반갑고 기쁘군요. 고집쟁이 씨도 나처럼 다가올 멸망에 대한 커다란 공포를 느꼈더라면 이처럼 쉽사리 등을 돌리고 가버리지 않았을 것입니다."

변덕쟁이 : "맞아요, 기독도 씨 이제 우리 두 사람만 남게 되었으니 하는 말인데, 저는 좀 궁금합니다. 당신이 말한 새로운 세계가 무엇인지, 어떻게 누릴 것인지, 어디로 가야 만나는지 등을 좀 더 자세히 말씀해 주세요."

기독도 : "사실 제가 마음속으로 알고 있는 그것을 말로 설명하기란 쉽지 않네요. 그 내용이 이 성경책 안에 다 있습니다. 그 내용을 읽어 드리겠습니다."

변덕쟁이 : "아, 그렇다면 당신은 그 책 안의 내용이 전적으로 사실이라고 믿으세요?"

기독도 : "네, 물론이죠. 이 말씀은 거짓이 없으신 분의 말씀이 기록된 책입니다"(딛 1:2).

기독도는 의심의 여지가 없다는 듯 고개를 끄덕였다.

변덕쟁이 : "그렇습니까? 그래, 뭐라고 적혀 있습니까?"

기독도 : "그 말씀에 의하면 영원히 멸망하지 않은 나라가 있는데, 그곳

은 무척이나 아름다운 곳이며, 영원한 생명을 얻어서 영원토록 살 수 있다고 되어있습니다"(사 65:17, 요 10:27-29).

변덕쟁이 : "아! 참으로 기쁜 말씀이군요. 또 다른 이야기는 없습니까?"

기독도 : "그곳에는 우리가 머리에 쓰게 될 영광의 면류관이 준비되어 있고요, 또 우리가 입을 태양처럼 빛난 옷이 있습니다"(마 13:43, 딤후 4:8, 계 22:5).

변덕쟁이 : "정말 기쁜 소식이네요. 그 밖에 또 다른 말씀은 없나요?"

기독도 : "거기에는 눈물도 없고 슬픔도 없습니다. 왜냐하면, 그 나라 왕이신 주님께서 우리의 모든 눈물과 슬픔을 닦아 주시기 때문이지요"(사 25:8, 계 7:16-17, 21:4).

변덕쟁이 : "놀랍군요. 그러면 거기서는 우리가 어떤 사람들과 함께 살아갑니까?"

기독도 : "빛나는 수많은 스랍 천사들이나 그룹 천사들과 함께 있으며(계 5:11), 눈이 부시도록 아름다운 피조물들과 함께 있고 또 우리보다 앞서가신 수 많은 성도들과 만나게 될 텐데 모두 거룩하고 사랑이 충만한 분들이십니다. 그들 모두 하나님 앞에서 거닐고 그분의 임재 안에 있을 것입니다. 그리고 황금 면류관을 쓴 장로들을 볼 것입니다(계 4:4).

또 금빛 찬란한 거문고를 켜는 성스러운 처녀들을 만날 것입니다(계 14:1-5). 그리고 하나님을 사랑했다는 이유로 세상에서 몸이 갈가리 찢기고, 불 속에 던져지고, 짐승들에게 먹히고, 바다에 빠져 죽은 모든 사람이 다시 살아나 영원한 삶을 살고 있는 것을 보게 될 것입니다"(마 5:10, 고후 5:2).

변덕쟁이 : "듣기만 해도 마음이 흐뭇합니다. 하지만 이런 것들을 정말로 누릴 수 있을까요? 어떻게 해야 그러한 삶으로 들어갈 수 있을까요?"

기독도 : "그 나라의 통치자이신 하나님께서 이 책에 기록해 두셨지요"(계 21:6). 그는 강조하려는 듯 그 책을 가볍게 두드렸다. "우리가 진정으로 그것을 믿기만 한다면, 그분은 조건 없이 우리에게 주신다고 하셨습니다."

변덕쟁이 : 얼굴이 밝아진 채, "오! 착한 기독도 씨! 듣고 나니 너무 기쁩니다. 자 우리가 속도를 내서 빨리 갑시다."

기독도 : 긴 한숨을 내 쉬면서, "나도 그러고 싶은데 내 등의 무거운 짐 때문에 빨리 갈 수가 없습니다."

낙심의 늪에 빠지다

내가 꿈에서 계속 보고 있노라니 기독도와 변덕쟁이 두 사람이 이야기하면서 계속해서 앞으로 걸어가는데, 바로 평원 한가운데 있는 낙심의 늪에 가까이 다가갔지만, 그들은 그것을 전혀 모르고 있었다.

그들은 순식간에 늪에 빠지고 말았다. 두 사람 모두 빠져나오려고 허우적거리는데, 기독도는 등에 짊어진 짐 때문에 더욱 깊은 쪽으로 가라앉고 있었다.

변덕쟁이 : "아! 아! 기독도 씨 도대체 지금 어디 있어요?"

기독도 : "나도 잘 모르겠어요."

늪에 빠진 기독도와 변덕쟁이

이 말을 들은 변덕쟁이는 속았다는 생각에 마음이 상했다. 그의 얼굴은 빨갛게 달아올랐고 흥분한 목소리로 버럭 소리를 질렀다.

변덕쟁이 : "이것이 당신이 나에게 말한 행복인가요? 길을 나선 처음부터 이렇게 더러운 것에 빠지면, 앞으로 얼마나 험한 일을 당할지 안 보아도 뻔합니다. 우리의 여정은 끝났습니다. 제가 이 곤경에서 벗어나면, 집으로 돌아갈 거예요. 당신 혼자서나 그

기막힌 왕국인가 뭔가를 찾아가시구려."

변덕쟁이는 필사적으로 몸부림쳤고 마침내 진흙탕 늪에서 엉금엉금 기어서 자기 집 쪽의 늪 가로 올라왔다. 그리고 아직도 허우적대는 기독도를 도우려 하지도 않고, 작별인사 한마디 없이 오물을 뒤집어쓴 채 장망성으로 가버리고 말았다.

기독도는 변덕쟁이를 다시 보지 못했고 계속해서 낙심의 늪에 빠져 있었다. 그러나 가던 길의 앞쪽을 향해 조금씩 조금씩 헤치고 나아갔다. 마침내 늪의 맨 가장자리까지 다다랐다. 그런데 등의 무거운 짐 때문에 땅으로 올라갈 수가 없었다. 나는 꿈에서 어떤 한 남자가 기독도에게 다가가고 있는 것을 보았다. 그의 이름은 도우미였다.

도우미가 구해주다

도우미 : "거기서 뭐 하고 있는 겁니까?"

기독도 : "선생님, 저는 전도자라는 사람에게 이 길로 가도록 권면을 받았습니다." 진흙이 잔뜩 묻은 손가락으로 가리키면서, "저쪽에 있는 좁은 문으로 가라고 하셨지요. 그래서 나는 곧 다가올 진노에서 벗어나려고 그쪽으로 향해 가다가 그만 여기에 빠졌습니다." 그는 손에 묻은 진흙을 털어내면서 말했다.

도우미 : "왜 징검다리를 찾아보지 않았습니까?"

기독도 : "우리가 이야기하고 가다가 그만 진흙탕 늪이 있다는 것도 몰랐고, 징검다리를 찾을 생각

기독도를 건져내고 있는 도우미

은 아예 하지 못했어요."

　도우미 : 기독도에게 손을 뻗치면서, "자, 손을 내미세요."
　도우미는 기독도의 손을 잡아서 그 냄새 나는 구덩이에서 건져냈다. 그리고 단단한 땅 위로 올라온 기독도에게 일렀다.
　도우미 : "자, 이제 가던 길을 계속 가십시오."

　나는 꿈속에서 기독도를 떠나보낸 도우미에게 다가가서 물었다. "선생님, 왜 가난한 여행객들이 안전하게 건너갈 수 있도록 이 위험한 수렁을 고치지 않습니까?"
　그때 도우미가 이렇게 대답했다.
　도우미 : "이 깊은 수렁은 고칠 수 없는 곳입니다. 이곳은 여행 중인 죄인들이 자신의 죄를 깨달으면서 그 죄악과 함께 나오는 온갖 쓰레기와 오물들이 쌓인 곳입니다. 그의 영혼에서 일어났던 자신에 대한 두려움, 의심, 그리고 불안을 쏟아내는 곳이어서 낙심의 늪이라고 부릅니다.
　이곳을 이렇게 악하게 버려두는 것을 주께서는 기뻐하지 않으십니다(사 35:3-4).
　어떻게든지 이 땅을 고칠 수 있을까 해서 하나님의 측량기사들이 제시한 지시에 따라 그분의 일꾼들을 시켜서 2,000년이 넘도록 이 땅을 다져 왔습니다. 적어도 수레 2만 대가 이곳에 부어졌습니다.
　왕의 모든 영토에서 사시사철 수많은 건전한 교훈들을 운반해 와서 투입했지요. 이 교훈들은 최고의 재료로 만들어진 것들인데 이곳을 단단하고 좋은 토양을 만들기 위한 것이었지요. 하지만 이 낙심의 늪은 그들이 할 수 있는 모든 것을 한 후에도 그렇게 남아 있을 것입니다.
　그러나 율법을 만드신 왕의 지시에 따라, 안전한 길을 제공하기 위해 이 늪의 한가운데에 튼튼하고 좋은 디딤돌이 놓였습니다. 하지만 이곳은 너무 많은 오물을 토해내고, 날씨와 함께 변해서 디딤돌이 거의 보이지 않습니다. 그리고 사람들이 종종 디딤돌을 발견하지만, 그들은 자신들의 죄책감으로 현기증을 느끼고 발을 헛디뎌서 진흙탕 속으로 빠지고 맙니다. 그러나 좁은 문에 들어서면 땅이 아주 좋습니다"(잠 3:6, 삼상 12:23).

내가 꿈속에서 보니, 변덕쟁이가 집에 도착했고 그의 이웃들은 그를 보기 위해 몰려왔다. 그들 중 몇 사람은 그를 다시 돌아온 현명한 사람이라고 칭찬했고, 몇 사람은 기독도를 쫓아가다가 그의 생명을 위태롭게 했다고 바보라고 놀렸으며, 나머지 사람들은 "내가 당신처럼 이 모험을 시작했다면, 그까짓 어려움 때문에 그만둘 만큼 소심하지 않았을 거예요."라고 그의 비겁함을 조롱했다.

듣고 있던 변덕쟁이는 풀이 죽어 그들 사이에 끼여 앉아 있다가, 언제 그랬느냐는 듯 자신감을 되찾아 뻔뻔한 얼굴이 되었다. 이웃 사람들은 자신감을 되찾은 변덕쟁이를 보고 난 뒤 등을 돌려 죄 없는 기독도를 비웃었다. 기독도에 대한 비난이 변덕쟁이를 근심케 했다.

세속현인을 만나다

한편 기독도가 평원을 외로이 혼자 걸어가고 있을 때, 저만큼 먼발치로 자기 쪽을 향해 걸어오고 있는 한 남자를 발견했다. 점점 가까이 와서 드디어 두 사람은 마주치게 되었고 말을 건넸다.

그 신사는 자신을 세속현인이라고 소개했다. 그는 기독도의 고향 장망성에서 가까운 쾌락추구라는 큰 마을에 산다고 했다.

세속현인은 기독도가 장망성을 떠났다는 소식을 미리 알고 있었다. 장망성을 떠난 기독도의 소문이 큰 화제가 되어 쾌락추구 마을뿐만 아니라 다른 이웃 마을까지 소문이 자자했던 것이다. 세속현인은 기독도가 오는 것을 미리 알고 있었기 때문에, 고달프게 걷는 기독도의 한숨과 신음소리를 듣고 기독도라는 것을 금방 알아보고 다가와 이야기를 건네며 동정 어린 대화를 시작했다.

세속현인 : "안녕하세요, 이런 무거운 짐을 지고 어디로 여행하십니까?"

기독도 : "정말 무거운 짐이지요! 이 짐은 어느 가련한 사람이 져야 하는 짐만큼이나 무거운 짐입니다. 선생님 저는 저 멀리 있는 좁은 문을 향해 가는 길입니다." 자기 목표 방향을 향해 고갯짓을 하며 말을 이었다.

"그곳에 가면 이 무거운 짐을 벗을 수 있는 방법을 가르쳐줄 사람이 있다고 들었습니다."

세속현인 : "아, 그래요. 당신은 아내와 아이들이 있나요?"

기독도 : 고개를 끄덕이며, "네, 있지요. 그러나 이 짐 때문에 예전처럼 그들과 즐겁게 지낼 수가 없습니다. 사실 가족이 없는 것과 마찬가지입니다"(고전 7:29).

세속현인 : "제가 도움이 될 만한 말을 드릴 테니 그대로 해보실래요?"

기독도 : "물론이죠. 현명한 조언이라면 마땅히 들어야지요. 제게는 조언이 필요합니다."

세속현인 : "그렇다면 말씀드리지요. 가능한 한 빨리 그 등에 있는 짐을 벗어 버리라고 충고합니다. 왜냐하면, 당신이 그 짐을 가지고 있는 한 결코 마음이 평온하거나 하나님께서 주신 축복들을 누릴 수 없기 때문입니다."

기독도 : "그것이 바로 제가 원하는 바입니다. 이 무거운 짐을 없애는 일. 하지만 저 혼자서는 없앨 수가 없고 또 제 등에서 이 짐을 떼어 줄 사람이 아무도 없으니 어쩔 수 없이 이 길을 가고 있는 것입니다."

세속현인 : "당신에게 짐을 벗기 위해 이 길로 가라고 가르쳐준 사람이 누구입니까?"

기독도 : "매우 위대하고 훌륭하신 분이십니다. 그 사람 이름이 전도자라고 기억됩니다."

세속현인 : "몹쓸 전도자 같으니라고! 그가 당신에게 가라고 했던 길은 더할 나위 없이 위험하고 힘든 길입니다. 만약 당신이 그의 충고를 듣는다면 당신은 분명히 이 길이 매우 힘든 길이라는 것을 알게 될 것입니다.

온몸에 진흙투성이인 것을 보니 벌써 한 차례 당한 것 같은데 낙심의 늪에 있는 진흙 덩이가 아닌가 싶네요. 그건 슬픔의 시작에 불과합니다. 당신은 알지 못하겠지만 그 길을 걸어간 다른 순례자들이 똑같이 당했습니다. 저는 당신보다 나이가 많아서 인생 경험도 많으니 제 말을 귀담아듣는 것이 좋을 것입니다. 그 길에는 수 없는 고통과 슬픔, 피곤함, 배고픔, 위험, 헐벗음 뿐만 아니라 칼날, 사자들, 용, 흑암 그리고 한마디로 말해서 죽음을 만날 것입니다. 이러한 고통이 그 길에 널려 있다는 것은 사실이며 이미 경험한 사람들의 증언으로 확인된 사실입니다."

세속현인은 기독도의 눈을 빤히 쳐다보며 마지막으로 힘주어 말했다.

세속현인 : "그런데 낯선 사람의 말을 듣고 왜 경솔하게 이런 위험천만한 일에 자기 자신을 빠뜨려야 하는 거죠? 당신은 참 무모하군요."

기독도 : "아, 선생님, 선생님은 이해하지 못하실 것입니다. 지금까지 말씀해 주신 그 모든 고통보다도 내 등에 있는 무거운 짐이 짓누르는 고통은 더욱 끔찍입니다." 고개를 살래살래 저으면서, "저는 이 길을 그만둘 수 없습니다. 가는 도중에 어떤 어려움과 위험을 당한다 해도 이 무거운 짐만 벗을 수 있다면 기꺼이 가겠습니다."

듣고 있던 늙은 세속현인이 말했다.

세속현인 : "어떻게 해서 처음에 그 짐을 지게 되었습니까?"

기독도 : "저의 손에 있는 이 성경책을 읽고 나서부터입니다."

세속현인 : 입술을 가늘게 해서 역겨운 표정으로, "그런 줄 알았습니다. 당신도 마음이 연약한 다른 사람들과 같이 잘못된 생각에 빠진 것입니다. 분에 맞지 않는 이상을 좇다가 걱정, 근심에 사로잡혀서 결국 혼란에 빠지고 정신이 이상한 증상까지 이르게 되지요. 당신도 잘 알지 못하는 일에 뛰어들어 이런 고통을 당하는 것입니다."

기독도 : "아닙니다. 저는 내가 얻으려는 것이 무엇인지 알고 있습니다. 그것은 이 무거운 짐을 벗어 버리고 평안함을 얻는 것입니다."

다른 길을 가르치는 세속현인

세속현인 : "그 짐 하나 벗으려고 어찌 이토록 많은 위험과 고통을 자초한단 말입니까? 위험을 무릅쓰지 않고도 당신이 원하는 것을 얻을 수 있습니다. 원한다면 그 방법을 가르쳐 드릴 수 있습니다. 제가 제안하는 방법은 근처에 있습니다. 그것은 위험 대신에 안전, 우정, 만족을 줍니다."

기독도가 세속현인을 뚫어지게 바라보면서 말했다.

기독도 : "선생님, 제발 그 방법을 내게 가르쳐 주세요."

세속현인 : "저쪽에 보이는 산을 넘어가면 **도덕**이라는 마을이 있는데 여기서 그리 멀지 않습니다. 그 마을에 가면 **율법사**라는 신사가 살고 있습니다. 그 사람은 매우 현명한 사람이고 모두가 알아주는 유명 인사입니다. 그는 판단력이 뛰어나서 당신의 무거운 짐을 벗겨 줄 수 있는 기술을 가지고 있습니다.

제가 알기로는 그는 이런 방식으로 많은 **순례자**를 도와주었습니다. 그 밖에 그는 자기 짐에 대해 다소 지나치게 긴장하고 비이성적인 사람들을 고치는 기술이 있습니다. 그분에게 가면 당장 도움을 받을 수 있습니다. 그의 집은 여기서 그다지 멀지 않습니다. 그리고 만약에 그가 집에 없다면 아주 친절하고 잘 어울려 주는 그의 아들이 있습니다. 이름이 **예절**입니다. 그도 역시 그의 아버지처럼 현명한 판단력과 기술로 당신을 도울 수 있을 것입니다. 만약 당신이 더이상 **장망성**으로 돌아가기를 원치 않는다면 그 마을로 가족을 데려와 함께 살아도 됩니다. 사실 저도 당신이 돌아가지 않기를 바랍니다.

그 마을에는 누군가가 입주하기를 기다리는 빈집들이 많아 쉽게 구할 수 있을 것입니다. 이곳의 생필품들은 조금 비싸긴 하지만 품질은 아주 좋습니다. 행복한 삶을 위해 필요한 모든 것을 갖추고 있으며, 즐길 수 있는 환경은 물론이고 경제적으로 안전하고 좋은 삶을 사는 정직한 이웃들과 살 수 있습니다."

그의 말을 들은 **기독도**는 잠시 망설였으나 **세속현인**의 말이 사실이라면 그의 말을 따르는 것이 현명하다고 결론을 내렸다.

기독도 : "선생님, 그 **율법사**가 사는 도덕마을로 가려면 어떻게 해야 하

지요?"

　　세속현인 : 가파른 언덕을 가르치면서, "저기 언덕이 보이세요?"
　　기독도 : 고개를 끄덕이며 "네, 보입니다."
　　세속현인 : "저 언덕을 넘어가서 맨 첫 번째 집이 그 사람의 집입니다."

율법사를 찾아가는 길에서

　기독도는 좁은 문으로 가던 길을 바꾸어 더 쉽고 현명한 방법을 찾기 위해 율법사가 사는 도덕마을로 향했다. 그런데 시내 산 입구에 이르러보니 처음 생각했던 것보다 훨씬 가파르고 높은 산이었다. 조금 올라가다 보니 길가 여기저기에 뾰족하고 커다란 바위들이 금방이라도 무너져 내릴 듯이 박혀 있었다. 그 길을 계속 가다가는 언제 바위가 머리 위로 떨어질지 알 수 없었다.

　기독도는 더이상 갈 수가 없었고 무모한 모험을 할 수가 없었다. 그는 어찌해야 할지 망설이면서 그 자리에 우뚝 멈춰 섰다. 등의 짐은 장망성을 떠날 때보다 훨씬 더 무겁게 짓누르고 있었다. 때마침 저만큼 산비탈에서 불이 활활 타오르고 있었다(출 19:16-18).

　그 광경을 보면서 기독도는 불꽃이 금방이라도 번져 불길에 휩싸여 타죽지나 않을까 무섭고 두려웠다. 두려움에 떨다 보니 이마에서 땀이 줄줄 흘렀다(히 12:21).

　그제야 기독도는 세속현인의 충고를 받아들인 것을 후회했다. 마침 그때 전도자가 저쪽에서 자기에게 다가오는 것을 보았다. 전도자를 보고 안도하는 동시에 그분의 권고를 저버리고 곁길로 빠진 것이 부끄러워 얼굴이 빨갛게 달아올랐고, 몸 둘 바를 몰랐다.

　　전도자 : 엄숙한 어조로, "기독도 씨, 도대체 여기서 뭐하고 있습니까?"
　　기독도는 무슨 말을 해야 할지 몰라서 아무 말 없이 서 있었다.
　　전도자 : 숨을 한 번 깊이 들이마셨다가 천천히 내쉬면서, "당신이 장망성 밖에서 울고 서 있지 않았나요?"
　　기독도 : 땅바닥을 내려다보며 고개를 끄덕였다. "네, 제가 바로 그 사

람입니다."

전도자 : "제가 좁은 문으로 가는 길을 알려 드리지 않았나요?"

기독도 : "네, 그랬었지요."

전도자 : "그런데 어떻게 그렇게 빨리 결심을 바꾸어 곁길로 벗어난단 말입니까?"

기독도 : "제가 낙심의 늪을 간신히 빠져나오자마자 어떤 분을 만났는데, 저를 아끼는 것 같았고 제 무거운 짐을 벗겨 줄 사람을 도덕마을에 가면 만날 수 있다고 알려 주었습니다."

전도자 : "그가 어떻게 생겼던가요?"

기독도 : "그는 매우 점잖고 현명한 신사처럼 보였습니다. 처음에 저는 도덕마을에 가고 싶지 않았는데 저에게 말을 많이 해 주었고 거기 가면 저의 무거운 짐을 벗겨 줄 사람을 만날 수 있다기에 그만 길을 나서게 되었고 여기까지 오게 되었습니다. 하지만 이 언덕 가까이 왔을 때 큰 바위들이 금방이라도 머리 위로 쏟아져 내릴 것 같아서 무서워 떨고 멈춰 서 있었던 것입니다."

전도자 : "그가 당신에게 무슨 말을 했나요?"

기독도 : "처음에 어디로 가느냐고 물어서 좁은 문으로 간다고 말해주었지요."

전도자 : "그래요, 그다음은 뭐라고 하던가요?"

기독도 : "가족이 있느냐고 물어서, 있지만 등의 무거운 짐 때문에 예전처럼 즐겁게 살 수

시내산에서 혼쭐나는 기독도

가 없다고 대답해 주었습니다."

전도자 : "그랬더니 또 뭐라고 하던가요?"

기독도 : "그는 저에게 등의 짐을 빨리 벗어 던지라고 했어요. 저 역시 무거운 짐을 없애는 것이 소원이지만, 스스로 할 수 없기 때문에 도와줄 사람을 찾아가기 위해서 좁은 문으로 가는 중이라고 했습니다. 그랬더니 그는 많은 어려움과 위험이 없는 편하고 빠른 지름길을 가르쳐 주겠노라고 했습니다. 그래서 언덕 넘어 도덕마을에 사는 율법사를 찾아가라고 하기에, 당신이 말해준 좁은 문으로 가는 길을 그만두고 곁길로 빠져 여기까지 오게 되었습니다. 그런데 보시다시피 언덕이 너무 가파르고 바위들이 머리 위로 쏟아질 것 같아 무서워서 떨면서 어떻게 해야 할 바를 모르고 서 있는 중입니다."

전도자 : "잠깐만 가만히 계세요. 당신에게 하나님의 말씀을 읽어 드리겠습니다."

그래서 기독도는 전도자가 하는 말을 들으려고 부들부들 떨며 서 있었고, 그에게 전도자가 성경 말씀을 읽어 주었다.

"너희는 삼가 말씀하신 이를 거역하지 말라 땅에서 경고하신 이를 거역한 그들이 피하지 못하였거든 하물며 하늘로부터 경고하신 이를 배반하는 우리일까 보냐?"(히 12:25).

전도자는 하나님의 말씀을 한 곳 더 읽었다.

"나의 의인은 믿음으로 말미암아 살리라 또한 뒤로 물러가면 내 마음이 그를 기뻐하지 아니하리라 하셨느니라"(히 10:38).

전도자 : "기독도 당신은 지극히 높으신 하나님의 경고를 거역하고 구원과 평안의 길에서 벗어나 파멸의 길로 들어서서 스스로 불행을 자초하고 있었던 것입니다."

성경 말씀을 듣고 서 있던 기독도는 반죽음이 된 얼굴로 전도자의 발 앞에 엎드려 울부짖었다.

기독도 : "아! 슬프도다! 나는 이제 죽게 되었구나!"

그때 전도자가 기독도의 오른손을 붙잡아 일으켜 세우며 말했다.

전도자 : "사람은 어떤 죄를 지었든지 다 용서받을 수 있습니다(마 12:31). 믿음을 버리지 마시고 믿는 자가 되십시오"(요 20:27).

이 말을 들은 기독도는 전도자 앞에서 가까스로 일어나서 벌벌 떨면서 서 있었다.

전도자 : "지금부터 제가 당신에게 말하는 것을 주의해서 들으세요. 당신을 미혹한 자가 누구인지, 그리고 누가 그자를 당신에게 보냈는지 가르쳐 드릴게요.

당신이 만났던 사람은 세속현인이라는 사람인데, 당연히 그렇게 불릴 만한 사람입니다. 그가 이 세상의 교훈이나 신조만을 내세우고 세속적인 도덕과 이치 만 좋아하기 때문입니다(요일 4:5). 또 도덕마을의 교회에만 나갑니다. 그 교회는 예수님의 십자가 고난 없이도 구원을 받을 수 있다는 세속 교리를 추구하기 때문이지요(빌 3:18, 갈 6:1).

그는 또 세속적이고 육에 속한 사람이기 때문에 당신을 방해하여 옳은 길을 벗어나 잘못된 길로 가도록 충동한 것이지요. 그의 말 가운데 철저히 주의해야 할 것이 세 가지나 있습니다.

첫째로, 당신을 바른길에서 벗어나도록 유혹한 것,

둘째로, 당신이 십자가를 의심하도록 교묘하게 유도한 것,

셋째로, 당신을 사망의 길로 가도록 미혹한 것 등입니다.

먼저 당신을 바른길에서 벗어나게 한 세속현인의 유혹에 그토록 쉽게 넘어간 것에 대해 철저히 반성하고 회개해야 합니다. 세속현인의 잘못된 조언을 따르는 것은 곧 하나님의 권고를 거부하는 것이 되기 때문입니다. 주님께서는 '**좁은 문으로 들어가기를 힘쓰라**'(눅 13:24)라고 말씀하셨는데 내가 당신에게 가르쳐 준 길이 바로 그 좁은 문입니다.

또 주님께서는 '**좁은 문으로 들어가라 멸망으로 인도하는 문은 크고 그 길이 넓어 그리로 들어가는 자가 많고 생명으로 인도하는 문은 좁고 길이 협착하여 찾는 자가 적음이라**'(마 7:13-14)라고 말씀하셨습니다. 그러므로 그 악한 세속현인이 좁은 문으로 가고 있던 당신을 유혹하여 멸망에 이르는 다른 길로 유혹했으니 그를 혐오해야 하고 다시는 그런 유혹에 넘어가

지 말아야 하며, 또 미혹 당한 당신 자신은 스스로 회개해야 합니다.

　두 번째로 그가 당신에게 **십자가**를 의심하도록 유인한 그의 교묘한 술수를 피해야 합니다. 왜냐하면, **십자가의 고난을 애굽의 보화보다 더 좋아해야 하기 때문**이지요(히 11:25-26).

　그뿐만 아니라 영광의 왕 되신 주님께서 '자기 목숨을 얻고자 하는 자는 잃을 것이요'라고 말씀하셨고, 또 '무릇 내게 오는 자가 자기 부모와 처자와 형제와 자매와 더욱이 자기 목숨까지 미워하지 아니하면 능히 내 제자가 되지 못하고'(눅 14:26)라고 말씀하셨습니다. 그런데도 세속현인은 이 진리의 말씀들을 무시해야 된다고 당신을 설득했으니 그런 악한 교리를 혐오해야 합니다.

　세 번째로 어리석게 그가 한 말을 그토록 쉽사리 믿고 발길을 돌려 사망에 이르는 길로 들어섰던 당신 자신을 미워하고 회개해야 합니다. 또한 그가 찾아가서 만나보라고 가르쳐 준 **율법사**가 누구인지 잘 생각해 보아야 하고 그가 결코 당신의 무거운 짐을 벗겨주지 못한다는 사실을 알아야 합니다. 사실 그 **율법사**는 약속의 자녀가 아니고 자기 자녀들과 함께 종 노릇 하는 육체를 따라 태어난 계집종 하갈의 아들입니다(갈 4:21-27).

　알다시피 하갈은 바위덩어리가 당신 머리 위로 떨어질 것 같았던 이 시내산의 우두머리입니다."

　전도자는 그 험한 산을 향해 손가락질하며 말했다. "그녀와 그 자녀들이 아직도 속박되어 있는데 어떻게 자유 할 수 있겠습니까? 그녀의 아들인 **율법사**는 당신을 당신의 무거운 짐으로부터 자유롭게 할 수 없습니다. 세속현인이 당신에게 무슨 감언이설을 했을지라도 **율법사**는 사실 지금까지 단 한 사람의 무거운 짐도 풀어준 사실이 없습니다. 또 앞으로도 절대로 풀어줄 수 없을 것입니다."

　전도자는 열정적으로 진실한 말을 이어갔다. "율법의 행위로는 무거운 짐을 벗고 의로워진 사람이 단 한 명도 나올 수 없습니다. 그러므로 세속현인은 거짓말쟁이요, **율법사**는 사기꾼이며 그의 아들 **예절**은 겉만 번지르한 위선자입니다. 이처럼 그들은 당신을 도와줄 수 없는 사람들이니 제 말을 믿으세요. 당신이 이 어리석은 사람에게 들었던 말은 당신을 현혹해서 제가 가르쳐준 바른길을 벗어나 구원받지 못하게 하려는 꼼수이며 협잡꾼의 술수입니다."

여기까지 말을 마친 **전도자**는 하늘을 향하여 자기가 말한 것을 확증해주시라고 큰소리로 외쳤다. 그러자 산 위에서 불이 뿜어져 나오면서 큰 음성이 울렸다.

"무릇 율법 행위에 속한 자들은 저주 아래에 있나니 기록된바 누구든지 율법 책에 기록된 대로 모든 일을 항상 행하지 아니하는 자는 저주 아래에 있는 자라 하였음이라"(갈 3:10).

기독도는 온몸이 오싹하며 무서워 떨었다. 그는 자신이 죽을 거라고 생각하고 큰 소리로 울기 시작했다. 그는 **세속현인**을 만났던 것을 저주하면서 그의 충고를 받아들였던 자신을 바보 멍청이라고 수없이 되뇌었다. 그 속임수에 넘어간 자신이 한없이 부끄러웠다.

기독도는 그렇게 어리석었음을 자책하고 나서 정신을 차려 **전도자**가 가르쳐준 말을 다시 생각하면서 그 지침을 따르겠다고 각오했다.

기독도가 **전도자**를 바라보면서 여쭈었다.

기독도 : "**전도자**님 이제 어찌할까요? 제게도 소망이 남아 있을까요? 지금이라도 **좁은 문**으로 가는 길로 돌아갈 수는 없을까요? 아니면 제가 저지른 어리석음으로 인해 버림받고 부끄러워하며 **장망성**으로 다시 돌아가야 합니까? **세속현인**의 충고를 덜컥 받아들여서 죄송합니다. 저의 허물을 용서해주십시오"

전도자는 진지한 표정으로 **기독도**를 바라보았다.

전도자 : "당신은 두 가지 죄를 저질렀고 그 죄가 매우 큽니다. 하나는 옳은 길을 버린 것이고, 또 하나는 금지된 길을 걸어간 것입니다. 그렇지만 **좁은 문**에 있는 문지기는 당신을 받아줄 것입니다. 그는 선하고 인자한 사람이기 때문입니다. 다시는 옳은 길에서 벗어나지 않도록 조심하시기 바랍니다. 만일 주님의 진노가 조금이라도 발한다면 당신이 길에서 망할까 두렵습니다"(시 2:12).

2

좁은 문으로 들어가다

좁은 문에 도착하다

그런 다음 기독도는 다시 좁은 문을 향해 출발할 채비를 했다.

전도자는 기독도를 위해 기도해 주고, 웃으면서 그의 볼에 입을 맞추고 잘 가라고 격려해 주었다. "기독도 씨! 성공을 빕니다."

이렇게 해서 기독도는 좁은 문을 향하여 다시 출발했고 서둘러 걷기 시작했다.

그는 가는 도중에 사람들을 만나도 아무에게도 말을 걸지 않았다. 누군가가 어디 가느냐고 질문해도 대꾸도 하지 않았다. 대신 그는 금지구역을 걷는 사람처럼 앞만 보고 나아갔다. 그는 아직 안심할 수가 없었다. 세속현인의 꾐에 빠져 경솔하게 곁길로 갔던 과거를 교훈 삼아 좁은 문에 도착할 때까지 신경을 곤두세우고 목표만 향해 달렸다.

좁은 문을 두드리는 기독도

기독도 : "전속력으로 달려라! 기독도야!"

마침내 그는 좁은 문에 도착했다. 문 위 표지판에 다음과 같이 적혀 있었다.

'두드리라 그리하면 너희에게 열릴 것이니'(마 7:7).

기독도가 문을 급히 두드리며 외쳤다.

기독도 : "들어가도 될까요? 비록 저는 하나님의 말씀을 거역한 죄인이지만 만일 저를 용서해주시고 받아주신다면 저는 저 높은 곳에 계신 하나님께 영원히 찬양 드리겠나이다."

마침내 선의(善意)라는 사람이 문 앞으로 다가와 물었다.

선의 : "누구세요? 어떻게 왔습니까?"

기독도가 그 사람에게 꾸벅 절을 하고서 말했다.

기독도 : "저는 장망성에서 왔으며 무거운 짐을 진 불쌍한 죄인입니다. 다가올 진노에서 구원을 받기 위해 시온성으로 가고 있습니다. 이 문을 들어가면 제 목적지로 갈 수 있다고 들었습니다. 저를 들어가게 해 주시겠습니까?"

선의 : "기꺼이 들여 보내드리지요. 어서 오세요."

그가 문을 열어주었다. 기독도가 문 안으로 한 걸음 들어서자마자 놀랍게도 선의가 그를 와락 끌어당겼다. 그리고 손을 잡고 서둘러 안으로 들어갔다. 기독도가 흐트러진 옷매무새를 똑바로 하고 의외라는 듯 그를 쳐다보면서 말했다.

기독도 : "왜 이렇게 하신 거죠?"

선의 : "이 문에서 조금 떨어진 곳에 견고한 성이 하나 있는데 그 성의 성주는 바알세불이라는 자입니다. 그 성에서 바알세불과 그 부하들이 이 좁은 문으로 들어오는 사람들을 향해 늘 화살을 쏘아 댑니다. 이 문으로 들어가려는 사람들을 들어가기 전에 죽이는 것이 그들의 목표이지요."

기독도 : "기쁘기도 하고 한편으로는 떨리네요."

기독도는 선의가 자기를 보호해 준 것에 대해 안도의 한숨을 쉬었고 무척 감사했다.

I-2 좁은 문으로 들어가다

그때 선의가 물었다.

선의 : "누가 여기에 가라고 말해서 왔습니까?"

기독도 : "전도자라는 분이 가르쳐 주어서 오게 되었습니다. 그가 저에게 여기 좁은 문으로 가서 두드리라고 했습니다. 선생님 지금부터 제가 어떻게 해야 하는지 가르쳐 주십시오."

선의 : "당신 앞에 문이 열려 있습니다. 아무도 그 문을 닫을 수 없습니다."

기독도는 안도의 한숨을 내쉬었다.

기독도 : "이제야 제가 너거서 올 때 겪었던 위험을 무릅쓰고 고생한 보람이 있네요."

선의 : "그런데 당신은 어째서 혼자 왔습니까?"

기독도 : "제 가족이나 이웃 중에서 저처럼 멸망에 대한 위험을 느낀 사람이 아무도 없었기 때문입니다."

기독도는 팔짱을 끼고 어깨를 으쓱하며 대답했다.

선의 : "당신이 여기에 온 것을 아는 사람이 있습니까?"

기독도 : 고개를 끄덕이며, "네, 제 아내와 아이들은 제가 오는 것을 알고 있었습니다. 그들이 나와 함께 오려고 하지 않아서 혼자 왔습니다. 또 이웃 중에서 내가 가는 것을 본 사람들이 있습니다. 가족과 이웃들이 나에게 가지 말고 돌아오라고 소리 질렀지만 나는 손가락으로 귀를 막고 혼자 뛰었습니다."

선의 : "그들 중 당신을 따라오면서 집으로 가자고 한 사람은 없었습니까?"

기독도 : "있었습니다. 고집쟁이와 변덕쟁이 두 사람이었는데 제 마음을 바꾸게 설득할 수 없다는 것을 알고 고집쟁이는 집으로 되돌아갔고 변덕쟁이만 저와 함께 왔습니다."

선의 : "그런데 그는 왜 여기에 없습니까?"

기독도 : "정말로 변덕쟁이는 낙심의 늪까지는 함께 왔었지만 대화에 몰두하다가 부주의로 그만 두 사람 다 늪에 빠졌습니다. 진흙탕을 뒤집어쓰

고 고군분투하다가 낙심하고 저에게 너 혼자나 좋은 나라에 가라면서 집 쪽으로 기어 올라가서 고집쟁이처럼 뒤돌아갔습니다. 그래서 저만 혼자 왔습니다."

선의 : "아! 참으로 안타깝고 불쌍한 사람이군요. 천국의 영화를 너무 과소평가하고 그것을 얻기 위해 꼭 겪어야 할 몇 가지 위험과 어려움을 이기지 못했군요."

기독도 : 고개를 끄덕이면서, "맞습니다. 그는 자신의 집으로 돌아갔습니다. 하지만 사실대로 말하자면, 저도 그분과 전혀 다르지 않습니다. 저도 역시 도중에 만난 세속현인이라는 사람의 거짓 충고에 현혹되어 바른 길을 버리고 멸망의 길로 들어갔었으니 말입니다."

선의 : "저런! 당신도 그 세속현인을 만났었군요. 그 사람이 율법사에게 가면 무거운 짐을 쉽게 벗을 수 있다고 당신을 속였나요? 그들은 둘 다 사기꾼입니다. 그런데도 그의 속임수에 넘어갔었군요?"

기독도 : 부끄러워하며 고개를 끄덕였다. "네, 제가 율법사를 찾아 나섰습니다. 가는 도중에 큰 산을 만났는데 길옆의 큰 바위들이 머리 위로 떨어질 것만 같아 무서워서 오도 가도 못 하고 멈추어 서 있었습니다."

선의 : "그곳을 탈출한 것이 다행입니다. 그렇지 않았더라면 그 산이 당신을 산산조각냈을지도 모릅니다. 그 산은 많은 사람을 죽음으로 몰아넣었고 또 앞으로도 더 많은 사람이 죽임을 당하게 될 것입니다."

기독도 : "사실은 제가 곤경에 빠져서 어쩔 줄 모르고 있을 때 전도자를 다시 만나지 않았더라면 저는 그 산에서 어떻게 되었을지 모릅니다. 그가 저를 다시 찾아온 것은 전적으로 하나님의 은혜였습니다. 그분 아니었다면 저는 결코 여기에 오지 못했을 것입니다. 그 산에서 깔려 죽었어야 마땅한 제가 여기까지 와서 당신과 이야기하고 있으니 이 얼마나 큰 은혜입니까?" 기독도는 크게 손짓을 하며 말했다.

선의 : "우리는 사람들이 여기에 오기 전, 과거에 무엇을 했든지 상관하지 않습니다. 오시는 분들은 누구나 환영하지요. 결코 내쫓지 않습니다(요 6:37). 자, 착한 기독도 씨 저와 함께 이쪽으로 갑시다. 저 앞쪽을 좀 보

세요. 쭉 뻗은 **좁은 길**이 보이지요? 저 길이 당신이 앞으로 가야할 길입니다. 그 길은 대제사장, 선지자 그리고 예수님과 그의 제자들이 만든 길입니다. 길이 아주 곧게 뻗어 있습니다. 놀랍지 않나요?"

기독도 : "그런데 저 길을 가다가 보면 도중에 회전하는 굽은 길이나 샛길은 없습니까? 처음 가는 초행자가 그런 것들을 만나면 길을 잃을 수도 있지 않겠습니까?"

선의 : "가다가 보면 **좁은 길**에 연결된 샛길들이 많이 나옵니다. 그 샛길들은 굽었고, 폭이 매우 넓은 길입니다. 당신은 늘 옳고 그른 길을 구별해서 곧게 뻗은 **좁은 길**로만 가도록 주의해야 하며 마음을 놓아서는 **안 됩니다**"(마 7:14).

기독도에게 좁은 길을 가리키는 선의

그리고 나서 내가 꿈속에서 보니, 기독도가 선의에게 자신이 등에 지고 있는 짐을 벗을 수 있도록 도와줄 수 있느냐고 묻는 것을 보았다. 그가 도움 없이 짐을 벗는 것은 불가능했기 때문이다.

선의가 그에게 대답했다.

선의 : "당신은 그 짐을 **구원의 처소**에 도착할 때까지는 지고 가야 합니다. 좀 힘들더라도 당연한 것으로 여기고 감내하시기 바랍니다. 그곳에 도착하면 그 짐이 당신 등에서 저절로 떨어져 나갈 것입니다."

그러한 선의의 말이 기독도에게 위로가 되었다. 그는 가야 할 긴 여정의 길 떠날 채비를 했다. 그러한 **기독도**에게 **선의**가 마지막으로 말했다.

선의 : "여기서 조금만 가면 해설가의 집이 있습니다. 그곳에 도착하면

문을 두드리세요. 그러면 그가 나와서 당신에게 좋은 길을 안내할 것입니다. 그의 도움을 받으세요."

기독도는 새로 만난 친구 선의에게 서둘러서 작별인사를 했다. 그런 기독도에게 선의는 하나님의 은혜로 그가 무사히 성공하기를 축복해 주었다.

해설가의 집에서

기독도는 해설가의 집에 도착할 때까지 선의의 모든 조언을 따랐다. 선의가 말한 대로 얼마 가지 않아서 해설가의 집이 보였다. 그곳에 도착한 기독도는 주저하지 않고 문을 두드렸다. 그런데 실망스럽게도 응답이 없었다. 그래서 계속 두드렸다. 마침내 문 안쪽에서 발소리가 들렸고 한 남자가 문을 열어주면서 무슨 일로 왔느냐고 물었다.

기독도 : "네, 이 댁 주인님을 잘 아는 사람으로부터 주인님을 찾아뵈라는 조언을 들었습니다. 그래서 주인님을 만나 뵙고 싶습니다."

그러자 그 하인은 주인을 부르러 갔고 잠시 후 집 주인 해설가가 나와서 기독도에게 무슨 일로 왔느냐고 물었다.

기독도 : "선생님, 저는 저의 고향 장망성을 떠나서 구원의 집인 시온성으로 가고 있는 순례자입니다. 이 좁은 길 입구에 있는 선의라는 사람에게서 선생님을 찾아뵈라는 조언을 들었습니다. 그가 저에게 선생님이 여행에 필요한 좋은 것들을 안내해 주실 것이라 했습니다."

해설가 : "어서 들어오세요." 문을 활짝 열어주면서 환영하는 몸짓으로 순례자를 안내했다. "당신의 여행에 꼭 필요하고 도움이 될 만한 것들을 보여드리겠습니다."

그는 하인에게 촛불을 켜라고 분부하고 나서 기독도에게 따라오라고 했다. 촛불의 노란 불빛을 따라 세 사람이 어떤 방으로 향했다. 해설가가 하인에게 문을 열라고 말했다.

예수님의 초상화

하인이 문을 열자 기독도는 벽에 걸린 한 사람의 초상화를 보았는데 그는 매우 근엄한 표정을 짓고 있었으며, 손에 성경책을 든 채 하늘을 우러러보고 있었다. 그 입술에는 진리의 법이 쓰여 있었고, 그의 등 뒤에는 온 세상이 펼쳐져 있었다. 그는 마치 세상 사람들에게 무언가 하소연하고 있는 듯한 모습으로 서 있었고, 그 머리에는 황금 면류관을 쓰고 있었다.

기독도는 초상화를 보며 해설가에게 물었다.

기독도: "이것은 무엇을 말하려 하심입니까?"

해설가 역시 사진을 보면서 대답했다.

해설가: "저분을 아는 것은 성경에 기록된 말씀을 보아야 합니다.

'그리스도 안에서 일만 스승이 있으되 아버지는 많지 아니하니 그리스도 예수 안에서 내가 복음으로써 너희를 낳았음이라'(고전 4:15).

'나의 자녀들아 너희 속에 그리스도의 형상을 이루기까지 다시 너희를 위하여 해산하는 수고를 하노니'(갈 4:19).

초상화 속의 저분은 자녀를 낳고(고전 4:15), 해산의 고통을 하고(갈 4:19), 낳은 자녀를 스스로 양육하시는 분이십니다. 이분의 눈은 하늘을 올려다보고 있고, 손에는 가장 좋은 책을 들고 있으며, 진리의 법이 그 입술에 쓰여있는 것을 볼 수 있습니다. 그가 하시는 일은 죄인들에게 어두운 길을 밝혀 죄인임을 깨닫게 하시는 것입니다. 이것은 곧 죄인 한 사람을 구원하여 생명을 탄생시키고, 그를 성숙한 그리스도인으로 성장할 때까지 기르시는 모습입니다.

저분의 머리에 있는 황금 면류관을 보세요. 그것은 곧 그분의 자녀들이 이 세상의 것들을 하찮게 여기고 그것들을 덜 중요하게 여기며, 오직 하나님을 사랑하고 섬기는 일을 제일 귀한 것으로 여기는 것 때문에 업신여김과 낮아짐을 당할지라도 장차 올 하늘나라에서 그 공로를 인정받고, 왕되신 주님께로부터 받아서 머리에 쓸 영광스러운 상급을 뜻합니다. 주께서는 세상 것을 버리고 하늘나라를 위해 온갖 고난을 이기고 달려온 순례자들에게 그 금 면류관을 씌워 주신답니다."

해설가는 다시 한번 기독도를 바라보았다.

해설가: "내가 맨 먼저 이분을 보여드린 것은, 당신이 순례 여정을 마

칠 때까지 하나님께서 허락하신 안내자가 되고 보호자가 되시는 유일한 분이시기 때문입니다. 여행 중에 어려운 일을 만났을 때 꼭 이분을 떠올리시고 의지하시기 바랍니다. 만약 길에서 누군가가 당신을 만나서 올바른 길로 인도하는 척하면서 사망의 길로 유혹할 때 이분을 생각하세요. 오직 이분만이 당신의 구원자가 되시는 유일한 분이시기 때문입니다."

구원받지 못한 사람의 마음

그런 다음에, 그는 기독도의 손을 잡고, 마치 한 번도 쓸어본 적이 없는 것처럼, 먼지가 가득 쌓인 아주 큰 거실로 데리고 갔다. 해설가는 한 남자를 부르더니 청소하라고 말했다. 그 남자가 빗자루로 쓸기 시작하자 이내 자욱한 먼지가 방안 가득했다. 너무 많은 먼지로 기독도는 숨이 막혀 질식할 것 같았다. 그때 해설가가 곁에 서 있는 한 소녀에게 방에 물을 뿌리라고 지시했다. 그 여자는 시키는 대로 했다. 그러자 거실 전체는 금방 먼지가 가라앉고 깨끗해졌다.

기독도 : "이게 무슨 뜻이죠?"

기독도에게 먼지가 가득한 방을 보여주는 해설가

해설가: "이 거실은 단 한 번도 복음의 은총으로 씻음 받지 못한 사람의 마음을 의미합니다. 먼지는 그의 원죄와 온갖 더러운 내적 부패입니다. 처음에 쓸어내기 시작한 사람은 율법입니다. 그리고 물을 가져와서 뿌린 소녀는 복음입니다. 처음 율법이 거실을 쓸기 시작했을 때 방이 깨끗해지기는커녕 거대한 먼지구름이 방안 가득한 것을 보셨는데, 그 먼지가 당신을 질식시킬 뻔했습니다. 이처럼 율법은 마음의 죄를 없애고 깨끗하게 하는 것이 아니라 쌓인 죄를 들추어내고 만천하에 공개합니다(롬 7:9). 또 율법은 죄를 더욱 부추기는 힘이 되며(고전 15:56), 더욱 번성하게 만듭니다(롬 5:20). 이처럼 율법은 죄를 다스리지 못하고 없애지 못합니다.

다음으로 당신이 본 소녀는 복음인데, 소녀가 방 안에 물을 뿌려서 은은하고 깨끗한 방이 되게 한 것처럼 복음이 마음에 뿌려질 때 믿고 받아들이면 죄를 용서받고 영혼이 믿음으로 깨끗해져서 영광의 왕이 거하시는 처소가 되게 되는 것입니다"(롬 16:25-26).

욕망이와 인내

그런 다음, 나는 내 꿈속에서 해설가가 기독도의 손을 잡고 다른 작은 방으로 안내하는 것을 보았다. 거기에는 어린아이 둘이 각자 자기 의자에 앉아 있었다. 큰아이의 이름은 욕망이이고 다른 아이의 이름은 인내였다. 욕망이는 매우 불만스러워 보였지만 인내는 조용하고 침착했다.

기독도: "욕망이는 왜 저렇게 불만스러워 하고 있습니까?"

해설가: "이 아이들의 아버지가 좋은 선물을 하나씩 줄 테니 새해가 되는 내년 초까지 기다리라고 말했는데, 욕망이는 지금 당장 주었으면 하고 안달하고 있고, 인내는 기꺼이 기다리고 있습니다."

그리고 나서 나는 꿈에서 어떤 사람이 욕망이에게 보물 상자 하나를 가져다주는 것을 보았다. 그것을 욕망이의 발 앞에 쏟아놓았다. 욕망이는 그것을 안고 좋아서 기뻐 뛰면서 어쩔 줄 몰라 하며 인내를 비웃었다. 그러나 그것은 잠시뿐이고 얼마 후, 그는 그 모든 좋은 것들을 모조리 낭비해 버렸고 누더기밖에 남지 않았다.

기독도는 다시 해설가 쪽을 돌아보며 이런 것들의 의미를 좀 더 자세히 설명해 달라고 부탁했다.

해설가 : "이 두 소년은 상징적 인물들입니다. 욕망이는 이 세상에 속한 불 신앙의 육에 속한 사람을, 인내는 장차 올 세상에 속한 믿음의 영에 속한 사람을 보여주고 있습니다. 보시는 바와 같이 욕망이는 올해 안에 유산들을 가지고 싶어 합니다. 욕망이처럼 이 세상 육에 속한 사람들도 마찬가지죠. 그들은 지금 당장 모든 것은 얻어 즐기려 합니다. 현세의 것에만 만족하며 장차 다가올 종말은 안중에 없습니다. '손안에 있는 새 한 마리가 숲속에 날아다니는 새 두 마리보다 낫다'라는 속담과 같이, 그들에게는 장차 다가올 내세의 복락보다 현재의 허황한 것들이 더 가치 있는 것입니다. 그러나 그들에게는 당신이 보시다시피 잠시 후면 모든 것이 떠나가고 누더기만 남는 것입니다. 이 세상 물질에만 눈이 어두운 사람들은 세상 끝 날에 그렇게 될 것입니다."

기독도는 고개를 끄덕였다.

기독도 : "이제 저는 욕망이보다 인내가 모든 면에서 뛰어난 지혜를 가지고 있다는 것을 깨달았습니다. 무엇보다도 그는 최고의 소망을 품고 참고 기다리고 있으며, 끝 날에 욕망이에게 누더기만 남았을 때 그는 빛나는 영광을 유산으로 받아 누릴 테니까요."

해설가 : "맞습니다. 이 세상의 영화는 순식간에 사라지지만, 장차 내세에서 얻을 영광은 결코 사라지지 않는

욕망이와 인내

영원불멸한 것입니다. 그러므로 **욕망**이가 먼저 좋은 것을 얻었다고 **인내**를 비웃을 필요가 없었습니다. 오히려 **인내**가 최후에 최고의 것을 차지했으므로 누더기만 남은 **욕망**이를 비웃어야 하겠지요. 처음에 좋은 것을 차지하는 사람은 나중에 오는 사람에게 자리를 내어주어야 하지만 나중에 차지할 사람은 그것을 오래도록 누릴 수 있지요. 부자에 관한 말씀이 생각나는군요. '얘 너는 살았을 때에 좋은 것을 받았고 **나사로**는 고난을 받았으니 이것을 기억하라. 이제 그는 여기서 위로를 받고 너는 괴로움을 받느니라'(눅 16:25)라고 하셨습니다."

기독도 : "이제 저는 눈앞의 세상 것들을 탐내는 것보다 장차 다가올 내세의 복락을 소망하는 것이 가장 현명한 길임을 깨달았습니다."

해설가 : "당신 말이 진리입니다. '보이는 것은 잠깐이요 보이지 않는 것은 영원함이라'(고후 4:18)이기 때문입니다.

그러나 비록 이것이 영원불변의 진리이지만, 눈앞의 '세상 것들'과 우리의 '육체적 욕망'은 서로 매우 밀접하게 관련되어 있고, '다가올 복락'과 우리의 '육체적 욕망'은 서로 대적합니다. 따라서 눈앞의 '세상 것들'과 '육체적 욕망'은 너무 빨리 친밀하게 됩니다. 반면에 '육체적 욕망'과 '다가올 복락' 사이의 거리는 멀게 느껴집니다."

은혜의 불길

그 후 내가 내 꿈속에서 해설가가 기독도의 손을 잡고 다른 방으로 들어가는 것을 보았다. 그 방안에는 벽난로에서 불이 활활 타고 있었는데 한 남자가 그 옆에 서서 불길에 물을 계속 끼얹으며 불을 끄려고 했다. 하지만 불은 점점 더 뜨겁게 타오를 뿐이었다.

기독도가 다시 물었다.

기독도 : "이것은 또 무슨 뜻이죠?"

해설가 : "이 불은 마음속에서 일어나는 은혜의 역사입니다. 불을 끄려고 물을 뿌리는 자는 마귀입니다. 비록 그가 계속해서 불 속에 물을 부어 보지만, 당신은 불이 점점 더 타오르는 것을 볼 수 있습니다. 그 이유를

보여드리죠."

해설가는 기독도를 벽 뒤쪽으로 데리고 갔다. 기독도는 그곳에서 손에 기름통을 들고 벽난로에 계속해서 몰래 기름을 붓고 있는 사람을 보았다. 그는 다시 해설가에게 질문했다.

기독도 : "저분이 누구시지요?"

해설가 : "이분은 예수 그리스도이십니다. 그리스도께서는 인간의 마음속에 이미 넣어 주신 은혜를 보전하게 하기 위하여 끊임없이 은혜의 기름을 부어주고 계신 것입니다. 마귀가 은혜를 소멸시키려고 수단 방법을 가리지 않고 날뛰는데도 불구하고, 그의 백성들은 여전히 이분으로 말미암아 자비로우신 은혜를 변함없이 누리게 되는 것입니다(고후 12:9). 또 보시다시피 이분이 불을 보전하기 위해 남몰래 벽 뒤에 서서 끊임없이 기름을 부어주고 계신 것은, 마귀의 속임에 한 번 빠진 영혼에게 그 은혜를 유지시키는 일이 얼마나 어려운가를 당신에게 가르쳐주고 계십니다."

궁전에 들어가는 용맹한 사람

나는 또 내 꿈속에서 해설가가 다시 기독도의 손을 잡고 아름답고 웅장한 궁전이 서 있는 보기에도 즐거운 장소로 그를 인도하는 것을 지켜보았다. 기독도는 그 놀라운 건물을 보고 매우 기뻐했고, 사람들이 금으로 된 옷을 입고 궁전 꼭대기를 걸어 다니는 것을 보고는 더욱더 감명을 받았다.

기독도가 해설가를 뚫어지게 쳐다보며 물었다.

기독도 : "우리가 안으로 들어가도 될까요?"

해설가는 한마디 말도 없이 그를 궁궐 문으로 더 가까이 데려갔다. 많은 남자들이 입구에서 무리를 지어 웅성거리고 서 있었는데, 그들은 모두 궁전 안으로 들어가려는 사람들이었지만 무슨 영문인지 들어가지 못하고 서 있었다.

문 입구에서 조금 떨어진 곳에 한 남자가 책과 잉크병이 놓인 책상에 앉아 궁전 안으로 들어가려는 사람들의 이름을 적고 있었다. 또 문 옆에

I-2 좁은 문으로 들어가다   53

서 갑옷을 입은 군인들의 무리가 문 입구를 막고 서 있었는데, 그들은 궁전 안으로 들어가려는 사람들을 들어가지 못하도록 수단과 방법을 가리지 않고 폭력적으로 저지하고 있었다.

기독도는 이 뜻밖의 광경에 매우 놀랐다.

바로 그때였다. 모든 사람이 겁을 먹고 들어가려는 엄두를 못 내고 웅성거리고만 있는데 매우 용맹스러워 보이는 한 남자가 책상 앞에 앉은 사람에게로 다가가서 "선생님, 저의 이름을 적어 주십시오"라고 말하는 것이었다.

그 이름이 책에 기록되자마자, 그 남자는 칼을 뽑아 들고 머리에 투구를 눌러 쓰더니, 무장한 군인들이 막고 서 있는 **궁전** 입구 쪽으로 돌진했다. 무장한 군인들이 필사적으로 그를 막았지만, 그 용맹한 남자는 전혀 물러서지 않고 격렬하게 싸우면서 무리를 헤치고 나아갔다. 그는 자신을 막으려던 사람들 때문에 많은 상처를 입으면서도 그들을 쓰러뜨리고 **궁전** 안으로 들어가는 데 성공했다(행 14:22).

그 남자가 모든 난관을 헤치고 **궁전** 안으로 들어서자 안에 있던 사람들

막아선 무리들을 쓰러뜨리고 궁전 안으로 들어가는 용맹스러운 남자

의 환호성이 들렸고, 궁전 꼭대기를 걷는 사람들까지 합세하여 소리쳤다.
"어서 오세요! 어서 오세요!"
"영원한 영광을 누리실 것입니다!"
마침내 그는 궁전 안으로 들어가서 그곳에 있는 사람들이 입는 빛나고 아름다운 옷으로 갈아입었다. 그 광경을 본 기독도가 웃으면서 해설가에게 말했다.
기독도 : "저도 이것이 무엇을 의미하는지 알 것 같습니다. 이제 길을 다시 떠났으면 합니다."
해설가 : 고개를 저으면서, "아니요. 내가 좀 더 보여드릴 때까지 기다려야 합니다. 그런 후에 떠나세요."

낙심한 사람

해설가가 다시 기독도의 손을 잡고 한 남자가 철장에 갇혀 있는 아주 어두운 방으로 데리고 갔다. 갇혀 있는 남자를 보니 매우 슬퍼 보였다. 그는 팔짱을 낀 채 바닥을 응시하면서 가슴이 찢어지고 땅이 꺼질 듯한 한숨을 내쉬고 있었다.
기독도는 그 남자에게서 눈을 돌려 해설가를 바라보면서 물었다.
기독도 : "이것은 또 무슨 뜻입니까?"
해설가는 철장 안의 남자를 가리키면서 말했다.
해설가 : "저 사람에게 직접 물어보세요."
기독도가 그 사람을 바라보면서 물었다.
기독도 : "당신은 누구신데 왜 여기에 있습니까? 여기서 뭐 하는 거예요?"
남자 : "예전에는 나도 이런 꼴이 아니었는데 어쩌다 이렇게 되어버렸습니다."
기독도 : "예전엔 어떤 사람이었는데요?"
남자 : "저도 사람들이 알아주는 믿음 좋은 신자였고, 명철한 사람이었습니다. 당시만 해도 저는 하늘나라에 소망을 두고 기쁨에 찬 생활을 했

었지요"(눅 8:13).

기독도 : "그런데 지금은 어떻단 말입니까?"

남자 : 또 한숨을 내쉬면서, "이제 저는 절망의 사람입니다. 이 쇠사슬에 묶인 채 철장 안에 갇혀 아무 데도 갈 수 없는 존재가 되었습니다. 이젠 이곳에서 벗어날 수가 없어요."

기독도 : "그동안 무슨 일이 있었습니까? 어쩌다 이 지경이 되었습니까?"

남자 : "나는 항상 깨어 근신하지 못했습니다. 대신 세속적 정욕을 따랐으며 믿음과 하나님의 은혜를 서역했습니다. 성령을 거스르고 근심케 했으므로 성령께서 내게서 떠나셨고, 마귀의 유혹에 넘어가 마귀가 내 안에 들어왔습니다. 내가 하나님을 노엽게 했기 때문에 그분이 내게서 떠나셨지만 나는 마음이 굳어져서 회개조차 할 수 없는 강퍅한 사람이 되어버렸습니다."

기독도는 철장 안의 남자로부터 해설가에게 눈을 돌렸다.

기독도 : "선생님, 저 사람은 이제 소망이 전혀 없습니까?"

해설가 : 머리로 그 남자를 가리키며, "저 사람에게 직접 물어보세요."

기독도 : 그 남자를 바라보면서, "이 무시무시한 감옥에서 벗어날 수 있는 소망이 없습니까?"

남자 : "예, 전혀 없습니다."

기독도 : "왜요? 당신은 하나님의 아들이 매우 인자하시다는 것을 모르시나요?"

철장에 갇혀 있는 사람

남자 : "저는 자신의 정욕을 위해 살다가 그분을 **십자가**에 다시 못 박았습니다(히 6:6). 또 그분의 인격을 경멸했고(눅 19:14), 그분의 의를 멸시했고, 그분의 거룩한 피를 경건하지 않은 것으로 여겼으며, 은혜를 원수로 갚았습니다(히 10:29). 그러므로 나는 **하나님**의 모든 약속으로부터 멀어져 버림받게 되었습니다. 이제 나에게는 마귀의 무서운 위협과, 확실한 심판과, 원수의 태워 죽일듯한 가혹한 분노에 대한 두려움만이 남아 있을 뿐입니다."

기독도 : "왜? 어떤 이유로 이런 비참한 상황에 처하게 되었습니까?"

그 남자는 잠간 기독도를 올려다보았다.

남자 : "제가 믿음을 저버리게 된 것은 세상적인 정욕, 쾌락, 부귀영화, 즐기려는 유혹 때문이었습니다." 그는 다시 땅바닥을 내려다보았다. "하지만 이제 제가 쫓아갔던 그 모든 것들이 독충이 되어서 내 영혼을 벌레처럼 갉아먹습니다."

기독도 : "그러나 당신은 이제라도 회개하고, 이 비참한 상황에서 벗어나야 되지 않나요?"

남자 : 고개를 천천히 가로로 흔들면서, "**하나님**께서는 내가 회개하는 것을 허락지 않으십니다"(히 6:4-6). "**하나님**께서 친히 나를 이 철장 감옥 안에 가두셨으니 세상 어느 누구도 나를 쇠창살 밖으로 꺼낼 수가 없을 것입니다."

해설가가 기독도에게 경고했다.

해설가 : "이 사람의 비참함을 꼭 기억하세요. 이 처참한 감옥 생활을 당신은 영원한 교훈으로 삼으세요."

기독도는 그의 마른 입술에 침을 바르고 나서 말했다.

기독도 : "하나님, 너무 무섭습니다. 제가 이 사람 같이 되지 않게 도와주시고, 술 취하지 않게 하시고, 기도를 쉬지 않게 하옵소서."

기독도는 이 경험을 뒤로하고 길 떠날 채비를 했다.

기독도 : "선생님, 이제 떠날 시간이 아닌가요?"

해설가 : "조금만 더 기다리세요. 한 가지만 더 보여드리고 싶네요. 그

다음에 가시면 됩니다."

심판에 대한 꿈을 꾸는 자

해설가는 다시 한번 기독도의 손을 잡고 침대로 데리고 갔다. 기독도는 거기서 한 남자가 침대에서 일어나는 것을 보았다. 그 남자는 일어나서 덜덜 떨면서 옷을 입고 있었다.

기독도가 물었다.

기독도 : "왜 이 남자는 이렇게 떨고 있을까요?"

해설가는 떨고 있는 남자에게 왜 떨리는지 그 이유를 기독도에게 직접 설명해 주라고 말했다.

떨고 있던 그 남자는 다음과 같이 설명했다.

남자 : "저는 지난밤에 잠을 자면서 꿈을 꾸었습니다. 꿈에서 보니 하늘이 갑자기 먹구름으로 캄캄하게 어두워지더니 여기저기서 번개가 번쩍이며, 고막이 터질 것 같은 어마어마한 천둥소리가 무섭게 울려 퍼졌습니다. 심히 무섭고 끔찍했습니다.

그때 하늘을 올려다보니, 구름이 놀라운 속도로 흘러오면서 큰 나팔소리가 요란하게 울렸습니다. 그리고 구름 위에 한 사람이 수천 명의 천사들의 시중을 받으며 앉아 있었습니다. 또 그들 모두가 시뻘건 불길에 휩싸여 있었고, 온 하늘도 역시 활활 타오르는 불길로 가득했습니다. 그 때 큰 음성이 들려왔습니다.

'죽은 자들아 깨어 일어나 심판대 앞으로 나아오라!'

이 음성과 함께 순식간에 바위가 갈라지고 무덤이 열리면서 죽은 사람들이 살아

심판에 대한 꿈을 꾸고 있는 남자

일어나 밖으로 걸어 나왔습니다. 그들 중 몇 사람은 황홀해서 무척 기뻐하면서 하늘을 쳐다보았지만, 다른 이들은 두려워서 움츠러들고 산 아래로 숨으려고 애쓰고 있었습니다.

그때 나는 구름 위에 앉은 사람이 책을 펼치면서 세상을 향하여 '앞으로 나아오라'고 명령하는 것을 보았습니다. 그 사람을 둘러싼 맹렬한 불길 때문에 그 사람과 세상 사람들 사이에는 일정한 거리가 있었습니다. 마치 이 세상의 판사와 죄수 사이의 거리처럼 말입니다(요 5:28-29).

그때 구름 위에 앉아 있는 그 사람이 시중드는 천사들에게 '가라지와 쭉정이와 그루터기를 모아 불타는 구덩이에 던져라'(말 4:1)라고 명령했습니다.

바로 그때, 바닥이 없는 커다란 구덩이가 내가 서 있는 곳 가까이에서 열렸는데, 화염과 연기가 구덩이에서 끊임없이 뿜어져 나오고 무시무시한 소리가 흘러나왔습니다. 또 하늘의 천사들은 '내 알곡들을 창고로 들여보내라'(눅 3:17)라는 명령을 받았습니다. 그래서 저는 많은 사람이 구름 속으로 끌려가는 것을 보았습니다. 하지만 저는 뒤에 남겨졌습니다(살전 4:16-17).

저는 제 자신을 숨기고 싶었지만, 구름 위에 앉아 있는 사람이 저를 계속 내려다보셨기 때문에 그렇게 할 수가 없었습니다. 내가 저질렀던 모든 죄가 어지럽게 머리에 떠올랐고, 내 양심은 나를 사방으로 고발했습니다(롬 2:14-15). 바로 그때 나는 깨어났습니다."

떨고 있던 그 남자의 대답은 기독도의 마음에 다른 의문을 제기했다. 그래서 기독도는 그에게 다시 물었다.

기독도 : "하지만 왜 당신은 꿈에서 본 것을 그토록 두려워하시나요?"

남자 : "왜냐하면, 저는 심판의 날이 도래했다고 생각했기 때문입니다. 그리고 저는 심판에 대비한 아무런 준비가 되어있지 않았습니다. 그러나 가장 두려웠던 것은 천사들이 제 주변에서 몇 사람을 모아서 데리고 가면서 저를 남겨두고 떠났다는 사실입니다. 게다가 지옥의 구덩이도 제가 서 있는 바로 옆에서 입을 열었고, 그 심판관은 계속 저를 분노에 찬 눈빛으

로 주시하고 있었기 때문에 저는 숨지도 못했고, 또 저는 구원받지 못했구나 하는 두려움과 저의 양심이 저를 괴롭혀서 떨 수밖에 없었습니다."

그때 해설가가 기독도에게 말문을 열었다.

해설가 : "당신도 일찍이 이 모든 것을 심각하게 생각해 보셨나요?"

기독도 : "네, 그러나 심판 날을 생각할 때마다 소망과 두려움이 번갈아 느껴집니다."

해설가 : "자, 이제까지 보았던 모든 것들을 명심하시고 당신의 남은 순례 길에 바른길로만 가도록 교훈을 삼기 바랍니다."

기독도는 다시 길 떠날 채비를 했다.

기독도 : "좋으신 해설가 씨, 여기서 나는 귀하고 유익한 것들을 많이 보았습니다. 또 즐거운 광경, 끔찍하게 무서운 광경도 보았습니다. 제가 본 이 모든 것들이 의도하는 바대로 교훈 삼겠습니다. 그동안 감사합니다."

해설가 : "착한 기독도 씨, 성령께서 항상 당신과 함께 하시기를 기도합니다. 당신의 천국으로 가는 순례 여정을 인도해 주실 것입니다."

60 쉽게 읽는 천로역정

구원의 처소 십자가 앞에서 짐을 벗은 기독도

3

십자가에서 짐을 벗는 기독도

십자가 앞에서

　내가 꿈에서 보니 기독도가 가야 할 길이 곧게 뻗어 있었다. 그 길 양쪽에 높은 담이 서 있었는데 그 담 이름을 구원이라고 불렀다(사 26:1).
　기독도가 등에 무거운 짐을 지고 이 길로 달려갔다. 그는 짐 때문에 숨을 헐떡이면서도 쉬지 않고 달렸다. 드디어 오르막이 있는 작은 언덕에 도착했다. 언덕 위에는 십자가가 서 있었고 언덕 아래에는 돌무덤이 있는데 문이 열려 있었다.
　꿈속에서 보니, 기독도가 십자가에 다다르자 그의 어깨에서 무거운 짐이 저절로 풀어지고 등 뒤로 떨어졌다.
　떨어진 짐은 언덕 아래로 계속 굴러갔고, 무덤 문에 이르자 무덤 속으로 들어가 버렸다. 그 무거운 짐은 더이상 볼 수 없었다. 기독도는 날아갈 듯이 기쁘고 또 기뻤다. 기쁨에 겨워 펄쩍펄쩍 뛰면서 노래했다.

　　　"주님께서 슬픔을 당하셨기에 제가 기쁨을 얻었고,
　　　주님께서 죽으심으로 제가 생명을 얻었나이다."

　그런 다음, 기독도는 잠시 동안 묵묵히 서서 십자가를 바라보고 서 있었다. 기독도의 눈에 눈물이 주르르 흘렀다. 흐르는 눈물이 그의 뺨을 타고 흘러내리는데 십자가를 마냥 바라보고, 또 바라보았다(슥 12:10).
　그가 서서 십자가를 보면서 울고 있을 때, 빛나고 찬란한 옷을 입은 세 천사가 그에게 다가와서, "당신에게 평화가 있을지어다"라고 인사하는 것이 보였다.

첫 번째 천사가 "당신의 죄가 사함을 받았습니다"라고 인사했고(사 53:5, 막 2:5),

두 번째 천사는 기독도의 누더기를 벗기고 새 옷을 갈아 입혔다(슥 3:4).

세 번째 천사는 기독도의 이마에 인을 찍어주고(엡 1:13), 봉인된 두루마리를 주면서, 길을 갈 때 그것을 읽고 천국 문에 도착했을 때 문지기에게 그것을 보여주라고 말했다.

기독도를 맞는 세 천사

그런 다음 세 천사는 떠나갔다.

기독도는 너무 기뻐서 서너 번 공중으로 껑충껑충 뛰면서 다음과 같이 노래를 불렀다.

"나는 죄 짐을 무겁게 지고 다녔었네,
내가 여기 오기 전까지는,
내 슬픔과 고통을 아무도 달랠 수 없었네,
아름답고 좋은 이곳은 갈보리 언덕이라네,
축복이 내게 여기에서 시작되었네,
내 등의 무거운 짐을 벗은 곳은 바로 이곳이라네,
나를 묶었던 고통의 사슬을 끊어버린 아름다운 곳이라네,
복된 갈보리 십자가! 복된 무덤이여!
날 위해 수치 당하신 주님을 영원히 찬양하려네."

단순함, 느림보, 거만함

나는 꿈속에서 기독도가 언덕 아래로 내려가서 길을 계속 가는 것을 보았다.

한참 가다가 그는 세 남자가 발목에 쇠고랑을 찬 채 길옆에서 곤히 자고 있는 것을 보았다. 첫 번째의 이름은 **단순함**이고, 두 번째는 **느림보**였고, 세 번째는 **거만함**이었다. 잠들어 있는 그들을 깨워야겠다고 생각하고 가까이 다가가 큰 소리로 말했다.

기독도 : "여보세요! 일어나세요! 당신들은 흡사 바다 한가운데서 자는 것 같고 돛대 꼭대기에서 자는 사람들 같습니다(잠언 23:34). 당신들 아래에 바닥이 없는 깊은 죽음의 바다가 도사리고 있기 때문이에요. 어서들 일어나서 나와 함께 이곳을 떠납시다. 원하신다면 제가 발목에 있는 쇠고랑을 풀어드리겠습니다. 이렇게 잠만 자고 있다가는 우는 사자같이 두루 다니는 마귀에게 먹히고 맙니다"(벧전 5:8).

잠자던 세 사람이 깨어나면서 제각각 한마디씩 대꾸했다.

단순함 : "나는 위험하지 않아요."

느림보 : "좀 더 자야겠어요. 내버려 두세요."

거만함 : "사람들은 제각각 삽니다. 참견 말고 당신 일이나 잘하세요."

그래서 그들 세 사람은 다시 누워 잤고, 기독도는 자기 길을 계속 가는 것이 최선이라고 생각하고 다시 걷기 시작했다.

하지만 그토록 위험한 곳에서 잠들어 있는 세 사람을 깨우쳐주려고 깨웠고, 쇠고랑까지 풀어주겠다고 했건만 베풀어준 친절에 고마워하기는커녕 대수롭지 않게 여긴 것에 마음이 언짢았다.

형식주의자와 위선자

내가 꿈에서 보니, 기독도가 길을 계속 가는데 저만큼 뒤에서 두 사람이 왼쪽 담을 넘어오는 것을 발견했다. 그들은 서둘러 기독도를 따라잡았다. 그중 한 사람의 이름은 형식주의자이고 다른 사람은 위선자였다. 그들은 기독도와 대화를 시작했다.

기독도 : "이보시오. 신사분들! 당신들은 어디서 오셨어요?"

형식주의자와 위선자 : "우리는 둘 다 허영심이라는 마을에서 태어났습니다. 지금 영예를 얻기 위하여 시온성으로 가는 중입니다."

기독도 : "그런데 두 분은 왜 이 길 입구에 있는 좁은 문으로 들어오지 않고 담을 넘어오셨나요? 문으로 들어가지 않고 다른 데로 넘어가는 자는 절도며 강도라는 말씀을 모르시나요?"(요 10:1).

형식주의자와 위선자 : "맞는 말입니다. 그러나 우리 마을에서 그 문까지 가는 것은 너무 멀지요. 그래서 우리 마을 사람들은 누구나 지름길을 이용합니다. 저기 저 지점까지 와서 벽을 타고 넘어오는 것이랍니다."

기독도는 벽을 한번 바라보고 나서 그 친구들에게로 눈을 돌려서 말했다.

기독도 : "그러나 당신들의 이 관습은 우리가 향하여 가고 있는 하늘나라 주님의 뜻에 어긋나지 않을까요? 그분의 뜻을 거역하고 불순종하는 것

이 아닐까요?"

형식주의자와 위선자 : "벽을 넘는 것은 우리의 오랜 관습입니다. 실제로 천 년이 넘는 동안 많은 경험자들이 잘 닦여진 지름길이라고 증명했습니다."

기독도 : "그런 관습이 정당하고 옳은 길이라고 법정에서 인정받을 수 있을까요?"

형식주의자와 위선자 : "천 년 이상 당연하게 여겨 온 관습이니까 공정한 재판관이라면 틀림없이 합법적으로 인정할 것입니다. 그리고 실제로 우리가 이 길에 들어선 이상 **시온성**으로 잘 가기만 하면 되지 문제 될 것이 무엇입니까? 당신은 **좁은 문**으로 들어왔고 우리는 담을 넘어왔다고 해서 같은 길을 가고 있는데 무슨 차이가 있습니까? 당신이 우리보다 나을 게 무엇입니까?"

기독도 : "나는 하나님의 법에 따라 걷습니다. 하지만 당신들은 법을 어

담을 넘어서 좁은 길로 들어오는 형식주의자와 위선자

기고 들어와서 가고 있습니다. 이미 당신들은 이 길의 주인이신 하나님께 도둑으로 간주 되고 있습니다. 그러므로 당신들은 결국 합법적인 순례자로 인정받지 못할 것은 의심의 여지가 없습니다. 당신들은 하나님의 지시를 받지 않고 마음대로 들어왔으니 그분의 자비를 받지 못하고 쫓겨나게 될 것입니다."

형식주의자와 위선자 : 빈정거리는 말투로, "남의 일에 일일이 간섭하지 말고 당신 일이나 신경 쓰세요."

그리고 나서부터는 내가 꿈속에서 보니 기독도와 그 남자들이 아무 말 없이 묵묵히 걸어가기만 했다. 한참을 가다가 그들이 기독도에게 다시 말을 걸었다.

형식주의자와 위선자 : "법과 규례는 우리도 당신 못지않게 양심적으로 잘 지키고 있습니다. 당신이 입고 있는 겉옷 말고는 우리가 당신과 무엇이 다릅니까? 아마도 벌거벗은 당신이 불쌍해서 이웃들이 수치를 가리라고 입혀준 것 아니에요?"

그들의 빈정거림은 기독도를 무척 괴롭게 했다.

기독도 : "율법과 규례를 순종하는 것만으로는 구원을 받을 수 없습니다. 왜냐하면, 당신들은 좁은 문으로 들어오지 않았기 때문입니다(갈 2:16).

그리고 내가 입고 있는 이 겉옷은 우리가 지금 가고 있는 하늘나라의 주님께서 내게 입혀주셨습니다. 내가 벌거벗은 것을 가리기 위해 입혀주었다는 당신들의 말은 맞습니다. 누더기밖에 입어보지 못한 나에게 이렇게 좋은 옷을 입혀주신 것은 하나님께서 보여주신 사랑의 증표라고 말하고 싶습니다. 이 겉옷이 여행하는 내내 뿌듯한 위안이 됩니다. 내가 천국 문에 이르렀을 때, 주님께서 나의 누더기를 벗기시고 입혀주신 겉옷을 알아보시고 어떻게 반기실지 상상이 됩니까? 아마 알아보지 못하셨겠지만, 제 이마에는 표가 있습니다. 나의 주님의 가장 가까운 동료 중 한 분이 나의 짐이 나의 어깨에서 벗겨지던 날 그것을 이마에 찍어주셨어요. 또 그분은 봉인된 두루마리 하나를 주셨는데, 내가 가는 길에서 그것을 읽고 평안과 위안을 얻을 뿐만 아니라 내가 천성 문 앞에 도착했을 때 그것을 문지기에게 문으로 들어갈 수 있는 허가증으로 보여주면 들여보내 줄 거라는 말을 해주었습니다. 하지만 당신들은 좁은 문으로 들어오지 않았으니 이런 것을 받지 못했을 텐데 천국 문에 들어갈 수 있을지 모르겠네요."

기독도의 이러한 설명을 듣고 난 형식주의자와 위선자는 대꾸하지 않은 채 자기들끼리 바라보면서 웃음을 터뜨렸다. 그러고는 입을 다물고 말없이 걸어가기만 했다.

기독도는 더이상 이 낯선 사람들과 이야기하지 않기로 마음먹고 그들보다 앞서서 걸어갔다. 그는 혼자 걸어가면서 가끔 큰 한숨을 내쉬기도 하고, 때로는 혼잣말로 중얼거리기도 하면서 스스로 위로하고 안심했다. 또 천사 중 하나가 준 두루마리를 읽으면서 새로운 힘을 얻어 상쾌하게 걸어가고 있었다.

곤고산 언덕 길

나는 내 꿈속에서 쉬지 않고 걸어간 기독도가 맨 먼저 곤고산(困苦山) 입구에 다다른 것을 보았다. 거기에 샘 하나가 있었고, 좁은 문에서부터 온 곧게 뻗은 길 외에 두 개의 갈래 길이 더 있었다. 하나는 위쪽으로 굽은 길이고 또 하나는 오른쪽으로 굽어 있었지만, 좁은 길은 곤고산 언덕까지 쭉 뻗어 있었으며 경사진 언덕길이었다. 그 언덕길 이름이 고난의 길이었다.

기독도는 샘으로 걸어갔다(사 49:10). 그 샘에서 물을 한 잔 떠서 마시고 힘을 얻은 다음 곧바로 곤고산 언덕을 향해 뛰기 시작했다. 언덕길이 가파르기는 했지만 노래하면서 즐겁게 달렸다.

"곤고산 언덕길은 고난의 길이라네,
언덕이 아무리 높아도 나는 오르리라,
고난의 길 고통이 나를 막지 못하네,

곤고산 언덕을 기어오르는 기독도

얼마나 어려운 길인지, 난 관심 없어요,
생명 길로 인도하는 걸 알기 때문이죠,
기죽거나 겁먹지 말아라,

용기를 북돋아라, 힘을 내어라,
아무리 힘들어도 옳은 길이기에
고난의 길 가는 것이 즐겁지 않은가."

형식주의자와 위선자도 역시 언덕 아래까지 도착했다. 두 사람은 가파르고 높은 언덕을 바라보고 몹시 당황해했다. 그런데 곧바로 넓고 평탄한 길이 왼쪽과 오른쪽으로 갈라져 있는 것을 보았다. 그 길 이름은 하나는 위험이었고 다른 하나는 멸망이었다.

그들은 이 두 개의 갈래 길이 곤고산 뒤쪽에서 기독도가 걸어간 좁은 길과 만날 거라고 생각했다. 그래서 각각 하나씩 선택해서 가기로 결정했다.

이렇게 해서 두 사람이 출발했는데, 위험이란 길로 간 사람은 얼마 못 가서 가시덤불 속으로 들어가 버렸다. 또 멸망으로 걸어간 사람은 어둡고 험한 봉우리들로 첩첩한 산길을 만나 비틀거리고 헤매다가 결국 길을 잃고 쓰러져서 다시 일어나지 못했다.

나는 꿈속에서 기독도가 얼마나 갔는지 알아보기 위해 고난의 길 쪽을 바라보았다. 처음에는 뛰어가던 그가 중간쯤부터는 숨을 헐떡이며 걸어서 올라갔고, 가파른 언덕에서는 아예 손과 무릎으로 기어서 올라가고 있었다. 곤고산 정상까지는 아직도 절반이나 남아 있었다.

정자에서 잠들다

곤고산 언덕 중턱쯤에 쾌적한 정자(亭子) 하나가 있었다. 이 정자는 지친 순례자들이 쉬어갈 수 있도록 산 주인이 만든 것이었다. 정자에 도착한 기독도가 잠시 쉬어가려고 정자에 올라가 앉았다. 그는 또 위안을 얻으려고 품속에서 두루마리를 꺼내 읽기 시작했다. 읽다가 잠시 멈추고 그가 십자가 앞에서 짐을 벗던 날 입혀주었던 새 겉옷을 만져보며 새 힘을 얻었다. 마음이 무척 편안해지고 위로를 받은 기독도는 그만 스르르 눈이 감기고 졸음이 왔다. 졸다가 잠이 든 기독도는 거의 해가 질 때까지 그곳에서 잠을 자고 말았다. 잠을 자는 동안 두루마리가 손에서 떨어졌다.

그때 누군가가 그에게 다가와 흔들어 깨우면서 "게으른 자여 개미에게 가서 그가 하는 것을 보고 지혜를 얻으라"(잠 6:6)라고 큰소리로 외쳤다.

기독도가 놀라 벌떡 일어나서 곤고산 정상을 향하여 다시 출발했다. 그는 쉬지 않고 정상에 도착할 때까지 달리다가 걷고, 걷다가 달려가기를 계속했다.

겁쟁이와 의심이

기독도가 언덕 꼭대기에 가까이 다가갈 무렵, 두 사람이 허겁지겁 그를 향해 달려 내려왔다. 그들 중 한 사람의 이름은 겁쟁이이고 다른 사람은 의심이었다.

기독도가 그들에게 물었다.

기독도 : "무슨 일이죠? 왜 내려오십니까?"

겁쟁이가 대답했다.

겁쟁이 : "우리는 시온성으로 가던 사람들로서 여기까지 오게 되었는데, 앞에 너무 큰 위험이 도사리고 있어서 집으로 되돌아가고 있습니다."

허겁지겁 뛰어 내려오는 겁쟁이와 의심이

의심이가 옆에서 고개를 끄덕이면서 말했다.

의심이 : "네, 맞습니다. 우리가 가는 바로 앞에 사자 두 마리가 누워있었는데, 그것들이 깨어있는지 자고 있는지 알 수는 없었지만, 우리가 다가가면 확 달려들어 우리 몸을 산산조각낼 것만 같았습니다."

기독도가 두 사람을 뚫어지게 바라보면서 말했다.

기독도 : "당신들의 말을 들으니 저도 두렵군요. 그러나 어쩔 수 없지 않습니까? 저의 고향 장망성으로 되돌아간다면 그곳은 곧 유황불로 타버릴 테니 틀림없이 죽게 될 것입니다. 그러나 천국으로 가면 그곳은 안전할 것이니 죽음을 무릅쓰고라도 그곳으로 가야겠습니다. 집으로 가는 것은 오직 죽음밖에 없지만, 천국은 가는 길에 비록 위험이 도사리고 있을지라도 가기만 하면 반드시 영원한 삶을 얻습니다. 그러니 저는 계속 가야겠습니다."

겁쟁이와 의심이는 고개를 흔들면서 언덕을 내려갔고, 기독도는 계속 앞으로 나아갔다.

기독도가 두 사람에게서 들은 말이 생각나서, 두루마리를 읽고 떨리는 마음을 진정시키려고 그의 품속을 뒤졌으나 이게 웬일인가! 두루마리가 거기 없었고 빈 주머니였다. 공포가 확 밀려왔고 말할 수 없이 당황했다. 아! 이를 어찌해야 한단 말인가! 두루마리는 천성에 들어갈 수 있는 통행증이지 않던가! 그때 곤고산 언덕 중간에 있는 정자에서 잠잤던 것이 불현듯 떠올랐고, 거기에서 두루마리를 잃어버린 것을 알았다.

그는 즉시 무릎을 꿇고 하나님께 어리석은 행동을 용서해주시기를 기도했다. 그리고 나서 지체 없이 두루마리를 찾으러 언덕 아래로 내려가기 시작했다. 그토록 험난한 길을 되돌아갔다가 또다시 올라와야 하는 그의 기막힌 심정을 어떻게 표현해야 할까. 걸음걸음마다 슬픔으로 가득 차 울음과 한숨밖에 없었다. 그리고 지친 순례자가 잠시만 쉬어가는 정자에서 그토록 오랫동안 잠들어버린 어리석은 자신이 새삼 후회스러웠다. 언덕을 내려가면서도 혹시 길가에 떨어지지나 않았을까 이쪽저쪽을 주의 깊게 살피면서 걸었다. 그처럼 그는 여행 중에 읽기만 하면 수없이 편안함을 주었던 그 **두루마리**를 애타게 찾으면서 내려갔는데, 드디어 정자가 저만큼 눈에 들어왔다. 그는 잠들어버린 자신의 어리석음이 또 떠올라 슬퍼졌다 (살전 5:6-8).

그는 그 어리석음을 후회하며 말했다.

기독도 : "대낮에 그토록 오랫동안 잠을 자다니, 얼마나 어리석은가! 더구나 곤고산 언덕의 위험과 곤경의 한 가운데서! 그 정자는 지친 **순례자들**에게 잠시 쉬면서 힘을 얻으라고 만들어 주신 것인데 아예 퍼져서 푹 늘어지게 잠들어버렸으니! 오호라, 나의 어리석음이여! 나는 범죄한 이스라엘 백성들이 시내 광야로 뒤돌아가서 40년을 고생한 것과 흡사하구나(민 14:25). 한 번만 가도 되는 길을 잠 때문에 세 번이나 걸어야 하지 않는가! 곧장 갔더라면 지금쯤 얼마나 많이 갔을까? 잠만 아니었다면 기쁨으로 걸었을 텐데 이렇게 슬퍼하면서 걸어야 한다니, 벌써 하루가 다 가고 날이 저물어오는구나. 아! 잠들지 않았더라면 좋았을 것을!"

기독도가 마침내 정자에 다시 도착했다. 그는 잠시 정자에 앉아서 울었다. 그런데 바로 그때 정자에 떨어져 있는 **두루마리**가 눈물 젖은 눈에 들어왔다. 그는 떨리는 손으로 두루마리를 얼른 집어 들어서 품속에 넣었다.

내가 꿈속에서 보니 **두루마리**를 다시 찾은 **기독도**가 껑충껑충 뛰면서 얼마나 기뻐하는지 그 모습을 말로 표현할 수가 없었다.

그 두루마리는 그에게 영원한 삶을 보장해주는 증서였고, 천국에 들어갈 수 있는 통행증이었기 때문이다. 그래서 그는 그 **두루마리**를 품속에 고이 간직하고 나서, 그것을 다시 찾도록 인도해 주신 **하나님**께 감사 기도를 드렸다. 그리고 기쁨과 눈물 속에서 다시 길을 떠났다.

그가 얼마나 경쾌한 발걸음으로 빨리 걸어가는지, 그러나 산꼭대기에 도착하기도 전에 해가 지고 말았다. 어두운 밤이 되자 겁이 났고 다시 낮잠이 후회스러웠다.

기독도가 혼잣말로 중얼거렸다.

기독도 : "너, 저주스러운 낮잠이여! 너만 아니었다면 밝은 낮에 도착했을 것을! 나는 해 없는 밤길을 걸어야 한다. 어두운 밤에 짐승 소리를 들

으며 가야 한다."

기독도는 또 겁쟁이와 의심이가 들려준 무서운 사자 이야기가 생각났다. 그래서 또 자신을 꾸짖었다.

기독도 : "이 짐승들은 밤에 먹이를 찾아 돌아다니는데 만약 그들이 어둠 속에서 내 앞에 나타난다면 어떻게 그들을 피해야 할까? 그들에게 갈기갈기 찢겨서 잡아먹히지나 않을까?"

기독도는 계속 초조하고 불안했다.

아름다운 궁전에서

자신을 책망하며 밤길을 걷고 있던 기독도의 눈앞에 무척 아름답고 커다란 궁전이 나타났다. 그 궁전의 이름은 아름다운 궁전이었고 길가에 서 있었다.

나는 꿈속에서 기독도가 거기서 숙박할 수 있기를 바라면서 급히 궁전 안으로 들어가는 것을 보았다. 하지만 얼마 가지 않아 매우 좁은 골목길

사자들 사이를 통과하는 기독도

로 들어서게 되었는데 골목길 길이가 200m쯤 되어 보였다. 그 끝에 문지기의 초소가 있었다. 골목길을 조심스럽게 지나가는데 사자 두 마리가 웅크리고 앉아 있는 것이 보였다. **겁쟁이**와 **의심**이가 화들짝 놀라 겁을 먹고 죽지 않으려고 집으로 뒤돌아간 것이 저것이었구나 하는 생각이 번쩍 떠올랐다. (사자들은 쇠사슬에 묶여있었지만, **기독도**는 사나운 짐승을 묶어 놓은 쇠사슬을 보지 못했다).

그는 무서워 떨면서, 그 두 사람이 그랬던 것처럼 다시 돌아갈 생각을 했다. 왜냐하면, 그는 그 순간 죽음 말고는 다른 길이 없다고 생각했기 때문이다.

그러나 왕궁 초소의 문지기 **경계**가 다시 돌아갈 것처럼 머뭇거리는 기독도를 보고, 그에게 소리쳤다.

문지기 : "당신은 그렇게도 용기가 없습니까?(막 4:40). 사자들은 쇠사슬에 묶여 있으니 무서워하지 마세요. 그 사자들은 당신의 **순례 여정** 도중에 당신의 믿음을 시험해 보기 위해 그곳에 묶어두었습니다. 믿음 없는 사람을 가려낼 수 있지요. 그러니 길 한가운데로만 걸어오면 다치지 않습니다."

그리고 나는 **기독도**가 앞으로 가는 것을 보았다. 비록 그가 사자들을 두려워하며 여전히 떨고 있었지만, 그는 문지기가 말한 대로 조심조심 길 한가운데로만 걸어갔다. 사자들은 소리를 지르며 으르렁거렸지만, 그에게 해를 끼치지 못했다. 기독도는 손뼉을 치고 기뻐하면서 문지기에게로 달려갔다.

기독도 : "선생님, 이 집은 무슨 집입니까? 여기서 하룻밤 묵어도 될까요?"

문지기 : "이 집은 곤고산 주인께서 **순례자**들의 평안과 안전을 위해 지으신 것입니다." 그는 기독도를 보며 물었다. "어디서 오셨나요?"

기독도 : "나는 **장망성**에서 왔습니다. 그리고 **시온성**으로 가고 있습니다. 이렇게 날이 저물었으니 괜찮다면 하룻밤 여기서 묵고 싶습니다."

문지기 : "당신 이름이 뭡니까?"

기독도 : "제 이름은 기독도입니다만 본래의 이름은 버림받음이었습니다. 저는 야벳 족속이었는데 하나님께서 셈의 장막에 가서 살라고 하셨지요" (창 9:27).

문지기 : "그런데 어쩌다가 이렇게 늦었습니까? 벌써 해가 저문 지 오래지 않습니까?"

기독도는 부끄러워서 문지기의 눈길을 피하면서 말했다.

기독도 : "좀 더 일찍 올 수도 있었는데, 이 어리석은 사람이 언덕 중간에 있는 정자에서 잠을 잤지 뭡니까. 잠을 자면서 두루마리를 그곳에 떨어뜨리고 말았습니다. 언덕 꼭대기에 이르러서야 두루마리를 잃어버린 것을 알았고, 슬픔으로 가슴을 치며 그것을 찾으러 정자까지 되돌아갔다가 다행히 두루마리를 찾았고, 다시 오는 바람에 이제야 오게 되었습니다."

문지기 : "좋습니다. 그렇다면 먼저 이 집의 아가씨 한 분을 부르지요. 그분이 당신의 이야기를 정직하게 믿어준다면 이 집의 규칙에 따라 당신을 나머지 가족과 함께하도록 초대할 것입니다."

문지기가 조심스럽게 벨을 눌렀다. 벨이 울리자 매우 품위 있는 분별이라는 이름의 아가씨가 나와서 무슨 일이냐고 물었다.

문지기 : "이 사람은 장망성에서 시온성으로 가는 길이랍니다. 곤고산을 올라오느라고 몹시 피곤하고 날도 저물어서 여기서 하룻밤 묵어갈 수 있느냐고 물어보기에, 당신이 그와 대화해본 후 이 집의 규칙대로 할 것이라고 했습니다."

그러자 젊은 여자가 기독도에게 물었다.

분별 : "어디서 오셨습니까? 그리고 어디로 가고 있습니까?"

기독도 : "장망성에서 시온성으로 가고 있습니다."

그녀는 계속해서 오는 도중에 어떤 길로 왔고, 누구를 만났으며 무엇을 보았는지 등을 물었다. 기독도가 거짓 없이 모든 것을 사실대로 말하자 마지막으로 그녀는 그의 이름을 물었다.

기독도 : "제 이름은 기독도입니다. 오늘 밤 여기서 묵는 것이 소원입니다. 이제 저는 이 집을 순례자들의 평안과 안전을 위해 곤고산 주인께서

지었다는 것을 알았습니다."

모든 것을 듣고 난 그녀는 눈물을 글썽이며 또 안면에 미소가 가득한 채 말했다.

분별 : "제가 가족 중 두세 명을 더 부르겠습니다."

그런 다음 문 안으로 들어간 그녀는 가족 중에서 경건, 신중, 자선 세 사람을 데리고 나왔다. 그들은 기독도와 좀 더 대화를 나누고 나서, 그를 집안으로 데리고 들어가서 나머지 모든 가족을 만나도록 했다.

온 가족이 문 곁에 서서 말했다.

"어서 오세요. 당신은 주님께 복을 받은 사람입니다."

분별에게 자신의 순례 여정을 설명하는 기독도

"이 아름다운 궁전은 당신과 같은 순례자들을 기쁘게 맞아들이려고 곧 고산 주인께서 지으셨습니다"라고 말해 주었다.

기독도는 고개를 숙여 경의를 표하고 그들을 따라 집 안으로 들어갔다.

안으로 들어가서 자리에 앉았고 그들은 그에게 마실 것을 주었다. 그들은 저녁 식사가 준비될 때까지 시간이 좀 여유가 있으니 그 여유시간을 활용하기 위해서, 몇 사람과 특정한 주제를 가지고 기독도와 대화를 했으면 좋겠다는 의견이 일치했다. 그래서 경건과 신중, 자선 세 사람을 뽑아서 대화하게 했다.

경건과의 대화

경건 : "들어오세요. 기독도 씨, 오늘 밤 당신을 맞이하게 되어 대단히 기쁩니다. 당신이 순례 중에 일어났던 일들을 이야기해주신다면 매우 유익한 시간이 될 것 같습니다."

기독도 : "기쁘게 맞아 주신 호의에 감사합니다. 기꺼이 이야기해 드리겠습니다."

경건 : "그런데 어떻게 해서 순례 여정을 시작하게 되셨나요?"

기독도 : "제가 저의 고향 장망성에서 계속 산다면 피할 수 없는 멸망이 임할 것이라는 끔찍한 말씀 때문에 고향을 떠나게 되었습니다."

경건 : "그렇다면, 왜 이 길을 택하게 되었습니까?"

기독도 : "그것은 하나님께서 그렇게 인도하셨습니다. 제가 멸망 당할 것을 두려워하며 울고 있을 때입니다. 저는 어느 길로 가야 할지 전혀 몰라서 그저 울고만 있는데, 전도자라는 사람이 저를 찾아왔습니다. 그가 저에게 좁은 문으로 가라고 일러주었지요. 만일 그분이 아니었다면 그 좁은 문을 결코 알지 못했을 것입니다. 그 좁은 문을 지나 좁은 길을 따라오다 보니 이 궁전에 도착하게 된 것입니다."

경건이 잠시 침묵하더니만 다시 질문했다.

경건 : "혹시 해설가의 집에 들르지 않았나요?"

기독도 : "오, 맞습니다." 그 경험을 나누고 싶어 고개를 끄덕이며, "제가 그분의 집에서 본 것들이 기억에 생생합니다. 평생 잊지 못할 것입니다. 그중에서 세 가지가 가장 기억에 남습니다. 첫째는 그리스도께서 사탄의 온갖 방해에도 불구하고 성도의 마음속에 성령의 은혜의 불을 계속 유지시켜 주시는 이야기이고, 둘째는 하나님의 긍휼과 소망에서 끊어지는 죄를 범한 사람의 이야기이며, 셋째는 깨어있지 못하고 준비 없이 살다가 최후의 심판을 맞은 철장에 갇힌 사람의 꿈 이야기입니다."

경건 : "그 사람이 하던 꿈 이야기도 들었습니까?"

기독도 : "물론이지요. 그가 꿈에 본 심판 날의 광경은 참으로 무섭고 끔찍했습니다. 듣는 동안 매우 가슴 아팠지만 한편 제 자신을 깨닫게 되었으니 기뻤습니다."

경건 : "해설가의 집에서 본 것이 이것뿐입니까?"

기독도 : "아니요, 그 밖에도 많이 있습니다. 해설가님은 제 손을 잡고 아주 웅장한 성으로 데려갔는데, 사람들이 그 궁전 안에서 황금 옷을 입

고 거닐고 있었습니다. 저는 많은 사람들이 성으로 들어가려 했지만 무장한 군인들이 성 입구를 막고 못 들어가게 하는 것을 보았습니다. 그런데 어떤 용감한 한 남자가 무장한 군인들과 싸워 무찌르고 성안으로 들어가는 것을 보았습니다. 그를 성안 사람들이 대대적으로 환영하고, 황금 면류관을 씌우며 흰옷으로 갈아입혔습니다. 그러한 광경은 내 마음을 사로잡았고 앞으로 더 가야 할 나의 **순례 여정**이 남아 있지 않았더라면 그 선한 해설가의 집에서 1년이라도 더 머물러 있고 싶었습니다."

경건 : "오는 길에서 또 무엇을 보았습니까?"

기독도 : "보았습니다. 해설가의 집을 떠나서 오는 중에 어떤 사람이 십자가에 매달려서 피를 흘리고 못 박혀 있는 것을 보았습니다. 제가 그분을 바라보자마자 고통스럽게 신음하며 지고 다녔던 무거운 짐이 등 뒤로 떨어졌습니다. 제가 놀라서 그분을 올려다보고 서 있는데 빛난 옷을 입은 세 사람이 내게로 왔습니다. 그중 한 사람이 '네 죄가 사함 받았다'라고 선언했고, 또 다른 사람이 제 누더기를 벗기고 보다시피 수놓은 아름다운 새 옷을 입혀주셨습니다. 세 번째 사람은 이마에 표를 찍어주시고, 이 봉인된 **두루마리**를 주셨어요." 그는 품속에서 **두루마리**를 꺼내 그녀에게 보였다.

경건 : "그밖에 본 것이 더 있습니까?"

잠시 생각하던 기독도는 다음과 같이 말했습니다.

기독도 : "이런 일도 있었습니다. 저는 **단순함, 느림보, 거만함**이라는 세 명의 남자를 만났는데, 모두 발목에 쇠고랑을 차고 길에서 자고 있어서 깨워 보았지만 불가능했어요. 그들은 계속해서 잠만 잤어요. 또 **좁은 문**으로 들어오지 않고 지름길로 담을 넘어 들어오는 **형식주의자와 위선자**를 보았어요. 그들은 **시온성**으로 가는 척했는데 금방 길을 잃고 사라졌습니다. 하지만 무엇보다도 이 **곤고산** 언덕을 오르는 것이 가장 어려웠고, 사자가 으르렁거리는 길로 들어오는 것도 힘들었습니다. 초소에 있는 착한 문지기가 격려해 주지 않았더라면 저는 언덕 아래로 뒤돌아갔을지도 모릅니다. 여기까지 올 수 있게 해주신 **하나님**께 진심으로 감사드리며, 또 저

를 이렇게 환영해 주신 여러분께 감사드립니다."

신중과의 대화

그때 **신중**이 다가왔다.

신중 : "저도 당신이 대답해 주셨으면 하는 몇 가지 질문이 있습니다. 첫째로 궁금한 것은, 두고 온 고향이 이따금 그립지 않으십니까?"

기독도 : "네, 가끔 생각납니다." 한숨을 내쉬면서, "하지만 그리움만 있는 것은 아닙니다. 부끄러움과 싫증을 함께 가지고 있습니다. 고향을 그리워했다면 벌써 돌아갔을 것입니다. 그러나 저는 지금 더 좋은 본향을 바라보며 가고자 하는 나라가 있습니다. 그곳은 바로 하늘나라이지요"(히 11:15-16).

신중 : 심호흡을 한 차례 하고 나서, "당신은 고향에서 즐거웠던 일이나 친구가 생각나지 않으세요?"

기독도 : "제가 고향에 있을 때에는 다른 사람들처럼 저도 육적 쾌락을 좇고 세속적인 정욕에 사로잡혀 살았지요. 그런 삶이 행복이라고 여겼으며 인생 자체라 생각했습니다. 그러나 지금은 아닙니다. 이제 그런 육적인 삶은 슬픔으로 여기며 생각조차 하기 싫습니다. 그렇지만 제가 옳다고 여기는 선한 영적 삶을 살려고 할 때도, 과거 나의 추했던 육적 모습과 악한 것들이 제 마음 안에 함께 있어서 괴롭습니다"(롬 7:15, 21).

신중 : 의아하다는 듯 고개를 갸우뚱하면서, "당신을 당황스럽고 혼란하게 하는 그런 괴로움이 지금은 모두 사라졌다고 생각되지 않으세요?"

기독도 : "네, 가끔 그런 생각이 듭니다. 그렇게 생각되는 순간이 저를 뿌듯하게 하는 매우 값진 시간이지요."

신중 : "그러한 괴로움을 극복하고 뿌듯한 마음을 갖게 하는 승리를 어떻게 얻게 되셨나요?"

기독도 : "그것은 **십자가** 앞에서 제 무거운 짐을 벗고 맞았던 기쁨과 해방감을 생각할 때 그렇고, 또 이 수놓은 겉옷을 볼 때도 그렇고, 제 품속에 간직한 **두루마리**를 볼 때도 그런 느낌을 받습니다. 또 있습니다. 제가

시온 산으로 가고 있다는 소망을 생각할 때 그런 뿌듯함을 느낍니다."

신중 : "당신이 시온 산으로 가기를 바라는 가장 큰 이유가 무엇입니까?"

기독도 : 눈을 지그시 감고 잠시 생각한 후에, "**십자가에 못 박히신 그분**을 만나 뵐 수 있기 때문입니다. 그리고 그곳은 저를 괴롭히던 모든 것을 떨쳐버릴 수 있을 뿐 아니라 죽음이 없고 영원한 삶이 있기 때문입니다(계 21:4).

또 가장 좋아하는 친구들과 함께 즐겁게 살 수 있기 때문입니다. 무엇보다 가장 중요한 것은 그분이 저의 무거운 짐을 벗겨주셨기 때문에 저는 그분을 사랑합니다. 그래서 사랑하는 친구들과 함께 그분을 찬양하고 끊임없이 '거룩, 거룩, 거룩'을 외치며 살기를 원합니다."

자선과의 대화

이때 **자선**(慈善)이 기독도의 말끝에 끼어들면서 질문했다.

아름다운 궁전에서 교육받는 기독도

자선 : "당신은 가족이 있나요? 결혼은 했습니까?"
기독도 : "네, 아내와 네 명의 아들이 있습니다."
자선 : "왜 그들을 데려오지 않았습니까?"
그 말을 들은 기독도는 고개를 숙이고 눈물을 흘리면서 대답했다.
기독도 : "아! 저는 가족과 함께 오기를 얼마나 원했는지 모릅니다. 그러나 아내와 아들들이 모두 저와 함께 순례 길을 떠나는 것을 거절했습니다."
자선 : "그렇지만 가족들이 그곳에 남아 있으면 멸망할 수밖에 없다는 것을 깨닫도록 설득해야 하지 않았을까요?"
기독도는 어깨를 들썩이며 손짓을 해가면서 대답했다.
기독도 : "물론 그렇게 했습니다. 그뿐만 아니라 하나님께서 저에게 그 땅이 머지않아 멸망할 것을 미리 보여주셨다고 말했습니다. 그러나 그들은 저의 말을 농담처럼 여겼고 도무지 믿지 않았습니다"(창 19:14).
자선 : "그러면 당신은 그들이 당신의 충고를 받아들이도록 도와주시라고 하나님께 은혜를 구하는 기도를 해보시지 그랬어요."
기독도 : "물론 간절히 기도했습니다. 저에겐 가족보다 더 소중한 사람은 없으니까요."
자선 : "당신이 느끼는 슬픔과 멸망에 대한 두려움에 대해서도 가족들에게 이야기해주었나요? 당신은 세상의 멸망을 확실히 깨닫고 있었던 것 같은데요."
기독도 : "네, 수도 없이 여러 번 계속해서 말했어요. 그뿐만 아니라 가족들은 제 표정, 흐르는 눈물, 멸망에 대한 두려움으로 부들부들 떨고 있는 저의 모습에서 두려움을 느낄 수 있었을 것입니다. 그렇지만 그 모든 것이 저와 함께 떠나도록 충분히 설득하지는 못했나 봅니다."
자선 : "가족들이 왜 당신을 따라오지 않았을까요? 그 이유를 뭐라고 보십니까?"
기독도 : "먼저 제 아내는 세속적인 영화와 물질을 잃는 것을 두려워하는 것 같고, 자식들은 어리석은 젊음의 쾌락에 빠져 제 말이 들리지 않았

나 봅니다. 그들은 이런저런 이유로 저 혼자 떠나도록 내버려 두었지요."

자선 : "혹시 당신의 어리석고 무질서한 삶 때문에 설득력을 잃은 것은 아닐까요?"

기독도 : "물론 제가 그동안 많은 잘못을 저질렀다는 것을 인정합니다. 저는 저의 많은 결점을 알고 있습니다. 저는 또, 다른 사람들을 유익하게 하려고 그들에게 제시한 무슨 주장이나 충고를 그의 인생관으로 재빨리 무용지물로 만들 수 있다는 것을 알고 있습니다. 그래서 저는 제가 잘못된 행동을 함으로써 가족들에게 순례 여행을 떠나는데 반대할 핑곗거리를 주지 않으려고 무척 조심했습니다. 그런데 지의 이리인 조심싱에 내아여 오히려 그들은 제가 너무 용의주도한 사람이라고 비난했습니다. 저의 행위가 그들을 방해했다면, 그것은 제가 하나님께 죄를 짓는 일이나 이웃에게 해를 끼치는 행위를 범하지 않으려고 조심한 것인데 오히려 핑곗거리의 원인이 되었습니다."

자선 : 고개를 끄덕이면서, "사실 가인이 아벨을 미워한 것도 자신의 행위는 악하고 동생의 행위는 의로웠기 때문이었지요(요일 3:12). 만일 당신의 의로운 행위 때문에 가족들이 당신을 비난했다면 가족들은 가인처럼 선하지 못하다는 것을 스스로 보여주는 것입니다. 그래서 가족들이 죄악 중에 멸망 낭해노 그 피가 당신에게는 책임이 없습니다"(겔 3:19).

저녁식사 중의 대화

나는 내 꿈속에서 그들이 저녁 식사가 준비될 때까지 이렇게 함께 이야기를 나누고 있는 것을 보았다. 식사 준비가 다 되자 모두 저녁을 먹으러 식탁에 둘러앉았다. 식탁 위에는 기름진 음식과 잘 익은 포도주가 차려져 있었다. 그들이 식사하면서 나누는 대화는 주로 이 곤고산 언덕의 주인에 대한 것이었는데 예를 들어, 그분께서 여러 가지 일을 하셨고 이러한 일들을 어떤 목적으로 하셨는가, 또 아름다운 궁전을 지은 이유에 대한 것들이었다. 그분은 본래 위대한 전사였고, 사망 권세를 가진 자와 싸워 죽이고 승리했지만, 그분 자신도 상처를 많이 입었다는 내용이었다.

예수님의 이야기를 읽어 주는 네 자매

그 이야기를 들은 **기독도**는 그분을 더욱 사모하게 되었다 (히 2:14-15).

기독도 : "여러분이 말한 대로 그분은 많은 피를 흘리시고 이 큰일을 이루셨음을 저는 믿습니다. 그런데 그분이 하신 승리의 싸움이 더욱 은혜롭고 영광스러운 까닭은 그분께서 자신의 나라와 이 땅의 영혼들을 사랑하는 순수한 마음으로 하셨기 때문이지요."

이 외에도, 식탁에 앉은 사람들은 **십자가**에서 못 박혀 죽으셨다가 살아나신 이후에 그분과 함께 이야기를 주고받았다고 말했다. 그들은 입을 열어 간증했는데, 그분이 직접 말씀하시기를 "**나는 이 세상 누구보다도 가난한 순례자들을 사랑하노라**"라고 말씀하셨다고 했다. 정말 그분처럼 사랑이 충만하신 분은 이 세상 어디에도 없다고 입을 모아 증언했다.

그들은 또 그분이 가난하고 불쌍한 자들을 구원하시기 위해 자신의 영광을 버리셨다는 것과 **시온성**에서도 그분 혼자 거하지 않으시겠다고 거듭 다짐하셨다고 말했다. 또 본래부터 가난하고 거름더미 같은 곳에서 살았던 순례자들을 왕처럼 존귀한 자로 여기시고 대우해주셨다고 증언했다(삼상 2:8, 시 113:7).

평강의 침실

밤이 깊도록 함께 이야기를 나누던 그들은 **하나님**께 은혜를 간구하는 기도를 드린 후 잠자리에 들었다. 그들은 **기독도**를 넓은 이 층 방으로 안내했다. 그 방 이름은 **평강**으로 해가 뜨는 쪽으로 창문이 나 있었다. 아침까지 편하게 자고 일어난 **기독도**는 그날 아침 즐겁게 노래를 불렀다.

"내가 지금 머무는 여기가 어디인가?
순례자들을 사랑하시고 아끼시는 예수님이
긍휼히 여기사 마련하신 아름다운 곳 아닌가,
그분으로 인하여 내 죄 사함을 받고,
나는 벌써 천국 문 앞에 머문다네."

서재

내가 내 꿈속에서 보니, 아침이 되자 모두 일어나 좀 더 대화한 후, 그들은 **기독도**에게 이 집에 보존되어있는 여러 가지 특별하고 진기한 것들을 구경하고 길을 떠나라고 말했다. 그들은 **기독도**를 먼저 서재로 안내해서 아주 오래된 기록물을 보여주었는데 그것은 이 **궁전** 주인의 족보였다.

족보에는 주인께서 영원 전, 곧 태초부터 계신 분의 아들이라고 적혀 있었다. 거기에는 또 주인이 행하신 행적들이 자세히 적혀 있었으며, 자신의 사역을 위해 세웠던 수많은 종들의 이름이 기록되어 있었다. 그리고 주인께서 그 종들을 오랜 세월 동안 온갖 재난에도 불구하고 어떻게 무너지지 않는 곳에 살게 하셨는지 써놓은 기록들이었는데, 그것은 그 종들이 행한 주목할 만한 행적들이었다. 곧 믿음으로 나라를 이기고, 의를 행하고, 약속을 얻어내고, 사자들의 입을 막고, 불의 세력을 멸하고, 칼날을 피하고, 연약한 가운데서 강하게 되고, 전쟁에서 용맹을 떨쳐 이방 사람들의 진을 물리친 것들이었다(히 11:33-34).

그런 다음에 그들은 기록물 중 다른 부분을 읽어 주었는데, 그 기록들은, 이 집의 주인께서 세상의 어느 누구라도, 심지어 과거에 자신의 인격과 행위에 심한 모욕과 핍박을 가했던 사람일지라도 그들을 기꺼이 영접하고 은혜를 베푸셨던 기록이었다.

그 외에도 여러 가지 역사적 기록 문서들을 **기독도**에게 보여주었는데,

그중에는 예언들이 확실하게 성취되고 이루어진 것을 자세히 기록한 문서들이 있었다. 이 예언 성취의 책들은 원수들에게는 두렵고 떨리는 것이지만 순례자들에게는 위로와 평안을 주었다.

무기고

다음날 그들은 **기독도**를 무기고로 데리고 가서, 그들의 주님께서 순례자들을 무장시키기 위해 준비하신 여러 가지 무기들을 보여주었다. 검, 방패, 투구, 흉배, 온갖 기도문, 그리고 영원히 닳지 않는 신 등이 있었다. 그 무기들의 수효가 하늘의 무수한 별만큼이나 많아서 주인을 섬기는 많은 종들을 무장시키고도 남을 만큼 충분했다.

그들은 또한 **기독도**에게 주인의 종들 중 몇 사람이 놀라운 일을 하는데 사용했던 무기들을 보여주었다. 곧 **홍해를 가를 때 사용했던 모세의 지팡이**(출 14:16), **야엘이 시스라를 죽일 때 사용했던 말뚝과 방망이**(삿 4:21), **미디안을 물리칠 때 사용했던 기드온의 항아리와 나팔과 횃불**(삿 7:16-23), 육백 명을 죽였던 **삼갈의 소모는 막대기**(삿 3:31), **삼손이 블레셋 군대를 물리칠 때 사용한 나귀 턱뼈**(삿 15:15), **골리앗을 죽일 때 사용한 다윗의 물매와 돌멩이**(삼상 17:49) 등이 있었고, 또 주님께서 장차 심판 날에 죄인들을 멸하실 칼(살후 2:3-4, 렘 21:9)을 보여주었다. 그들은 기독도를 매우 기쁘게 하는 이러한 많은 놀라운 것들을 보여주었다. 무기고 구경을 모두 마치고 나서 그들은 다시 잠자리에 들었다.

기쁨의 산

나는 꿈속에서 **기독도**가 다음 날 아침 길 떠날 채비를 하고 있는 것을 보았다. 하지만 궁전 사람들은 그에게 하루만 더 머물고 떠나라고 권했다.

그들은 "오늘 날씨가 맑으면 당신에게 **기쁨의 산**을 보여드리겠습니다. 그곳은 여기서 보다 **천국**이 훨씬 더 가깝기에 당신에게 위안이 될 것입니다"라고 말했다. 그래서 **기독도**는 하루 더 머물기로 했다.

그들은 **기독도**를 데리고 궁전 꼭대기로 올라가서 말했다.

가족들 : "남쪽을 바라보세요."

기독도가 남쪽을 바라보니 꽤 멀리 떨어진 곳에 무척 아름다운 산지가 펼쳐져 있었다. 꽃이 만발한 숲과 포도원, 온갖 과일의 열매들이 샘과 폭포와 어우러져 장관을 이루고 있었으며, 그것을 보는 것만으로도 매우 흡족하고 매력적이었다(사 33:16-17).

기독도 : "저곳 이름이 무엇입니까?"

가족들 : "'**임마누엘의 땅**'입니다. 저 산은 이 언덕의 **아름다운 궁전**과 함께 순례자들에게 휴식처로 만들어진 곳입니다. 당신이 그곳 산꼭대기에 올라가면 천성 문을 바라볼 수 있습니다. 또 그곳에 사는 양 치는 목자들도 만나볼 수 있을 것입니다."

전신 갑주

기독도는 다음 날 아침 이제 떠나야겠다는 생각을 하고 채비를 하는데 가족들이 "다시 한번 무기고에 들렸다 가세요"라고 말했다.

무기고에서 그들은 기독도에게 투구, 흉배, 칼 등의 무기로 머리에서 발끝까지 전신 갑주를 입혀주었다. 그가 순례길 도중에 부딪힐 위험에 대비하기 위해서 그렇게 하였다. 그런 다음 기독도는 궁전의 가족들과 함께 궁전 입구 쪽으로 걸어 나갔다. 문에 다다르자 문지기에게 물었다.

기독도 : "혹시 지나가는 순례자는 없었습니까?"

문지기 : "네, 있었습니다."

기독도 : "그 이름이 무엇인지 아십니까?"

문지기 : "그에게 이름을 물어보았더니 **믿음**이라고 하더군요."

기독도 : "아, 내가 아는 사람입니다. 그는 우리 고향 장망성 사람이며 나와 가까운 이웃입니다. 그가 얼마나 앞서갔을까요?"

문지기 : "지금쯤 언덕을 다 내려갔을 것입니다."

기독도 : "잘 알겠습니다. 착한 문지기님! 그동안 친절하게 대해 주셔서 무척 고맙습니다. 하나님께서 당신과 함께 계시고 복 주시기를 바랍니다."

겸손 골짜기로 내려가는 기독도에게 작별 인사하는 네 자매

4

겸손 골짜기와 사망의 음침한 골짜기

겸손 골짜기를 향해서

그 후 기독도가 아름다운 궁전 밖으로 나가자 분별, 경건, 자선 그리고 신중, 네 자매가 그와 함께 산 아래까지 배웅해주겠노라며 따라나섰다. 그래서 그들은 기독도와 함께 전에 나눴던 대화를 계속하면서 곤고산 언덕 아래로 내려갔다.

기독도 : "이 언덕을 올라올 때도 힘들었는데 내려가는 길은 그보다 훨씬 더 힘들고 위태롭네요."

분별 : "네, 맞습니다. 겸손 골짜기를 향해서 가야 하는 길은 그토록 매우 어렵고 힘듭니다. 도중에 미끄러지지 않도록 조심하세요. 그래서 우리가 산 아래까지 함께 내려가는 것입니다."

기독도는 아주 조심스럽게 걸었지만 그래도 한두 번 미끄러졌다.

그때 내가 내 꿈속에서 기독도가 곤고산 언덕을 다 내려가서 산 아래에 도착했을 때, 동행한 가족들이 기독도에게 빵 한 덩이와 포도주 한 병, 그리고 건포도 한 봉지를 건네주고 작별인사를 하는 것을 보았다.

아볼루온과 싸움

겸손 골짜기에 막 접어들어서 걸어가는 기독도에게 아름다운 궁전에서 머무는 동안 신실한 친구들이 들려준 이야기들은 많은 위로와 힘이 되었다. 더구나 그들은 철로 된 각종 무기로 머리에서 발끝까지 전신 갑주를 입혀주었다. 콧노래가 절로 나왔다.

하지만 기독도가 위험을 만나기까지는 오래 걸리지 않았다. 겸손 골짜기에 들어선 후 얼마 가지 않아서 흉측하게 생긴 괴물이 자기를 향해서 들판을 가로질러 오는 것을 발견했다. 그 괴물의 이름은 **아볼루온**이었다. 두려움이 **기독도**를 확 사로잡았다. 뒤돌아가야 할지 길을 계속 가야 할지 망설이다가 돌아가기로 맘먹었다. 그런데 가슴은 흉배로 가렸지만, 등은 가리지 않았다는 생각이 번뜩 떠올랐다. 만일 적에게 등을 보이고 도망간다면 화살로 등을 관통할 것이므로 오히려 적에게 이로울 것이다. 그래서 **기독도**는 악마와 대치하는 위험을 무릅쓰기로 다시 결심했다. 우물쭈물할 시간이 없었다. 앞으로 계속 나아가는 것이 최선의 길이었다.

　드디어 **아볼루온**과 마주쳤다. 물고기처럼 비늘로 덮여 있는 괴물은 너무 흉측해서 보기만 해도 소름이 끼쳤다. 그러나 그것이 그에게는 오히려 자랑거리였다. 그는 용과 같은 날개를 가지고 있었고, 발은 곰의 발처럼 생겼으며 입은 사자의 입 같았는데 뱃속에서 시뻘건 불이 뿜어져 나오고 연기가 솟아 올라왔다. 그는 경멸하는 눈초리로 **기독도**를 바라보면서 질문을 던졌다.

　아볼루온 : "너는 어디서 와서 어디로 가는 놈이냐?"

　기독도 : "나는 멸망의 도시인 **장망성**을 떠나 **시온성**으로 가고 있는 중이다."

　아볼루온 : "**장망성**? 하하! 그렇다면 너도 내 종이로구나. 그 **장망성**이 바로 내 나라 땅에 소속되어 있단 말이야! 잘 알겠지만 나는 이 세상의 왕이고 세상을 지배하는 신이다." 그의 눈이 더욱 옆으로 찢어지면서, "그런데 너는 어찌하여 왕에게서 도망치는 거냐? 네가 더이상 나를 섬기지 않는다면 이 자리에서 당장 너를 때려눕힐 것이다."

　기독도 : "네 말대로 나는 네가 지배하는 나라에서 태어났다. 그러나 너를 섬기는 일은 너무 힘들었다. 네가 주는 삯으로는 살아갈 수가 없었다. 죄의 삯은 사망이기 때문이다(롬 6:23). 그래서 나는 나이가 든 다음 다른 사려 깊은 사람들처럼 나 자신을 변화시킬 방법을 찾게 된 것이다."

　아볼루온 : "세상에 자기 종을 호락호락 놓아줄 왕은 없다. 나도 너를 절대로 놓아주지 않을 것이다. 그러나 네가 나를 섬기는 일과 품삯에 대

해 불평을 하니 내 나라 사정이 허락하는 대로 너를 후대해 주겠다고 이 자리에서 분명히 약속하마. 그러니 이제 안심하고 집으로 다시 돌아가라."

기독도 : 고개를 가로저으면서, "절대로 그럴 순 없다. 나는 영원하신 하나님의 자녀다. 나는 이미 그분께 내 몸을 바쳤다. 그분은 왕 중의 왕이신데 내가 어찌 너에게 다시 돌아가겠느냐?"

아볼루온 : "혹 떼러 갔다가 혹 붙이고 온다는 속담은 네 놈을 두고 한 말이로구나. 그의 종이라고 자칭하고 따라갔던 자들이 얼마 못 가서 배신하고 다시 내게로 돌아온 자들이 얼마나 많은 줄 아느냐? 자! 너도 다시 내게로 돌아와라. 그러면 만사가 잘될 것이다."

기독도 : "나는 이미 나의 왕께 믿음을 드렸고, 그분께 충성을 맹세했다. 내가 어찌 약속을 어기고 돌이킬 수 있으며 배신자로 죽임을 자처한단 말이냐?"

아볼루온 : "너는 나에게도 충성을 맹세하고 나서 배신했지 않느냐? 그러나 나는 너를 기꺼이 용서할 마음이 있다. 만약 네가 다시 돌이켜 너의 고향 장망성으로 돌아간다면 말이다."

기독도 : 손을 들어 가로로 휘저으면서, "어림없는 소리 말아라! 내가 너에게 맹세한 것은 어릴 때 철없어서 그렇게 한 것이다. 또 그러한 나의 과거를 지금 내가 섬기고 있는 주님께서는 모두 용서해주셨다."

기독도는 아볼루온의 두 눈을 뚫어지게 쳐다보면서, "너! 죽음으로 이끄는 멸망의 왕 아볼루온아! 나는 그분의 종이며, 그분을 따르기로 결심했다. 솔직히 말해서, 그분을 섬기는 일과 그분이 주시는 삶, 그분의 다스리심, 그분과 함께 있는 것, 그분의 국가와 나라를 너의 것보다 훨씬 더 좋아한다. 그러니 나를 더이상 설득하려 하지 말고 썩 물러가라!"

아볼루온 : 콧구멍을 벌름거리면서, "너무 흥분하지 말고 냉정하게 마음을 가다듬고 네가 그 길을 계속 간다면 어떤 위험들이 닥칠지 잘 생각해봐라. 그의 종들은 대부분 나를 배신하고 나의 통치를 벗어나 그에게로 간 놈들이다. 그들 중 얼마나 많은 자들이 수치스럽게 죽은 것을 너도 잘 알지 않느냐? 그런데도 그를 섬기는 것이 나를 섬기는 것보다 더 좋다고?

그는 그를 떠나 내 손아귀에 들어온 자들을 구하려고 자기 처소를 떠난 법이 한 번도 없다. 그러나 나는 온 세상이 알다시피 나를 신실하게 섬겼던 자들이 그에게 잡혀갔을 때 무슨 수를 써서라도 구해내고야 만다. 마찬가지로 그에게로 간 너를 구해주려고 지금 내가 왔다."

기독도 : "너는 알지 못하는구나. 그분께서는 종들을 당장 구해주지 않고 일부러 기다리시는 것은 충성심을 시험해 보시는 것이다. 너는 그 종들이 비참한 죽음을 맞는다고 말하지만, 그 종들은 오히려 그 죽음을 기뻐하고 가장 영광스럽게 여긴다. 왜냐하면, 그들은 현재의 구원은 별로 기대하지 않고, 앞으로 그 왕께서 천사들과 함께 영광중에 이 땅에 오실 때에 자신들이 받아 누리게 될 영원한 영광을 알고 있기 때문이다."

아볼루온 : "너는 이미 그를 섬기는데 충실하지 못했다. 그런데 어떻게 품삯을 기대하느냐?"

기독도 : "아볼루온아! 내가 그분께 충실하지 못한 것이 무엇이냐?"

아볼루온 : "우선 너는 장망성을 떠난 지 얼마 되지 않아 낙심의 늪에 빠져 거의 질식할 뻔했을 때 금방 낙담하고 길 떠난 것을 후회했다."

강조하려는 듯 손가락 하나를 펴서 치켜들었다. "둘째로 너는 네 주인이 짐을 벗겨줄 때까지 기다려야 했는데 네 스스로 벗으려고 잘못된 시도를 했다." 두 번째 손가락까지 펴서 치켜든 후에, "또 너는 어리석은 잠에 빠졌다가 귀중품을 잃어버렸고, 사자들을 보고 무서워서 거의 되돌아 갈 뻔했다." 그는 손가락 네 개를 다 편 다음 더이상 펼 손가락이 없자 두 손바닥을 입에 대고 공중을 향해 웅변하듯 소리쳤다. "너는 또 여행담을 이야기할 때에도 은근히 자랑하고 싶어 했다!"

기독도 : 땅바닥을 힐끗 보면서, "그 모든 것이 사실이다. 그리고 네가 말한 것보다 빠뜨리고 말하지 않은 잘못이 훨씬 많다. 그러나 내가 영광스럽게 섬기는 왕께서는 자비로우셔서 긍휼히 여기시고 용서해주셨다." 다시 아볼루온을 쏘아보면서, "그뿐만 아니라 내가 너의 나라에서 너를 섬길 때 몸에 배어 버린 수많은 죄악들을 등에 짊어지고 늘 신음하고 회개했었는데 그것까지도 모두 용서해주셨다.

아볼루온 : 비통한 표정으로 버럭 화를 내면서, "나는 너의 왕과는 철천지원수다. 그의 인격과 그의 법과 그의 백성들을 증오한다." 그는 험악한 표정으로 마치 포효하듯 말을 뱉었다. "나는 일부러 너의 가는 길을 방해하려고 여기에 달려왔다."

기독도는 물러서지 않고 이렇게 외쳤다.

기독도 : "아볼루온아! 나는 지금 하나님의 길, 곧 거룩한 길을 가고 있다. 그러니 날뛰지 말고 얌전히 물러가라."

그러자 아볼루온은 팔을 벌려 길을 가로 막고 서서 소리 질렀다.

아볼루온 : "전혀 두렵지 않다. 나의 지옥의 소굴을 두고 맹세컨대 너는 더이상 한 발짝도 나갈 수 없다. 네 영혼을 여기서 죽여 없애버리겠다."

아볼루온이 순식간에 기독도의 가슴을 향해 불 붙은 창을 던졌지만 기독도는 손에 든 방패로 창을 막으며 몸을 옆으로 피했다.

기독도는 공격해야 할 때라고 생각하고 손으로 칼을 뽑아 들었다. 그러자 아볼루온은 여러 개의 창을 우박처럼 퍼부으며 제압할 수 있는 모든 기술을 동원해 공격해 왔다.

기독도는 머리와 손, 발에 상처를 입고 주춤하며 조금 뒤로 물러섰고,

아볼루온과 싸우는 기독도

아볼루온은 더욱 무서운 기세로 달려들었다. 그러나 기독도는 용기를 내어 그가 할 수 있는 한 최선을 다해 두려움 없이 저항했다. 이 고통스러운 전투는 기독도가 완전히 지칠 때까지 반나절 이상 계속되었다.

기독도는 상처 때문에 피를 흘리며 지칠 대로 지쳤고 기진맥진하여 비틀거렸다. 아볼루온은 기회를 놓칠세라 잽싸게 기독도를 들어 올려 땅바닥에 내리꽂았다. 기독도의 칼이 손에서 떨어져 나갔다. 아볼루온이 송곳니를 드러내고 히죽거리며 웃었다.

아볼루온 : "꼼짝 마라! 이제 끝장이다."

악마 아볼루온은 기독도에게 올라타서 숨이 끊어지도록 짓눌렀다.

기독도는 드디어 죽는구나 하는 절망감으로 신음했다. 바로 그 순간 하나님께서 기독도를 도우셨다. 아볼루온이 선한 사람을 죽이기 위해 최후의 일격을 가하려는 순간 기독도가 손을 내밀어 놓쳤던 칼을 힘차게 움켜잡았다. 그리고 큰 소리로 외쳤다.

기독도 : "나의 대적이여 나로 말미암아 기뻐하지 말지어다. 나는 엎드러질지라도 일어날 것이요 어두운 데에 앉을지라도 **여호와**께서 나의 빛이 되실 것임이로다"(미 7:8).

그와 동시에 기독도는 손에 쥔 칼로 온 힘을 다해 아볼루온을 찔렀다. 그 악마는 치명적인 상처를 입고 뒤로 물러났다.

기독도 : "이 모든 일에 우리를 사랑하시는 이로 말미암아 우리가 넉넉히 이기느니라"(롬 8:37)라고 외치면서 그에게 달려들자 아볼루온은 용 날개를 펼치고 재빨리 공중으로 날아가 버렸다.

기독도는 더이상 그를 볼 수 없었다(약 4:7).

자, 이 전투를 나처럼 직접 보고 들은 사람이 아니고서는 어느 누구도 상상할 수 없을 것이다. 전투가 진행되는 동안 내내 끔찍하게 소리 지르고 용처럼 으르렁거리는 아볼루온의 괴성, 기독도의 심장에서 터져 나오는 한숨과 신음소리, 나는 이 지옥 싸움에서 기독도가 양날의 검으로 아볼루온을 찔러서 치명상을 입히기 전까지 그의 얼굴에서 즐거운 표정을 보지 못했다. 내가 지금까지 본 것 중 가장 무서운 전투였다. 마침내 전투에 승리하고 난 **기독도**는 얼굴에 밝은 미소를 지으며 하늘을 우러러 감사 기도를 드렸다.

"사자의 입에서 나를 건져 주신 분, **아볼루온**과의 싸움에서 나를 도와주신 바로 그분께 감사드립니다"라고 하면서 다음과 같이 찬송했다.

"마귀의 두목 바알세불은
나를 멸망시키려는 흉계를 꾸미고,
아볼루온을 무장시켜 내게 보냈도다.
지옥의 광란으로 맹렬히 나를 공격했으나,
미가엘 천사가 날 도와주고 축복했네.
나의 검에 맞은 악마는 재빨리 도망쳤네.
그러므로 나는 날 구원하신 주님을,
영원히 찬양하고 감사드리며,
그의 거룩하신 이름을 영원히 송축하려네."

그런 후에 생명 나뭇잎을 든 손이 기독도에게 나타났다. 기독도가 그 잎을 받아서 전투 중에 입은 상처에 붙이자 상처가 즉시 아물었다. 기독도는 그곳에 앉아 빵과 포도주를 먹고 마셨다. 신중 자매 일행이 건네주었던 것이다.

식사를 마친 **기독도**는 힘을 얻어 여행을 계속했다. 그는 "가까이에 또 어떤 적이 숨어있을지 누가 알겠는가?"라고 자신에게 말하며 칼을 잡은 손에 힘을 주면서 걸어갔다. 그러나 **겸손 골짜기**를 다 지나기까지 남은 여정은 아무 일 없이 조용했다. 그는 **아볼루온**을 다시 만나지 않았다.

사망의 음침한 골짜기

겸손 골짜기가 끝나자 사망의 음침한 골짜기라는 다른 계곡이 펼쳐져 있었다. **기독도**는 그것을 통과해야만 했다. 왜냐하면, 천성으로 가는 길이 그 방향에 있기 때문이다. 이 계곡은 매우 외딴 곳이었다. 예언자 **예레미야**는 이 계곡을 이렇게 말했다.

'광야 곧 사막과 구덩이 땅, 건조하고 사망의 그늘진 땅, 사람이 그곳으로 다니지 아니하고 그곳에 사람이 거주하지 아니하는 땅'(렘 2:6).

그런데 이 골짜기에서 기독도는 아볼루온과의 싸움보다 훨씬 더 심한 시험을 받아야만 했다.

나는 내 꿈속에서 기독도가 사망의 음침한 골짜기에 다다랐을 때, 두 남자를 만나는 것을 보았다. 그들은 기름진 가나안 땅에 대해서 악평한 사람들의 자손들로서(민 13:32), 급히 되돌아가고 있는 중이었다. 기독도가 그들에게 물었다.

기독도 : "어디로 가시는 길입니까?"

두 남자 : "돌아가고 있어요. 우리는 되돌아가고 있단 말입니다. 당신도 목숨과 평안을 소중히 여긴다면 되돌아가는 것이 좋을 것입니다."

기독도 : "왜요?" 계곡을 바라보면서, "앞으로 가는 길에 무슨 문제가 있습니까?"

두 남자 : "무슨 일이냐고요?" 두 사람은 함께 말했다. "우리는 당신처럼 그 길을 가고 있었소. 우리가 감히 갈 수 있는 데까지 갔었지요. 사실 조금만 더 갔더라면 이 소식을 전하러 여기 오지도 못했을 것입니다."

기독도 : "하지만 당신들은 무엇을 만났기에 그러십니까?"

기독도는 몹시 궁금했다.

그 남자들은 서로를 마주 본 후 기독도를 다시 보면서 말했다.

두 남자 : "우리는 사망의 음침한 골짜기 속으로 거의 다 들어갔었소. 그런데 운 좋게도 우리 앞에 있는 위험을 볼 수 있었습니다."

기독도 : 얼굴에 좌절의 기색이 역력한 채, "뭡니까? 무엇을 보았지요?"

두 남자 : "보았어요. 무엇을 보았느냐 하면…" 그들은 몸을 바짝 숙이고 귓속말로 거의 속삭이듯이 말했다. "바로 칠흑같이 어두운 골짜기 자체가 큰 위험이었어요. 골짜기 속에 용들과 도깨비, 각종 괴물들이 우글거리고 있었소. 그뿐만 아니라 귀신의 울음소리, 짐승들의 괴성, 계속 질러대는 비명소리들이 울렸는데 그 비명소리는 쇠사슬에 묶인 채 갇혀서 참담한 고통을 이기지 못해서 괴로워하는 사람들의 외침 같았어요. 그리

고 죽음의 그림자가 날개를 펄럭이며 맴돌고 있었으며 혼란의 구름이 계곡 위에 드리워져 있어서 그야말로 무질서한 공포의 아수라장이었어요"(욥 10:22).

기독도는 긴장을 풀려는 듯 숨을 한 번 깊이 들이마신 후 천천히 내쉬었다.

기독도 : "당신들이 말하는 그곳을 나는 아직 보지 못했지만, 이 길이 내가 바라는 천성으로 가는 확실한 길이라는 생각에는 변함이 없습니다"(시 44:18-19).

두 남자 : 어깨를 으쓱해 보이면서, "당신 생각이 정 그렇다면 맛대로 가보세요. 우리는 우리의 결정대로 되돌아가겠습니다."

기독도는 그들과 헤어지고, 언제 공격을 당할지 몰라 칼을 뽑아서 손으로 단단히 잡은 채 길을 나섰다.

그리고 나서 나는 내 꿈속에서 계곡 전체의 윤곽을 볼 수 있었다. 계곡 오른쪽에는 매우 깊은 구덩이가 길게 뻗어 있었다. 이 구덩이는 오랫동안 시각장애인이 시각장애인을 인도하다가 둘 다 빠져 비참하게 죽게 한 그 구덩이였다. 또 왼쪽에는 몹시 위험한 수렁이 있었는데 그 수렁은 바닥이 닿지 않는 진흙탕 늪이었다. 어떤 착한 사람이라도 그 늪에 한 번 빠지면 딛고 설 수 있는 밑바닥이 없어서 계속 밑으로 빨려 들어가야만 했다. 다윗 왕도 한때 그 수렁에 빠졌었는데 하나님께서 그를 건져 주시지 않았다면 틀림없이 거기서 질식해 죽었을 것이다(시 69:14).

기독도는 어둠 속을 계속 걸어갔다. 가면서 오른쪽에 있는 구덩이에 빠지지 않도록 조심했지만 그럴 때마다 왼쪽의 진창 속으로 넘어갈 뻔했다. 이처럼 그가 만일 왼쪽의 진창길을 피하려고 하면, 오른쪽의 구덩이에 빠질 위험이 있고, 오른쪽의 구덩이를 조심하면 왼쪽의 진창에 빠질 위험에 처한다는 것을 알았다.

이런 상황에서도 그는 계속 앞으로 나아갔다. 구덩이와 수렁의 위험 외에도 길이 너무 어두워서 앞이 보이지 않아 발로 어디를 디뎌야 할지 알 수 없어서 **기독도**의 입에서 깊은 한숨이 저절로 흘러나왔다.

사망의 음침한 골짜기에서 더듬거리는 기독도

나는 골짜기의 중간쯤에서 지옥의 입구를 보았다. 그것은 좁은 길옆에 바짝 붙어서 입을 벌리고 있었다. 기독도는 지옥에서 피어오르는 불꽃과 연기 때문에 어떻게 해야 할지 막막했고 무시무시한 울음소리들은 그를 오싹하게 하고 긴장시켰다. 이러한 모든 상황은 아볼루온이 그랬듯이 기독도의 칼을 비웃고 있었다. 그는 칼을 칼집에 꽂고 나서, 만능이라 불리는 또 다른 무기를 사용해야만 했다. 그것은 곧 기도였다(엡 6:18).

기독도는 내가 듣는 데서 몹시 다급한 음성으로 목청껏 소리를 질렀다.

기독도 : "오, 주여! 내 영혼을 건져 주옵소서!"(시 116:4).

그런 다음 기독도는 꽤 오랫동안 계속 길을 가고 있었다. 여전히 불길은 그를 삼킬 듯이 널름거렸고 불길한 울음소리는 고막이 터질 듯이 울려 퍼졌다. 그런 속을 걸어가는 기독도는 순간순간 무엇인가가 나와서 그의 몸을 갈기갈기 찢을 것 같은 착각이 수없이 들었다.

그는 이 무서운 광경과 무시무시한 소음에 둘러싸인 채 몇 킬로를 천천히 나아갔다. 마침내 한 무리의 악마들이 그를 만나기 위해 다가오는 소리가 들렸다. 그는 즉시 멈춰 섰다. 되돌아가는 것이 그가 할 수 있는

I-4 겸손 골짜기와 사망의 음침한 골짜기

최선이라는 생각이 계속 떠올랐다.

몸을 돌리려는 순간, 그는 지금쯤 계곡의 절반은 건너왔을 거라는 생각이 퍼뜩 떠올랐다. 중간까지 오는 동안 이미 수많은 위험을 극복했다는 생각이 들었고, 그렇다면 앞으로 가는 것보다 뒤돌아가는 위험이 훨씬 더 클지도 모른다는 생각이 들었다. 그래서 그는 계속 나아가기로 결심했다. 그러나 그 악마들은 그가 서 있는 곳으로 점점 더 가까이 다가오고 있었다. 칠흑같이 깜깜해서 앞을 볼 수는 없지만 악마들이 바로 눈앞까지 다가온 것 같았을 때 기독도는 갑자기 큰 소리로 부르짖었다.

기독도 : "나는 나의 주 하나님의 힘으로 살리라!"

그러자 그 악마들은 뒤로 물러갔고 더이상 오지 않았다.

내가 꼭 언급해야 할 것이 한 가지가 있는데 그것은, '한없이 불쌍한 기독도가 눈물겹도록 너무너무 안쓰러워 보였다는 것'이다. 내가 그를 보고 있을 때 그는 자신의 목소리조차 누구의 말인지 모르는 것 같았다. 그가 불타는 지옥 구덩이 입구에 이르렀을 때, 악한 마귀 하나가 그에게 몰래 다가가는 것을 보았다. 그 마귀는 기독도의 귀에 대고 하나님을 모독하는 말을 소곤소곤 속삭였다.

기독도는 이런 하나님 모독이 자신의 마음에서 비롯되었다고 착각했고 그 생각은 기독도 자신을 몹시 괴롭혔다. 그는 자신을 너무 사랑했던 하나님을 모독했다는 죄책감으로 순례를 계속하는 동안 내내 괴로워했다. 사실, 이 책에서 기독도가 전에 만났던 그 어떤 것보다도 큰 시험이었다.

만약 그가 마귀의 정체를 알 수 있었다면, 그는 그것을 허락하지 않았을 것이다. 그는 자신의 귀를 막아버리거나, 이러한 악행의 진짜 근원인 마귀를 알 수 있는 안목을 가지고 있지 않았다.

이렇듯 기독도가 우울한 마음으로 계곡을 걷고 있을 때, 앞쪽에서 어떤 사람의 목소리가 들렸다. "내가 사망의 음침한 골짜기로 다닐지라도 해를 두려워하지 않을 것은 주께서 나와 함께 하심이라 주의 지팡이와 막대기가 나를 안위하시나이다"(시 23:4).

그 말을 듣자 기쁨이 기독도를 사로잡았다. 그 이유는,

첫째, 그가 들은 대로, 하나님을 두려워하는 다른 사람들이 자기와 함께 이 계곡에 있다는 것을 알았기 때문이고,

둘째, 이렇게 어둡고 음산한 곳에서도 그들과 함께 계시는 하나님을, 비록 골짜기의 여러 가지 위험과 장애물로 인해 느끼지 못했지만 자신과도 함께 계셨음을 깨달았기 때문이고(욥 9:11),

셋째, 그는 자신이 혼자라고 생각했는데 앞서가는 남자와 만나 친분을 쌓을 희망이 생겼기 때문이다.

마침내 아침 해가 밝아왔다. 기독도는 "**여호와께서 사망의 그늘을 아침으로 바꾸셨다**"(암 5:8)라고 외쳤다.

이제 새로운 날을 맞이하여, 그는 뒤를 돌아보았다. 그가 왔던 길로 돌아가고 싶어서가 아니라, 어둠 속에서 그가 어떤 위험을 헤쳐왔는지 더 똑똑히 보고 싶어서였다.

그는 한쪽의 구덩이와 다른 한쪽의 수렁을 훤히 볼 수 있었고, 그 사이에 놓여 있는 길이 얼마나 좁았는지도 알 수 있었다. 그는 또한 구덩이의 귀신들과 도깨비와 용들을 멀리서 볼 수 있었지만, 그들은 가까이 오는 것을 꺼려했다.

그러나 기독도는 그들을 보고 '**어두운 가운데에서 은밀한 것을 드러내시며 죽음의 그늘을 광명한 데로 나오게 하신다**'(욥 12:22)라는 말씀을 이루셨다고 했다.

기독도는 지금까지 혼자 여행하는 도중에 당한 모든 위험을 극복했다는 사실이 무척 감격스러웠다. 그는 비록 어느 때보다도 그들을 두려워했었지만, 낮의 밝은 빛이 그들을 노출 시켰기 때문에, 이제 이러한 위험들을 눈으로 볼 수 있었다.

그래서 점점 떠오르는 태양은 기독도에게 한없는 축복이요 은혜였다. 왜냐하면, 이미 지나온 죽음의 계곡의 첫 부분도 위험했지만, 앞으로 가야 할 남은 이 두 번째 부분은, 훨씬 더 위험할 수 있기 때문이다.

그가 지금 서 있는 곳에서부터 계곡 끝에 이르는 동안에 길 양편에는 뱀들뿐만 아니라 온갖 덫과 함정, 괴물들이 널려 있었고 위험한 갈림길들

I-4 겸손 골짜기와 사망의 음침한 골짜기

로 얽혀 있었다. 만일 캄캄하고 어두운 밤이었더라면, 아마 그의 목숨이 천 개라도 모두 잃었을 것이다. 그렇지만 태양은 이제 떠올랐고 밝은 햇빛 아래서 앞을 살펴보면서 안전하게 걸어갈 수 있었다. 그때에 기독도가 말했다. "그때에는 그의 등불이 내 머리에 비치었고 내가 그의 빛을 힘입어 암흑에서도 걸어 다녔느니라"(욥 29:3).

기독도가 드디어 골짜기 끝에 도착했다.

나는 내 꿈속에서 일찍이 이 길로 갔던 순례자들의 피 묻은 옷가지와 뼈들과 유골들이 골짜기 끝에 여기저기 널려 있는 것을 보았다. 나는 이러한 유골들이 왜 여기에 이렇게 쌓여있을까 하고 곰곰이 생각한 끝에, 바로 앞에 있는 동굴을 발견했다. 그 동굴에는 교황(敎皇)과 이교도(異敎徒) 두 거인이 오래전부터 살고 있었는데, 이들이 온갖 권력과 폭정으로 그 앞을 지나가는 순례자들을 죽였기 때문에 이처럼 유골들이 쌓여 있었던 것이다.

하지만 기독도는 그 앞을 무사히 지나갔고, 그것을 보고 있던 나는 다소 의아해했다. 알고 보니 이교도는 이미 오래전에 죽었고, 교황은 아직 살아있지만, 이미 늙었고 또 젊은 시절부터 일삼았던 폭력 때문에 심한 관절통으로 걸을 수가 없어서, 단지 동굴 앞에 앉아서 지나가는 순례자들을 보고도 이를 갈면서 히죽거릴 뿐이었던 것이다. 그래서 기독도가 무사히 그 앞을 통과할 수 있었다.

늙은 교황이 기독도를 보고 "너는 더이상 갈 수 없다!"라고 소리 지르면서도, 기독도에게 다가갈 수 없어서 히죽거릴 뿐 해를 끼치지 못했다. 그 앞을 평안히 지나간 기독도는 다음과 같이 노래를 불렀다.

"아, 얼마나 놀라운 세상인가, (나는 이렇게밖에 말할 수 없네)
그 많은 환난에서 나는 구원 받을 수 있었다네,
칠흑 같은 어두움과 마귀, 지옥 불꽃, 죄의 위험들이
이 골짜기에서 나를 에워쌌고,
덫과 함정과 올무와 사악한 그물들이 하도 많아서,

그 길을 가야만 했던 연약한 나는,
얽히고, 붙잡히고, 넘어질 수밖에 없었다네,
그럼에도 나를 살리셨으니,
나는, 날 건지신 예수님께 면류관을 드리리."

사망의 음침한 골짜기 끝에서 교황을 만나는 기독도

5

기독도와 믿음의 동행

믿음을 만나다

　기독도는 순례자들이 길을 가다가 앞을 바라볼 수 있도록 마련한 작은 언덕 위에 올라갔다. 거기서 보니 저만큼 앞에 믿음이 걸어가고 있었다.
　기독도 : "여보세요! 여기요! 여기! 기다리세요. 나와 같이 갑시다."
　믿음이 뒤를 돌아보았다. 기독도는 다시 소리쳤다.
　기독도 : "내가 당신에게 갈 때까지 기다리세요."
　믿음 : "아니에요! 그럴 수 없어요. 피의 보복자가 따라오고 있기 때문에 목숨이 위태로워요."
　이 대답을 들은 기독도는 약간 놀랐다. 그는 힘껏 달려서 믿음을 따라 잡았을 뿐 아니라 오히려 그보다 약간 앞질러버렸다. 나중 된 자가 먼저 된 셈(미 20:16)이었다. 기독도는 우쭐한 자만심으로 의기양양하다가 그만 발을 헛디뎌 넘어지고 말았다. 믿음이 다가와 그의 손을 잡고 일으켜 세웠다.
　그 후 나는 꿈속에서 두 사람이 서로 매우 다정하게 함께 걸으며, 순례 중에 있었던 여러 가지 일들에 대해, 즐겁게 대화를 나누면서 걸어가는 것을 보았다.
　기독도가 먼저 이야기를 시작했다.
　기독도 : "나의 존경하고 사랑하는 믿음 형제님, 내가 당신을 따라잡은 것이 매우 기쁩니다. 하나님께서 우리의 영혼을 강한 손으로 지켜 주셨기 때문에, 이렇게 즐겁게 만나서 함께 걸을 수 있게 되었습니다."
　믿음 : "친애하는 기독도 씨, 우리 동네에 있을 때 당신과 함께 떠날 생

기독도의 손을 잡아 일으키는 믿음

각을 했었는데 당신이 나보다 한발 앞서 떠났지요. 그래서 나는 혼자 힘으로 여기까지 와야 했습니다."

　기독도 : "당신이 나를 따라나서기 전에 장망성에 얼마나 더 오래 머물렀습니까?"

　믿음 : "당신이 우리 도시를 떠나자마자, 머지않아 하늘에서 유황불이 내려서 온 도시를 불태워 버릴 거라는 소문이 퍼졌지요."

　기독도 : "뭐라고요? 이웃 사람들이 정말로 그런 말을 했단 말입니까?"

　믿음 : "네, 그렇습니다. 한동안 그 이야기가 모든 사람의 입에 오르내렸지요."

　기독도는 얼굴을 찡그리며 이맛살을 찌푸렸다.

기독도 : "그런데도 다른 사람들은 위험을 피하여 장망성을 떠나지 않았단 말입니까?"

그 말에 믿음은 두 손바닥을 위로 들어 올리면서 어깨를 으쓱한 다음 체념한 듯 양손을 옆으로 내동댕이쳤다.

믿음 : "제가 말한 것처럼 그런 소문이 자자했지만, 저는 그들이 정말로 그것을 믿는다고 생각하지 않았어요. 그런 소문 중에도 사실 몇 사람에게서 당신을 비웃는 소리를 들었어요. 그들은 당신의 순례 여행을 탐탁지 않게 여기면서, 모든 것을 실패하고 필사적으로 도망간 여행이라고 말했어요. 하지만 저는 우리 도시가 머지않아 하늘에서 불과 유황이 쏟아서 멸망할 것을 믿었고, 그래서 저는 탈출하려고 결심했습니다."

기독도 : "우리 이웃 변덕쟁이 씨에 대한 소식은 없었습니까?"

믿음 : "네, 기독도 씨. 나는 그가 당신을 따라나섰다는 것을 들었는데, 낙심의 늪에 빠졌다고 말하는 사람도 있었습니다. 그는 그 사실을 숨겼으나 그가 더러운 진흙탕을 뒤집어쓰고 돌아온 것을 봐서 틀림없었어요."

기독도 : "이웃 사람들은 그에게 뭐라고 했습니까?"

믿음 : "그가 돌아온 이후 사람들로부터 심한 조롱을 받았어요. 그를 무시하고 경멸할 뿐만 아니라 아예 일을 시키지 않았어요. 그래서 그가 직장을 구하지 못해 애초에 도시를 떠나기 전보다 지금은 일곱 배나 더 가난합니다."

그 소식은 기독도의 마음을 아프게 했다.

기독도 : "그런데 그들은 변덕쟁이 씨가 포기한 길을 욕하면서도 왜 그가 돌아온 것을 못마땅하게 여기는 것일까요?"

믿음은 아무 말 없이 한참을 생각한 후에 말했다.

믿음 : "사람들은 그를 변절자라고 말하며 약속을 어겼으니 매달자고 말했지요. 그러나 내 생각은 하나님께서 충실하지 못한 그에게 진노하사 마을 사람들을 부추겨서 그를 벌하도록 하셨다고 봅니다"(렘 29:18-19).

기독도 : "당신은 마을을 떠나기 전에 그와 얘기할 기회가 있었나요?"

믿음 : "길에서 딱 한 번 그를 보았지만, 그는 마치 자신의 일을 부끄러

워하는 것처럼 말없이 길 건너편에 서 있었습니다."

기독도 : 땅을 내려다보며 침통한 어조로, "처음에 그와 함께 길을 떠날 때는 저도 그에게 기대를 많이 했었습니다."

슬픔에 찬 눈으로 믿음을 돌아보면서, "하지만 지금 저는 그가 장망성이 멸망하는 날 함께 죽을까 봐 두렵습니다. '개가 그 토하였던 것에 돌아가고 돼지가 씻었다가 더러운 구덩이에 도로 누웠다'(벧후 2:22)라는 말씀과 같이 그에게도 이러한 일이 일어났기 때문입니다."

믿음 : "동감이에요. 저도 그렇게 될까 봐 두렵습니다. 그러나 누가 감히 장차 일어날 일을 막을 수 있겠습니까?"

기독도 : "오, 당신은 참 믿음직스럽네요. 이제 그 얘기는 그만하고 우리 이야기 좀 합시다. 지금 여기까지 오면서 무엇을 보고, 어떤 것들을 만나고 경험하셨나요? 오면서 여러 가지 일들을 겪으셨을 테까요."

음탕의 유혹

믿음은 대답을 주저하지 않았다.

믿음 : "저는 당신이 빠진 낙심의 늪을 피해서, 그 위험을 겪지 않고 좁은 문으로 바로 들어갈 수 있었습니다. 하지만, 저를 유혹하려는 음탕이라는 여인을 만났습니다."

기독도 : "그녀의 덫에서 벗어났다니 다행이네요. 요셉은 애굽에서 그 여인에게 시험받았을 때, 당신처럼 그 여인을 피하였겠죠. 그렇지 않았다면 요셉은 목숨을 잃었을 것입니다(창 39:11-13). 그런데 그 여자가 당신한테 무슨 짓을 한 거죠?"

믿음 : "그녀와 직접 대화를 나누어 보지 않고서는 그녀가 얼마나 달콤한 말로 아양을 떠는지 상상할 수 없을 것입니다."

기독도 : "그러니까 그녀는 당신에게 선한 양심을 만족시켜 주겠다고는 하지 않았겠죠?"

믿음 : "아니요. 전혀요. 그녀는 온갖 정욕적 쾌락을 약속하면서 육감적으로 만족시켜 주겠다고 유혹했어요."

I-5 기독도와 믿음의 동행 105

믿음을 유혹하는 음탕 여인

　기독도 : "휴!" 나지막하게 휘파람을 불었다. "'음녀의 입은 깊은 함정이라 여호와의 노를 당한 자는 거기 빠지리라'(잠 22:14)라고 하셨는데 하나님께서 그녀의 유혹을 피할 수 있게 하셨으니 감사합니다."
　믿음 : "맞습니다. 그러나 솔직히 말해서 저는 내가 완전히 그녀의 유혹을 벗어났는지 아닌지 확신할 수 없습니다."
　기독도 : 의아하다는 듯, "왜 그런 말씀을 하시죠? 저는 당신이 그녀의 유혹에 넘어가지 않았다고 믿습니다만, 그렇지 않습니까?"
　믿음 : "물론 저는 그녀와 함께 제 자신을 더럽히지 않았습니다. 저는 제가 읽은 말씀을 떠올렸습니다. '그녀의 발걸음이 지옥으로 내려간다'(잠

5:5). 그래서 저는 그녀의 매혹적인 몸매에 제 자신이 홀리는 것을 막기 위해 눈을 감아버렸죠(욥 31:1). 그러자 그 여인은 화가 나서 저에게 달려들었고, 저는 곧 길을 떠났습니다."

첫 사람 아담

기독도: "오는 도중에 또 다른 공격은 받지 않았나요?"

두 사람은 길을 가면서 기독도가 묻고 믿음이 대답하면서 계속 걸었다.

믿음: "제가 곤고산 중턱에 이르렀을 때 아주 나이 많은 옛사람을 만났는데, 그는 제가 누구인지, 어디로 가고 있는지를 물었지요. 저는 그에게 천국으로 가는 순례자라고 대답했습니다. 그러자 그가 '당신은 보아하니 정직한 사람 같은데, 내가 품삯을 줄 테니 나와 함께 살지 않겠소?'라고 말하더군요. 그래서 제가 당신은 어디서 사는 누구냐고 물었지요. 그랬더니 그가 '내 이름은 첫 사람 아담이고 속임수라는 마을에 살고 있소'(엡 4:22)라고 대답했습니다. 그래서 또, 내가 일을 한다면 어떤 일을 해야 하며 임금은 얼마나 줄 수 있느냐고 물었더니 '해야 할 일은 많은 쾌락거리들을 즐기는 일이고, 품삯으로는 당신을 우리 가족의 완전한 상속인으로 만들어 주겠소.'라고 대답했습니다. 저는 그에게 어떤 집에서 어떤 하인들을 데리고 사느냐고 물어봤습니다.

그는 자신의 집에는 세계의 사치품들로 가득 차 있고, 그의 하인들은 그의 자식들이라고 설명했지요. 얼마나 많은 아이를 가졌는지 물었더니 딸 셋뿐이라고 하더군요. 딸들의 이름은 '육신의 정욕', '안목의 정욕', '이생의 자랑'이라고 말했습니다"(요일 2:16).

믿음의 대답은 계속되었다.

믿음: "그는 제가 원하기만 한다면 자기 딸들과 결혼할 수 있다고 말했어요. 그리고 얼마 동안 당신과 함께 살아야 하느냐고 물었더니, 그는 자신이 죽을 때까지 살아야 한다고 말했습니다."

기독도: "그래서 어떻게 결정하셨나요? 결국 노인과 당신 사이에 합의가 이루어졌나요?"

믿음 : "음, 처음에는 그 노인의 말이 솔깃했었지요. 그러나 제가 그와 이야기할 때 그의 이마를 쳐다보니까 '옛사람을 그 행위와 함께 벗어 버리라'(골 3:9)라고 씌어 있었어요."

기독도 : "그래서 어떻게 했습니까?"

믿음 : "그 노인이 온갖 듣기 좋은 말로 유혹하고 있지만 저를 일단 자기 집으로 유인한 후 노예로 팔아버릴 것이라는 생각이 번쩍 들었어요. 그래서 나는 그에게 당신의 집 문 가까이도 갈 생각이 없으니까 나를 더 이상 설득하려는 말을 그만두라고 쏘아붙였지요. 그러자 그는 나에게 욕설을 마구 퍼부으면서 저를 따라다니며 괴롭힐 사람을 딸려 보내겠다고 했습니다.

그래서 저는 그에게서 떠나려고 맘먹고 막 돌아서려는 순간 그가 저의 옆구리 살을 움켜쥐고 얼마나 세게 비트는지 저는 몸의 살점이 떨어져 나가는 줄 알았습니다. 제가 너무 아파서 '오호라 나는 곤고한 사람이로다'(롬 7:24)라고 소리치면서 산 위로 도망갔지요. 산 중턱쯤 올라갔을 때 뒤를 돌아다보니 바람처럼 빨리 뛰는 남자가 나를 뒤쫓아 오는 것을 보았습니다. 그는 그늘진 쉼터가 있는 정자에서 나를 따라잡았지요."

두들겨 패는 모세

기독도 : "저도 그 정자에서 앉아 쉬었습니다. 쉬다가 깜빡 잠이 들어서 가슴 속에 있던 이 두루마리를 잃어버린 곳이랍니다."

믿음 : "나머지 이야기를 마저 하겠습니다. 기독도 씨!" 기독도를 한 번 쳐다본 후, "그 사람이 나를 따라잡자마자 다짜고짜로 저를 들어서 땅바닥에 내리꽂았어요. 저는 죽은 사람처럼 기절해서 쭉 뻗어버렸습니다. 한참 후 제가 정신을 좀 차리고 나서 '당신이 누군데 나를 이렇게 때리느냐'라고 물었지요. 그는 제가 첫 사람 아담을 몰래 좋아했기 때문이라고 말했습니다. 그러면서 그는 또 한 번 저의 가슴을 쳐서 때려눕혔습니다. 저는 또 기절해서 그의 발 앞에 쭉 뻗고 구겨져 있었습니다."

믿음은 숨을 한 번 깊이 들이마셨다가 내 쉬고 나서 말을 이어 갔다.

친구들에게 따돌림 당하는 믿음

믿음 : "제가 두 번째 정신을 차리고서 그 남자에게 자비를 베풀어 달라고 울부짖었어요. 그는 '나는 자비를 어떻게 베푸는지 모르는 사람이다.'라고 말하면서 다시 나를 땅바닥에 쓰러뜨렸어요. 그때 어떤 사람이 찾아와 '공격을 중단하라'라고 말하지 않았더라면 그는 저를 끝장내버릴 것이 분명했었지요."

기독도 : "찾아온 분이 누구였습니까?"

믿음 : "처음에는 그분을 알아보지 못했어요. 그분이 제 옆을 지나가실 때 그 손과 옆구리에 구멍이 있는 것을 보았지요. 그래서 그분이 우리 주님이라는 것을 알았어요. 그런 다음 언덕을 계속 올라갈 수 있었습니다."

기독도 : "당신을 때린 사람은 모세입니다. 그는 아무도 용서해주는 법이 없고, 율법을 어긴 사람에게 절대로 자비를 베풀지 않습니다."

믿음 : "물론 나도 잘 압니다. 내가 그 사람을 만난 것이 처음이 아니기

때문입니다. 제가 장망성에서 아무 걱정 없이 살고 있을 때 그가 나를 찾아왔었지요. 제가 계속 그곳에 머물러 있으면 집을 몽땅 불태워 버리겠다고 말했었지요."

불만

기독도는 산꼭대기에 있는 궁궐에서 지낸 시간을 생각하며 물었다.

기독도 : "당신이 모세를 만난 바로 그 산 위에 서 있는 궁궐을 보지 못했습니까?"

믿음 : "물론 보았습니다. 그 집 앞을 지나면서 사자들도 보았지요. 그러나 때가 정오여서 사자들이 잠들어 있는 것 같았습니다. 해가 많이 남아 있어서 문지기 옆을 지나서 산 아래로 내려왔었습니다."

기독도 : "문지기가 당신이 지나가는 것을 보았다고 말했어요. 그렇지만 당신이 그 집에 잠시 머물렀더라면 좋을 뻔했습니다. 그들은 많은 희귀한 보물들을 보여줬을 것이고, 당신은 아마 그것을 죽을 때까지 잊지 못할 것입니다. 그리고 곤고산 언덕을 내려온 후 겸손 골짜기에서 만난 사람은 없었습니까?"

믿음 : 눈살을 찌푸리면서 기억을 떠올렸다. "네, 있었어요. 불만이라는 자였는데 그는 저에게 함께 돌아가자고 끈질기게 설득했어요. 그는 겸손 골짜기에는 어떤 명예도 얻을 수 없고 또 어리석게 그 길을 계속 간다면 자존심, 거만, 자기기만, 세상영광 등 모든 옛 친구들을 배신하는 행위이고, 그들이 매우 불쾌하게 생각할 것이라고 말했습니다."

기독도 : "그래서 어떻게 대답하셨어요?"

믿음 : "제가 그에게 이렇게 대답했지요. 비록 그들이 내 친구인 것은 사실이지만 세속적인 육신의 친구들이기 때문에 내가 순례자가 되어 새사람이 된 후로 당연히 그들이 나를 멀리했고, 나 또한 같은 이유로 그들과 멀어졌습니다. 그러므로 그들은 과거의 육신적 친구였지 지금 영적으로는 더이상 친구가 아닙니다. 그리고 불만 씨가 이 골짜기에 대하여 매우 잘못 알고 있으신데, '겸손은 존귀의 앞잡이요, 교만은 패망의 선봉'(잠

15:33)이라고 했으니, 겸손함은 명예보다 훨씬 좋은 덕목입니다. 명예는 사람을 교만에 빠지게 하기 쉽습니다. 그러므로 저는 우리의 우정을 바탕으로 가치 있게 여기는 세속적인 것을 선택하기보다는, 가장 지혜로운 영광을 얻기 위해 이 계곡을 계속 걸어가겠습니다."

수치

기독도 : "그 골짜기에서 또 다른 사람을 만나지 않았습니까?"

믿음 : "또, 있었어요. 수치라는 남자였어요. 제가 순례의 길을 걸어오면서 지금까지 만났던 모든 사람들 중에 그는 가장 나쁜 사람일거예요. 다른 사람들은 조금 이야기를 나누고 나면 다소 돌이키는데 이 뻔뻔스러운 수치는 절대로 그렇지 않았습니다."

기독도 : "왜요? 그 사람이 당신에게 뭐라고 말했습니까?"

믿음 : "무슨 말을 했냐고요? 글쎄 들어보세요. 그는 신앙 자체를 반대했고 심하게 비난했지요. 그는 신앙을 가치 있게 생각하는 것은 가련하고, 천박하며, 비열한 일이라고 떠들었죠. 그리고 상냥한 마음은 사내답지 못한 것이라고 말했어요."

믿음은 한숨을 한 번 깊이 쉬고 나서, "그는 심지어, 자신의 용맹을 자유롭게 뽐내는 요즈음 같은 세상에, 신앙인이랍시고 말과 행동을 조심하는 것은 사람을 조롱거리로 만드는 바보짓이라고 말했습니다. 그는 또 오직 소수의 권세 있고, 돈 많고, 똑똑한 사람들만이 자기와 같은 의견을 가지고 있다고 말하면서, 신앙을 통해서 무엇을 얻을지 확실히 알지도 못하면서 쉽게 설득당해서 세상 모든 쾌락을 버리는 것처럼 바보짓이 어디 있느냐고 몰아붙였어요(고전 1:26-28, 요 7:48, 빌 3:7-9). 게다가 그는 예로부터 순례자가 되려는 사람들은 모두 비천하고 무지한 낮은 신분자이고, 현대 자연과학을 이해하지 못하는 자들이라고 비웃었어요.

그 밖에 제가 당신에게 말한 것보다 훨씬 더 많은 문제들을 지적했는데, 예를 들어 설교를 듣고 앉아서 은혜받았다고 징징거리고 울다가도, 나중에 집으로 돌아가서는 한숨을 쉬며 괴로워하는 것은 수치스러운 일이라고 흉을 보았습니다. 그는 심지어 사소한 잘못에 대해 용서를 구한다거나 누군가의 물건을 도둑질한 것을 배상하는 것도 수치스러운 일이라는 겁니다. 그는 종교는 위대하고 훌륭한 사람들이 조그만 악행이나 사소한 실수만 저질러도 비난할 뿐만 아니라, 같은 종교를 믿는 사람들에게는 형제라고 부르면서 비천한 신분자들까지도 받아들이고 존경한다면서, 그는 저에게 '이런 것들은 수치스럽지 않나요?'라고 말했습니다."

기독도는 아까 한 질문을 반복했다.

기독도 : "그래서 당신은 뭐라고 말했습니까?"

믿음 : "솔직히 말해서, 처음에는 뭐라고 말해야 할지 몰라 당황했어요. 그가 저를 너무 세게 몰아붙이니까 창피해서 얼굴이 화끈거렸습니다. 물론 수치란 자는 제가 마치 창피를 당하고 패배감에 거의 질렸을 거라고 여겼겠지만, 마침내 저는 '**사람들에게 높임 받는 것은 하나님께는 미움을 받는 것이다**'(눅 16:15)라는 말씀이 생각났어요.

그래서 수치란 자가 한 말들을 다시 한번 생각해 보았습니다. 그는 인간에 대한 이야기만 묘사했지 하나님과 하나님의 말씀에 대해서는 단 한 마디도 하지 않았다는 것을 깨달았습니다. 그뿐만 아니라 최후의 심판 날에 우리가 영원한 생명과 멸망이 결정되는 것은 이 세상에서 가졌던 자랑과 허세는 아무 소용이 없고 지극히 높으신 분의 지혜와 법에 따라 결정된다는 것을 깨달았습니다. 그러므로 세상 모든 사람이 하나님의 말씀을 반대할지라도 저는 하나님의 말씀이 가장 옳은 것임을 확신했습니다. 하나님께서는 믿음과 온유한 마음을 좋아하시기 때문에 천국에 들어가기 위해서는 이 세상에서 바보 취급을 당하는 사람이 가장 지혜롭고 그리스도를 사랑하는 가난한 사람이 세상에서 가장 위대한 사람보다 더 부유하다고 생각했습니다.

그래서 저는 '나의 구원의 원수인 수치야 물러가라! 내가 하나님의 말씀을 어기고 너를 따를 것 같으냐? 내가 그렇게 한다면 그가 오실 때에 내가 어떻게 그분을 맞이할 수 있겠느냐? 만일 내가 하나님의 종으로서 그의 길을 따르는 것을 부끄러워한다면 어찌 복을 받을 수 있겠느냐!'(막

8:38)라고 소리쳤지요. 하지만 이 수치란 놈은 대단한 악당이었습니다.
 제가 어떻게든지 떨쳐버리려고 애를 썼으나 끈질기게 저를 따라다니면서 끊임없이 저의 귀에 대고 종교에 대한 수많은 약점들을 속삭였습니다. 저는 마침내 그에게 이런 식으로 계속하는 것은 소용이 없다고 선언했지요. 왜냐하면, 그가 경멸하는 것들을 저는 가장 영광이라고 생각하기 때문이지요. 그래서 결국 저는 이 끈질긴 수치란 자를 떨쳐버리고 지나갈 수 있었습니다. 그때 나는 노래를 불렀습니다."

"그들이 겪는 시련은 많고 많으나
순례자는 하늘의 소리를 듣는다네,

육신이 즐기는 다양한 시험은
오고, 오고 다시 올지라도
지금 아니 언제라도 그것들 곁에 넘어지면
빼앗기고, 압도되며, 버림당하나니

오, 천국을 향해 가는 순례자들아,
근신하여 깨어라, 남자답게 물리쳐라."

기독도 : 믿음의 등을 두드리면서, "형제여! 당신이 그 악당을 용감하게 물리쳤다니 무척 기쁩니다. 당신의 말대로 우리가 만난 사람들 중에서 그자는 악한 자 중에 악한 자입니다. 그는 자신의 행동을 부끄럽게 여기기는커녕 좋은 일에 대해 우리를 부끄럽게 하고 창피하게 만들기 위해, 거리에서 우리를 따라다니며 모든 사람 앞에서 나팔을 불었으니 얼마나 대담합니까? 그가 그렇게 대담하지 않았다면, 결코 그렇게 하지 못했을 것입니다. 그러나 우리가 그의 유혹에 빠지지 않는다면 그가 아무리 떠들어 봤자 어리석은 행동일 뿐이지요. 솔로몬이 이렇게 말한 것을 기억합시다. '지혜로운 자는 영광을 기업으로 받거니와 미련한 자의 영달함은 수치가 되느니라'"(잠 3:35).

믿음 : 기독도의 말에 동의하면서, "우리는 그런 자들에게 진리를 담대히 선포할 수 있도록 기도해야 된다고 생각합니다."

기독도 : "저도 동감입니다. 그리고 이미 언급한 사람들 외에 그 겸손 골짜기에서 만난 다른 사람은 없습니까?"

믿음 : "아니요, 없었습니다. 사실 저는 사망의 음침한 골짜기뿐 아니라 첫 번째 겸손 골짜기를 통과하는 내내 햇빛을 즐겼습니다."

기독도 : "그렇다면 제가 경험한 것에 비해 훨씬 좋았군요. 저는 겸손 골짜기에 들어서자마자 그 더러운 아볼루온과 끔찍한 싸움을 겪었습니다."

믿음은 눈이 휘둥그레져서 기독도를 바라보았다.

믿음 : "정말입니까?"

기독도 : "네, 그가 저를 쓰러뜨리고 그의 육중한 몸으로 저를 짓누르려 할 때 '나는 이제 확실히 죽는구나!'라고 생각했지요. 그는 저를 산산조각 낼 작정인 것 같았어요. 그가 저를 내동댕이쳤을 때, 저의 칼이 손에서 날아갔었어요. 그때 그가 '이제 내가 너를 반드시 없애버리겠다'라고 소리쳤어요.

그 순간 저는 하나님께 부르짖었어요. '주여! 살려주세요.' 그분은 제 말을 들으셨고, 저의 모든 고난에서 저를 건져 주셨어요. 그런 후 저는 사망의 음침한 골짜기로 들어갔었는데 그 끔찍한 곳을 지나는 절반은 캄캄한 밤이었어요. 저는 몇 번을 '이제 죽었구나' 하면서 걸어왔는데 마침내 아침 해가 뜨면서 밝은 햇빛 아래서 나머지 골짜기를 조용하고 편안하게 지나올 수 있었어요."

수다쟁이를 만나다

내가 꿈속에서 보니 두 사람이 함께 걸어가고 있었다. 그때 수다쟁이라는 사람이 앞에서 걸어가고 있는 것이 보였다. 그는 키가 크고 가까이보다 약간 멀리 있을 때 더 멋져 보였다. 그 길은 세 사람이 걷기에 충분했다. 믿음이 수다쟁이에게 다가가 말을 걸었다.

믿음 : "여보세요! 어디로 가십니까? 당신도 천국으로 가고 있습니까?"

수다쟁이 : "네 저도 그곳으로 가고 있습니다."

믿음 : "잘됐네요. 우리 함께 길동무가 되어 봅시다."

믿음은 기독도에게 합류하자는 몸짓을 했다.

수다쟁이 : "물론이죠. 길동무가 되어주신다면 저야 기쁘지요." 그는 두 사람에게 보조를 맞췄다.

믿음 : "그럼 우리와 함께 가면서 유익한 대화를 나누어 봅시다."

수다쟁이 : "좋습니다. 유익한 대화는 어느 사람하고도 항상 즐겁습니다. 저는 그런 토론할 수 있는 분들을 만나서 매우 기쁩니다. 사실, 이런 식으로 여행 시간을 보내고 싶어 하는 사람은 별로 많지 않습니다. 대신, 그들은 별로 유익하지 못한 잡담이나 나누곤 하지요. 저는 그런 것을 종종 못마땅하게 생각했습니다."

믿음 : "맞습니다. 무익한 이야기로 시간을 낭비하는 것은 삼가야지요. 하늘에 계신 하나님에 관한 이야기보다 더 가치 있는 이야기가 어디 있겠습니까?"

수다쟁이 : "저는 당신의 그런 자세가 존경스럽네요. 당신이 그렇게 확신 있게 말씀하시니 제가 한 마디 덧붙이겠소. 하나님의 말씀에 대해 이야기하는 것만큼 즐겁고 유익한 것이 또 어디 있겠어요? 예를 들어, 만약 사람이 그런 멋진 이야기들을 즐기려 한다면, 역사, 기이한 일, 표적, 신비한 이야기 등 성경만큼 즐거운 이야기들을 어디에서 또 찾을 수 있겠습니까?"

믿음 : "그건 사실이지만, 그러한 대화의 진짜 목적은 우리가 그 기록들에서 교훈을 얻어야 한다는 것입니다. 그것이 우리가 의도한 바입니다."

수다쟁이 : "내가 말하고 싶은 것이 바로 그 말입니다. 그런 대화를 하다 보면 많은 분야에 대한 지식을 얻을 수 있기 때문이지요. 예를 들어, 이 세상일들의 허무함과 하늘의 일들의 유익함에 대한 지식을 얻을 수 있습니다. 더 구체적으로 말한다면, 새로운 중생의 필요성, 우리의 행위의 부족성, 그리스도의 의의 필요성 등을 배울 수 있을 것입니다.

그밖에 회개, 믿음, 기도, 고난 등을 배울 수 있습니다. 이처럼 유익한 토론을 통해 인간은 복음의 위대한 약속과 위로에 대해 배울 수 있으며, 그러한 지식을 통해 개인적인 위안을 찾을 수 있습니다. 이와 함께 인간은 그릇된 의견을 반박하고, 진실을 정당하게 말하며, 무지한 사람들을 교육하는 법을 배울 수 있을 것입니다."

믿음 : "맞는 말입니다. 당신에게서 이러한 말을 듣게 되어 기쁩니다."

수다쟁이 : "그러나 불행하게도 이런 관점의 대화들이 부족하기 때문에 믿음의 필요성과 행위의 필요성을 깨닫는 사람은 거의 없습니다. 그 결과 그들은 절대로 하늘나라에 들어갈 수 없는 율법의 행위 가운데 무식하게 살아가고 있습니다."

수다쟁이가 말을 끊고 숨을 쉬자 믿음이 재빠르게 끼어들었다.

믿음 : "죄송하지만, 그런 하늘에 관한 지식은 하나님의 선물입니다. 인간의 노력이나 단순한 대화만으로는 그 누구도 하늘의 지식을 얻을 수 없습니다."

수다쟁이 : 손을 가볍게 가로 저으면서, "나는 이 모든 것을 아주 잘 알고 있습니다. 사람이 하늘에서 주지 않으면 아무것도 얻을 수 없고 모든 것이 은혜입니다. 이를 증명할 수 있는 백 개의 성경 구절을 인용할 수 있습니다."

믿음 : 수다쟁이의 눈을 쳐다보면서, "그렇다면, 이제 한 가지 주제를 정해 놓고 그것에 대해 대화를 하면 어떻겠습니까?"

수다쟁이 : "대화가 유익하다면 저는 무엇이든지 좋습니다. 하늘의 것, 땅의 것, 도덕적인 것, 복음적인 것, 신성한 것, 세속적인 것, 과거의 것, 미래의 것, 외국의 것, 우리나라의 것, 필수적인 것들 또는 부수적인 것들에 대해 기꺼이 이야기할 수 있습니다."

믿음은 새로운 여행 친구에게 감탄하면서, 그때까지 약간 떨어져서 혼자 걷고 있던 기독도에게 가까이 다가가서 속삭였다.

믿음 : "정말 용감하고 대단한 순례자를 만났군요. 틀림없이 훌륭한 순례자가 될 것 같네요."

기독도는 입술에 작은 미소를 지으면서 말했다.

기독도 : "당신은 알지 못했겠지만, 당신과 이야기한 이 사람은 수많은 사람을 말로 사로잡을 것입니다."

믿음 : "그러면 그 사람을 알고 있었단 말입니까?"

기독도 : "아는 사람이냐고요? 네, 압니다. 그가 자기 자신을 아는 것보다 더 잘 알고 있습니다."

믿음 : "정말입니까? 그럼 그가 누구인지 말 좀 해보세요."

기독도 : "그의 이름은 수다쟁이이며 우리 마을에 삽니다. 장망성이 큰 도시라는 것은 알지만, 그가 누구인지 모르다니 참 놀랍군요."

믿음 : 머리를 극적 거리면서, "그가 누구의 아들이며 정확히 어디에 살고 있습니까?"

기독도 : "그는 떠버리의 아들이며, 재잘재잘 거리에 살고 있습니다. 재잘재잘 거리의 수다쟁이를 모르는 사람은 없을 것입니다. 말솜씨가 좋기는 하지만 알고 보면 보잘것없는 친구지요."

믿음 : "그렇군요. 꽤 매력적인 남자인 줄 알았는데."

재잘재잘 거리

기독도 : "그를 모르는 사람들에게는 그렇게 보입니다. 그는 멀리서 보면 아주 잘 생겼지만 가까이서 보면 볼품없는 사람입니다. 그가 매력적인 사람이라는 당신의 말을 들으니, 제가 본 어떤 화가의 그림 하나가 생각나네요. 그 작품은 멀리서 볼 때는 썩 잘 그린 것으로 보였는데 가까이 가서 보면 형편없는 것이었습니다."

믿음 : "농담하세요?" 헷갈린다는 표정으로, "당신이 웃으면서 말하기 때문에 저는 그냥 농담일지도 모른다는 생각이 드네요."

기독도 : "제 웃음이 당신을 오해하게 해서 미안합니다. 제가 이것을 웃음거리로 삼거나 이 사람을 서슷으로 비난하는 것을 하나님께서는 금이십니다. 제가 그 사람을 왜 이렇게 말하는지 이해할 수 있도록 그에 대해서 더 자세히 말해드리지요. 이 사람은 대화하는 것이 허락되는 한 어떤 모임에도 끼어듭니다. 그는 지금 당신과 얘기한 것처럼, 같은 이야기를 술집에서도 즐길 것입니다. 그리고 술을 마실수록 말이 더 많아집니다. 그의 마음에서도, 생활에서도, 또는 대화에서도 신앙심이라고는 찾아볼 수가 없습니다. 단지 혀끝으로만 떠들어대는 것이 그의 신앙심의 전부입니다."

믿음 : "정말 믿을 수가 없군요. 그럼 제가 저 남자에게 크게 속았다는 거네요."

기독도 : "속았지요. 하하하! 확실히 속으신 겁니다. '그들은 말만 하고 행하지 아니한다'(마 23:3)라는 말씀을 기억하세요. '하나님의 나라는 말이 아니라 능력'(고전 4:20)에 있습니다. 그는 기도, 회개, 믿음, 거듭남 등을 이야기하고 있지만, 그것은 말뿐입니다. 저는 그의 가족들을 방문하기도 했고 집 안팎에서 유심히 관찰해보았기 때문에 잘 압니다. 제가 말하는 모든 것은 진실입니다. 달걀 흰자위가 맛이 없듯이 그 집은 신앙심이 무미건조합니다. 그들은 기도가 없고 죄에 대한 뉘우침의 흔적도 없습니다. 심지어 그 집에 있는 짐승들이 그보다 더 하나님을 잘 섬길 것입니다. 그를 알고 있는 모든 사람에게 그는 신앙을 가장 불명예와 비난과 부끄러움의 대상이 되도록 만듭니다(시 28:3, 롬 2:24-25).

그가 사는 동네에서는 그를 좋게 말하는 사람이 거의 없습니다. 그를 정말로 아는 모든 사람들은 '밖에서는 성자요 집에서는 악마'라고 말합니다. 그 집에 있는 하인들은 저의 말에 동의할 것입니다. 그는 하인들에게 무례하고, 비열하고, 심한 학대를 하고, 비합리적인 사람입니다. 하인들이 어떻게 말해야 할지, 맡은 임무를 어떻게 수행해야 할지 막막해서 당황하게 만듭니다.

그와 거래를 해본 어떤 사람들은 그와 거래하느니 차라리 구두쇠 터키인과 거래하는 것이 낫다고 말합니다. 할 수만 있으면 사기를 치고 횡령하고 속여서 등을 돌리게 만듭니다. 그는 자기 아들들에게도 자신을 본받으라고 가르치지요. 혹시 선한 양심의 아들이 있으면 그를 바보 멍청이라고 부르면서 일도 시키지 않고 남 앞에서 칭찬해 주지도 않습니다. 제 생각에는, 그의 사악한 생활방식은 앞으로도 많은 사람들을 넘어지거나 쓰러지게 할 것이고, 만일 하나님께서 막지 않으신다면 더 많은 사람을 넘어지게 할 것입니다."

믿음 : "나의 형제여! 나는 당신의 말을 믿지 않을 수 없군요. 당신이

난장판인 수다쟁이의 가정

저 사람을 잘 알 뿐만 아니라, 당신이 그리스도인답게 사람을 평가하기 때문이기도 합니다. 저 사람에게 나쁜 뜻이 있어서가 아니라, 사실대로 말씀한 것 같으니까요."

기독도 : "나도 저 남자를 몰랐다면, 당신과 똑같은 생각을 했을 것입니다. 만일 제가 종교를 배척하는 자에게서 그러한 이야기를 들었다면 저는 그것이 중상모략이라고 여겼을 거예요. 불행하게도 선한 사람들의 이름과 명성이 악한 자들의 입에서 혹평을 당하는 일이 흔히 있으니까요.

하지만 지금까지 언급한 모든 악한 일들과, 그 밖에도 제가 아직 말하지 아니할 악행들로 말미암아 그가 얼마나 사악한 사람이라는 것을 증명할 수 있습니다. 게다가 착한 사람들은 그를 형제나 친구라고 부르지 않습니다. 그를 아는 사람은 얼굴이 붉어지며 수치스럽게 생각합니다."

믿음 : "그렇군요. 이제부터는 말과 행위가 별개라는 것을 주의 깊게 관찰해야겠군요."

기독도 : "영혼과 육체가 다른 것처럼 말과 행위, 그 둘은 확실히 다릅니다. 영혼이 없는 육체는 죽은 시체인 것과 마찬가지로 행위가 따르지 않는 믿음도 역시 죽은 시체인 것입니다. 진정한 믿음의 정신은 실천하는 행위에 깃들어 있습니다. '하나님 아버지 앞에서 정결하고 더러움이 없는 경건은 곧 고아와 과부를 그 환난 중에 돌보고 또 자기를 지켜 세속에 물들지 아니하는 것'(약 1:27)입니다. 그러나 수다쟁이는 이 사실을 알지 못합니다. 오직 듣는 것과 말하는 것으로도 좋은 성도가 될 수 있다고 생각합니다. 결과적으로 그는 자신의 영혼을 속이는 것입니다. 듣는 것은 씨를 뿌리는 작업과 같습니다. 단지 말만 한다고 해서 실제로 마음과 삶에 열매가 맺혔다고 증명하진 않습니다. 최후의 심판 날에 사람은 그들의 열매에 따라 심판받는다는 사실을 알아야 합니다(마 13:23).

그날에 심판자는 '너는 믿었느냐?'가 아니라 '너는 행하였느냐? 아니면 말만 했느냐?'라고 질문하실 것이며, 그들이 행한 대로 심판하실 것입니다. 이 세상의 종말은 추수하는 날로 비유됩니다(마 13:30).

잘 알다시피 추수는 오직 열매를 거두는 작업이지 않습니까? 사람들은 열매에만 관심이 있습니다. 또 믿음으로 행하지 않은 어떤 것도 받아들일 수 없습니다. 이 말은 말뿐인 수다쟁이의 거짓말이 얼마나 무의미한지를 알려주기 위해 드리는 말입니다."

믿음 : 기독도의 말을 곰곰이 생각한 후에, "당신의 말을 들으니 모세가 정결한 짐승에 대해 말한 것이 생각나는군요(신 14:7-10). 정한 짐승은 굽이 갈라지고 새김질을 한다고 했습니다. 굽만 갈라졌거나 새김질만 하는 짐승은 정한 짐승이 아니라고 했지요. 수다쟁이는 새김질만 하는 사람입니다. 그는 지식을 찾아서 말로만 되새김질을 하지만 굽이 갈라지지 않아서 죄를 짓는 생활방식에서 벗어나지 않고, 토끼나 개, 곰의 발처럼 죄를 붙이고 살아가는 부정한 사람입니다."

기독도 : "제가 아는 한, 당신은 그 성경의 복음적인 참된 뜻을 바로 말씀했습니다. 거기에다가 사도 바울이 말한 것을 덧붙여 보겠습니다. 그는 말만 앞세우는 사람을 '소리 나는 구리와 울리는 꽹과리'(고전 13:1)라고 말했고, 이것을 다른 곳에서 더 자세히 설명하면서 '생명 없는 것이 소리를 낸다'(고전 14:7)라고 말했습니다. 생명이 없는 것들, 즉 진실한 믿음과 복음의 은혜를 받지 못한 사람들은 비록 입으로는 천사의 말을 할지라도 생명의 자녀들처럼 천국에 들어가지는 못할 것입니다."

믿음 : 머리를 긁적거리면서, "이제 그와 함께 하는 것이 진절머리가 나는군요. 어떻게 하면 그를 따돌릴 수가 있을까요?"

기독도 : "제 말을 잘 듣고 제가 시킨 대로 해보세요. 그러면 하나님께서 그의 마음을 감동케 하셔서 돌이키게 하시지 않은 한 그도 역시 당신에게 싫증을 낼 것입니다."

믿음 : "제가 어떻게 하면 좋겠습니까?"

기독도 : 조금 앞으로 가서 대화하자고 손짓을 하면서, "그에게 가서 진짜 믿음의 능력에 대해 진지하게 토론을 시작하십시오. 그러면 그가 그 주제에 대해 동의할 것입니다. 그럴 때 믿음의 능력이 그의 마음과 가정, 대인관계에 확고하게 자리를 잡고 있는가를 물어보십시오."

그러자 믿음은 다시 앞으로 나아가 수다쟁이와 보조를 맞추며 말을 건냈다.

믿음 : "많이 기다리셨지요? 하던 이야기를 마저 할까요?"

수다쟁이 : "좋습니다. 지금까지 이야기를 계속했더라면 꽤 많은 이야기를 나누었을 텐데 조금 아쉽네요."

믿음 : "괜찮으시다면 이야기를 다시 시작합시다. 대화 주제는 저에게 맡긴다고 하셨으니 이런 것을 얘기했으면 합니다. 하나님의 구원의 은혜가 사람의 마음속에 임할 때 그 변화는 어떻게 나타날까요?"

수다쟁이 : "알겠습니다. 그러면 우리의 이야기가 사물의 능력에 관한 것이어야 하겠군요. 아주 좋은 질문입니다. 기꺼이 대답하겠습니다. 간단하게 말해서 첫째, 하나님의 은혜가 마음속에 깃들면 그것은 죄에 대하여 큰 비난의 소리를 내게 합니다. 둘째,…"

믿음 : "아니, 잠깐만요." 말을 가로막았다. "한 번에 한 가지씩만 생각해 봅시다. 제 생각에는 하나님의 은혜가 우리 마음에 임하시면 죄를 미워하도록 역사하신다고 해야 옳을 것 같습니다."

수다쟁이 : 이맛살을 찌푸리며 퉁명한 말투로, "죄를 반대하는 것과 죄를 미워하는 것 사이에 무슨 차이가 있습니까?"

믿음 : "오, 큰 차이가 있습니다. 사람은 누구나 죄를 비난하는 소리를 외치기는 쉬워도, 마음속 깊이 경건한 혐오감이 없다면 죄를 미워할 수는 없습니다. 나는 많은 사람이 설교 강단에서 죄를 비난하는 소리를 들었지만 실제로 그 사람의 마음, 가정, 일상생활에서는 아무 문제 없이 죄를 가지고 살아가는 것을 보았습니다. 보디발의 아내는 마치 자신이 경건하고 정숙한 것처럼 큰소리로 외쳤지만 실제로는 요셉을 유혹해서 간통하려 했습니다(창 39:15). 마치 어떤 어머니가 아이를 무례하고 버릇없다고 큰 소리로 꾸짖다가도, 곧 그 아이를 껴안고 입 맞추는 것과 같습니다."

듣고 있던 수다쟁이의 눈이 뱁새눈이 되었다.

수다쟁이 : "음! 이제 보니 당신은 고의적으로 남의 흠을 들추어내는군요."

믿음 : "결코 그렇지 않습니다. 나는 단지 잘못된 점을 바로잡으려고 한

것뿐입니다. 그럼 두 번째로 언급하고자 했던 것은 무엇입니까?"

수다쟁이 : "복음의 비밀을 알게 되는 풍부한 지식입니다."

믿음 : "그것은 두 번째가 아니라 바로 은혜가 임할 때 나타나는 첫 번째 증거입니다. 그러나 첫 번째 증거이건 마지막 증거이건 모두 헛된 것입니다. 사람이 복음의 신비에 대한 많은 지식을 가지고 있더라도 마음속에 은혜의 역사가 없을 수도 있습니다. 따라서 하나님의 자녀가 되지 못할 수도 있지요(고전 13:2).

그리스도께서 제자들에게 '너희가 이 모든 것을 알았느냐?'라고 물어보셨을 때 제자들이 '예'라고 대답하자, 또다시 '너희가 그것을 행하면 복이 있다'라고 말씀하셨습니다. 그리스도께서는 제자들에게 '아는 것'에 복이 있다고 말씀하지 아니하시고 '행하는 것'에 복이 있다고 하셨지요. '주인의 뜻을 알고도 그것을 행하지 않느니라'(눅 12:47)라는 말씀처럼 행함이 없는 믿음은 지식으로만 아는 죽은 믿음이지요. 사람이 천사처럼 많은 지식을 가지고 있어도 그리스도인이 아닐 수 있습니다. 그러므로 당신의 복음에 대한 많은 지식은 쓸모없는 것입니다.

사실, 안다는 것은 말하기 좋아하는 사람이나 허풍떠는 사람들을 즐겁게 하지만, 행하는 것은 하나님을 기쁘시게 하는 것입니다. 지식 없는 마음이 선하다는 것은 아닙니다. 왜냐하면, 지식 없는 마음은 쓸모없기 때문입니다. 지식은 두 종류가 있는데, 첫째는 단순한 사색으로 끝나는 지식이고, 둘째는 믿음과 사랑의 은혜가 함께 하는 지식, 즉 사람이 마음으로부터 하나님의 뜻을 행하도록 이끌어주는 지식입니다.

전자는 말하는 사람을 만족시키는 지식이지만, 참된 그리스도인은 두 번째의 지식이 없이는 만족을 얻을 수 없습니다. '나로 하여금 깨닫게 하여 주소서 내가 주의 법을 준행하며 전심으로 지키리이다'(시 119:34)라는 말씀이 있습니다."

수다쟁이 : "당신은 또 말꼬리를 잡으시는군요. 그래서는 가르침을 얻을 수 없습니다."

믿음 : "그렇습니까? 그러면 이 은혜가 있는 곳에서 나타나는 증거를 하

나만 더 말씀해 보세요."

수다쟁이 : "싫소, 이번엔 아닙니다. 이번에도 동의하지 않을 게 뻔하니 그만두렵니다."

믿음 : "그래요? 그러면 제가 말해도 되겠습니까?"

수다쟁이 : "맘대로 하시구려."

믿음 : "그 마음에 하나님의 은혜를 받은 사람은 변화가 나타납니다. 그 변화는 그 자신뿐 아니라 주위 사람들에게도 영향을 미치게 되지요. 은혜를 받은 사람은 첫째, 자신이 죄인임을 깨닫습니다. 특히 예수 그리스도에 대한 믿음으로 말미암아 하나님께서 베푸시는 자비가 없다면 영원히 멸망받을 자기 본성을 깨닫습니다. 이러한 발견과 깨달음으로 인하여 죄를 애통해하며 부끄러워하게 됩니다(시 38:18). 그리고 그는 구세주께서 자기 자신 안에서 역사하심을 알게 되고, 죽을 때까지 평생 그분을 가까이하며 살아야 할 절대적인 필요성을 깨닫게 됩니다. 따라서 함께 하심을 약속하신 그분을 간절히 사모하게 됩니다.

그리고 구세주에 대한 믿음의 강하고 약함에 따라서 그가 경험하는 기쁨과 평화도 결정되며, 그의 거룩함을 사모하는 마음, 그를 더 많이 알고 싶어 하는 욕구, 이 세상에서 그를 섬기고자 하는 욕망 등이 결정됩니다. 하지만 하나님의 은총이 자기 안에 나타나게 되어도 그것이 하나님의 은혜라고 확신하기란 매우 힘이 듭니다. 사람은 자신의 더러운 죄와 잘못된 이성으로 인하여 이 은혜를 그릇 판단하기 때문입니다. 따라서 하나님의 은혜를 입은 사람은 이러한 자신의 변화가 하나님의 은혜라고 확실히 인식하도록 올바른 판단이 필요합니다(갈 2:15-16).

또 주위 사람들에게서는 이 은혜의 역사가 첫째, 진정한 경험에서 우러나오는 '그리스도에 대한 신앙 고백'으로 증명됩니다. 둘째, 그러한 '고백에 일치하는 삶'으로 증명됩니다. 지금까지 믿음에서 나타나는 은혜의 역사와 증거에 대해 간단히 설명했습니다. 혹 이의가 있으면 말씀해 주세요. 없으시다면 제가 다른 질문을 제안해 보겠습니다."

수다쟁이 : "이제 나는 반대할 입장이 아니라 말을 들어야 할 처지 같군

요. 그러니까 두 번째 질문이나 해보세요."

믿음 : "좋습니다. 당신은 은혜의 역사를 체험해 보셨습니까? 또 당신의 말과 삶은 일치합니까? 아니면 당신의 신앙은 진실한 행위는 없고 말과 혀에만 있습니까? 편안한 마음으로 대답해 주세요. 다만 위에 계신 하나님께서 옳다고 인정해 주실 진실만을 말씀하십시오. 또 당신의 양심이 인정할 수 있는 말만 하십시오.

왜냐하면 '옳다 인정함을 받는 자는 자기를 칭찬하는 자가 아니요 오직 주께서 칭찬하시는 자니라'(고후 10:18)라고 말씀하셨기 때문입니다. 또 저의 말과 나의 삶을 모든 이웃들이 거짓말쟁이라고 입증하는데, 저 혼자 옳다고 말한다면 그것은 엄청난 사악함이기 때문입니다."

수다쟁이 : 그는 얼굴을 붉혔지만 금방 회복하여 태연하게, "이제 보니 당신은 경험이니, 양심이니, 하나님이 어떠하다느니 등을 들먹이더니 드디어 당신의 말을 정당화해 달라고 하나님께 호소하는군요. 나는 이런 종류의 토론을 기대하지 않았고, 당신이 나의 시험관이 아닌 이상, 나는 당신에게 대답할 책임이 없소. 그따위 질문에 대답하고 싶지 않습니다. 그리고 당신은 나를 함부로 판단하지 마시오. 왜 나에게 그런 질문을 하시는 겁니까?"

믿음 : "사실대로 말하면, 저는 당신이 말만 앞세우는 거짓 신앙인이라는 말을 들었소. 또 당신은 모든 성도들의 오점이며, 당신의 천박한 대화와 생활방식 때문에 많은 성도들이 고통을 받고 있다는 말을 들었소. 또 이미 당신의 사악한 속임수 때문에 걸려 넘어진 사람도 있다고 들었소. 당신의 신앙은 술집에서나 지껄이는 탐욕, 부정직함, 거짓말, 욕심들이요 세상 사람들과 사귀는 저질스러운 것입니다. '한 명의 매춘부가 모든 여성의 수치스러운 존재다'라는 속담이 당신을 두고 한 말이요. 당신은 모든 성도의 수치스러운 존재요."

수다쟁이 : 입술을 삐쭉거리면서, "나에 대한 소문만 듣고 그토록 경솔하게 판단하는 것을 보니 당신과는 대화할 수가 없소. 이제 보니 정말 짜증나고 기분 나쁜 사람이네. 헤어집시다! 잘 가시구려!"

그때 기독도가 믿음에게 다가와서 말을 꺼냈다.

기독도 : "저의 말이 맞았지요? 당신의 의견과 그 사람의 탐욕은 일치할 수가 없습니다. 결국 그는 자신의 삶을 바꾸려고 하기보다는 당신과 헤어지는 쪽을 택했습니다. 떠나도록 내버려 둡시다. 자기만 손해니까요. 어쩌면 우리가 그를 떨쳐버려야 하는 고통을 덜어 주었습니다. 계속 그와 동행했더라면 그는 우리의 평판에 오점을 남겼을 것입니다. 하나님의 말씀이 생각나는군요. '그러므로 너희는 그들 중에서 나와서 따로 있고 부정한 것을 만지지 말라'(고후 6:17)라는 말씀입니다."

믿음 : "그래도 저는 그와 짧은 토론을 할 수 있는 기회를 갖게 된 것이 기쁩니다. 어쩌면 그가 이 대화를 다시 생각해 볼지 모르니까요. 그러나 비록 그가 그렇게 하지 않더라도 제가 이 일에 대하여 분명히 이야기해 주었기 때문에, 그가 멸망한다 하더라도 그 죄의 책임이 저에게는 없습니다."

기독도 : 전적으로 동의하면서, "정말 솔직하게 말씀해 주셨군요. 요즘은 당신처럼 솔직하게 사람을 대하는 일이 거의 없기 때문에, 말만 앞세우는 바보들이 많은 사람들을 진정한 종교를 멀리하도록 만들고 있습니다. 그것은 그들의 종교가 오직 말뿐이고 또 그들의 대화는 도덕적으로 부패하고 오만하기 때문입니다.

그리고 이런 종류의 많은 것들이 경건한 성도의 교제로 받아들여지면서, 그들은 믿음의 세계를 혼란스럽게 하고, 기독교를 더럽히며, 진실한 성도들을 슬프게 만듭니다. 저는 모든 사람들이 당신처럼 그러한 사기꾼들을 직설적으로 대했으면 좋겠습니다. 그렇게 하면 그들이 어쩌면 좀 더 진실한 기독교인이 되든지, 아니면 진실한 성도가 되는 것이 너무 부담스러워 떠나버리든지 할 것입니다."

믿음이 다음과 같이 노래했다.

"수다쟁이는 처음에 얼마나 의기양양했던가,
그는 정말 용감하게 지껄였네,

그 앞에 당할 자가 없을 것 같았지만,
믿음이 진실을 말하자마자,
마치 달이 기울어지는 것처럼,
그는 속히 기울어지고 사라져 버렸네,
믿음의 진실을 알지 못한다면,
그 어느 누구도 똑같을 것이라네."

그 후 두 사람은 길을 가는 동안 겪은 일에 대해 이야기하면서 걸어가고 있었다. 그래서 그들은 무척 지루하게 지날 수밖에 없는 광야 길을 아주 즐겁게 걸을 수 있었다.

6
허영 시장

전두자를 다시 만나다

그들이 광야를 거의 다 통과할 무렵, 믿음이 우연히 뒤를 뒤돌아보다가 누군가가 그들을 뒤따라오고 있는 것을 보았다. 그는 기독도에게 물었다.

믿음 : "우리 뒤를 쫓아오는 사람이 누구지요?"

기독도 : 뒤돌아보면서, "저분은 전도자라는 나의 좋은 후원자이십니다."

믿음 : "그는 나에게도 좋은 후원자이십니다. 나에게 좁은 문으로 떠나라고 일러주셨지요."

이윽고 두 사람이 기다리고 있는 곳에 도착한 전도자가 합류했다.

전도자 : "사랑하는 두 분에게 평화가 있기를 바랍니다. 또 두 분이 여기에 올 때까지 도와주신 분들에게도 평화가 있기를 바랍니다."

기독도 : 전도자에게 다가가서 얼싸안으면서, "어서 오세요! 진도지'님, 당신을 다시 뵈니 지난날 베풀어주셨던 친절과 저의 영원한 생명과 복락을 위하여 지칠 줄 모르고 도와주신 일이 생각납니다."

믿음 : "오, 고마우신 전도자님, 천 번이라도 환영합니다. 우리 같은 가엾은 순례자들에게 참으로 반가운 분이십니다."

전도자는 두 사람에게 환한 웃음을 선사했다.

전도자 : "지난번 우리가 헤어진 뒤로 어떻게들 지내셨소? 두 분은 어떤 일들을 겪었고 또 어떻게 처신하셨나요?"

기독도와 믿음은 여행 도중 그들에게 일어났던 일들과 지금까지 겪었던 많은 어려움에 대해 이야기했다.

전도자 : "두 분의 말을 들으니 참으로 기쁩니다. 여러 가지 시련들을

만났으나 극복하고 승리자들이 되셨습니다. 많은 약점을 가지고 있었음에도 불구하고 오늘까지 순례를 계속하신 것에 대하여 감사드립니다. 이 일은 저와 두 분께 정말로 기쁜 일입니다. 저는 씨를 뿌렸고 두 분은 거두셨습니다. '날이 이르리니, 뿌리는 자와 거두는 자가 함께 즐거워하게 하려 함이라'(요 4:36)라고 하시고, '포기하지 아니하면 때가 이르매 거두리라'(갈 6:9)라고 하셨습니다. 썩지 아니할 면류관이 두 분 앞에 있습니다. 그러므로 여러분은 그것을 얻기 위해 달려가야 합니다(고전 9:24-27).

어떤 사람들은 이 면류관을 얻기 위해 꽤 멀리까지 달려갔지만 도중에 다른 사람들에게 빼앗기고 말았습니다. 그러므로 '네가 가진 것을 굳게 잡아 아무도 네 면류관을 빼앗지 못하게 하라'(계 3:11)라고 말씀하셨습니다. 여러분은 아직 마귀의 사정거리 밖으로 완전히 벗어나지 못했습니다. 두 분은 죄에 맞서 싸울 때 아직 피 흘리기까지는 싸우지 않았습니다. 그래서 항상 천국을 바라보며 눈에 보이지 않는 것들을 굳게 믿으십시오. 이 세상의 세속적인 어떤 것도 마음속에 들어오지 못하게 해야 합니다. 무엇보다도 가장 중요한 것은 자신의 마음에 정욕이 들어오지 못하게 하십시오. '만물보다 거짓되고 심히 부패한 것은 마음'(렘 17:9)이기 때문입니다. 하늘과 땅의 모든 권세가 당신들 곁에 있습니다. 얼굴을 부싯돌처럼 굳게 하십시오"(사 50:7).

기독도와 믿음은 전도자의 격려와 조언에 감사했다. 그리고 좀 더 많은 조언을 부탁했다. 그들은 전도자가 예언자이기 때문에 앞으로 남은 순례 길에서 그들에게 일어날지도 모르는 일과, 그것을 어떻게 대항하고 이겨낼 수 있는지에 대해 말해 줄 수 있다는 것을 잘 알고 있었다.

그래서 전도자가 그 요청에 동의하면서 다시 말을 시작했다.

전도자 : "나의 자녀들이여! 여러분은 하나님의 나라에 들어가려면 많은 환난을 겪어야 하는데, 어느 도시에서나 결박과 환난이 당신들을 기다리고 있습니다. 그러한 고난을 겪지 않고서는 순례 길을 계속할 수 없습니다. 당신들은 이미 고난을 경험해서 내 말이 진실임을 알 수 있을 것이며, 앞으로 더 많은 고난을 만날 것입니다.

I-6 허영 시장

지금 보시는 바와 같이, 여러분은 이 광야를 거의 다 벗어났습니다. 곧이어서 앞에 보이는 마을에 도착할 것입니다. 그 성읍에서 당신들은 원수들에게 심한 폭행을 당할 것입니다. 그들은 당신들을 죽이려고 온갖 노력을 다할 것입니다.

두 분 중 한 명 또는 두 사람 모두가 피로써 소유하고 계신 믿음을 고백해야 할 것입니다. 죽도록 충성하십시오. 그러면 하나님께서 생명의 면류관을 씌워주실 것입니다. 누구든지, 거기에서 죽는 사람은 비록 그의 죽음이 참혹하고 고통은 크겠지만, 그는 그의 동료보다 영광스러울 것입니다. 왜냐하면, 그는 더 일찍 천국에 도착할 것이고, 그 날 남아서 계속 순례 길을 가는 동안 겪어야 할 고통에서 벗어날 수 있기 때문입니다.

이제 두 분이 그 성읍에 도착하면 제가 말한 것들을 기억하고 남자답게 용맹스럽게 행동하시기 바랍니다. 그리고 여러분의 영혼을 신실하신 창조주 하나님께 의탁하십시오"(벧전 4:19).

허영 시장

그때 나는 꿈에서 기독도와 믿음이 광야를 벗어나자마자 곧바로 마을에 도착하는 것을 보았다. 그 도시의 이름은 허영(虛榮)이었다. 그 도시에서는 사고파는 시장이 일 년 내내 열리고 있었으며 마을 이름 때문에 허영 시장이라고 불렀다. 왜냐하면, 그 도시가 입김보다 가벼웠기 때문이다(시 62:9). 그리고 거기에서 파는 모든 물건과 거기에 모여드는 모든 사람이 쓸모없기 때문이었다. 속담에도 있듯이, '다가올 일들이 다 헛되었기 때문'(전 11:8)이었다.

이 시장은 새로 생긴 것이 아니라 사실 오래된 것이었다. 그것의 기원을 살펴본다면, 약 5천 년 전, 기독도와 믿음처럼 천국으로 가는 신앙심이 깊은 순례자들이 있었다. 그래서 바알세불, 아볼루온, 레기온과 그들을 따르는 무리들은, 천국으로 가는 순례자들의 길이 허영 마을을 지나가게 되어있다는 것을 알고, 여기에 시장을 열기로 계획했다. 시장은 일 년 내내 열리고 모든 종류의 헛된 것들이 팔리고 있는 시장이었다.

그러므로 이 시장에서 그들은 가옥, 토지, 사업, 건물, 명예, 승진, 지위, 국가, 왕국, 욕망, 그리고 매춘부 같은 쾌락용품들, 아내들, 남편들, 자식, 주인, 하인, 삶, 피, 몸, 영혼, 은, 금, 진주, 수석 등 모든 것들을 판매한다.

이 모든 것과 함께, 이 시장에는 요술, 속임수, 게임, 연극, 광대, 흉내, 사기꾼, 그리고 모든 종류의 놀이들과 24시간 내내 계속되는 오락이 있었다. 이곳 방문객들에게는 절도, 살인, 간통, 위증 등 공짜 상품들도 있으며, 이것들이 다양한 핏빛 색깔로 포장되어 팔리고 있었다.

다른 시장과 마찬가지로, 허영 시장도 대표적인 이름을 가진 몇 개의 구역과 거리가 있으며, 특정한 상품은 분야별로 판매된다. 같은 방식으로, 이 시장에는 나라의 이름이 적힌 적절한 장소, 차선, 거리가 있다. 이런 곳에서 여러 가지 사치품과 허영 품목을 쉽게 찾을 수 있다. 영국 거리, 프랑스 거리, 이탈리아 거리, 스페인 거리, 독일 거리가 있는데, 이곳들에서 다양한 물품들을 살 수 있다. 그러나 시장마다 제일 인기 상품이 있는

허영 시장

것처럼, 여기에서는 가장 인기 있는 상품이 **로마의 상품**이다. 그곳은 크게 소문이 자자했다. 그러나 영국과 다른 몇 나라 사람들은 이러한 거리 행상을 싫어한다.

내가 이미 말했듯이, 천국으로 가는 길이 일 년 내내 열리는 화려한 허영 시장과 붙어있기 때문에 이 마을을 통과해서 가야 한다. 순례자들이 이 도시를 피하고 싶다고 생각하는 사람들은 반드시 세상 밖으로 나가야 할 것이다(벧전 4:12, 고전 4:10).

만왕의 왕이신 예수님께서도 이 마을을 거쳐서 자신의 나라로 향해 가셨는데, 그날도 장이 성대하게 열리고 있었다. 나는 이 도시의 주인 **바알세불**이 그 시장의 허영심을 사게 하려고 그분을 유혹했다고 믿는다. 맞다, 그분이 그 도시를 지나가실 때, 그에게 머리를 숙여 절을 한다면, 그는 예수님을 이 허영 도시의 주인으로 삼겠노라고 했었다.

또, 그분은 정말 존귀한 분이셨기 때문에, **바알세불**은 예수님을 거리에서 거리로 두루 데리고 다니면서, 세상의 모든 곳을 순식간에 보여주면서, 할 수만 있다면, 복되신 예수님께서 그 허영 시장의 상품을 사시도록 유혹했다. 그러나 그분은 그러한 물건에 전혀 주의를 기울이지 않았고, 따라서 이 허영 시장에서 단 1원도 투자하지 않고 떠나가셨다(마 4:8-9, 눅 4:5-7). 이와 같이 이 시장은 오랜 역사를 가지고 있으며 매우 큰 시장이었다.

기독도와 믿음이 허영 시장에 도착했을 때, 사람들이 그들을 보고 구경거리인 양 모여들면서 웅성거리기 시작했다. 왜냐하면, 첫째 그들은 그 시장에서 구할 수 있는 옷이 아닌 전혀 다른 옷을 입고 있었기 때문이다. 사람들은 그들을 쳐다보고 누구냐고 떠들어댔다. 어떤 사람들은 그들을 바보라고 말했다(고전 4:9-10). 다른 사람들은 미친 사람이라고 말했다. 그리고 몇은 그들이 이상하고 특이하다고 했다.

둘째로, 군중들은 그들의 옷뿐만 아니라 그들의 언어에 대해 이상히 여겼다. 왜냐하면, 그들의 말을 이해할 수 있는 사람은 거의 없었기 때문이다. 그들은 본래 전능하신 주께 충성을 맹세한 성도의 언어를 사용했지만,

시장 사람들은 이 세상 언어를 사용하는 사람들이었다. 그래서 시장 이쪽 끝에서 저쪽 끝까지 모든 사람들은 서로에게 두 순례자를 야만인이라고 수군거렸다(고전 2:7-8).

셋째로, 두 순례자는 이 시장에서 팔리고 있는 모든 물건을 하찮고 가치 없는 것들이라고 멸시하였는데 이것은 이 시장 상인들을 크게 불쾌하게 했다. 순례자들은 심지어 상품을 둘러보지도 않았다. 상인들이 물건을 사라고 외쳐대면, 그들은 손가락으로 귀를 막고, "내 눈을 돌이켜 허탄한 것을 보지 말게 하시고 주의 길에서 나를 살아나게 하소서"(시 119:37)라고 말했던 것이다. 그리고 그들은 하늘을 올려다보며, "우리의 시민권과 영광은 천국에 있나이다"(빌 3:20-21)라고 말했다.

한 상인은 믿음과 기독도의 이상한 행동을 보고 그들에게 "당신들은 무엇을 살 건가요?"라고 조롱하듯 말했다. 순례자들은 진지한 표정으로 그를 바라보며 "우리는 진리를 삽니다"(잠 23:23)라고 대답했다.

이 대답을 들은 시장 상인들과 다른 모든 사람들은 두 사람을 더욱더 조롱하기 시작했다. 일부는 조롱하고, 일부는 놀려대고, 일부는 악담을 하고, 일부 다른 사람들은 그들을 붙잡아 두들겨 패자고 선동했다. 그것은 눈에 띄는 소동으로 변했고, 급기야 큰 소동으로 발전했다. 이 대소동은 시장을 거의 마비시켰다.

체포되다

결국, 그 소동은 곧바로 시장 주인에게 보고되었다. 그는 즉시 달려와서 그의 가장 신뢰받는 친구들 중 몇을 대리인으로 임명했고, 그들에게 무엇이 일어났는지 알아보고 순례자들이 왜 시장을 거의 마비시켰는지 조사하라고 명령했다.

그래서 믿음과 기독도는 조사를 받기 위해 재판정으로 끌려갔고, 조사관들은 그들을 심문하기 시작했다.

조사관 : "너희는 어디에서 왔으며, 어디로 가고 있느냐? 그리고 왜 그런 특이한 옷을 입고 있느냐?"

믿음과 기독도 : "우리는 세상의 순례자이고 나그네인데, 장망성을 떠나서 우리의 본향인 천국에 있는 예루살렘으로 가고 있습니다(히 11:14, 16). 우리는 도시의 사람들이나 상인들이 우리를 학대하거나 여행을 지연시킬 만한 어떠한 잘못도 저지른 일이 없습니다. 오해할 만한 유일한 예외가 있다면 어떤 상인이 무엇을 사고 싶으냐고 물었을 때 진리를 살 것이라고 대답한 것밖에 없습니다."

　　그러나 조사관들은 그들을 믿지 않았다. 그들은 두 순례자가 시장을 혼란에 빠뜨리기 위해 온 미치광이나 불량배들이라고 단정했다. 그래서 그들은 순례자들을 데려다가 두들겨 패서 진흙투성이가 되게 한 다음, 시장의 모든 사람들 앞에서 구경거리로 삼았다. 두 순례자는 한동안 우리에 갇혀서 많은 사람들의 분풀이, 놀림감, 경멸, 복수의 대상이 되었다. 갇혀 있는 동안 내내 그들에게 일어난 모든 일을 비웃고 깔깔거렸다.

　　그러나 순례자들은 인내심을 가지고 참았으며 학대를 학대로 갚지 않았다. 대신, 나쁜 말을 하는 사람들을 축복했고, 잔인하게 대하는 사람들에게 친절함을 보여주었다. 그러자 시장 안에서 다른 사람들보다 더 관찰력이 있고 편견이 덜한 몇 사람들이 순례자들의 본을 보고, 포로들을 너무 심하게 학대한다고 비난하기 시작했다. 이것은 평판이 나쁜 부류의 사람들을 더욱 화나게 만들었고, 그들은 제지하려는 사람들을 향해 격분했다. 그들은 반대편 사람들을 우리에 갇힌 순례자들과 똑같이 나쁘다고 여겼고, 순례자들과 똑같은 처벌을 받아야 할 공범자들이라고 몰아붙였다.

　　그러나 반대편 사람들은 "너희들이 보다시피 쇠창살 안에 갇힌 순례자들은 조용하고, 난동을 부리지 않았고, 해를 끼치지 않았다"라고 대답했다. 그들은 계속해서, "학대당하고 갇힌 저 사람들보다 오히려 저들을 학대한 너희를 쇠창살 속에 집어넣어서 비웃음을 당하게 해야 한다"라고 말했다.

　　양측의 다양한 의견들이 교환되는 동안, 기독도와 믿음은 스스로 매우 현명하고 침착하게 행동했다.

　　그들이 서로 주고받은 말다툼은 주먹질로 변했고, 급기야 패싸움으로

체포된 두 순례자

번져서 서로를 해쳤다.

그런 다음 기독도와 믿음은 다시 한번 조사관들 앞으로 끌려갔고 시장에서 소란을 일으켰다는 죄목으로 기소되고 말았다.

그 처벌로 두 순례자는 무자비하게 구타당했고, 쇠사슬로 묶여 끌려다녔다. 그들을 허영 시장 위아래로 끌고 다니면서 본보기로 삼았으며, 순례자들을 옹호하거나 그들을 편드는 것을 생각할지도 모르는 사람들에게 무서운 경각심을 주었다.

이 모든 일들 속에서도 기독도와 믿음은 점점 더 지혜롭게, 그들에게 치욕과 수모가 가해질수록 온순함과 인내심을 가지고 행동했다. 그러한 그들의 행동을 보고 또다시 그들의 편을 드는 몇몇 사람들이 나타났다. 이것은 두 명의 포로들을 사형시키라고 소리칠 정도로 공격적인 상대편에게 더 큰 분노를 일으켰다.

드디어 그들은 이렇게 외쳤다. "이 쇠창살과 쇠고랑은 이 사람들이 저지른 범죄에 대한 충분한 처벌이 못 됩니다. 그들이 초래한 손해와 시장 사람들을 속인 죄로 인해 사형시켜야 합니다."

그 후, **기독도**와 **믿음**은 발이 쇠고랑에 묶인 채 다시 우리 안에 갇혀, 법 집행이 결정될 때까지 기다리게 되었다.

우리에 갇힌 그들은 충실한 친구 **전도자**가 그들에게 말했던 것이 생각났다. 그것은 그들이 현재의 상황을 받아들일 수 있도록 도와주었고, 그들이 당했던 고통과 시련이 정확히 그들에게 일어날 것이라고 예언했던 것임을 확신시켰다.

이 점을 염두에 두고, 그들은 이제 누구든지 죽임을 당하면, 그가 유리할 것이라고 서로를 위로했다. 두 사람은 각자 마음속으로, 자기가 그 사람이 될 수 있기를 바랐지만, 전능하신 분의 권능과 주권에 맡기겠다고 맹세했다. 그들은 자기들이 어떻게 처분될 것인가를 기다리면서, 충만한 평안함을 가지고 쉬었다.

재판

편리한 날짜가 결정되자 죄수들은 유죄 판결이 정해진 재판을 받기 위해 끌려 나왔다. 그들은 적군들 앞에 끌려 나와 공식적으로 재판을 받았다. 그 재판장의 이름은 **선증오**(善憎惡) 경(卿)이었다. 시장 사람들의 고소장은 본질적으로는 같은 혐의였지만, 내용은 약간 달랐다.

재판장이 먼저 고소장을 읽었다. "피고인들, **기독도**와 **믿음**은 허영 시장 거래 질서를 어지럽히고, 소란과 분열을 일으켰으며, 그 과정에서 왕자의 법률을 어기고 가장 위험한 의견으로 지지자를 얻어서 자기편을 만들었다."

이에 **믿음**이 다음과 같이 답변했다.

믿음: "나는 지극히 높으신 **하나님**을 인정하지 않은 것만 반대했을 뿐입니다. 나는 평화를 사랑하는 사람입니다. 우리를 지지해준 사람들은, 우리가 진실을 말했을 때 그들이 우리의 결백을 인정하고 옳은 것을 선택한 것입니다. 결과적으로 더 나쁜 것에서 더 좋은 것으로 변화한 것입니다.

그리고 당신들이 말하는 왕자는 우리 주님과 원수인 바알세불이기 때문에 나는 그와 그의 부하들 모두를 배척합니다."

그때 재판장이 단상에서 "죄수의 말을 반박할 말이 있으면, 누구든지 지금 증언하여 증거로 제출하세요"라고 말했다. 그래서 질투, 미신, 아첨쟁이 세 명의 증인이 앞으로 나왔다.

재판장이 단상에서 이 세 사람에게 피고를 알고 있는지, 그리고 자신들의 왕자를 받들기 위해 무슨 말을 할 수 있는지 질문했다.

그러자 먼저 질투가 증언하기 위해 앞으로 나왔다.

질투 : "재판장님, 저는 이 죄수를 오래전부터 알고 있습니다. 그리고 영광스러운 재판관 앞에서 맹세한 대로, 그는 …"

재판장 : "잠깐만 기다리세요. 먼저 선서부터 하세요."

그래서 질투는 진실을 말할 것을 선서하였고, 증언을 계속했다.

질투 : "재판장님 이 자는 믿을 만하다는 이름에도 불구하고 우리나라에서 가장 비열한 자 중 하나입니다. 그는 우리 왕자님과 왕국의 국민, 법, 관습에 대해 전혀 관심을 보이지 않았습니다. 대신 그는 모든 사람에게 신앙과 거룩함이라고 불리는 불성실한 자기 신조를 설득하기에 최선을 다했습니다. 그리고 특히, 저는 그가 언젠가 기독교와 우리 허영 도시의 관습은 서로 정반대여서 화해할 수 없다고 말하는 것을 들었습니다. 재판장님, 말씀드린 것처럼 그는 우리의 모든 찬란한 관습을 거부할 뿐만 아니라, 우리가 그 관습을 지키는 것에 대해서도 비난했습니다."

재판장 : "그밖에 할 말이 또 있습니까?"

질투 : "재판장님, 더 많은 것을 말할 수는 있지만, 세부 사항들을 모두 말함으로 법정을 지루하게 하고 싶지는 않습니다. 그러나 필요하다면, 다른 증인들이 증거를 제시했음에도 불구하고 증거가 부족하여 죄수가 석방될 수 있을 때, 저는 그때 다시 그에게 불리한 증언을 할 작정입니다."

그래서 질투는 추가 증거가 필요할 경우를 대비해서 대기하라는 말을 들었다.

그리고 재판장은 미신을 불러서 피고들을 바라보게 한 후 물었다.

I-6 허영 시장

재판장 : "너는 우리 왕자님을 위해 죄수들에게 불리하도록 증언할 수 있겠느냐?"

미신이 선서하고 증언하기 시작했다.

미신 : "재판장님, 저는 이 사람과 친구가 아닙니다. 그를 더 잘 알고 싶지도 않습니다. 하지만, 제가 지난번에 시내에서 잠시 이야기해본 결과 그가 매우 추악한 사람이라는 것을 알았습니다. 대화하는 동안, 그는 분명히 우리의 종교는 아무 가치가 없고 어떤 방법으로도 하나님을 기쁘시게 할 수 없다고 말했습니다. 재판장님, 그가 말한 대로라면, 우리는 지금 헛된 예배를 하고 있고 따라서 우리의 죄는 그대로 남이 있고, 마침내 우리는 저주받아 지옥에 떨어진다는 것입니다. 제가 꼭 말하고자 하는 것은 바로 이점입니다."

다음으로 아첨쟁이가 선서하고, 자신의 왕 바알세불을 위하여 피고를 비난하는 말을 시작했다.

아첨쟁이 : "재판장님, 그리고 여러분, 저는 이 자를 오래전부터 알고 있습니다. 저는 그가 해서는 안 되는 말을 하는 것을 들었습니다. 그는 우리의 존귀한 왕 바알세불을 비난하였고, 그분의 훌륭한 귀족 친구들, 즉 옛사람, 음란, 사치, 허영, 호색, 탐욕 등 많은 분들을 욕하고 비난했습니다. 그리고 죄수는 모든 사람들이 자기와 같은 생각을 한다면, 이 귀족들 중 한 사람도 더이상 이 마을에 살지 못할 것이라고 말했습니다. 그밖에도, 그는 재판장으로 임명되신 각하까지도 모독하는 것을 두려워하지 않았습니다. 그는 재판장님을 음탕한 악당이라고 불렀으며, 우리 도시의 귀족들 대부분의

선증오 재판장

이름을 더럽히고 중상 모략했습니다."

아첨쟁이가 믿음에게 불리한 진술을 끝내자, 재판장은 그의 시선을 피고석의 죄수에게 돌리고 그에게 말했다.

재판장 : "이 변절자! 이단자! 배교자야! 이 정직한 신사들이 너에게 증언한 것들을 들었느냐?"

믿음 : "제 자신을 변호하기 위해 몇 마디 해도 되겠습니까?"

재판장 : "이 가증스러운 놈아! 아무짝에도 쓸모없는 부랑자야! 너는 잠시도 더 오래 살 자격이 없는 놈이다! 지금 당장 사형에 처해야 마땅하지만, 모든 사람에게 우리의 너그러움을 알리기 위해 허락할 테니, 무슨 말이든지 하려무나."

믿음 : 고개를 숙이고 말했다. "먼저 질투 씨의 증언에 대해 답변하겠습니다. 저는 어떤 규칙, 법, 관습, 또는 사람들이라 할지라도 하나님의 말씀에 어긋나는 것은 기독교 신앙과 반대된다고 말했습니다. 그 말을 제외하고는 어떤 말도 하지 않았다는 것을 분명히 하고 싶습니다. 만약 제가 이 점에 대해 잘못된 말을 했다면, 저의 실수를 지적하고 납득할 만한 설명을 해주세요. 그렇게 하면 여러분 앞에서 내 말을 취소하겠습니다.

두 번째로, 미신 씨가 저를 상대로 한 증언에 대해 답변하겠습니다. 하나님을 진정으로 숭배하려면 신령한 믿음이 필요합니다. 그러나 이 신령한 믿음은 하나님께서 계시하지 않으면

자신을 변호하는 믿음

얻을 수 없습니다. 그러므로 신령한 믿음이 없이 하나님께 드려지는 예배는 영과 진리로 드려지는 예배가 아니고 단지 인간적인 믿음일 뿐이며, 영원한 생명에 이르지 못할 믿음입니다. 저는 이것을 말할 수밖에 없습니다.

세 번째로 아첨쟁이 씨가 한 말에 대해서 답변하겠습니다. 제가 귀족들을 비방하고 욕설을 퍼부었다는 말은 제쳐두고, 저는 여전히 이 도시의 왕과 귀족들과 그의 수행원들은 이 나라 이 도시에 사는 것보다 차라리 지옥에서 사는 것이 더 어울린다는 것을 말하고 싶습니다. 주예! 저를 긍휼히 여기시고 지켜 보호하여 주옵소서."

그러자 재판장은 가까이 있으면서 믿음이 말하고 행한 모든 과정을 지켜보았던 배심원들에게 말했다.

재판장 : "배심원 여러분! 여러분은 이 도시에서 일어난 엄청난 소동의 장본인을 바로 앞에서 지켜보았습니다. 또 이 훌륭한 증인들이 그에게 불리한 증언을 한 것을 들었습니다. 그리고 피고의 대답과 자백도 들었습니다. 이제 그를 교수형에 처해야 할지 살려 주어야 할지는 여러분의 진심 어린 결정에 달렸습니다. 여러분이 결정하기 전에, 본인은 여러분에게 우리나라의 법을 먼저 설명해 드리는 것이 타당하다고 생각합니다.

우리의 대왕 바일세불의 신하였던 위내한 왕 바로 때에는, 이교를 믿는 사람들이 번성하고 많아지자 너무 강하게 되는 것을 막기 위하여 하나의 법을 제정했습니다. 그들의 사내아이가 태어나는 즉시 나일 강에 던져야 한다고 규정한 법입니다(출 1:22).

우리 대왕의 다른 종 느부갓네살 왕 시대에 제정된 두 번째 법령은 그의 황금 동상 앞에 머리 숙여 절하지 않는 자는 누구든지 활활 타는 풀무불에 던진다고 선언했습니다(단 3:6). 그리고 다리오 왕 때 제정된 또 다른 법령은, 일정한 기간 동안 왕 외에 다른 신에게 기도하는 사람은 누구든지 사자 굴에 던져 넣었습니다"(단 6:7).

재판장은 믿음을 향해 손가락질하면서, "이제 이 반역자는 고소할 수 있는 정도의 범죄가 아니고, 생각뿐만 아니라 그의 말과 행동으로 이러한 모든 법의 실체를 범했습니다. 바로의 율법은 실제로 일이 일어나기 전에 문제를 예방하기 위한 법령으로 알려졌습니다."

재판장은 머릿짓으로 믿음을 가리키면서, "그러나 이 자의 경우는 반역죄가 명백합니다. 두 번째와 세 번째 선례와 관련하여서도, 여러분은 이 죄수가 우리 종교에 대해 같은 방식으로 무엇을 주장하는지를 알게 될 것입니다. 이 반역죄는 범죄자로서 이미 자백한 것만으로도 사형을 받아 마땅합니다."

그 후, 배심원 각자의 이름이 호명되었다.

서기 : "시각장애인 씨!, 쓸모없는 자 씨!, 악의 씨!, 호색 씨!, 방탕 씨!, 흥분 씨!, 거만 씨!, 증오 씨!, 거짓말쟁이 씨!, 잔인함 씨!, 빛 혐오 씨!, 앙갚음 씨! 이상 12명 전원 출석했습니다."

그런 후 배심원 전원은 평결을 심의하기 위해 잠시 밖으로 나갔다. 그리고 배심원 각 개인은 죄수에 대한 개인적 평결을 내렸고, 그들은 만장일치로 그가 유죄라는 결론을 내렸다.

평결회의에서 발언한 배심원들 각자의 평결 내용은 다음과 같다.

시각장애인(배심원 평결회의 의장) : "나는 이 남자가 이단자임을 분명히 압니다."

쓸모없는 자 : "그런 놈은 이 세상에서 없애버려야 합니다."

악의 : "맞습니다. 나는 그의 모습도 보기 싫습니다."

호색 : 턱을 앞으로 내밀며, "나는 절대로 그를 용서할 수 없습니다."

방탕 : "나도 그렇습니다. 그는 항상 나의 생활방식을 비난할 것이 뻔합니다."

흥분 : 참지 못해서 꽥 소리쳤다. "그놈을 잡아서 매달아야 합니다."

거만 : "그놈은 남부끄러운 난봉꾼입니다."

증오 : 동의하라는 듯 고개를 끄덕이면서, "내 심장은 그자에 대한 분노로 끓고 있습니다."

거짓말쟁이 : "그는 나쁜 놈입니다."

잔인함 : "방망이로 두들겨 패야 합니다."

빛 혐오 : "지금 즉시 그를 없애버립시다."

앙갚음 : "만일 나에게 온 세계를 준다 해도 나는 그자와는 전혀 화해할 수 없습니다. 그러므로 나는 지금 즉시 우리의 평결을 '그는 사형에 처해야 한다'라고 의결하고 그 결정을 재판장에게 전달합시다."

그리고 그들은 만장일치로 '사형'을 의결하고 회의 결과를 재판장에게 보고했다.

믿음의 순교

그리하여 믿음은 감옥으로 다시 끌려갔고, 그곳에서 그들은 할 수 있는

허영 시장에서 불태워 죽임을 당하는 믿음

가장 잔인한 방법으로 사형을 집행했다. 그들은 그들의 법에 따라 처음에 찌르고, 때리고, 칼로 살을 도려낸 다음 돌로 치고, 칼로 자른 다음 불로 태워서 재를 만들었다. 그래서 믿음은 그의 세상 삶을 끝마쳤다.

그때 나는 많은 군중들 너머에서 믿음을 기다리고 있는 두 마리의 말이 끄는 마차를 보았다. 그의 적들이 그를 처형하자마자, 그는 마차에 올라탔고, 요란한 나팔소리와 함께 구름을 뚫고 천국 문을 향하여 가장 빠른 지름길로 달려가는 것을 보았다.

그리고 기독도는 감옥으로 다시 돌아가게 되었고 그 고통스러운 상황 가운데서도 마음에 평화가 찾아왔다. 그는 한동안 감옥에 갇혀 있었지만, 이 세상 모든 것을 지배하시고, 적들의 분노의 힘까지도 손에 붙잡고 섭리하시는 하나님께서 기독도를 석방하도록 처리하게 하셨다. 그 후 기독도는 석방되어 순례의 길을 계속 나아갈 수 있었다.

걸어가면서 기독도가 혼잣말로 중얼거렸다.

"아~, 믿음이여!
그대는 주님 앞에서 충직하게 믿음을 지켰소.
당신은 이제 복을 받으리라!
믿음 없는 자들은,
그들의 헛된 즐거움 때문에,
지옥에서 부르짖고 있겠지요.
노래하라, 믿음이여 노래하라,
그대의 이름은 영원하리라,
비록 그들이 당신을 죽였지만,
그러나 당신은 살아있습니다."

7

기독도와 소망의 동행

소망을 만나다

내 꿈속에서 나는 기독도가 그의 여행을 계속하는 것을 보았지만 혼자가 아니었다. 지금 그는 소망이라는 이름의 다른 순례자와 만났다. 그는 기독도와 믿음이 행동하고 말하는 것을 보고 변화를 받아 그처럼 소망이라고 이름을 지었다. 소망이 기독도와 합류했고, 그들 두 사람은 의형제 언약을 맺었다. 소망은 특히 기독도와 믿음이 허영 시장에서 겪은 엄청난 고통에 시달리는 동안, 끝까지 믿음을 지킨 믿음의 증거를 목격하고 친구가 되기로 결심했던 것이다.

믿음은 진리를 증언하기 위해 죽었지만, 또 다른 믿음은 소망이라는 이름으로 그의 잿더미에서 일어나서 기독도와 함께 순례를 하게 된 것이다. 이 소망은 또한 허영 시장에서 얼마 후 그를 따를 사람들이 더 많이 있다는 놀라운 소식을 기독도에게 말해 주었다.

그들은 허영 시장을 출발하자마자, 그들 앞에서 걸어가는 한 남자를 따라잡았다. 그의 이름은 이기심이었다. 그

믿음을 잃은 기독도가 소망을 만나다

에게 기독도가 말을 걸었다.

이기심

기독도 : "선생님, 어디에서 오셔서 어디로 가시는 길입니까?"

이기심 : "나는 감언이설 마을에서 왔습니다. 지금 천국으로 가고 있습니다." 하지만 그는 자신의 이름을 말하지 않았다.

기독도 : "감언이설에서 오셨다고요? 그곳에도 착한 사람이 살고 있습니까?"(잠 26:25)

이기심 : "네, 정말 많습니다."

기독도 : "그런데 선생님, 성함이 어떻게 되시나요?"

이기심 : "당신은 저와 초면입니다. 물론 저도 당신에게 초면일 것입니다. 당신이 이 길을 가고 있다면 기꺼이 동행해 드리겠지만 그렇지 않다면 저 혼자 가도 괜찮습니다."

기독도 : "저도 감언이설 마을에 대해 들어본 적이 있는데 아주 부유한 동네라고 하던데요."

이기심 : "네, 그렇습니다. 그리고 저는 그곳에 부자 친척들과 친구들이 매우 많습니다."

기독도 : "그들이 누구인지 감히 물어봐도 될까요?"

이기심 : 어깨를 으쓱했다. "솔직히 말해서, 거의 마을 전체가 제 친척입니다. 특히 배반 경, 기회주의자 경, 감언이설 경 (감언이설은 우리 조상인데 그분의 이름으로 마을 이름을 만들었고, 우리는 그 조상의 후손입니다) 등이 내 친척이고, 또 능글맞이, 두 얼굴, 아무거나 등이 내 친구들입니다. 우리교회 일구이언 목사님은 저의 외삼촌입니다. 사실을 밝히자면 저는 좋은 가문의 귀족입니다. 제 증조할아버지가 비록 노 젓는 뱃사공이었습니다만, 그는 노를 저어 이쪽으로 가려는 듯하다가 저쪽으로 가버리는 수법의 명수였습니다. 그래서 손님에게 뱃삯을 거의 두 배로 받아냅니다. 저도 같은 직업으로 재산의 대부분을 모았습니다."

기독도 : "당신은 결혼했습니까?"

I-7 기독도와 소망의 동행 145

이기심 : 고개를 끄덕이면서, "네, 제 아내는 매우 현숙한 여인인데, 제 장모님 역시 현숙한 여인이었습니다. 다시 말하면 그녀는 …한 척을 잘하는 **가면(假面)여사**의 딸입니다. 그래서 제 아내는 매우 고귀한 가문 출신입니다. 결론적으로 그녀는 매우 높은 교양과 예절을 지니고 있어서 높은 왕족으로부터 비천한 농부들에게 이르기까지 어느 계층이건 아주 적절하고 예의 바르게 대한답니다.

사실 우리는 너무 엄격한 종교 생활을 하는 사람들과는 약간 다릅니다. 첫째, 우리는 세상 풍조에 절대 역행하지 않습니다. 둘째, 우리는 항상 종교가 순탄할 때에만 신앙생활을 하고, 사람들에게 칭송을 받을 때만 열심히 종교 행사를 합니다."

이기심의 아내이자 가면 여사의 딸

그 후 기독도는 소망 쪽으로 다가가서 말을 건넸다.

기독도 : "지금 생각해 보니 이 사람은 **감언이설** 마을의 이기심이라는 사람인 것 같습니다. 내 기억이 사실이라면, 우리는 이 세상에서 가장 센 악당과 동행하고 있습니다."

소망 : "그에게 확실히 물어보세요. 그가 자기 이름 밝히기를 부끄러워하지는 않을 것 같습니다."

그래서 기독도는 다시 한번 이기심에게로 가서 말했다.

기독도 : "선생님, 당신은 이 세상 이치를 누구보다 더 많이 아는 사람 같군요. 그리고 제 추측이 맞다면, 당신의 이름이 감언이설 마을의 이기심 씨라고 생각됩니다. 그렇지 않나요?"

이기심 : "그것은 제 진짜 이름이 아닙니다." 한숨을 내쉬면서, "나와 어울리지 못하는 사람들이 붙인 별명입니다. 하지만 어쩌겠습니까? 나보

다 앞서가신 훌륭한 사람들이 그런 일을 당하고도 묵묵히 참았던 것처럼 저도 비난을 묵묵히 참고 견딘답니다."

기독도는 그 주제의 이야기를 아직 끝내지 않았다.

기독도 : "그러나 남들이 당신을 그렇게 불렀던 데는 그만한 이유가 있지 않았을까요?"

이기심 : "절대! 절대로 그렇지 않습니다. 다만 그들로 하여금 이 이름을 지어주게 했을지도 모르는 한 가지가 있다면, 나는 판단력이 좋아서 행운의 기회가 왔을 때 재빠르게 남보다 더 돈을 벌었다는 것입니다. 그러나 그것은 신의 축복이지 악의적으로 증오심을 품을 일은 아닙니다."

기독도의 눈살이 옆으로 길게 째졌다.

기독도 : "제가 들은 소문이 맞는 것 같습니다. 솔직히 말해서, 당신에게 그 이름이 아주 잘 어울리는 것 같군요."

이기심 : 손을 가로저으면서, "당신이 어떻게 생각하든 자유지만, 그래도 저와 같이 계속 여행하다 보면 제가 매우 훌륭한 사람이라는 것을 알게 될 것입니다."

기독도 : "당신이 계속해서 우리와 함께 가고 싶다면, 세상 풍조를 거역해야 합니다. 이 길은 당신의 신조와 맞지 않지요. 당신은 또한 순탄할 때뿐만 아니라 어려울 때도 신앙을 지켜야 합니다. 사람들에게 칭송을 받을 때뿐만 아니라 쇠사슬에 묶여 옥에 갇히는 고난을 당한다 해도 이 길을 끝까지 가야 합니다."

이기심의 표정이 엉망이었다.

이기심 : "당신은 나에게 신앙생활을 강요하거나 가르치려 해서는 안 됩니다. 내가 당신과 함께 가는 것은 나의 자유이고 당신은 나의 자유를 존중해야 합니다."

기독도 : "아닙니다. 당신이 제 의견에 동의하지 않는 한 우리는 당신과 더이상 함께 가지 않겠습니다."

이기심 : "절대로 못 합니다. 우리의 오래된 전통은 해가 없고 유익하기 때문에 결코 포기하지 않을 것입니다. 만약 내가 당신과 함께 가는 것이

싫다면, 당신이 나를 따라잡기 전에 했던 대로 떨어져서 가세요. 나와 함께 동행하는 것을 기뻐할 다른 사람이 따라올 때까지 나 혼자 여행할 것입니다."

이기심과 세 친구들

지금 나는 내 꿈속에서 기독도와 소망이 이기심보다 앞서서 걸어가는 것을 보았다. 그리고 그들은 꽤 거리를 두었다. 그런데 그들 중 한 사람이 뒤돌아보고 이기심을 따라오는 세 남자를 보았다. 이 세 사람이 그를 따라잡았으며, 그는 그들에게 매우 반갑게 인사했고, 그들 또한 그에게 친절하게 칭찬했다. 그 남자들의 이름은 세상집착, 돈사랑, 구두쇠였다.

이기심과 그들 세 사람은 전부터 아는 사이였다. 그들은 어렸을 때 학교 친구였고, 북부 탐욕 마을에 있는 이윤추구라는 학교에서 불평불만이라는 선생님에게 가르침을 받은 동창생이었다. 그 선생님은 그들에게 폭력, 부정행위, 아첨, 거짓말, 종교의 가식 행위 등을 통해 이윤을 얻는 기술을 가르쳤다. 이 네 명의 신사들은 스승의 많은 기술을 전수받고 각각 그러한 학교를 운영할 수 있는 주인이 되었다.

그들이 서로 인사를 나눈 후,

돈사랑 : "우리 앞에 가고 있는 저 사람들은 누구니?"

기독도와 소망이 여전히 시야에 들어왔다.

이기심 : "저 두 사람은 먼 지역에서 온 사람들인데 자기들 맘대로 순례 길을 가고 있는 중이야."

돈사랑 : "참 유감스럽네, 왜 그들은 기다리지 않고 그냥 가는 거니? 우리가 다 함께 친구가 되어 순례 길을 가면 즐겁지 않겠니?"

이기심 : "나도 동감이야. 하지만 우리 앞에 걸어가고 있는 저 두 남자는 너무 고지식해서 자기 생각만 집착하는 자들이야. 그래서 다른 사람들의 의견을 절대로 받아들이지 않아. 아무리 경건한 사람이라도 모든 일에 자기들 생각과 같지 않으면 자기 무리에서 쫓아내는 자들이야."

구두쇠 : "거참, 못된 사람들이네! '지나치게 의인이 되지 말라'(전 7:16)

라는 말씀을 읽은 적이 있는 데, 저런 사람들은 자신들 이외의 모든 사람을 심판하고 정죄하는 법일세. 그런데 어떤 생각이 달랐단 말인가?"

이기심 : "왜냐하면, 그들은 날씨가 좋든지 궂든지 상관없이 서둘러서 떠나야 한다고 했고, 나는 바람과 조류가 잔잔해진 후에 가야 한다고 주장했지. 또 그들은 하나님을 위해서라면 모든 위험도 감수하지만, 나는 나의 생명과 재산을 지키려고 모든 것을 이용한다고 했지. 또 그들은 비록 모든 사람들이 반대할지라도 그들의 믿음을 고수한다고 했고, 나는 내 안전을 위협하지 않을 때에만 종교를 지지한다고 했다네. 그리고 그들은 믿음을 지키다가 누더기를 걸치게 되고 경멸을 당한다 할지라도 기꺼이 감수한다고 했고, 나는 종교를 햇빛이 밝은 날 은색 신발을 신고 박수갈채를 받을 때에만 지지한다고 했네."

세상집착 : 이기심의 손을 덥석 잡고서, "이기심아! 잠간만 기다려봐! 나로서는, 그들을 자기가 가진 것을 지킬 자유가 있는 데도 너무 똑똑해서 잃어버리는 바보라고 생각할 수밖에 없다. 대신에, 우리는 뱀처럼 현명해야지. 건초는 햇빛이 비치는 동안 만들어야 하네. 꿀벌은 겨울 동안 내내 잠복해 있다가 꽃이 피고 꿀을 따는 봄이 되면 훨훨 날지 않는가! 하나님은 때를 따라 햇빛도 주시고 비도 주시네. 그들이 빗속을 뚫고 지나가는 바보짓을 해도 우리는 햇빛이 떠오를 때를 기다려 그때 가야 하네. 나는 하나님의 선한 축복이 보장되는 종교를 가장 좋아하네. 생각해 보게나.

하나님께서 우리에게 삶에 필요한 좋은 것들을 많이 주신 이유는 그것들을 누리고 즐기라고 그러신 것 아니겠는가? 아브라함과 솔로몬도 종교를 통해 부자가 되었네. 그리고 욥은 착한 사람은 금을 먼지처럼 쌓는다고 했네. 그렇다면, 욥도 우리 앞에 가는 저 바보들과는 닮지 않았어. 자네가 그들에 대해 말한 대로라면 말일세."

구두쇠 : "이 문제에 대해서는 우리 모두 의견이 일치되었다고 생각되니 더이상 말할 필요가 없네."

돈사랑 : 고개를 끄덕이면서, "자네 말이 맞네. 이 문제에 대해서는 더이상 언급하지 마세. 성경이나 이성(理性)을 믿지 않는 자들은, 바로 곁에

있는 자기 자신의 자유와 안전을 돌보지도 못하는 어리석은 자들이지."

이기심과 친구들의 대화

이기심 : "친구들아! 너희들도 알다시피, 우리는 모두 순례 길을 가고 있다. 그래서 기분 나쁜 이야기는 그만하고 기분전환을 위해서 한 가지 질문을 하겠네. 가령 목사나 장사하는 상인, 또는 다른 직업의 어떤 사람이, 그의 삶에 좋은 축복이 되는 행운을 잡을 수 있는 기회가 왔다고 가정해 보자. 그런데 그가 지금까지는 소홀했던 믿음 생활을 매우 열심인 것처럼 보임으로써 이러한 행운을 얻을 수 있는 목적을 달성했다면 그는 여전히 의롭고 정직한 사람이라고 할 수 있을까?"

돈사랑 : "네 질문의 취지를 알겠어. 어~이, 훌륭한 신사들아!" 세 사람에게 가까이 오라고 크게 손짓을 했다. "내가 너희들에게 답변을 해보도록 하겠다. 첫째로, 목사에 대해 예를 들어보겠다.

작은 교회에서 빈약한 사례비를 받고 적은 수의 신도들을 맡아보고 있는 어떤 훌륭한 목사가, 더 크고, 더 명망 있고, 물질적으로 훨씬 더 풍부

돈사랑의 강론

한 사례비를 주는 교회에 초청받는 기회가 그의 눈앞에 왔다고 가정해 보자. 그 교회의 원칙에 따라 그의 채용을 결정하는 사람들의 기대 때문에, 그가 이 새로운 위치에 오를 기회를 잡기 위해서 더 공부하고, 더 열심히 설교 준비를 하고 배운다고 가정해 보자.

내가 보는 바로는 초청을 받은 사람이라면 이런 행동을 해서는 안 될 이유가 없다.

맞다, 또 그밖에도 그가 정직한 사람이라면 이 출세 가도를 붙잡아야 할 이유가 더 많이 있다. 여기에 몇 가지 이유를 열거해 보겠다.

첫째, 좀 더 많은 회중을 원하는 그의 소망은 합법적이다. 이것은 반박할 수 없는 일이다. 그것은 신의 섭리이기 때문이다. 그러니 양심을 의심하지 말고 전력을 다하여 그것을 추구해야 한다.

둘째, 게다가, 더 많은 신도들을 모시고 싶은 그의 욕망은 그가 더 열심히 공부하고, 더 진지한 설교자가 되게 하고, 결과적으로 더 나은 사람이 되게 한다. 그렇다, 그는 자신을 개선할 수 있다. 그리고 이것은 확실히 신의 뜻에 합당한 것이다.

셋째, 이제, 그를 초대한 교회 교인들의 기대에 맞추기 위해 자신이 지켜오던 뜻을 굽히는 행동에 대해, 나는 이렇게 주장한다. 첫째, 그가 자기 부정의 성향이 있다는 것을 드러낸다. 둘째로, 그가 상냥하고 매력적인 태도를 가지고 있다는 것을 보여준다. 그리고 세 번째로, 그가 목사직에 더 적합하다는 것을 증명한다.

넷째, 그렇다면, 나는 평소 자신의 신념을 굽혀서라도 적은 수의 신도들을 더 큰 회중과 교환하는 목사를, 탐욕을 부리는 것으로 판단해서는 안 되며, 오히려 그와 같은 방식으로 자기 자신을 향상시키고 개선하였으므로, 기회를 붙드는 선한 사람으로 판단해야 한다고 결론짓는다.

이제 이 질문의 두 번째 부분인 장사하는 상인과 관련된 것을 말하겠다. 세상에서 보잘것없는 조그마한 가게에서 장사가 시원치 않아서 간신히 살아가는 한 장사꾼이 있다고 가정해 보자. 그런데 그가 종교를 갖게 됨으로써 그의 상점에 더 많은 좋은 고객들을 끌어들이게 되고, 더 나은 삶을 살 수 있고 재정적인 문제를 해결할 수 있으며, 스스로 부유한 아내를 얻을 수 있고 더 많은 기회를 찾을 수 있다면, 이 과정을 추구하지 말아야 할 이유가 전혀 없다. 이것이 바로 다음과 같은 이유 때문이다.

첫째, 사람이 무슨 이유, 무슨 목적을 불문하고 종교를 갖는 것은 미덕이다. 둘째, 부유한 아내와 결혼하는 것은 법에 어긋나지 않으며, 종교로 인해서 그의 사업의 수익성을 증가시킬 수 있다. 셋째, 종교가가 됨으로써 이런 혜택을 받는 것은 선한 방법으로 축복을 얻는 것이다. 그는 좋은 아내, 좋은 고객, 좋은 수익성, 그리고 이 모든 것들을 종교가가 됨으로써 얻었다. 다시 말해서, 이런 모든 것을 얻기 위해 종교가가 되는 것은 좋은 것이며 추구해야 할 일이다."

이기심의 질문에 대한 **돈사랑**의 대답은 그들 모두에게서 큰 박수를 받았다. 따라서 목적을 달성하기 위해 종교를 갖는 것은 합리적이고 가치 있다고 네 사람이 만장일치로 결론을 내렸다. 그리고 그들은 어떤 사람도 그러한 주장을 반박할 수 없다고 확신했기 때문에, 아까 이기심을 공격하여 꼼짝 못 하게 한 것을 보복하기 위해, 아직 부르면 들릴만한 거리에 앞서가고 있는 **기독도와 소망**에게 질문하기로 네 사람이 전적으로 합의했다. 그래서 그들은 앞서가는 두 사람을 불렀다.

기독도와 소망은 멈춰 서서 네 사람이 자기들을 따라잡을 때까지 기다리고 서 있었다.

그들은 다가가면서 두 순례자에게 질문하는 것은 **이기심**보다는 **세상집착**이 유리할 것이라고 결정했다. 왜냐하면, 그들이 헤어질 때 **이기심**과 두 순례자가 가졌던 격렬한 감정싸움을 다시 불러일으킬 가능성을 피할 수 있다고 생각했기 때문이었다.

그래서 그들은 서로에게 접근했고, 짧은 인사를 나눈 후, **세상집착**이 **기독도와 소망**에게 그 질문을 던졌다. 그리고 나서 그들에게 대답할 수 있다면 해보라고 했다.

기독도가 주저하지 않고 대답했다.

기독도 : "믿음이 있는 사람이라면 어린아이라도 그런 질문은 만 개라도

대답할 수 있을 것입니다. 사람이 오직 빵을 얻기 위해 그리스도를 따르는 것이 불법이라 하셨거늘(요 6:26), 단지 이 세상의 쾌락과 물질을 얻기 위해서 사람이 종교를 이용한다는 것은 얼마나 가증스러운 일입니까? 그런 생각을 갖는 사람은 이교도, 위선자, 악마, 마법사뿐일 것입니다.

하몰과 세겜이 야곱의 딸과 짐승이 탐이 났지만 그들이 할례를 받지 않으면 원하는 것을 얻을 길이 없다는 것을 알고, 그들은 자기 민족에게, '우리가 할례만 받으면 그 모든 것이 우리의 것이 됩니다'라고 말했습니다. 그들은 종교를 거짓으로 위장하여 야곱의 딸과 짐승들을 얻으려고 했습니다(창 34:20-24).

바리새인들도 또한 종교를 위선적으로 믿었습니다. 그들이 길게 간절히 드리는 기도는 과부들의 집과 재산을 빼앗기 위한 목적으로 사용했던 속임수에 불과했습니다. 그들은 하나님께 더욱 큰 징계를 받았습니다(눅 20:46-47).

가룟 유다도 종교를 위장한 마귀였습니다. 그는 돈 가방과 그 속에 있는 돈이 탐나서 믿음을 위장했지만 결국 그는 길을 잃었고, 버림받았습니다(요 12:6).

마법사 시몬도 이러한 종교가에 속했습니다. 그는 돈을 벌기 위해 성령의 능력을 원했고, 돈으로 그것을 사려고 했습니다. 그래서 그는 베드로에게서 심한 질책을 받았고 혼쭐이 났습니다(행 8:19-22).

이 세상의 부귀영화를 위해 종교를 갖는 사람은 결국 이 세상의 부귀영화를 위해 종교를 버리게 될 것입니다. 가룟 유다는 세속적인 재물이 탐나서 종교를 믿었다가 결국 이생의 재물을 위하여 주님을 팔아넘겼습니다. 그러므로 그 질문에 맞장구치고 긍정적으로 대답하는 것은 이단적이고, 위선적이며, 악마 같은 것입니다. 그런 생각을 품고 행하는 사람들은 자기가 행한 대로 정죄를 받을 것입니다."

기독도가 답변을 마쳤을 때 네 명의 남자는 서로 눈치만 살필 뿐 반박을 하지 못했다. 소망도 기독도의 적절한 답변에 감동을 받았다. 잠시 동안 무거운 침묵이 흘렀다. 이기심과 그 친구들이 머뭇거리며 뒤처졌기 때문에 기독도와 소망은 쉽사리 그들을 떼어 놓고 앞설 수 있었다.
　기독도가 소망에게 말을 건넸다.
　기독도 : "저 사람들이 한낱 사람의 질책 앞에도 설 수 없다면 장차 하나님께서 심판하실 때에는 어떻게 하려는지 모르겠습니다. 불길처럼 타오르는 질책을 하실 때 어떻게 견딜 수 있을까요?"

데마의 유혹

　그래서 기독도와 소망은 그들 앞에서 다시 걸어갔고, 편안함이라고 부르는 아름다운 들판에 다다를 때까지 계속 나아갔다. 하지만, 평야는 아주 작아서 곧바로 건너가 반대편에 도착했다.
　그 평원 건너편에는 재물이라고 부르는 작은 언덕이 있었고 그 언덕에는 은 광산이 있었다. 이전에 그 길로 간 일부 순례자들은 광산의 진귀함 때문에 위험을 무릅쓰고 그 광산을 구경하려고 길을 벗어나 은광 입구까지 갔다가 발밑의 땅이 무너지는 바람에 몇은 죽었고 몇은 그곳에서 불구가 되었었다. 부상당한 사람들은 죽는 날까지 그 광산의 상처를 가지고 고생하며 살아갈 수밖에 없었다.

기독도와 소망을 유혹하는 데마

그때 나는 꿈에서 은 광산 바로 옆에 있는 길에서 데마라는 남자가 서 있는 것을 보았다(딤후 4:10). 이 신사는 지나가는 두 순례자에게 '와서 구경 좀 하고 가라'고 하며 기독도와 소망을 불렀다.

데마 : "안녕하세요. 친구분들! 여기 들어오시면 제가 놀라운 것을 보여 드릴게요."

기독도 : "그것을 구경하려고 우리가 가던 길을 바꿀 만큼 가치 있는 뭐라도 있단 말입니까?"

데마 : 구덩이를 손가락질하면서, "여기 은 광산이 있습니다. 바로 지금, 어떤 사람들은 보물을 찾기 위해 땅을 파고 있습니다. 당신들도 별로 힘들이지 않고 부자가 될 수 있습니다."

소망 : 기독도를 바라보면서, "한 번 가볼까요?"

기독도 : 고개를 저으면서, "나는 가지 않겠습니다. 전에 이곳에 대하여 들은 적이 있는데, 이곳에서 많은 사람이 살해당했다는 소식이었습니다. 그 보물은 그것을 찾는 사람들에게는 덫입니다. 그것이 그들의 순례 길을 방해하기 때문입니다."

그런 다음 기독도는 데마에게 물었다.

기독도 : "그곳이 위험한 곳이 아니라고요? 그곳은 많은 순례자들을 위험에 빠뜨렸지 않습니까?"(딤전 6:9, 호세아 9:6).

데마 : "조심하기만 하면 그렇게 위험하지는 않습니다." 하지만 그는 그 말을 할 때 얼굴이 붉어졌다.

기독도 : 소망을 향해 속삭이듯이 작은 소리로, "이 길을 한 발짝도 벗어나지 말고, 우리의 길을 충실히 갑시다."

소망 : 그의 어깨너머 뒤쪽을 바라보면서, "이기심이 이곳에 도착했을 때, 그는 더 자세히 알아보기 위해 구덩이에 들어갈 것입니다."

기독도 : "의심할 여지가 없지요." 심호흡을 한 번 하고 나서, "그의 생활신조가 그를 그런 식으로 이끌기 때문에 의심할 여지가 없습니다. 그리고 나는 그가 그곳에서 확실히 죽을 것이라고 장담합니다."

데마는 계속 버티고 서서 두 순례자를 불렀다.

데마 : "그냥 와서 구경만 한번 해보시겠어요?"

그러자 기독도가 퉁명스럽게 대답했다.

기독도 : "데마야. 너는 이런 식으로 주의 올바른 길을 추구하는 순례자들에게 적이다. 나는 네가 이미 주님의 심판관들 중 한 사람에게 이곳을 떠난 것에 대한 정죄를 받은 것을 알고 있다(딤후 4:10). 그런데 왜 우리를 똑같은 정죄에 빠뜨리려고 하는 거야? 게다가, 만약 우리가 여기서 빗나간다면, 우리의 주님은 분명히 그것을 아시고 심판대에서 우리를 수치스럽게 하실 것이다. 우리의 소망은 그 앞에 당당히 서는 것이다."

데마는 그들의 친족이라고 수상하며 나시 안면 그들에게 소리쳤다.

데마 : "만약 당신들이 얼마 동안만 기다려 주시면, 나도 당신들과 함께 순례의 길을 가겠습니다."

기독도 : "당신의 이름이 무엇이요? 내가 이미 불렀던 데마가 당신 이름이 아닌가요?"

데마 : "네, 제 이름은 데마입니다. 나는 아브라함의 자손입니다."

기독도 : "난 당신을 알아요. 게하시가 당신의 증조부이고, 유다가 당신의 아버지요. 당신은 줄곧 그들의 길을 따라 걸었소. 당신이 제안하는 것은 당신의 악마 같은 장난에 지나지 않소. 당신의 아버지는 반역죄로 교수형을 당했고 당신은 더 나은 보상을 받을 자격이 없어요(마 27:3-5). 우리가 주님 앞에 도착했을 때 주님께 당신의 행위를 말씀드릴 테니 각오하시오."

그런 다음 기독도와 소망은 길을 계속 가는데, 이번에는 이기심과 그의 친구들이 다시 시야에 들어왔다. 기독도와 소망은 뒤따르는 무리가 은 광산에 도착하는 것을 지켜보았다. 데마가 그들을 부르자, 그들은 길을 떠나 그에게로 달려갔다. 그들이 구덩이에 빠졌는지, 땅을 파러 갔는지, 아니면 그 깊은 곳에서 종종 발생하는 유독 가스에 질식해서 바닥에 쓰러졌는지는 알 수 없다. 자세한 것은 모르지만, 다시는 그들이 보이지 않았다는 것은 분명하다. 그런 일이 있은 후 기독도와 소망은 노래를 불렀다.

"이기심과 은장색 데마, 둘은 의기투합했었네,
하나는 부르고, 다른 하나는 달려가고,
이 둘은 돈 때문에 하나가 되었었네,
이 세상을 얻었으나, 천국에는 가지 못했네."

소금기둥

나는 내 꿈에서, 이 평원의 바로 반대편에서, 순례자들이 큰길 가에 있는 오래된 기념비 곁에 서 있는 것을 보았다. 그 비석을 보고 그 모양이 하도 기묘해서 그들은 어리둥절했다. 그것은 마치 여자가 기둥 모양으로 변한 것처럼 보였기 때문이다. 두 사람은 그것을 자세히 바라보고 있었지만, 한동안 그들은 그것에 대해 어떻게 설명해야 할지 몰랐다.

한참 후 소망은 특이한 문자로 그 비석의 머리에 새겨진 글자를 발견했다. 그리고 그는 그 문자를 알 수 없어서 기독도에게 그 의미를 이해할 수 있는지 물었다. 기독도는 그것을 자세히 들여다보고, 그것이 '롯의 아내를 기억하라'라는 뜻이라는 것을 알았다. 그래서 그는 순례 동료에게 그것을 읽어 주었고, 그 두 사람은 롯의 아내가 살아남기 위해 소돔에서

소금기둥이 된 롯의 아내

도망칠 때 탐욕스러운 마음으로 뒤돌아보다가, 소금기둥이 된 것을 기억해 냈다(창 19:26).

이 놀라운 광경을 목격한 그들은 다음과 같은 이야기를 나누었다.

기독도 : "아, 나의 형제여, 아주 시기적절한 때에 이것을 보았습니다." 침을 한 번 삼키고 나서, "이 광경은 데마가 우리에게 더러운 돈의 언덕을 보러 오라고 손짓해서 부르는 유혹을 막 물리치고 난 적절한 때에 우리에게 왔기 때문입니다. 데마가 원하던 대로 우리가 들어갔더라면, 그리고, 오 형제여, 형제께서 원하시는 대로 들어갔더라면, 나는 우리가 뒤쫓아 오는 모든 사람들에게 비슷한 구경거리가 되었을 거라고 생각합니다."

소망 : "제가 잠시나마 그렇게 어리석어서 미안합니다." 그는 소금기둥을 뚫어지게 응시했다. "그리고 제가 지금 왜 롯의 아내처럼 되지 않았는지 궁금합니다. 그 여자의 죄와 저의 죄는 똑같지 않습니까? 저는 광산을 보러 가고 싶어 했고 그녀는 잠간 뒤를 돌아보기만 했습니다. 이것은 전적으로 주님이 은혜를 베풀어주셨습니다. 그런 생각이 제 마음에 들어왔다는 것을 부끄럽게 생각합니다."

기독도 : "우리가 여기서 본 것을 명심해서 앞으로 닥칠 일에 교훈이 되게 합시다." 그는 한때 롯의 아내였던 기둥을 가리켰다. "이 여인은 소돔의 멸망에 죽지 않았으므로, 한 가지 심판은 피했습니다. 그러나 우리가 여기서 보는 것처럼 그녀는 다른 심판에 의해 멸망을 받아 소금기둥으로 변했습니다."

소망 : 고개를 끄덕이면서, "맞습니다. 그리고 그녀는 우리에게 경고이고, 본보기가 되었습니다. 우리가 그녀와 같은 죄를 피해야 한다는 경고를 주고, 또 이러한 경고에도 불구하고 그 경고에 귀를 기울이지 않는 사람에게 심판이 내린다는 것을 보여주는 본보기입니다. 이와 비슷하게 고라와 다단과 아비람도, 그들의 죄로 죽은 이백오십 명과 함께, 다른 사람들에게 본보기가 되었습니다(민 16:31-32). 그런데, 저는 한 가지 특별한 생각을 하게 됩니다. 데마와 그의 친구들은 어떻게 그렇게 자신 있게 보물을 찾으러 은광에 내려갔는지 모르겠습니다.

그 여자는 단지 뒤를 돌아보기만 했을 뿐이고, 그녀가 한 발짝도 뒤돌아서지 않았습니다. 그럼에도 불구하고 소금기둥으로 변했다는 것을 읽습니다. 그녀에게 내렸던 심판이 오늘날까지 그것을 보는 모든 사람들에게 경종으로 남아 있습니다. 그리고 정말로 데마 무리들이 눈을 들어 쳐다볼 수 있는 코앞에 버젓이 서 있는데, 그녀를 보지 않을 수 없는데, 어떻게 은광에서 보물만 찾고 있을까요? 그것이 궁금합니다."

기독도는 잠시 깊은 생각에 잠겼다.

기독도 : "정말 이해가 안 됩니다. 그들이 이미 자포자기했다고 볼 수 있지 않을까요? 어쩌면 재판관이 보는 앞에서 소매치기를 하는 사람이나, 교수대 아래에서 남의 지갑을 노리는 도둑과 같다고 할 수 있겠지요. 소돔 사람들이 그랬습니다. 하나님께서 그들에게 자비를 베풀어주셔서, 그 소돔 땅은 에덴동산과 같았습니다. 롯은 주위를 둘러보면서, 요단 강 가에 있는 요단 평야가 '여호와의 동산 같고 애굽 땅과 같이 물이 넉넉하였다' 라고 했습니다. 그러나 그 소돔 사람은 여호와 앞에 악하며 큰 죄인이었습니다(창 13:10-13).

그러므로 하나님께서 크게 진노하셔서 하늘로부터 가장 뜨거운 유황불

생명수 강가를 거니는 두 순례자

이 내리게 하셔서 그들을 멸망시키셨던 것입니다. 따라서 하나님 앞에서 죄를 짓는 자들에게 경고하시기 위한 본보기들이 끊임없이 그들 앞에 제시되어 있음에도 불구하고 여전히 죄를 범하는 자들에게는 가장 엄격한 심판이 임한다고 결론짓는 것이 마땅합니다."

소망 : "당신이 말한 것이 진실이라는 것에는 의심할 여지가 없습니다. 그런데 당신과 나에게는 얼마나 큰 자비를 베푸셨습니까?" 그는 가슴에 손을 얹으면서, "특히 나에게 말입니다. 롯의 아내처럼 본보기가 되지 않았습니다. 이것은 우리가 항상 하나님께 감사하고, 하나님 앞에서 두려워하며, 롯의 아내를 항상 기억할 기회를 준 것입니다."

생명수 강

그때 나는 두 순례자가 쾌적한 강으로 가는 것을 보았다. 그 강을 다윗 왕은 하나님의 강이라고 불렀고, 요한은 생명수의 강이라고 불렀다(시 65:9, 계 22:1, 겔 47:1-9).

그들은 그 강둑을 따라갔다. 기독도와 소망은 매우 기쁜 마음으로 강가를 걸었다. 그들이 그 강물을 마시자 지친 영혼들이 즐겁고 상쾌해졌다. 강변 양쪽에는 온갖 종류의 과일이 열린 녹색 나무들이 서 있었다. 그들은 배탈을 예방해주는 나뭇잎을 먹었고, 약효가 있는 다른 열매들도 먹었다. 강 양쪽에는 또한 백합이 피어있는 기묘하고 아름다운 초원이 있었다. 그것은 일 년 내내 푸르렀다. 이 잔디밭에서 그들은 누워서 잠을 잤다. 이곳은 그들이 안전하게 누울 수 있는 곳이었다(시 23:2).

그들은 깨어나서 나무에서 과일을 따 먹고 또 강물을 마시고 다시 누웠다. 그리고 그들은 며칠 밤낮을 이렇게 지냈다. 그리고 노래를 불렀다.

"보라, 이 수정 같은 강물이
어떻게 흐르는지 보라.
길옆에서 흐르며 순례자들을 위로하네,
푸르른 초원은 향기를 뿜어주고,

생명수 강가에서 휴식하는 두 순례자

나무들은 열매를 주네,
나무와 열매들이 어찌 아름다운지,
모든 것을 팔아서 초원을 사고 싶네."

그리고 나는 내 꿈에서 그들이 아직 순례를 마치지 않았기 때문에 먹고 마시고 다시 길을 떠나는 것을 보았다. 그들이 길을 나선 지 얼마 되지 않아서 나란하던 강과 길이 두 갈래로 갈라지는 곳에 다다랐다. 그들은 그것을 보고 안타까워했지만 길을 벗어나지 않았다.

그 길은 강에서 점점 멀어졌고, 험해졌다. 험한 길을 걸어가면서 그들의 발이 부르텄다. 그래서 순례자들의 영혼은 그 험한 길 때문에 점점 더 낙심했다(민 21:4).

샛길 초원

그들은 계속하여 걸어가면서, 길이 더 좋아지기를 바랐다. 그런데 조금

I-7 기독도와 소망의 동행

앞쪽, 길 왼편 기슭에 울타리를 친 목초지가 보였고 입구로 들어가는 층계도 있었다. 그 초원 이름은 샛길 초원이었다. 기독도가 소망에게 말했다.

기독도 : "만약 이 초원 옆에 길이 있다면, 그쪽으로 건너갑시다."

그래서 그는 알아보기 위해 계단으로 올라가 보니, 울타리 건너편에 있는 길이 자신들의 가는 길과 평행하게 나 있는 것을 보았다.

기독도 : "와! 저게 바로 제가 바라던 것입니다." 손으로 울타리 건너편에 있는 길을 가리키면서, "이 길이 훨씬 더 쉬운 길입니다. 소망씨 어서 건너갑시다."

소망 : "하지만…" 입을 한쪽으로 삐쭉여서 건너편 길을 가리키면서, "저 길이 우리가 가야 할 길에서 벗어나면 어쩌지요?"

기독도 : "그럴 것 같지 않습니다. 저것 보세요. 울타리 건너편에 우리 길과 나란히 뻗어 있는 길이 있지 않습니까?"

그래서 소망은 기독도의 말을 듣고 그를 따라갔다. 일단 그들이 건너서 평행한 길을 걸어보니 그들의 발이 훨씬 더 편하다는 것을 알았다. 그리고 그들 앞서서 길을 걸어가고 있는 한 남자를 발견했다. 그의 이름은 헛된 자만이었다. 그들은 그를 불러서 이 길이 어디로 가는지를 물었다.

헛된 자만 : "천국 문으로 이어져 있습니다."

기독도는 소망을 보고 웃었다.

기독도 : "그것 보세요. 제가 뭐랬습니까? 이 한 마디로 당신은 우리가 올바른 방향으로 가고 있다는 것을 확신할 수 있을 것입니다."

그래서 그들은 그들 앞서가는 헛된 자만을 따라갔다. 하지만 밤이 되자, 그 길은 칠흑같이 어두워졌다. 사실, 너무 어두워서 그들 앞에서 걷는 남자를 더이상 볼 수 없었다. 그 남자도 자기 앞을 볼 수 없었고, 그는 그만 깊은 구덩이에 빠지고 말았다. 이 구덩이는 그 땅의 주인이 허영심 많은 바보들을 잡아서 산산조각내려고 고의로 파놓은 것이었다. 그런데 그 일이 헛된 자만에게 일어난 것이다(잠 28:26, 사 9:16).

그때 기독도와 소망은 그가 떨어지는 소리를 들었다. 그래서 그들은 무슨 일이 일어났는지를 알아보기 위해 그 남자의 이름을 불러 보았다. 그러나 아무런 대답이 없었다. 다만 신음소리가 들릴 뿐이었다.

소망 : "지금 여기가 어디지요?"

기독도는 아무런 대꾸를 못 했다. 왜냐하면, 그는 자기가 그의 친구를 길에서 벗어나게 했다고 후회하고 있었기 때문이다. 그리고 곧바로 천둥과 번개를 동반한 비가 아주 심하게 내리기 시작했다. 금방 물이 솟구쳐 흘러들어와 길이 넘치기 시작했다.

소망 : 신음하듯 읊조렸다. "아, 내가 가던 길을 계속 갔었더라면 좋았을 텐데."

기독도 : "이 길이 우리를 바른길에서 벗어나게 할 거라고 생각인들 했겠습니까?"

소망 : "처음부터 저는 이런 일이 일어날까 봐 두려웠습니다. 그래서 저는 당신에게 조심스러운 주의를 드렸던 것입니다. 좀 더 분명한 경고를 드리고 싶었지만 당신이 나보다 신앙경력이 많아서 참았지요."

기독도 : "착한 형제여! 제발 화내지 마세요. 내가 당신을 길에서 벗어나게 하고, 이러한 위험이 닥치게 해서 미안합니다. 악의를 가지고 그런 것이 아니니 용서하시기 바랍니다."

소망 : "형제님! 안심하세요. 모두 잘될 것입니다."

기독도 : "저는 너그러운 형제님이 저와 함께 여행하고 있어서 너무 기쁩니다. 그리고 우리는 이런 식으로 여기에 머물러 있어서는 안 됩니다. 속히 옳은 길로 돌아가도록 노력해야 합니다."

소망 : "그러면 기독도 형제님! 제가 앞장설게요."

기독도 : "아닙니다." 어둠 속에서 팔을 내밀어 소망의 어깨 위에 얹으면서, "괜찮으시다면, 제가 먼저 갈게요. 저는 길에서 벗어나게 한 책임이 있는 사람이기 때문에, 우리가 어떤 위험을 당하더라도 제가 먼저 당해야 합니다."

소망 : "아닙니다." 물이 차오르는 소리를 들으며 말했다. "먼저 가지 마세요. 지금 마음이 불편해서 또다시 길을 잘못 들지도 모르니 제가 앞장서겠습니다."

그때 한 음성이 들리면서 그들을 격려했다.

"너희는 전에 가던 길과 대로를 잘 생각하여 보아라. 돌아오라"(렘 31:21).

그러나 그때 홍수로 강물이 불어나서 다시 되돌아가는 것이 매우 위험했다. 그리고 그들이 샛길에서 다시 좁은 길로 들어가는 것보다, 좁은 길에서 샛길로 벗어나는 것이 훨씬 더 쉽다는 것을 알았다. 그럼에도 불구하고 두 순례자는 돌아가려고 갖은 노력을 다했다. 그러나 너무 어둡고 물이 깊어서, 그들이 돌아가려고 하다가는 십중팔구 익사할 것 같았다. 그들이 갖은 애를 썼으나 그날 밤 안으로 계단까지 갈 수가 없었다. 그래서 결국 피난처로 작은 오두막을 찾아 들어가서, 날이 새기까지 쉬기로 했다. 그들은 밤새도록 거기에 앉아 쉬다가 피곤해서 그만 잠이 들었다.

거인 절망에게 붙잡히다

그들이 있는 곳에서 그리 멀지 않은 곳에, 의심성이라고 불리는 성이 하나 있었다. 그 성주는 거인 절망이었다. 사실은 두 순례자가 거인 절망

잠자고 있던 순례자들이 거인 절망에게 붙잡히다

의 정원에서 잠들어 있었던 것이다. 그날 새벽에 거인이 일어나서 자기 뜰을 거닐다가 기독도와 소망이 잠에 빠져 있는 것을 발견했다. 그 거인은 음침하고 두려운 목소리로 그들에게 일어나라고 명령했다. 그리고 그는 물었다.

거인 절망 : "어디서 온 놈들이냐? 지금 너희는 남의 정원에서 무슨 짓을 하고 있느냐?"

두 사람은 길을 잃은 순례자라고 설명했다.

그러자 거인 절망이 말했다.

거인 절망 : "너희는 내 땅을 무단 침입해서 짓밟고, 난장판을 만들어 놓았다. 그러므로 너희는 나와 함께 가야 한다."

그래서 그 거인은 기독도와 소망을 강제로 끌고 갔다. 왜냐하면, 그 거인은 순례자들보다 더 강했기 때문이다. 또 그들은 자기들의 잘못을 알고 있어서 변명할 수가 없었다.

그 거인은 그들을 끌고 가서 그의 성에 있는 매우 어두운 지하 감옥에 가두었다. 두 순례자는 지하 감옥에서 고약한 악취가 나는 것을 발견했다. 그들은 수요일 아침부터 토요일 밤까지 빵을 한 조각도 먹지 못하고, 물 한 모금도 마시지 못한 채 누워있었다. 그동안 내내 어둠 속에 있었고 아무도 그들이 어떠한지 물어보러 오지 않았다. 친구나 아는 사람 하나 없이 머나먼 이 더러운 곳에 갇혀 있었다(시 88:18).

기독도의 슬픔은 이곳에서 배나 컸다. 왜냐하면, 그의 경솔한 행동으로 그들이 이런 비참한 상황에 처했기 때문이다.

거인 절망은 아내가 있었고 그녀의 이름은 **주눅**이였다. 그래서 그 거인은 그날 저녁 잠자리에 들 때 아내에게 자기가 한 일을 말했고, 죄수 두 명이 그의 땅에 침입한 것을 설명해 주었다. 그리고 나서 그는 조언을 구했다.

거인 절망 : "내일 이 죄수들을 어떻게 해야 할까요?"

주눅이 : "그들이 누군데요? 그리고 그들은 어디에서 왔나요?" 그리고 처방을 내렸다. "내일 아침에 일어나서 그들을 인정사정없이 두들겨 패야

합니다."

그래서 그가 아침에 일어나서 무시무시한 돌능금나무 몽둥이를 집어 들고 곧바로 지하 감옥으로 내려갔다.

그는 두 순례자가 전혀 무례한 행동을 하지 않았음에도 불구하고, 그들을 개 패듯이 때리기 시작했다. 그 거인은 계속해서 그들을 무자비하게 때려서, 그들은 더이상 몸을 가누지 못하고 마루 위에 납작하게 퍼졌다. 때리기를 마친 거인은 그들을 떠나갔다. 그들은 비참함을 탄식하고 슬퍼했으며, 온종일 무거운 한숨과 쓰라린 울음으로 시간을 보냈다.

다음날 밤, 주눅이는 다시 남편과 죄수들에 대해 이야기를 하던 중 그들이 아직 살아있다는 것을 알고, 남편에게 그들이 스스로 자살하게 하라고 부추겼다. 아침에, 거인은 전과 같은 거친 태도로 순례자들에게 갔다. 그는 전날 그들이 입었던 상처 때문에 극심한 고통을 받고 있는 것을 보고 그들에게 말했다.

거인 절망 : "너희들은 절대로 이곳을 빠져나갈 수 없기 때문에, 최선의 대안은 너희 스스로 자신을 죽이는 것이다. 너희는 칼로 찌르든지, 올가미로 목을 매든지, 독약을 사용할 수 있다. 왜 삶이 그토록 쓰라린 고통으로 가득 차 있는 것을 보면서 어리석게 살려고 그러느냐?"

순례자들은 그에게 제발 보내 달라고 호소했다. 그러자 거인은 마치 그들을 그 자리에서 바로 끝내버릴 것처럼 달려들 준비를 하며 쏘아보았다. 그러나 그는 갑자기 발작을 일으켜서 한동안 손을 쓰지 못했다. 그는 가끔 밝은 대낮에 발작을 일으키곤 했었다. 그래서 그는 죄수들을 떠나 지하 감옥에서 나갔고, 두 순례자에게 무엇을 해야 할지를 생각하게 내버려두었다. 기독도와 소망은 거인의 지시를 받아들이는 것이 최선인지에 대해 그들끼리 이야기했고 그것은 진지한 대화를 이끌었다.

기독도 : "형제여! 어떻게 할까요? 우리가 지금 이곳에서 사는 삶은 비참합니다. 저로서는 이렇게 사는 것보다 차라리 우리 손으로 죽는 것이 나을지 모르겠습니다. 저의 영혼은 삶보다 목을 조르는 쪽을 택하고자 합니다. 그리고 그 무덤 속이 나에게 이 지하 감옥보다 더 바람직할 것 같

땅속 지하 감옥에 갇혀있는 두 순례자

습니다"(욥 7:15).

소망 : 한숨을 내쉬었다. "우리의 현재 상태가 끔찍하고, 이 끊임없는 고통 속에서 사는 것보다 죽는 쪽이 훨씬 더 수월한 것은 사실입니다. 그러나 우리가 가는 나라의 주님께서 하신 말씀을 생각해 봅시다. 그는 '너희는 살인하지 말라' 라고 말씀하셨습니다. 다른 사람을 죽이는 것만 살인이 아니라 우리 자신을 죽이라고 하는 거인의 부추김을 받아들이는 것도 살인이므로 금하십니다.

그러므로 다시 한번 생각해 봅시다. 거인 절망은 우리 주님의 율법하고는 아무 상관이 없습니다. 제가 기억하고 있는 것은, 다른 사람들도 우리처럼 그에게 붙잡혔지만, 그들은 분명히 그의 손에서 탈출했습니다. 세상을 만든 하나님께서 거인 절망을 죽게 할지 누가 알겠습니까? 아니면 그가 우리를 가두어두는 감옥 문을 잠그는 것을 깜박 잊을지도 모르지 않습니까? 또 머지않아 그가 우리와 함께 감옥에 있을 때 또 다른 마비 증상이 생길지도 모릅니다.

만약 그것이 다시 일어난다면, 그 상황에서 저는 용기를 내어서 그의 손에서 탈출하기 위해 모든 노력을 다할 것입니다. 지난번 발작 때에 탈출하지 못한 제가 어리석었습니다. 하지만, 저의 형제여, 인내심을 갖고 또 참기 바랍니다. 우리에게 행복한 석방의 기회가 주어질지도 모르지만, 그 석방은 우리 자신의 살인에 의한 것만은 아닙니다."

이 말로, 소망은 기독도의 마음을 진정시켰고, 그래서 그들은 그날 계속되는 슬프고 비참한 상황을 어둠 속에서 참을 수 있었다.

저녁 무렵, 거인 절망은 죄수들이 자신의 충고를 받아들였는지 보기 위해 다시 지하 감옥으로 내려갔다. 그가 지하 감옥에 들어가 보니 그들은 살아있었으나, 그저 겨우 목숨만 붙어 있었다. 왜냐하면 그들은 빵과 물을 먹지 못했기 때문이다. 게다가, 그가 그들을 때렸을 때 받았던 잔혹한 상처는 그들에게 간신히 숨만 쉴 수밖에 없게 했다. 그들이 자신의 충고를 따르지 않고 살아있다는 것을 발견한 그는 몹시 흥분했고, 살기등등하게 위협했다.

거인 절망 : "너희는 지금 태어나지 않은 것보다 못하게 될 것이다."

이때 겁에 질린 두 순례자는 덜덜 떨었고, 기독도는 기절했다. 그러나 그가 조금 정신이 들고 깨어나자, 그들은 거인 절망의 지시를 받아들이는 것이 지금 최선일지 아닐지에 대한 논의를 다시 시작했다. 기독도는 또 다시 받아들이자고 찬성했지만, 소망은 그것에 대해 두 번째 대답했다.

소망 : "형제여! 지금까지 이 순례 여정에서 얼마나 용감했는지 생각해 보세요. 겸손 골짜기에서 아볼루온이 당신을 짓밟을 수 없었고, 그 사망의 음침한 골짜기에서 당신이 듣고, 보고, 느낀 모든 위험들도 당신을 짓밟을 수 없었소. 많은 어려움, 공포, 놀라움을 당신은 이미 이겨냈습니다. 그런데 지금은 어째서 무서워서 벌벌 떨고 있습니까? 보다시피 저도 당신과 함께 지하 감옥에 갇혀 있고, 저는 당신보다 훨씬 허약한 사람이라는 것을 알고 있지 않습니까? 또 당신뿐만 아니라 저도 이 거인에게 두들겨 맞았습니다.

이 껌껌한 지하 감옥에 갇혀서 슬픔을 당하고 있지만 우리는 끝까지 인내하고 참아서 이겨내야 합니다. 당신이 허영 시장에서 쇠고랑에 차인 채로 철장에 갇혀 있으면서도 그 사람들을 어떻게 이겨냈는지 기억하시기 바랍니다. 당신은 피비린내 나는 죽음을 두려워하지 않았습니다. 그러므로 우리는 끝까지 인내하면서 거인의 지시를 거절하고 가능한 한 인내심으로 참읍시다."

밤이 다시 찾아왔고 거인과 그의 아내 주눅이는 한 침대에 있었다.

주눅이 : "죄수들은 어떻게 됐나요? 당신의 지시대로 그들이 자살했습니까?"

거인 절망 : "그들은 지독한 악당들이요." 퉁명스럽게 대꾸했다. "그들은 스스로 자살하는 대신 모든 고난을 견뎌내는 쪽을 선택한 것 같소."

주눅이 : "내일 성 마당에 끌어내 놓고, 이미 살해한 사람들의 뼈와 해골을 보여주세요. 그리고 두 주 전에 당신이 다른 순례자들에게 했던 것처럼 그들을 갈기갈기 찢어버릴 것이라고 선포하세요."

아침이 되자, 거인은 다시 기독도와 소망을 자기 성 마당으로 끌어냈다. 마당에서 그는 아내가 시키는 대로 뼈와 두개골을 모두 보여주었다.

거인 절망 : "자! 이것 봐라!" 그의 아내가 말대로 뼈와 해골을 손에 들고서, "이들도 너희처럼 순례자들이었다. 이들도 너희가 했던 것처럼 내 성 마당을 침입했었다. 내가 그들을 발견하자마자 갈기갈기 찢어서 죽였다. 열흘 안에 너희에게도 그렇게 하겠다. 이제 다시 감방으로 돌아가라."

그런 다음 그들을 두들겨서 지하 감옥까지 끌고 갔다. 그리고 그들은 토요일 하루 온종일 어둠 속에서 가장 비참한 상태로 예전처럼 누워있었다. 그날 밤, 잠자리에 든 주눅이와 그녀의 남편이 죄수들 이야기를 다시 꺼냈다. 그 늙은 거인은 그들이 잔인한 매질로도, 엄포로도 죽지 않는 것이 참 이상하다고 했다. 그러자 그의 아내가 말했다.

주눅이 : "누군가가 그들을 구하러 오기를 바라고 있거나, 아니면 도망치기를 원하는 그들의 몸에 자물쇠를 여는 도구를 가지고 있을까 봐 두렵습니다."

거인 절망 : "그런 건 생각지 못했어요. 하지만 여보, 당신이 가능성을 제시했으니, 내가 내일 아침에 수색해 볼게요."

약속의 열쇠

토요일 자정 무렵부터 기독도와 소망은 기도하기 시작했고, 그들은 거의 날이 샐 때까지 밤새워 기도를 계속했다. 새벽 동틀 무렵에 선한 기독도가 정신 나간 사람처럼 갑자기 큰 소리로 외쳤다.

기독도 : "난 정말 멍청하네! 그냥 걸어 나갈 수 있는 데도 이렇게 냄새 나는 감옥에 누워 있었다니! 제 주머니에 약속이라고 부르는 열쇠가 있습니다(사 22:22, 마 16:19). 의심성 문도 열 수 있을 것입니다."

소망 : "듣던 중 반가운 소식이군요. 선한 형제여, 어서 주머니에서 꺼내서 열어보십시오."

그래서 기독도는 그의 가슴 안주머니에서 열쇠를 꺼내서 감옥 문의 자물통에 끼웠다. 그가 열쇠를 돌리자 빗장이 풀렸고 문이 쉽게 열렸다. 드디어 기독도와 소망 두 사람은 어두운 감방에서 도망쳐 나왔다. 그리고 나서 그들은 성 마당으로 통하는 감옥 바깥문으로 달려갔다. 바깥문에 열쇠를 꽂아 돌리니, 그 문 또한 쉽게 열렸다.

거기에서 그들은 성벽 철문으로 급히 달려갔다. 바깥으로 탈출하기 위해서는 마지막으로 그 문을 열어야 하기 때문이다. 그리고 그 문에 열쇠를 꽂아 힘을 다해 돌리니, 마침내 문이 열렸다.

의심성 철문을 열고 탈출하는 두 순례자

두 사람은 탈출하기 위해 철문을 힘껏 밀었다. 무거운 쇠문이 열리면서 '철거덩'하는 소리를 내자 그 소리를 듣고 그만 거인 절망이 잠에서 깨어나고 말았다. 그는 급히 침실에서 나와 순례자들을 뒤쫓았지만, 그 순간 팔다리를 움직일 수 없는 마비가 왔다. 발작이 다시 일어나서, 그들을 쫓아가는 것을 불가능하게 만들었다. 그래서 기독도와 소망은 힘껏 달려서 드디어 왕의 대로에 이르렀다. 이제야 그들은 거인의 관할 밖에 있었기 때문에 안전했다.

그런데 그들이 계단 쪽으로 건너간 다음, 그들을 뒤따라오는 순례자들이 그곳에 도착했을 때 거인 절망의 손에 넘어가는 것을 막기 위해서 그곳에 어떤 조치를 해야겠다고 생각했다.

그들은 '이 성벽 너머에는 거룩한 나라의 왕을 멸시하고 거룩한 순례자들을 죽이는 거인 절망이 운영하는 의심성이 있습니다'라고 또렷하게 글이 새겨진 기둥을 세우기로 의견을 모았다. 그 결과, 그들을 뒤쫓아 오는 많은 순례자들이 기둥에 쓰인 글을 읽고 위험을 모면했다.

그들은 이 기둥을 세우고 나서 다음과 같이 노래했다.

"길을 벗어난 후에야 우리는 알았네,
금단의 땅을 밟으면 어찌 되는가를,
뒤에 오는 순례자여 조심하기 바라오,
주의하지 않으면 포로 되어 고통받는다오.
그곳 이름은 의심성, 악당 이름은 절망이라오!"

8

기쁨의 산

환영하는 목자들

계속 길을 가던 두 사람은 이윽고 기쁨의 산에 이르렀다. 이 산은 전에 이야기한 적이 있던 언덕 주인의 소유였다. 산에 올라 보니 아름다운 정원과 과수원, 포도원과 맑은 샘들이 있었다. 그들은 거기서 물을 마시고 목욕도 하면서 포도와 다른 과일들을 마음껏 먹었다.

산꼭대기 큰길 옆에서 목자가 양 떼를 먹이고 있었다. 그래서 순례자들은 지친 여행객들의 관습처럼 그들의 지팡이에 의지하고 서서 물었다.

기독도 : "이 양들은 누구의 것인데 여기서 먹이고 있습니까?"

목자들 : "이 산의 주인은 임마누엘이십니다. 그분의 성읍이 여기서 볼 수 있고, 양들도 그분의 것입니다. 그분은 양들을 위해 목숨을 버리셨습니다"(요 10:11, 15).

기독도 : "이 길이 천국으로 가는 길이 맞습니까?"

목자들 : "맞습니다. 당신들은 올바른 방향으로 가고 있습니다."

기독도 : "거기까지는 얼마나 더 가야 합니까?"

목자들 : "그곳에 꼭 도착하게 될 사람들을 제외하고는 너무 멀다 할 것입니다."

기독도 : 가고 있는 길 앞쪽을 바라보면서, "길은 안전합니까? 아니면 위험합니까?"

목자들 : "이 길은 정직하게 가는 사람들에게는 안전합니다. 그러나 위반자들은 반드시 그 길에서 떨어집니다"(호 14:9).

기독도 : "순례자들이 가는 도중에 피곤하고 지칠 때 잠시 쉴 수 있는

곳이 있나요?"

　목자들 : 고개를 끄덕이면서, "이 산의 주인께서는 우리에게 나그네를 기쁘게 대접하는 일을 잊지 말라고 명령하셨습니다(히 13:2). 그러므로 이 좋은 휴식처를 마음대로 이용하실 수 있습니다."

　나는 또한 꿈에서 목자들이 기독도와 소망이 순례자들이라는 것을 알고, 그들에게 몇 가지 질문을 하는 것을 보았다.

　목자들은 "어디에서 오셨습니까?" 그리고 "이 길로 어떻게 들어왔습니까?" 또 "순례 길을 떠난 사람들 중 여기까지 도착한 사람은 극히 적은 사람들뿐인데, 지금까지 어떻게 참고 견디며 오셨습니까?" 등의 질문을 하였고, 순례자들은 다른 곳에서도 그랬던 것처럼 대답했다.

　목자들은 그들의 대답을 듣고서 기뻐했다. 그들은 밝은 얼굴로 두 순례자를 매우 사랑스럽게 바라보며 "기쁨의 산에 오신 것을 환영합니다."라고 말했다.

　목자들의 이름은 지식, 경험, 경계, 성실이었다. 네 사람의 목자들은 순례자들의 손을 잡고 그들의 장막으로 데려가 미리 준비해둔 음식으로 대접했다.

　목자들 : "두 분이 잠시 이곳에 있는 동안 우리와 좋은 사귐이 있기 바라며, 이 기쁨의 산에 있는 풍성한 것들로 위로를 받으시기 바랍니다."

　기독도와 소망 : "환대해 주어서 행복하며 감사합니다."

　그리고 나서 그들은 밤이 깊었으므로 잠자리에 들었다.

그릇됨 언덕

　그 후 나는 내 꿈에서 목자들이 기독도와 소망을 불러서 함께 산으로 걸어가는 것을 보았다. 그리하여 그들은 모두 함께 사방의 아름다운 광경을 즐기며 한참을 걸었다. 목자들이 서로 의논했다.

　목자들 : "우리가 이 순례자들에게 여기서 볼 수 있는 몇 가지 놀라운 일들을 보여 줄까?"

　그들은 서로 합의했고 먼저 산 맨 끝쪽에 있는 그릇됨이라고 부르는 언덕 꼭대기로 데려갔다.

 목자들 : "언덕 아래를 내려다보세요."

 그래서 기독도와 소망은 엎드려 아래를 내려다보았다. 바닥에는 언덕에서 떨어진 많은 사람들의 시체가 산산 조각나서 해골들이 여기저기 쌓여 있는 것을 보았다. 기독도가 목자들을 바라보며 물었다.

 기독도 : "이게 무슨 뜻입니까?"

 목자들 : "당신들은 육체의 부활은 이미 지나갔다고 말했던, 그릇된 믿음의 사람인 후메내오와 빌레도에 대해서 들어보지 못했습니까?"(딤후 2:17-18).

 "네, 들었습니다." 기독도와 소망이 동시에 대답했다.

 목자들 : "이 산 밑에 산산이 부서진 해골들이 바로 그 사람들입니다. 당신들이 보시다시피 매장하지 않고 그냥 두었는데, 이것은 곧 순례자들에게 이 산에 너무 높이 올라가거나 산 아래 낭떠러지에 너무 가까이 가지 않도록 주의를 주기 위해서 본보기로 그냥 방치한 것입니다."

경고 산꼭대기

 그리고 나서 나는 목자들이 그들을 경고라는 이름의 다른 산꼭대기로 데려가는 것을 보았다. 거기서 목자들은 그들에게 산 아래를 바라보라고 말했다.

 기독도와 소망이 산 아래를 바라보니 그곳에는 많은 무덤들이 있고 몇 사람이 무덤 사이를 왔다 갔다 하고 있었다. 그 사람들은 때로 무덤에 걸려 비틀거리며 넘어지기도 했는데 묘지 밖으로 빠져나오지 못하는 것으로 보아서 시각장애인들이라는 것을 알았다.

 기독도가 다시 한번 물었다.

 기독도 : "이것이 무슨 뜻입니까?"

 목자들 : "당신들은 이 산 아래에서 왼쪽 초원으로 이어지는 곳에 있는 계단을 보지 못했습니까?"

 두 순례자는 서로 힐끗 쳐다본 후 다시 목자들에게 동시에 대답했다.

산 아래로 떨어진 순례자들을 보라고 말하는 목자들

"네 보았습니다."

  목자들 : "그 계단을 넘어 초원으로 이어지는 샛길을 가다 보면 거인 절망이 사는 의심성이 있습니다. 그리고 저 사람들이야말로…" 그들은 무덤 사이를 헤매는 시각장애인들을 손으로 가리켰다. "…지금 당신들처럼 순례 여행을 하던 사람들입니다. 그들은 여기까지 오는 동안 길이 매우 험했기 때문에 초원으로 이어지는 샛길로 건너갔습니다. 거기서 그들은 거인 절망에게 붙잡혀 의심성으로 끌려가서 지하 감옥에 갇혔습니다. 마침내 거인 절망은 그들의 두 눈을 뽑고 저기 있는 무덤 사이에 내다 버려서 헤매게 했습니다. '명철의 길을 떠난 사람은 사망의 회중에 거하리라'(잠 21:16)라는 지혜자의 말씀이 이루어진 셈입니다."

  기독도와 소망은 눈물을 흘리며 서로를 바라봤지만, 그들은 목자들에게 아무 말도 하지 않았다.

지옥으로 가는 길

그리고 나서 나는 꿈속에서 목자들이 다른 곳으로 그들을 데리고 가는 것을 보았다. 그곳은 언덕 옆에 문이 하나 있었는데 목자들은 문을 열고 안을 들여다보라고 했다. 그들은 안을 들여다보았고 그곳은 매우 어둡고 연기가 자욱했다. 그들은 어둠 속에서 불이 맹렬하게 타는 소리와 함께 고통스런 울음소리를 들었다. 그리고 유황 냄새가 문에서 흘러나왔다.

기독도가 고개를 돌려 목자들에게 물었다.

기독도 : "이게 무슨 뜻이죠?"

목자들 : "이것은 위선자들이 지옥으로 들어가는 입구입니다. 에서와 같이 장자권을 팔아먹은 자들, 유다와 같이 스승을 팔아먹은 자들, 알렉산더와 같이 복음을 모독한 자들, 아나니아와 그의 아내 삽비라와 같이 거짓말하고 속이는 자들이 들어가는 곳입니다."

소망 : "이 모든 사람도 우리처럼 순례 여행을 가고 있었다고 생각합니다. 그렇지 않습니까?"

목자들 : "그렇습니다. 꽤 오랫동안 여행을 했습니다."

소망 : "그들이 비참하게 버려지기까지 얼마나 멀리 순례 여행을 했을까요?"

목자들 : "어떤 사람은 좀 더 멀리 갔고 어떤 사람은 이 산까지밖에 못했습니다."

그러자 순례자들은 서로 바라보면서 말했다. "우리도 힘을 얻기 위해 강하신 분에게 부르짖어야 하겠습니다."

목자들 : 동의하면서 고개를 끄덕였다. "맞습니다. 그리고 일단 그 힘을 갖게 되면 필요할 때 그 힘을 사용할 수 있습니다."

이 무렵에서 순례자들은 그들의 여행을 계속하기를 원했다. 그리고 목자들도 그들이 떠나야 한다는 것을 알았다. 그래서 그들은 모두 산 끝쪽을 향해 함께 걸었다.

그러자 목자들이 서로 말했다. "천국 문을 보여드립시다. 이 사람들이 우리의 망원경을 가지고 볼 수 있도록 말이죠."

순례자들은 그 제안을 고맙게 받아들였다. 그래서 그들은 **청명**이라고 부르는 높은 산꼭대기로 올라가서 망원경을 건네받았다.

그들은 그것을 바라보려고 시도했지만, 목자들이 마지막으로 보여 준 지옥 가는 길의 기억 때문에 손이 부들부들 떨려 망원경을 통해 선명하게 볼 수 없었다. 하지만, 손이 떨리더라도 그들은 문과 같은 것을 보았고 그곳의 영광스러운 모습을 어렴풋이 보았다.

그리고 나서 그들은 떠날 채비를 하고, 이 노래를 불렀다.

목자들을 통해 감추인 비밀이 드러났어요,
다른 모든 사람들은 알 수 없는 비밀이어요,
깊은 것들, 감추인 것들, 신비로운 것들을
알고 싶지 않으세요?
그럼 목자들에게로 오세요.

그들이 막 떠나려 할 때, 목자들 중 한 사람이 그들에게 앞으로 가는 길에 대한 **안내도**를 주었다. 또 다른 사람은 그들에게 **아첨꾼**을 조심하라고 경고했다.

세 번째 사람은 그들에게 **마법**의 땅에서 잠을 자지 않도록 주의하라고 말했다. 그리고 네 번째 사람은 "**하나님께서 당신들을 지켜 주시길 바랍니다**"라고 축복의 말을 했다.

그런 후 나는 꿈에서 깨어났다.

9

소망의 회심 이야기

무지

나는 다시 잠이 들어 꿈을 꾸게 되었고, 꿈속에서 두 순례자가 큰길을 따라 천국을 향해 내려가는 것을 보았다. 기쁨의 산을 내려가서 왼쪽으로 조금 걸으니 자만심이라는 마을이 있었다. 그곳에서부터 순례자들이 길을 따라 걸어가는데 굽은 길이 나타났다. 거기서 그들은 그 마을에서 나온 무지(無知)라는 매우 활기찬 젊은이를 만났다.

기독도 : "어디에서 와서 어디로 가시나요?"

무지 : "선생님, 저는 저기 있는 시골 마을에서 태어났습니다." 왼쪽에 있는 자만심 마을을 가리키면서 말했다. "그리고 저는 천국에 갈 거예요."

기독도 : "하지만 어떻게 천국 문에 들어갈 생각입니까? 거기서 어려움을 겪을 것 같지 않으세요?"

무지는 어깨를 으쓱해 보였다.

무지 : "설마! 다른 선한 사람들과 똑같은 방법으로 들어갈 겁니다."

기독도 : "그러면 그 문에서 무엇을 보여줄 건가요? 어떤 증표를 보여주면 문을 열어줄까요?"

무지 : 고개를 숙이고 말했다. "저

내 이름은 무지입니다

무지(無知)

는 저의 주님의 뜻을 알고 있고, 선한 삶을 살았습니다. 제가 빚진 모든 사람에게 빚을 모두 갚았습니다. 저는 기도하고, 금식하고, 십일조를 냈습니다. 그뿐만 아니라 천국에 가기 위해 태어난 고향 땅을 떠났습니다."

기독도 : 눈살이 찌푸려졌다. "그러나 당신은 이 길 어귀에 있는, 좁은 문으로 들어오지 않았소. 대신에 곁길로 담을 넘어 들어와서 여기까지 왔소. 당신은 당신 스스로에 대해서 어떻게 생각하든지 간에, 심판의 날이 오면, 천국에 들어가는 대신 도둑과 강도로 책망받지 않을까 걱정입니다."

무지 : "신사 양반! 당신은 진짜 낯선 사람이고 저는 당신을 모릅니다. 당신은 당신 도시의 종교를 따르는 것에나 만족하세요. 저는 제 도시의 종교를 따르겠습니다. 저는 모든 것이 잘될 거라고 생각합니다. 그리고 당신이 말한 좁은 문에 대해 말하자면, 그것이 우리 마을에서 아주 멀리 떨어져 있다는 것을 세상 사람이 다 알고 있소이다. 우리 지역 사람들은 그 길이 있다는 것조차 알지 못합니다. 게다가 그렇게 할 필요가 전혀 없소이다. 보시다시피 우리 마을에서 여기까지 오는 멋지고 쾌적한 녹색 길이 있기 때문입니다."

기독도는 그 젊은이가 '스스로 현명하다'고 자만하고 있음을 알았을 때, 소망에게 "그보다 미련한 자에게 오히려 희망이 있겠소"(잠 26:12)라고 속삭였다. 그리고 "바보는 길을 걸을 때 지혜가 부족해서 자신이 바보라는 것을 모두에게 증명한다"(전 10:3)라고 덧붙였다. "당신은 어떻게 생각하나요? 그와 더 얘기할까요? 아니면 일단 그보다 앞서서 조용히 걸어가면서, 그가 이미 들은 것에 대해 생각할 시간을 준 다음, 우리가 어떻게 도울 수 있는 방법이 있는지 알아보기 위해, 나중에 다시 그를 기다려야 할까요?"

소망 : 역시 속삭이는 말로, "우리가 한 말을 생각해 보도록 무지를 잠시 동안 내버려 둡시다. 그가 여전히 가장 귀한 소식에 대해 무지하지 않고, 우리의 좋은 조언을 거절하지 않기를 바랍시다. 하나님께서 말씀하시기를, 이해를 못하는 사람들은 (그가 만드셨을지라도) 구원하지 않으시겠다고 하셨습니다."

소망이 덧붙여서 계속 말했다.

소망 : "그에게 모든 것을 한꺼번에 말하는 것은 좋지 않을 것 같습니다. 오히려, 한동안 그를 떠나 있다가, 그가 그것을 받아들일 수 있을 때 이야기해 주는 것이 좋을 것 같습니다."

변절자의 멸망

그래서 두 순례자가 앞으로 나아가자, 무지는 뒤에서 따라갔다.

그들은 서로 거리를 두고서 가다가, 몹시 어두운 길로 들어섰다. 거기서 일곱 귀신이 들려 일곱 개의 강한 끈으로 묶인 사람을 만났다. 귀신들이 그를 데리고 언덕의 한쪽에 있는 지옥문으로 끌고 가고 있었다(마 12:45). 그 문은 두 순례자가 목자들에게 호위받을 때 산 중턱에서 보았던 곳이다.

선한 기독도와 그의 친구 소망은 떨기 시작했다. 그러나 악령들이 그를 데리고 점점 멀어지자, 기독도는 자기가 아는 사람인가 보려고 그를 쳐다보았다. 그는 아마도 배교마을에 살았던 변절자가 아닐까 하는 생각이 들었다. 그러나 그의 얼굴을 명확하게 알아볼 수 없었다. 왜냐하면, 그가 들킨 도둑처럼 그의 머리를 숙이고 있었기 때문이다. 그러나 소망은 그가 떠나갈 때 그의 등에 '악덕 스승이자 저주받은 배교자'라는 분구가 석힌 꼬리표를 보았다.

작은 믿음

기독도는 소망 쪽으로 몸을 숙이고 말했다.

기독도 : "지금 이 지역의 한 착한 사람에게 일어난 이야기를 들었던 것이 기억납니다. 그 사람의 이름은 작은 믿음이었는데 성실마을에 살았었지요. 그에게 일어난 일은 다음과 같습니다.

넓은 문으로부터 이어진 '죽음의 길'이 있는데 자주 일어나는 사망 사건 때문에 그렇게 부릅니다. 그런데 이 작은 믿음은, 지금 우리처럼 순례길을 가다가, 그 길옆에 잠시 동안 앉아서 잠을 잤습니다. 그때 죽음의 길에서 세 명의 건장한 악당들이 길을 따라 내려오고 있었습니다. 그들은 겁쟁이, 불신, 범죄 삼 형제였습니다. 그들은 작은 믿음이 잠든 것을 발견하고, 그에게 다가갔습니다. 그 착한 사람은 잠에서 깨어나 자신의 여행을 계속하기 위해 막 일어서던 참이었습니다. 세 사람이 그에게 다가와 '멈춰!'라고 명령했습니다.

이 작은 믿음은 싸우거나 도망칠 힘이 없었기 때문에 얼굴이 백지장처럼 하얗게 질렸습니다. 겁쟁이가 '돈 내놔라!'라고 소리쳤습니다. 그러나 작은 믿음은 망설였습니다. 돈을 잃기 싫어서였지요. 그때 불신이 그에게 다가가서 손을 작은 믿음의 주머니에 찔러 넣어 돈을 꺼냈습니다. 그러자 작은 믿음은 '도둑이야! 도둑이야!'라고 외쳤습니다. 그때 범죄가 큰 몽둥이로 작은 믿음의 머리를 내리쳤습니다. 작은 믿음은 그 자리에 쓰러져 피를 많이 흘리며 죽을 위험에 처해 있었습니다. 도둑들은 그가 피를 흘리며 죽어가는 것을 지켜보기만 하고 서 있었는데, 그때 누군가가 걸어오는 소리가 들렸습니다. 그들은 선한 확신이라는 마을에 사는 큰 은혜가 아닐

강도 만난 작은 믿음

까 두려워하며, 이 착한 사람을 혼자 버려둔 채 재빨리 도망쳤습니다. 얼마 후에 작은 **믿음**은 다시 일어섰고 **순례** 길을 서둘렀습니다."

소망 : "그들이 그가 가진 모든 것을 가져갔나요?"

기독도 : 고개를 저었다. "아니요, 그들은 보석이 든 주머니를 뒤지지 않았어요. 그래서 보석은 간직할 수 있었어요. 하지만, 제가 듣기로는, 그 착한 사람은 그의 여행경비를 모두 빼앗겼기 때문에 매우 고생했습니다. 제가 들은 정보가 틀리지 않는다면, 그는 자신의 보석을 팔 수 없었기 때문에 목숨을 부지하기 위해 구걸해야만 했습니다. 그는 살기 위해 계속해서 구걸하면서 주린 배를 부여잡고 남은 순례 길을 갔다고 합니다"(벧전 4:18).

소망 : "그런데 그들이 그에게서 천국 문에 들어갈 때 제시하는 증명서를 빼앗지 않았다는 것이 놀랍지 않나요?"

기독도 : "네, 놀라운 일이지만, 그들은 알지 못했습니다. 작은 **믿음**의 감추는 솜씨가 좋아서 그들이 그것을 놓친 것은 아닙니다. 그는 그들의 폭행으로 너무 당황해서 그 어떤 것도 숨길 힘이나 지혜를 가지고 있지 않았습니다. 그래서 그들이 그런 좋은 것을 놓쳤다는 것은 그의 노력보다는 오히려 선하신 **하나님**의 섭리였습니다"(벧후 2:9).

소망 : "그들이 보석을 빼앗아 가지 않은 것이 그에게 위안이 되었겠네요."

기독도 : 한숨을 쉬면서, "그가 이 사실을 고마워했다면 큰 위안이 되었을지도 모릅니다. 그러나 이 이야기를 들려준 사람의 말로는, 그가 순례 길을 가는 동안 빼앗기지 않은 그 보석들을 거의 사용하지 않았고, 그래서 너무 낙담했다고 말했습니다. 가끔 귀한 보석을 생각하고 위안을 받기 시작하다가도 다시 잃은 것을 상기하고, 그를 삼켜버릴 것 같은 우울한 생각으로 가득 찼다고 합니다."

소망 : 머리를 흔들면서, "저런, 가엾은 사람! 얼마나 슬펐을까! 그런 상황은 그에게 엄청난 슬픔의 원천이었을 것입니다."

기독도 : "슬픔이요? 네, 그는 몹시 괴로워했습니다. 그 사람처럼 낯선

곳에서 우리가 강도를 당하거나 부상당했다면, 우리 중 누구라도 그렇게 느꼈을 거라고 생각합니다. 그가 슬픔으로 죽지 않은 것이 놀라울 뿐입니다. 아, 불쌍한 사람! 그는 남은 길을 가는 동안 내내 불행을 이기지 못하고 침울하고 쓰라린 불평을 토하며 갔다고 들었습니다. 그는 자신과 마주친 모든 사람들에게 그가 어디서, 어떻게, 누구에게서 그런 짓을 당했는지 자세히 설명하면서, 자기가 잃은 것과, 폭행당한 것과 겨우 목숨만 건진 이야기를 했다고 들었습니다."

소망 : "그런데 그가 여행경비가 필요할 때 왜 보석을 팔거나 전당 잡히지 않았는지 모르겠군요."

기독도 : 약간 놀란 표정을 지으면서, "당신은 마치 머리에 껍데기를 쓰고 갓 부화한 병아리처럼 모자라는 소리를 하고 있군요. 그가 무슨 이유로 보석을 저당 잡히길 원하겠습니까? 또 누구에게 팔 수 있겠습니까? 그가 강도 맞은 그 나라에서는 그의 보석을 가치 없는 하찮은 것으로 여겼고, 또한 그는 그곳에 사는 사람들이 제공할 수도 있는 위안을 원하지도 않았습니다. 게다가, 만약 그가 천국 문에 도착했을 때 그의 보석이 없다면, 그는 거기서 유산을 받을 수 없다는 걸 알았을 것입니다. 그것은 일만 명의 도둑을 만나는 것보다 더 불행한 일일 것입니다."

소망 : "형제여! 왜 그렇게 예민하세요? 에서는 장자의 명분을 단지 팥죽 한 그릇에 팔았습니다(창 25:34, 히 12:16). 그리고 그 장자의 명분은 그의 가장 큰 보배였습니다. 그가 그렇게 귀중한 것을 팔았는데, 왜 작은 믿음은 그렇게 할 수 없었을까요?"

기독도 : "물론 에서는 장자의 명분을 팔았습니다. 에서 말고도 많은 어리석은 겁쟁이들이 그렇게 함으로써 그들 스스로 가장 큰 축복을 잃어버렸습니다. 하지만, 에서와 작은 믿음 사이에는 근본적인 차이가 있고, 또한 그들의 정신적인 상황도 차이가 있습니다. 에서의 장자권은 날 때부터 타고난 것이었지만, 작은 믿음의 보석은 그렇지 않습니다. 에서는 자기 배를 하나님으로 삼았지만 작은 믿음은 그렇지 않았습니다. 에서에게 부족한 것은 그의 육신의 배고픔이었지만 작은 믿음은 그렇지 않았습니다. 또 에

서의 눈에는 '내가 죽게 되었으니 이 장자의 명분이 내게 무엇이 유익하리요'(창 25:32) 하는 식욕 충족 욕구뿐이었습니다.

그러나 작은 믿음은 비록 작은 믿음일망정 그 믿음이 사치로부터 그를 지켜 주었습니다. 믿음으로 말미암아 그는 보석들이 에서의 타고난 권리만큼 귀중하다는 것을 알았고 그것들을 팔지 말아야 한다는 것을 알았습니다. 당신은 에서가 믿음을 가지고 있다는 말을 성경 어디에서도 읽지 못했을 것입니다. 그러므로 에서가 육신의 욕망에 따라 행동했다는 것은 놀랄 일이 아닙니다. 육신이 사람을 지배할 때에, 그에게는 장자권과 영혼을 지옥의 악마에게 팔아버리는 것을 막을 믿음이 없었습니다. 그런 사람은 발정한 들 암나귀와 같습니다. 그것들이 발정기에 성욕으로 가득한 것을 바꿀 수 없습니다. 어떤 대가를 치르더라도 육신의 성욕을 채우려 하기 때문이지요(렘 2:24).

하지만 작은 믿음은 다른 성향을 가지고 있었습니다. 그의 마음은 신령한 것에 집중되어 있었지요. 그의 삶은 위로부터 내려온 영적인 것들에 기반을 두고 있었습니다. 그러므로 이런 기질을 가진 그가 어떤 목적으로 보석을 팔 수 있었겠습니까? 만약 그것들을 사려는 사람이 있었다고 하더라도, 그것은 그의 마음에 공허한 물건들로 가득 차게 했을 것입니다. 사람이 배고픔을 채우려고 한 푼이라도 돈을 주고 선조를 사 먹을 수 있겠습니까?

아니면 멧비둘기더러 까마귀처럼 썩은 고기를 먹고 살라고 할 수 있겠습니까? 믿음 없는 사람은 그들이 가진 것은 물론 자기 자신마저 저당 잡히거나 팔아버릴 수 있지만, 비록 작은 믿음일지라도 믿음을 가진 사람들은 추호도 그렇게 할 수 없습니다. 그러므로 소망 씨! 이것은 당신의 실수입니다."

소망 : "솔직히 인정합니다. 그러나 당신의 엄격한 비판은 조금 불쾌하군요."

기독도 : 눈살을 찌푸리면서, "제가 좀 심하긴 했지만, 저는 당신을 머리에 껍데기를 쓰고 갓 태어난 새가 한 번도 가보지 않은 길에서 왔다 갔

다 하며 날뛰는 것에 비교했을 뿐이었어요. 그러나 그 문제는 뒤로 미루고 우리가 토론 중인 문제를 생각해 봅시다. 그러면 당신과 나 사이는 화목해질 것입니다."

소망 : "하지만 기독도 씨! 세 녀석이 작은 믿음을 공격했지만, 나는 그들이 겁쟁이라는 생각이 듭니다. 그렇지 않다면, 그들이 길에서 누군가 오는 소리를 듣고 그렇게 빨리 도망갈 수 있었겠습니까? 또 왜 작은 믿음은 더 큰 용기를 내지 않았을까요? 내 생각에 그는 적어도 한 번쯤 싸워서 그들에게 저항할 수 있었고, 그리고 나서 그가 압도당했을 때 굴복했어야 할 것입니다."

기독도 : "물론, 모든 사람이 그 공격범들을 겁쟁이라고 불렀지만, 실제로 마주쳐서 공격을 당하면 공격자를 겁쟁이로 아는 사람은 거의 없습니다. 또 작은 믿음은 전혀 용맹이 없었습니다. 그리고 형제여, 만약 같은 일이 당신에게 일어난다면, 당신도 급히 항복했을 것이라고 생각합니다. 솔직히 말하면, 그 악당들이 지금 우리와 멀리 떨어져 있을 때, 당신이 이 문제에 대해 화를 내지만 그들이 갑자기 그에게 나타난 것처럼 당신에게도 나타난다면 당신은 그들을 얼마나 용감하게 대항할지 알 수 없군요.

그러나 그 도둑들은 사실 무저갱의 왕 밑에서 일하는 자들이라는 것을 다시 한번 명심해야 합니다. 그는 필요하다면 언제든지 부하들을 도우러 올 것이며, 그의 목소리는 마치 사자의 으르렁거리는 소리와 같습니다(벧전 5:8). 나도 작은 믿음이 당한 것처럼 당한 적이 있는데, 그것이 무서운 일이라는 것을 경험했습니다. 세 악당들이 나에게 달려들었고, 나는 그리스도인답게 그들에게 저항하기 시작했습니다. 하지만 그들은 왕에게 재빨리 도움을 요청했고 그들의 왕이 즉시 나타났습니다. 속담에도 있듯이, 저는 제 목숨을 헐값에 넘길 뻔했습니다. 그러나 하나님은 다른 계획을 가지고 계셨고, 저는 전신 갑주로 무장했습니다. 비록 제가 잘 갖추어져 있었지만, 저는 남자다운 순례자라는 것을 증명하는 것이 어렵다는 것을 알았습니다. 어느 누구도 그 같은 치열한 전투를 경험하기 전까지는 그런 싸움이 어떤 것인지 이해할 수 없을 것입니다."

소망 : "물론 이 악당들은 큰 은혜가 가까이 다가갔을 때 달아났습니다."

기독도 : "맞습니다. 전에도 큰 은혜가 나타났을 때 그들과 그 주인이 도망치곤 했지요. 그것은 놀랄 일이 아닙니다. 큰 은혜는 하나님의 전사로 알려져 있기 때문입니다. 하지만 작은 믿음과 하나님의 전사 사이에는 차이가 있다는 것을 당신이 알아야 합니다. 하나님의 모든 백성들은 그의 전사가 아닙니다. 그들은 강도들의 습격을 당할 때 그와 같은 용맹한 솜씨를 보여줄 수 없습니다.

어린아이가 다윗처럼 골리앗을 다루어야 한다고 생각하는 것이 맞습니까? 굴뚝새에게 황소의 힘을 발휘하기를 기대하는 것이 옳습니까? 어떤 순례자들은 힘이 세고, 어떤 사람들은 약하고, 또 어떤 사람들은 큰 믿음을 가지고 있고, 어떤 사람들은 작은 믿음을 가지고 있습니다. 작은 믿음은 약한 부류의 한 사람이었습니다. 그래서 그는 끊임없이 굴욕을 겪었습니다."

소망 : 숨을 깊이 들이쉬었다. "저는 여전히 그 강도들에게 큰 은혜가 나타났더라면 좋았을 거라고 생각합니다."

기독도 : 그의 뺨에 손을 얹고 깊이 생각한 후 말을 꺼냈다. "만약 큰 은혜가 도착했다 할지라도 그는 힘들었을 것입니다. 비록 큰 은혜가 그의 무기를 잘 다룰지라도, 그가 칼을 잡고 겨누고 있을 때에만 적들을 잘 칠 수 있을 것입니다. 그러나 만약 겁쟁이, 불신, 범죄 중 하나라도 그의 갑옷을 꿰뚫는다면, 그도 힘들어지고 또 넘어질 수도 있습니다.

사람이 쓰러졌을 때 무엇을 할 수 있겠습니까? 큰 은혜의 얼굴을 자세히 살펴보면 상처와 흉터를 볼 수 있습니다. 그 상처는 제가 말하는 것이 사실이라는 것을 분명히 증명할 것입니다. 사실, 그가 적과 한 차례 교전하는 동안, 나는 그가 전투 중에 "우리가 힘에 겹도록 심한 고난을 당하여 살 소망까지 끊어졌다"(고후 1:8)라고 소리쳤다고 들었습니다. 그런데 이 흉악한 악당들과 공범들이 다윗을 얼마나 신음하고 통곡하고 울부짖게 만들었습니까?

그리고 헤만도 "무릇 나의 영혼에는 재난이 가득하며 나의 생명은 스올에 가깝습니다"(시 88:1-3)라고 부르짖었습니다. 헤만과 히스기야가 비록 그들 시대에 하나님의 전사로 여겨졌음에도 불구하고, 그들은 만만찮은 공격 때문에 스스로 분발할 수밖에 없었습니다. 또 두려움 없이 싸웠음에도 불구하고 그들의 갑옷이 더럽혀지고 찢어졌습니다.

어느 날, 베드로는 비슷한 상황에서 자신이 할 수 있는 일을 하려고 했습니다. 비록 그는 사도들의 대표로 여겨지지만, 이 같은 악당들은 그가 나약한 소녀를 두려워하게 만들 정도로 그를 거칠게 다루었습니다. 이 밖에도 악당들의 왕은 언제나 그들이 휘파람만 불어도 달려옵니다. 그는 결코 못 듣는 곳에 있지 않으며, 그들이 싸움에서 지고 있으면 언제든지 도우러 옵니다.

이런 이유 때문에 그에 대해 이렇게 말합니다. '칼이 그에게 꽂혀도 소용이 없고 창이나 투창이나 화살촉도 꽂히지 못하는구나. 그것이 쇠를 지푸라기같이, 놋을 썩은 나무같이 여기니 화살이라도 그것을 물리치지 못하겠고 물맷돌도 그것에게는 겨 같이 되는구나. 그것은 몽둥이도 지푸라기같이 여기고 창이 날아오는 소리를 우습게 여기는구나'(욥 41:26-29). 이런 경우에 사람이 무엇을 할 수 있겠습니까?

그것은 사실입니다. 어떤 사람이 욥의 말(馬)에 접근할 수 있고, 그것을 탈 수 있는 기술과 용기가 있다면, 그는 임금님을 위해 굉장한 일을 할 것입니다. 그가 말(馬)에 대해서 말한 것을 보면, '말의 힘을 네가 주었느냐, 그 목에 흩날리는 갈기를 네가 입혔느냐, 네가 그것으로 메뚜기처럼 뛰게 하였느냐. 그 위엄스러운 콧소리가 두려우니라. 그것이 골짜기에서 발길질하고 힘 있음을 기뻐하며 앞으로 나아가서 군사들을 맞되, 두려움을 모르고 겁내지 아니하며 칼을 대할지라도 물러나지 아니하니, 그의 머리 위에서는 화살통과 빛나는 창과 투창이 번쩍이며, 땅을 삼킬 듯이 맹렬히 성내며 나팔 소리에 머물러서지 아니하고, 나팔 소리가 날 때마다 힝힝 울며 멀리서 싸움 냄새를 맡고 지휘관들의 호령과 외치는 소리를 듣느니라'(욥 39:19-25).

그러나 당신과 나 같은 풋내기들은, 적과 마주칠 생각을 하지 말아야 하며 다른 사람들이 패배했다는 소식을 들었을 때에도 마치 우리는 더 잘할 수 있는 것처럼 큰소리치지 말아야 합니다. 또 우리는 남자답다는 생각에 으스대거나 허풍을 떨어서는 안 됩니다. 그런 자는 막상 시험이 닥칠 때 꽁무니를 빼곤 합니다. 앞서 말했던 베드로 예를 다시 들어보자면, 그는 다른 모든 사람은 주를 버릴지라도 자기만은 주를 위하여 싸우겠다고 으스댔지만 이 악당들에게 공격당하고 베드로만큼 패배한 자가 누가 있을까요?

그러므로, 왕의 대로를 따라 일어나는 그런 강도들의 소식을 들을 때, 우리는 두 가지 일을 해야 합니다. 첫째, 우리는 무장을 하고, 방패를 갖춰야 합니다. 악마 리워야단과 아무리 용감하게 맞선다 해도 그를 굴복시키는 것이 불가능한 이유는 무장하지 않고 방패가 없기 때문입니다. 우리가 이 무기를 가지고 있지 않다면, 그는 우리를 전혀 두려워하지 않을 것입니다. 그러므로 왕의 승리자 가운데 한 사람이 '모든 것 위에 믿음의 방패를 가지고 이로써 능히 악한 자의 모든 불화살을 소멸하라'(엡 6:16)라고 말했습니다.

둘째, 우리의 왕이신 주님께 우리와 함께 가시면서 지켜 주시기를 기도하면 좋겠습니다.

이것 때문에 다윗은 사망의 음침한 골짜기에서도 기뻐할 수 있었고, 모세는 하나님 없이 가는 것보다 차라리 한 걸음도 가지 않고, 서 있는 곳에서 죽는 것이 낫다(출 33:15)라고 그의 소망을 표현했습니다. 형제님! 우리의 왕이 우리와 함께 가신다면, 우리는 만 명이 우리를 에워싸고 음모를 꾸민다 해도 어찌 두려워하겠니까?(시 3:5-6).

한편, 그가 없으면 포로 된 자 아래에 구푸리며 죽임을 당한 자 아래에 엎드러질 따름입니다(사 10:4).

저는 지금까지 치열한 전투를 해왔습니다. 그리고 보시다시피 저는 여전히 주님의 은혜로 살아있습니다. 저는 저 자신의 용맹을 전혀 자랑할 수 없습니다. 우리가 아직 모든 위험을 극복하지 못한 것이 염려가 되는데, 앞으로 그런 충돌을 더이상 만나지 않았으면 좋겠습니다. 그러나 사자와 곰이 아직 저를 잡아먹지 못했듯이, 하나님께서는 우리를 할례를 받지 않은 블레셋 사람 가운데서도 건져 주실 것입니다."

그리고 나서 기독도는 노래를 불렀다.

"가엾은 작은 믿음은 도둑들 사이에 있었네, 도둑맞았네,
모든 믿는 사람들아! 이걸 기억하세요.
더욱더 큰 믿음을 갖는다면 만 명도 이길 수 있지만,
그렇지 않으면 세 명에게도 넘어진다오."

아첨꾼

두 순례자는 계속 걸어가고 있었고 그 뒤를 무지가 따라가고 있었다. 얼마 후 기독도와 소망은 새길 하나가 곧은길에서 갈라지는 갈림길에 이르렀다. 새로운 길은 그들이 걸어온 길과 똑같이 곧아 보였기 때문에, 두 사람은 둘 중 어느 것을 택해야 할지 몰라서 고민하고 서 있었다. 그때, 아주 밝은 흰옷을 입은 한 흑인이 다가와서 그들에게 왜 거기에 서 있느냐고 물었다.

두 순례자 : "우리는 천국으로 가고 있는데 두 길 중 어느 것을 택해야 할지 몰라서 이렇게 서 있습니다."

그 남자 : "나를 따라오세요. 나도 그곳으로 가는 중입니다."

그래서 두 순례자는 곧은길에 붙어있는 새로운 길로 그 남자를 따라갔다. 얼마 가지 않아 그 길은 점점 좁아지고 구부러지더니 그들이 가는 천국 길을 완전히 벗어나고 말았다. 그들의 얼굴은 천성의 반대편을 향하고 있었다. 그럼에도 불구하고 그들은 알아차리지 못하고 그를 계속 따라갔다. 그러나 그들이 그 남자의 속임수를 알아차리기 전에, 그는 그들을 모두 그물 속으로 이끌었고, 그물은 그들을 점점 둘러싸고 있었다.

마침내 둘 다 너무 얽혀서 꼼짝 못 하고, 어떻게 해야 할지 몰랐다. 그때 흑인의 등 뒤에서 하얀 가운이 떨어졌다. 그제야 그들은 어디에 있는

지 이해하기 시작했다. 어쩔 수 없이 두 순례자는 한동안 울면서 누워있었다. 그들은 탈출 방법을 몰랐기 때문이다.

그때 기독도가 소망에게 이렇게 말했다.

기독도 : "이제야 제가 속임수에 걸렸다는 것을 알 수 있겠네요. 목자들이 우리에게 아첨꾼을 조심하라고 하지 않았나요? 오늘에야 그 지혜로운 사람이 말하는 진리를 깨달았습니다. '이웃에게 아첨하는 것은 그의 발 앞에 그물을 치는 것이니라'(잠 29:5)라는 말씀입니다."

소망 : "맞습니다. 그리고 목자들은 또 우리의 안전한 도착을 위한 길 안내도를 우리에게 주었습니다. 그러나 우리는 그것을 보는 것을 잊었고 그래서 우리는 사악한 길로 빠지고 말았습니다. 다윗은 이 말을 듣고서 우리보다 더 지혜로웠는데, '나는 주의 입술의 말씀을 따라 스스로 삼가서 포악한 자의 길을 가지 아니하였사오며'(시 17:4)라고 했습니다."

그래서 두 사람은 그물에 엉켜 한탄하고 있었다. 이윽고 그들은 한 천사가 그들 쪽으로 오는 것을 보았고, 그 천사는 손에 작은 채찍을 들고 있었다. 그 천사가 그물 속에 갇힌 곳에 가까이 와서, 어디에서 왔으며, 거기서 무엇을 하고 있는지를 물었다. 그들은 시온성으로 가는 가난한 순례자들이라고 말하고 흰 옷을 입은 어떤 사람이 "나도 시온성에 가려고

그물에 걸린 기독도와 소망을 구해주는 천사

하니, 따라오라"고 해서 여기까지 오게 되었다고 말했다.
 천사 : "그는 자신을 광명의 천사로 가장한 거짓 사도인 아첨꾼입니다"(고후 11:13-14).
 그리고 그는 그물을 찢고 순례자들을 구해주었다.
 천사 : "나를 따라오세요. 내가 당신들을 옳은 길로 인도하겠습니다."
 그런 후 그는 순례자들을 아첨꾼을 따라나섰던 갈래 길까지 다시 데려갔다.
 천사 : "어젯밤에 어디서 머물렀습니까?"
 두 순례자 : "기쁨의 산에서 목자들과 함께 있었습니다."
 천사 : "목자들이 당신들에게 안내지도를 주지 않았습니까?"
 두 순례자 : "네, 받았습니다."
 천사 : 더욱 엄한 소리로, "그들이 모르는 길을 알아보기 위해 꺼내 보라고 하지 않았습니까?"
 두 순례자 : 얼굴을 붉히며, "그랬습니다."
 천사 : "하지만 왜 보지 않았지요?"
 두 순례자 : "우리가 깜빡 잊어버렸습니다."
 천사 : "목자들이 당신들에게 아첨꾼을 조심하라고 강조하지 않았습니까?"
 두 순례자 : "네, 했습니다. 하지만 우리는 하얀 옷을 입고 말 잘하는 남자가 아첨꾼일 것이라고는 생각하지 못했습니다"(롬 16:17-18).
 그리고 나서 나는 내 꿈에서 그 천사가 기독도와 소망에게 엎드리라고 명령하는 것을 보았다. 그들이 엎드리자 채찍질하면서 엄하게 꾸짖고 그들이 걸어가야 할 좋은 방법을 가르치는 것을 보았다(신 25:2).
 천사 : "무릇 내가 사랑하는 자를 책망하여 징계하노니 그러므로 네가 열심을 내라 회개하라"(계 3:19).
 그런 다음에, 그는 그들에게 길을 가라고 명하면서, 목자들이 가르쳐준 방향을 특히 주의하라고 말했다. 그래서 그들은 그의 모든 친절에 감사하고, 즐겁게 노래를 부르며 길을 갔다.

"천국 길 걷는 이여, 이리 와 보세요.
곁길 나간 순례자, 어찌 되었나,
그물에 걸리고 엉켰답니다.
좋은 조언 잊었기 때문이지요.
구조는 되었지만, 보시다시피,
채찍에 맞고, 혼쭐이 났네요."

무신론자

잠시 후, 그들은 어떤 사람이 시온성을 등지고 그들을 향해 멀찍이 앞에서 큰길을 따라오고 있는 것을 보았다. 그때 기독도가 그의 동료 소망에게 말했다.

기독도 : "우리 앞에 시온을 등지고 걸어오고 있는 사람이 있습니다."

소망 : "보입니다. 그가 또 다른 아첨꾼일지 모르니 이번에는 아주 조심합시다."

그러자 그 사람은 점점 더 가까이 다가와서 마침내 그들과 마주쳤다. 그의 이름은 무신론자였고, 그는 그들에게 어디로 가느냐고 물었다.

기독도 : "우리는 시온성으로 갑니다."

무신론자가 폭소를 터뜨렸다.

기독도 : 소망을 한 번 쳐다본 후, 찌푸린 얼굴로 무신론자를 향해서, "왜 그렇게 웃습니까?"

무신론자는 조용히 눈가의 눈물을 닦았다.

무신론자 : "웃지 않을 수가 없소이다. 당신들 두 사람 다 무지한 사람들이란 것이 명백합니다. 이 지루한 여행은 수고와 고통만을 안겨줄 뿐 아무 유익이 없는 헛된 여행이기 때문입니다."

기독도 : "왜 그렇게 말씀하시죠? 혹시 우리가 목적지에 도착하지 못할 것 같으세요?"

무신론자 : "그래요?" 비웃는 눈초리로 기독도를 바라보면서, "당신들이 꿈꾸는 그런 곳은 이 세상 어디에도 없소."

기독도 : "하지만 앞으로 다가올 세계가 있습니다."

무신론자 : "제가 고향에 있을 때, 저는 당신들이 말하는 그곳에 대해 들었습니다. 그래서 저는 그 천성을 찾기 시작해서 지금까지 20년 넘게 그 도시를 찾아왔습니다. 그러나 출발 첫날부터 지금까지 그런 곳을 찾지 못했습니다"(전 10:15).

기독도와 소망이 동시에 손을 가로저으면서 말했다.

두 순례자 : "우리 두 사람 다 그런 장소가 있다는 것을 들었고 또 믿고 있습니다."

무신론자 : "나도 처음에 믿지 않았다면, 집을 떠나서 이렇게 멀리까지 찾아오지 않았을 것입니다. 그런 곳이 존재했더라면 지금쯤은 내가 그곳을 발견했을 거라고 생각되지 않으세요? 나는 당신들보다 더 먼 길을 다녀왔기 때문에, 나는 이제 집으로 돌아갑니다. 내가 그곳에서 절대 찾을 수 없는 헛된 희망을 위해서 버렸던 것들로 내 자신을 새롭게 하렵니다."

그 후 기독도는 그의 동료인 소망에게 시선을 돌려서 말했다.

기독도 : "이 사람이 한 말이 사실일까요?"

소망 : "아주 조심해야 합니다. 이 사람은 **아첨꾼**과 똑같은 사람입니다. 우리는 이미 한 차례 이렇게 달콤한 말을 듣다가 크나큰 대가를 치른 것을 기억해야 합니다." 어처구니없다는 듯 고개를 저으면서, "시온성이 없다니요, 그게 무슨 말입니까? 우리가 기쁨의 산에서 그 **천국** 문을 직접 보지 않았나요? 더군다나, 우리는 지금 믿음을 통해 걸어가고 있지 않습니까?(고후 5:7). 채찍을 들고 오고 있는 **천사**가 또 우리를 따라잡지 못하게 합시다." 얼굴에 약간 근심 빛이 돌면서, "당신이 저에게 이 교훈을 가르쳐야 하는데 제가 당신에게 주의를 주는군요. '**내 아들아 지식의 말씀에서 떠나게 하는 교훈을 듣지 말지니라**'(잠 19:27). 형제여, 그의 말을 듣지 말고 영혼의 구원을 믿읍시다."

기독도는 잠시 땅바닥을 응시한 후 소망을 돌아보았다.

기독도 : "형제여, 제가 당신에게 질문한 것은 우리가 믿는 진리를 의심하기 때문이 아닙니다. 저는 당신의 마음의 진정한 믿음을 확인하고자 했

던 것입니다." 고갯짓으로 무신론자를 가리키면서, "저 사람은 세상 우상에 눈이 멀었다는 것을 알고 있습니다. 우리는 '거짓말은 진리에서 나지 않는다'(요일 2:21)라는 말씀을 계속 믿고 나아갑시다."

소망이 미소를 지으며 기독도의 등을 두드렸다.

소망 : "지금 저는 하나님의 영광을 소망하기에 아주 즐겁습니다."

두 순례자는 무신론자를 외면한 채 천국을 향하여 나아갔고, 무신론자는 그들을 비웃으며 자기 길로 갔다.

마법의 땅

그리고 나서 나는 내 꿈에서 두 순례자가 어느 도시에 도착할 때까지 여행하는 것을 보았다. 그곳의 공기는 낯선 사람들을 자연스럽게 졸리게 하는 힘이 있었다. 그리고 여기에 들어서자마자 소망은 무기력하고 졸리기 시작했다. 그는 기독도에게 말했다.

소망 : "지금 너무 졸려서 눈을 뜨고 있을 수가 없어요." 그는 눈을 비비고 주위를 둘러보았다. "여기 누워서 낮잠을 좀 자고 갑시다."

기독도는 고개를 저었다.

기독도 : "우리가 여기서 멈춰서는 안 됩니다. 만약 우리가 여기서 길을 멈추고 잠든다면, 우리는 결코 깨어나지 못할 것입니다."

소망 : 기독도를 바라보면서, "형제여, 왜 그렇게 말씀하시죠? 잠은 일하는 사람에게 휴식입니다. 낮잠을 자면 기분이 상쾌해질 수 있습니다."

기독도 : "목자들 중 한 사람이 우리에게 무슨 말을 했는지 기억나지 않으세요? 그는 마법의 땅을 조심하라고 말했습니다. 이것은 우리가 그곳에서 졸지 않도록 주의해야 한다는 것을 의미합니다. '그러므로 우리는 다른 이들과 같이 자지 말고 오직 깨어 정신을 차립시다'"(살전 5:6).

소망 : 고개를 끄덕이면서, "정말로 제가 실수했습니다. 만약 제가 혼자 여행하다가 잠이 들었다면, 저는 죽음의 위험에 빠졌을 것입니다. 저는 현명한 사람의 말씀이 진실임을 알았습니다. '두 사람이 한 사람보다 나음은 그들이 수고함으로 좋은 상을 얻을 것임이라'(전도서 4:9). 지금 저

는 당신과 함께 하는 것이 더 없는 축복입니다. 당신은 그 수고에 대한 좋은 보상을 받게 될 것입니다."

기독도 : 열심히 손바닥을 비비면서, "자, 그럼, 졸음을 쫓기 위해, 좋은 대화를 나누면서 갑시다."

소망 : "전적으로 찬성합니다."

기독도 : "어떤 이야기부터 시작할까요?"

소망 : "하나님께서 이끄시는 대로 시작하는 게 어떻습니까? 괜찮으시다면, 먼저 시작하십시오."

기독도 : "아주 좋습니다. 먼저 노래를 하나 하겠습니다."

"성도들이여 졸릴 때, 이리로 오세요.
두 순례자가 어떻게 하는지 눈여겨보세요.
그들의 지혜를 배워 보세요.
졸린 눈을 비비면서도, 성도 교재 이어간다면,
지옥 같은 괴롭힘에서도 깨어있게 한답니다."

소망의 회심 이야기

그 후 기독도는 주제를 가지고 질문을 시작했다.

기독도 : "당신은 처음에 어떻게 해서 이 길을 나서게 되었습니까?"

소망 : "제가 어떻게 제 영혼의 문제에 대해 맨 처음 걱정하게 되었는가를 질문하시는 건가요?"

기독도 : "네, 바로 그것입니다."

소망 : "오래전부터, 저는 허영 시장에서 전시되고 판매되는 것들을 계속 즐겼습니다. 제가 아직도 그 속에 있었더라면, 지금쯤 제가 즐기는 것들이 멸망과 파괴로 저를 익사시켰을 것입니다."

기독도 : "그것이 어떤 것들이었나요?"

소망 : 하늘을 향해 손짓하며 어깨를 으쓱했다. "세상의 모든 보화와 재물들입니다." 그는 머리를 흔들면서 팔을 내동댕이쳤다. "저는 또 방탕을

즐기고, 파티를 하고, 술을 마시고, 욕을 하고, 거짓말을 하고, 무기력하고, 그 외에 수없이 많은 것들을 저질렀습니다. 그 모든 것들이 내 영혼을 파괴했습니다. 하지만 저는 영적 진리를 듣고 깨달으면서, 이런 추잡한 생활방식이 결국 저를 죽음으로 이끌 거라는 것을 알게 되었습니다(롬 6:21-23). 더 나아가서 저는 '불순종의 자녀들에게 하나님의 진노가 내려온다'(엡 5:6)라는 것을 깨달았습니다."

기독도 : "제가 당신에게서 들은 그 진리를, 그의 믿음과 선한 삶 때문에 허영 시장에서 순교 당한 사랑하는 믿음에게서도 들었습니다. 그렇다면 이 새로운 깨달음과 함께, 당신은 이 믿음의 능력으로 살았습니까?"

소망 : "아닙니다. 그 당시 저는 죄가 악하다는 것도, 죄를 지으면 벌을 받는다는 사실도 인정하고 싶지 않았습니다. 대신, 진리의 말씀으로 제 마음이 흔들릴 때, 또 그것들을 들추어내는 빛에, 눈을 감아버리려고 노력했습니다."

기독도 : "그러나 성령이 당신에게 하신 첫 번째 일을, 당신이 완강하게 저항한 것은 어째서일까요?"

소망 : "그것은 한 가지 이상의 원인이 있습니다. 첫째는 이것이 저에게 하나님의 섭리라는 것을 알지 못했습니다. 저는 하나님께서 죄인에게 죄악에 대한 자각들을 이용하여 깨닫게 하신다는 것을 결코 이해하지 못했습니다. 둘째, 죄는 여전히 저의 육체에 매우 달콤했고, 저는 죄를 떠나는 것을 매우 꺼렸습니다. 셋째, 저는 옛 친구들과 헤어지는 것이 두려웠습니다. 왜냐하면, 그들의 우정과 생활방식이 여전히 저에게 바람직했기 때문입니다. 넷째, 죄의식이 저를 사로잡을 때 너무 두렵고 견딜 수 없었습니다. 심지어 그것을 기억조차 하기 싫었습니다."

기독도 : "그래도 가끔은 골치 아픈 기억을 잊을 수 있었습니까?"

소망 : 고개를 끄덕였다. "네, 그렇지만, 그것들은 다시 제 마음속에 떠올랐고, 그럴 때는 고통이 전보다 더욱 심했습니다."

기독도 : "어째서, 당신의 죄를 다시 생각하게 되었을까요?"

소망 : "다음과 같은 많은 경우입니다. 제가 거리에서 착한 사람을 만날

때, 성경을 읽는 사람이 있을 때, 제 머리가 아플 때, 이웃이 아프다는 말을 들었을 때, 누가 죽었다는 것을 알리는 종소리를 들었을 때, 제 자신의 죽음을 생각할 때, 제가 다른 사람이 갑자기 죽었다는 소식을 들었을 때, 특히 제가 지은 죄로 말미암아 곧 심판을 받게 된다는 사실을 생각할 때 더욱 그랬습니다."

기독도 : "그런 죄의식이 떠오를 때 당신은 그것을 쉽게 벗어날 수 있었습니까?"

소망 : "아닙니다. 그런 죄책감이 제 양심을 파고들면 도저히 떨쳐버릴 수가 없었습니다. 예전의 죄악 된 생활로 돌아가려는 마음만 먹어도 정반대로 그 고통이 두 배가 되었습니다."

기독도 : "그럴 땐 어떻게 했지요?"

소망 : "저는 제 삶을 고치고 개선하기 위해 모든 노력을 해야겠다고 결심했고, 만약 그렇지 않는다면 제가 저주받을 거라고 생각했습니다."

기독도 : "그렇다면 그 결심을 실제로 실천하고 당신의 삶을 개선하려고 노력했습니까?"

소망 : "네" 꽤 힘주어 말했다. "저는 저의 죄뿐만 아니라 죄짓는 사람과는 함께 있지도 않았습니다. 게다가 저는 기도하는 것, 성경을 읽는 것, 죄를 회개하는 것, 이웃들에게 진실하게 대하는 것 등 종교적 의무에 몰두했습니다. 저는 이런 종류의 활동에 너무 많이 관여해서 일일이 언급하기엔 너무 많습니다."

기독도 : "그런 종교적인 활동 때문에 삶이 더 좋아졌습니까?"

소망 : 어깨를 으쓱하면서, "네, 그러나 잠시뿐이었습니다. 다시 더 큰 문제가 닥쳐왔습니다. 제가 시도한 모든 개혁의 수준을 뛰어넘는 새로운 단계에 이르렀습니다."

기독도 : "당신이 삶을 개선했는데도 어찌 그런 일이 일어날 수 있지요?"

소망 : "사실, 몇 가지 상황이 저에게 이 문제를 가져다주었소. 특히 '우리의 의로운 행실은 모두 더러운 옷과 같다'(사 64:6). '율법의 행위로써

는 의롭다 함을 얻을 육체가 없다'(갈 2:16). '너희가 명령받은 것을 다 행한 후에도 유익을 얻지 못한다'(눅 17:10) 등입니다.

이런 말씀들로, 저는 자신에게 그 이치를 묻기 시작했습니다. '나의 모든 의로운 행위가 더러운 옷과 같다면, 누구도 율법의 행위로 의롭게 될 수 없다면, 우리가 모든 것을 행한 후에도 유익을 얻지 못한다면, 그렇다면 율법으로 하늘나라에 간다는 생각은 어리석은 생각이다'라고 말입니다.

나는 또 이런 식으로 생각했습니다. '어떤 사람이 동네 가게에서 100파운드의 빚을 진 다음 얼마 후에 그 빚을 현금으로 모두 갚았는데도, 그의 빚이 여전히 장부 속에 지워지지 않고 남아 있다면, 가게 주인은 그 일로 그를 고소할 수도 있고, 빚을 갚을 때까지 그를 감옥에 보낼 수도 있지 않겠는가'라고 생각했습니다."

기독도 : "글쎄요, 당신이 무슨 말을 하는지 알겠습니다. 하지만 이것이 어떻게 당신에게 적용되겠습니까?"

소망 : "이 문제에 대한 저의 논리를 설명해 드리겠습니다. 그러면 당신이 이해할 수 있을 것입니다. 이 일을 곰곰이 생각해 보니, '내가 지은 죄가 하나님의 책에 큰 빚으로 기록되었다는 것을 깨닫고, 현재의 나의 모든 삶을 새롭게 바꾸었다. 그럼에도 내가 빚진 것을 갚지 못할 것이다. 그렇다면, 나는 개선하려는 현재의 모든 노력들 중에 무엇을 더할 수 있단 말인가? 내가 전에 저지른 죄악 때문에 자초한 그 저주에서 어떻게 벗어날 수 있단 말인가?' 입니다."

기독도 : 생각에 깊이 잠겨 고개를 끄덕이면서, "매우 좋은 적용입니다. 계속해 보세요."

소망 : "글쎄요, 제가 염려하는 또 다른 문제는, 변화를 위한 최근의 노력에도 불구하고…" 잠시 멈춰서 적당한 말을 찾고 있었다. "… 제가 지금 하고 있는 일 중 가장 선한 일을 자세히 살펴볼 때, 저는 여전히 죄를 봅니다. 즉 제가 지금 하는 일 중 가장 선한 일에도 섞여 있는 새로운 죄를 봅니다. 그래서 다음과 같은 결론을 내릴 수밖에 없었습니다. '나는 지금껏 내 자신과 내 의무들에 대해 어리석은 자만심을 가졌지만, 비록 내

지난날의 모든 삶에 전혀 흠이 없다 할지라도, 나는 오늘 하루에도 나를 지옥으로 보내기에 충분한 죄를 지었다고 결론지을 수밖에 없다'라는 결론입니다."

기독도 : "그럼 당신은 무엇을 했나요?"

소망 : "제가 무슨 일을 했느냐고요?" 목소리가 높아졌다. "제가 잘 알고 있는 믿음에게 저의 고민을 털어놓기 전까지는 어떤 길로 가야 할지 알 수가 없었고 어떻게 해야 할지 전혀 막막했습니다. 그는 저에게 죄 없으신 분의 의를 얻지 못한다면, 저 자신의 의와 온 세상의 의를 합쳐도 저를 구원하지 못할 것이라고 말했습니다."

기독도 : "그러면 당신은 그가 한 말이 사실이라고 믿었습니까?"

소망은 손가락으로 머리를 빗은 후 팔을 옆으로 홱 뿌리쳤다.

소망 : "정말로, 그가 만약 제가 개선하려는 제 자신의 노력에 만족하고 기뻐할 때 이것을 저에게 말했다면, 저는 그의 의견을 바보짓이라고 말했을 것입니다. 하지만 그때 제 자신의 부패와 심지어 제 최선의 삶에 섞여 있는 죄를 보고, 저는 그의 의견에 찬성하지 않을 수가 없었습니다."

소망을 가르치는 믿음

기독도 : "그런데 그가 처음 이것을 당신에게 말했을 때, 당신은 그런 사람이 있을 수 있다고 생각했나요? 누구든지 죄 없는 사람이라고 당당하게 말할 수 있겠습니까?"

소망 : 머리를 가볍게 좌우로 흔들면서, "솔직히 처

음에는 그의 말이 이상하게 들렸습니다. 하지만 **믿음**과 함께 시간을 보내면서 이야기를 한 후, 저는 그가 옳았다고 완전히 확신하게 되었습니다."

기독도 : "그러면 당신은 그 사람이 누구이고, 어떻게 당신이 그에게 의롭다 함을 얻을 수 있는지를 물었습니까?"

소망 : "네, 그는 지극히 높으신 **하나님**의 우편에 앉아 계신 주 **예수님**이라고 말했습니다(히 10:12-21). 그래서 누구든지 그가 나무에 매달려 고난을 당하시므로 이루셨던 일을 믿음으로써, 의롭다 하심을 받는다고 설명했습니다(롬 4:5). 그래서 나는 그분의 고난 당하심이 **하나님** 앞에서 저 같은 사람의 죄를 깨끗하게 하는데 어떻게 효험이 나타나는지를 물었습니다. 그는 저에게, 그분이 전능하신 **하나님**이라고 말했습니다. 또 그분의 순종과 죽으심은 자신을 위함이 아니라 저를 위한 것이므로, 제가 그분을 믿기만 하면 순종하는 그분의 속죄 사역과 그 가치가 저에게 전가된다고 말했습니다."

기독도 : "그런 다음 당신은 어떻게 했나요?"

소망 : "저는 제가 왜 믿지 말아야 하는지 이의를 제기했습니다. 왜냐하면, 저는 **그리스도**께서 저를 구원하려고 하지 않는다고 생각했기 때문입니다."

기독도 : "그러자 **믿음** 씨는 당신에게 뭐라고 말하던가요?"

소망 : 입가에 미소가 감돌았다. "그는 저에게 직접 가서 **예수님**을 만나 보라고 권했습니다. 하지만 저는 그렇게 하는 것이 너무 뻔뻔스럽다고 말했더니, **믿음**은 그렇지 않다면서, '**당신이 예수님께 오라는 초대를 받았기 때문입니다**'(마 11:28)라고 말했습니다. 그러면서 그는 **예수님**의 말씀이 담긴 이 책을 저에게 주었습니다. 그는 '**천지는 없어질지언정 그 책에 있는 말씀은 없어지지 않는다**'(마 24:35)라고 말했습니다.

제가 **믿음**에게 예수 그리스도께 가서 무엇을 해야 하느냐고 물었더니, 저에게 '**예수님 앞에 가서 무릎을 꿇으세요**'(시 95:6). 그리고 '**진심으로 간구하세요. 그러면 하나님 아버지께선 그분을 당신에게 보여주실 것입니다**'(렘 29:12-13)라고 말했습니다.

그래서 저는 그에게 어떻게 간구를 해야 하느냐고 물으니, 믿음이 대답하기를 '일단 가보세요, 그러면 항상 보좌에 앉아 계시는 하나님께서, 나아오는 모든 사람들에게 용서를 베푸십니다'(출 25:22)라고 말했습니다. 그래도 저는 그에게 그분 앞에 갔을 때, 무슨 말을 해야 할지를 모른다고 말했습니다. 그랬더니 믿음은 저에게 이렇게 하라고 가르쳐 주었습니다.

'자비로우신 하나님, 죄인인 저에게 은혜를 베풀어주셔서, 예수 그리스도를 알고 믿을 수 있게 해주시기 바랍니다. 저는 그의 의를 구할 수 없거나 그 의를 믿지 못한다면, 저는 완전히 버림받습니다. 주님, 저는 당신이 자비로우시며, 당신의 아들 예수 그리스도를 세상에 보내사 구세주가 되게 하셨다고 들었습니다. 그리고, 당신은 저와 같은 가련한 죄인에게 예수님과 그의 구원을 기꺼이 허락하시는 분이십니다. 저는 정말로 가련한 죄인입니다. 그러므로 주님, 저의 영혼을 구원하여 주시옵소서. 성자 예수 그리스도의 이름으로 기도하옵나이다. 아멘.'"

기독도 : "그러면 지시받은 대로 정확히 했습니까?"

소망 : 그의 단발머리가 잔잔하게 떨리면서 흥분해서, "오! 하고말고요! 하고, 하고 또 했습니다."

기독도 : "하나님께서 아들을 당신에게 나타내 보여주셨습니까?"

소망 : 그의 얼굴이 침착해졌다. "첫 번째 할 때도 나타나시지 않았고, 두 번째도, 세 번째도, 네 번째도, 다섯 번째도, 여섯 번째도 나타나시지 않았습니다."

기독도 : "그래서 당신은 어떻게 했나요?"

소망 : "어떻게 했느냐고요?" 이마를 찡그리면서, "글쎄요. 어찌할 바를 몰라 헤맸습니다."

기독도 : "기도를 그만두고 싶은 생각이 안 들던가요?"

소망 : "네, 골백번도 더 들었지요."

기독도 : "그래도 당신은 왜 그만두지 않았습니까?"

소망 : 어깨를 으쓱하면서, "저는 믿음 씨가 저에게 한 말이 사실이라고 믿었습니다. 그것은 곧, '그리스도의 의가 없이는 온 세상이 나를 구원하

지 못한다. 그래서 나는 기도를 멈추면 죽는다. 죽을 때 죽더라도 은혜의 보좌에서 죽어야 한다.' 이와 더불어 '비록 더딜지라도 기다리라 지체되지 않고 반드시 응하리라'(합 2:3)라는 생각이 들었습니다. 그래서 나는 하나님 아버지께서 나에게 아들을 보여주실 때까지 기도를 계속했습니다."

기독도 : "그런데 그분이 어떻게 당신에게 나타나셨습니까?"

소망 : "나는 육체의 눈으로 그를 본 것이 아니라, 깨닫는 영적인 눈으로 본 것입니다(엡 1:18-19). 그 일은 이렇습니다.

어느 날 기도하던 중에 나는 매우 슬펐습니다. 저는 제 인생에서 그보다 더 슬픈 때가 없었나고 생각됩니다. 그 슬픔은 나의 죄가 얼마나 크고 추악한지 새삼 깨달아졌기 때문이었습니다. 내가 지옥과 내 영혼의 영원한 멸망을 상상하고 있을 때, 갑자기 주 예수께서 하늘에서 나를 내려다 보고 계시는 것을 보았습니다. 그가 나에게, '주 예수를 믿으라 그리하면 너와 네 집이 구원을 받으리라'(행 16:31)라고 말씀하셨습니다.

그러나 나는 '주님, 저는 너무나 큰 죄인입니다'하고 대답했습니다. 그 때 예수님께서 '내 은혜가 네게 족하도다'(고후 12:9)라고 말씀하셨습니다.

그러자 제가 여쭈었습니다. '주여, 믿는 것이 정확히 무엇입니까?' 그때 나는 불현듯 '내게 오는 자는 결코 주리지 아니할 터이요 나를 믿는 자는 영원히 목마르지 아니하리라'(요 6:35)라는 말씀이 떠올랐습니다. 다시 말해서, 저는 '내게 오는 것'과 '나를 믿는 것'이 같다는 것을 깨달았습니다.

그러므로 '그리스도께로 오는 사람'은, 마음속으로 그분께 달려가서 그리스도가 이루신 구원을 진심으로 갈망하는 사람, 곧 진실로 '그리스도를 믿는 사람'입니다.

그때 제 눈에 눈물이 고였습니다. 그래서 저는 '주님, 제가 진정으로 주님께 인정을 받고, 주님께 구원받을 수 있기를 바랍니다'라고 여쭈었습니다.

그리고 저는 '내게 오는 자는 결코 내쫓지 아니하리라'(요 6:37)라는 그분의 말씀을 들었습니다. 그래서 제가 말했습니다. '주님, 제가 주님께로 나아갈 때, 어떻게 하면, 저의 믿음이 주님께 틀림없이 상달 될 수 있겠

습니까?'

그러자 주님께서 말씀하셨습니다.

'그리스도 예수께서 죄인을 구원하시려고 세상에 임하셨다'(딤전 1:15).

'그리스도는 모든 믿는 자에게 의를 이루기 위하여 율법의 마침이 되시니라'(롬 10:4).

'예수는 우리가 범죄한 것 때문에 내줌이 되고 또한 우리를 의롭다 하시기 위하여 살아나셨느니라'(롬 4:25).

'그는 우리를 사랑하사 그의 피로 우리 죄에서 우리를 해방하셨다'(계 1:5).

'그는 하나님과 우리 사이의 중보자이시다'(딤전 2:5).

'그는 우리를 위해 중재하시기 위해 영원히 사시는 분이다'(히 7:25).

이 모든 말씀을 들은 뒤 저는 그분의 의로움을 찾고 그분의 피로 저의 죄를 사함 받아야 한다는 것을 깨달았습니다. 그분이 아버지의 법에 순종하여, 그 징벌을 당하신 것은 자신을 위한 것이 아니라, 그분의 구원을 받아들이고 이에 감사하는 모든 자들을 위해서 하신 것이었습니다.

이로써 저의 마음은 기쁨으로 가득했습니다. 눈물이 저의 얼굴을 타고 흘러내렸고, 제 가슴은 예수 그리스도의 이름과 그 백성과 그 도를 향한 사랑으로 가득 넘쳤습니다."

기독도 : "이것은 참으로 당신의 영혼에 그리스도의 계시였습니다. 하지만 저에게 좀 더 말해주세요. 특히 그런 주님과의 만남이 있은 후 당신의 영혼에 어떤 변화가 있었는지 자세히 알고 싶습니다."

소망이 숨을 깊이 들이마신 후, 한동안 조용히 깊은 생각에 잠겼다.

소망 : "온 세상의 그 모든 의에도 불구하고, 모든 사람은 저주 아래에 있다는 것을 알게 되었습니다. 그것은 저에게 하나님 아버지는 공의의 하나님이시지만, 죄인을 그의 믿음으로 의롭다 하실 수 있다는 것을 깨닫게 했습니다. 그것은 저의 예전 생활의 악한 행위들을 매우 부끄러워하게 만들었고, 저의 무지함에 놀랐습니다. 지금까지 저는 예수 그리스도의 놀라운 십자가의 도를 결코 알지 못했습니다. 그것은 저를 거룩한 삶을 사랑

하게 하였고, 주 **예수**의 존귀와 영광을 위해 무언가 하기를 갈망하게 하였습니다. 맞습니다. 만약 지금 제 몸속에 사천 리터의 피가 있다면, 그 피를 주 **예수**님을 위해서라면 기꺼이 모두 흘릴 수 있을 것이라고 생각했습니다."

무지와 재회

그때 나는 내 꿈에서, 소망이 뒤를 돌아보다가 뒤따라오는 무지를 발견하는 것을 보았다. 소망이 기독도에게 말했다.

소망 : "저 젊은이가 멀찍이 뒤따라오는 것이 보이세요?"

기독도 : 뒤돌아보면서 그 청년을 발견하고, "네, 맞네요. 하지만 그는 우리와 함께하고 싶지 않은 모양입니다."

소망 : "하지만 그가 지금까지 우리와 함께 걸었더라면 그에게 해롭지 않았을 텐데요."

기독도 : 입가에 작은 미소를 머금고서, "우리야 그렇게 생각하지만, 그의 생각은 다를 것입니다."

소망 : 웃으면서, "맞습니다. 저도 동감입니다만 그래도 기다려 봅시다."

그래서 두 순례자는 속도를 늦추고 멈춰 서서 무지를 기다렸다.

기독도 : 큰 소리로, "이보세요! 우리와 함께 섭시다. 왜 이렇게 뒤서져 있어요?"

마침내 무지가 그들에게 다가왔다.

무지 : "마음이 통하지 않는 여행자와 동행하는 것보다 차라리 혼자 걷는 것이 훨씬 좋기 때문입니다."

기독도가 소망을 바라보며 귀에 대고 속삭였다.

기독도 : "그가 우리와 함께 하는 것을 좋아하지 않는다고 말했지 않습니까? 하지만, 길이 한적하니 시간을 더 잘 보내기 위해 함께 대화를 나누며 가도록 합시다."

무지가 다가오자, 기독도가 그에게 말했다.

기독도 : "반갑습니다. 잘 지냈습니까? **하나님**과의 영적 관계는 어떻습

니까?"

선한 생각

무지 : 기독도와 소망을 바라보며 어깨를 으쓱했다. "아직은 좋습니다. 걸을 때 항상 선한 생각과 믿음으로 가득 차 있습니다."

기독도 : "선한 생각과 믿음이 어떤 종류인지 좀 자세한 설명을 부탁합니다."

무지 : 좀 딱딱한 말투로, "음, 하나님과 천국에 대해 생각합니다."

기독도 : 마치 길 잃은 사람처럼 그의 손가락을 입술에 대고 잠시 생각하다가, "마귀와 지옥 가는 영혼도 그런 생각을 합니다."

무지 : 그의 턱을 높이 들어 내밀면서, "하지만 저는 그것을 생각에 그치지 않고 바라기까지 합니다."

기독도 : "전혀 천국에 갈 것 같지 않은 많은 사람들도 바라기는 하지요. 게으른 자는 마음으로 원하여도 아무것도 얻지 못합니다"(잠 13:4).

무지 : "하지만 나는 하나님과 천국을 얻기 위해 내가 가진 모든 것을 버렸습니다."

기독도 : 입을 삐쭉거리면서, "믿기 어려운데요. 모든 것을 버리는 것은 생각보다 훨씬 어렵습니다. 당신이 하나님과 천국을 위해 모두 버렸다는 증거를 좀 더 자세히 말해 줄 수 있습니까?"

무지 : "내 마음이 그렇게 말합니다."

기독도 : "지혜자가 '자기의 마음을 믿는 자는 미련한 자요'(잠 28:26)라고 말씀했습니다."

무지 : 입술이 뿌루퉁한 채, "그 말은 악한 사람들의 악한 마음을 말하지만, 내 마음은 악한 것이 아니라 아주 선합니다."

기독도 : "하지만 당신의 마음이 선하다는 것을 어떻게 증명할 수 있을까요?"

무지 : "천국에 가고 싶다는 희망이 내 마음에 위로와 확신을 줍니다."

기독도 : "그건 거짓된 마음으로도 가능합니다. 사람의 마음은 이루어질

근거가 없는 무언가를 희망하고 스스로 위로를 줄 수 있습니다."

무지 : "그러나 나의 마음과 삶은 서로 일치합니다. 그러므로 나의 희망은 충분히 근거가 있습니다."

기독도 : "당신의 마음과 삶이 일치한다고 누가 당신에게 말했습니까?"

무지 : 이마를 몹시 찡그리면서, "내 마음이 나에게 그렇게 말했습니다."

기독도 : "자신이 도둑인지 아닌지 자신에게 물어보라는 속담 같군요. 당신의 마음이 당신에게 그렇게 말한다고! 그런 문제는 하나님의 말씀으로 증명되지 않으면 아무 쓸모가 없습니다."

무지 : 한숨을 몰아쉬면서, "그러나 선한 생각을 하는 것이 선한 마음이 아닙니까? 하나님의 계명을 따르는 것이 선한 삶이 아닌가요?"

기독도 : "마음이 선하면 선한 생각이 깃들고, 하나님의 계명을 따르는 삶이 선하다는 것은 맞는 말입니다. 그러나 실제로 선한 생각을 하는 것과 단지 그렇다고 여기는 것은 별개입니다."

무지 : "그렇다면 선한 생각과 하나님의 계명을 따르는 삶은 무엇입니까?"

기독도 : "선한 생각들이 여러 가지가 있습니다. 우리 자신을 존중하는 생각, 하나님을 존중하는 생각, 그리스도를 존중하는 생각, 그 외에 다른 것들을 손중하는 생각 등이 있지요."

무지 : "자기 자신에 대한 선한 생각이란 게 무엇입니까?"

기독도 : "하나님의 말씀과 일치하는 생각들이지요."

무지 : "우리 자신에 대한 생각과 하나님의 말씀이 일치하는 때는 언제입니까?"

기독도 : 소망을 한 번 쳐다보고 다시 무지를 향해서, "우리가 스스로에게 하나님의 말씀과 같은 판단을 내릴 때입니다. 그게 무슨 뜻인지 설명하자면, 하나님의 말씀은 사람의 타고난 성품을 이렇게 말합니다.

'의인은 없나니 하나도 없으며, 선을 행하는 자도 없나니 하나도 없도다'(롬 3:10, 12).

'사람의 마음으로 생각하는 모든 계획이 항상 악하다'(창 6:5).

그리고 다시, '사람의 마음이 계획하는 바가 어려서부터 악함이라'(창 8:21)라고 말씀하셨습니다. 그러므로 우리 자신의 생각이 이러한 하나님의 말씀과 같을 때, 우리의 생각이 선하다고 할 수 있지요. 그것은 하나님의 말씀을 따르기 때문입니다."

무지 : 두 주먹을 불끈 쥐고 엉덩이를 냅다 치면서, "나는 내 마음이 그렇게 악하다는 것을 결코 믿지 않을 것입니다."

기독도 : 슬픈 얼굴로 가로 저으면서, "만약 그렇다면, 당신은 평생 자신에 대해 선한 생각을 가져본 적이 결코 없습니다. 내가 좀 더 설명하겠습니다. 하나님의 말씀이 우리의 마음을 판단하시듯이, 우리의 행동도 판단하십니다. 우리의 마음과 행동이 둘 다 하나님의 판단과 일치한다면, 그 둘은 모두 선한 것입니다."

무지 : "지금 하신 말씀을 증명해 보세요."

기독도 : "왜냐하면, 하나님의 말씀은 '인간의 길은 선한 것이 아니라 비뚤어진 길이다'(잠 2:15). 또한 '그들의 본성은 선한 길을 벗어나기 위한 것이며, 그것을 알고 싶어 하는 생각이 없다'(롬 3:12)라고 말씀합니다. 어떤 사람이 자신의 행동에 대해 생각한다고 합시다. 그가 자신이 겸손으로 가득한 마음으로 행동한다고 생각한다면, 그는 자신의 행동에 대해 선한 생각을 가지고 있습니다. 곧 그의 생각과 하나님의 말씀과의 판단이 일치하기 때문입니다."

무지 : "그럼 하나님에 대한 선한 생각이 정확히 무엇인가를 알고 싶습니다."

기독도 : "그것은 제가 우리 자신에 대해 말했던 것과 마찬가지입니다. 하나님에 관한 우리의 생각이 그분의 말씀과 일치하면, 그것은 선한 생각입니다. 즉 말씀이 가르쳐주는 그분의 성품과 속성과 우리의 생각이 일치함을 의미합니다. 비록 지금은 자세히 말할 수 없지만, 하나님과 우리의 관계를 다음과 같이 말할 수 있습니다.

하나님께서는 우리가 우리 자신을 아는 것보다 우리를 더 잘 알고 계십니다. 우리가 우리 마음속에서 어떤 허물도 찾을 수 없고, 우리 마음이 의롭고 깨끗하다고 생각할 때도, 우리 마음속 깊은 곳까지 아시고, 우리에게 숨어있는 죄를 찾으실 수 있는 분이십니다. 가령 우리가 선하다고 생각하는 것조차도 하나님 앞에서는 악취를 풍길 뿐입니다. 아무리 최선을 다해 선을 행한다 해도 우리는 주님 앞에 설 수 없는 존재라라는 것을 깨닫는 것, 그것이 바로 선한 생각입니다."

무지 : "당신은 내가 그렇게 어리석다고 생각합니까? 또 하나님께서 저보다 멀리 보시지 못한다고 여기거나, 제 선한 행동을 하나님 앞에서 뽐내고 싶어 하는 바보로 생각합니까?"

기독도 : "그러면 이 문제를 당신은 어떻게 생각하세요."

무지 : "나는 그 핵심을 간단하고 정확하게 알고 있습니다. 한마디로 의롭게 되기 위해서는 그리스도를 믿어야 한다고 생각합니다."

기독도 : 무지를 세게 몰아붙였다. "그래요! 그분이 필요한 까닭을 알지도 못하면서 그분을 믿어야 된다고 생각한단 말입니까? 당신은 타고난 죄와 현재 지은 죄를 구별하지도 못하고 있소. 오히려 당신 자신과 자신이 하는 행위에 대해 그토록 교만한 견해를 가지고 있기 때문에, 하나님 앞에서 당신을 의롭게 하는 그리스도의 의가 필요하다는 것을 전혀 깨닫지 못하고 있는 것이 분명합니다. 그런데 어떻게 '나는 그리스도를 믿는다'라고 말할 수 있겠습니까?"

무지 : "당신이 그렇게 말함에도 불구하고, 저는 충분히 잘 믿습니다."

무지를 가르치는 기독도

기독도 : "어떻게 믿으세요?"

무지의 어리석음

무지 : "나는 그리스도께서 죄인들을 위해 죽으셨다고 믿습니다. 즉 내가 하나님의 율법에 순종하는 것을 너그럽게 받아주셔서 율법의 저주에서 의롭게 해 주신 것입니다. 바꾸어 말하면, 그리스도께서는 자신의 공로로 나의 종교적인 의무를 하나님 아버지께 받아들여질 수 있도록 해 주셨습니다. 그래서 나는 마땅히 용서받았습니다."

기독도 : "당신의 신앙 고백에 대해 몇 마디 하겠습니다. 첫째 당신의 믿음은 거짓된 것입니다. 왜냐하면, 그러한 믿음은 하나님의 말씀 어디에도 기록되어 있지 않기 때문입니다. 당신이 거짓된 믿음을 가지고 믿는다는 또 다른 이유는, 그리스도의 인격적인 의를 빼앗아서 그것을 당신 자신에게 적용시키기 때문입니다. 당신은 그리스도를 당신의 행위를 정당화하기 위해 믿는 믿음입니다. 이와 반대로, 진정한 믿음은 당신의 행위는 더러운 누더기 같고 오직 그리스도의 은혜로서만 의롭게 된다는 것을 깨달을 때, 당신은 진정으로 그리스도를 믿는 것입니다(롬 4:5).

그러므로 이 허황된 믿음은, 마지막 심판 날에 만군의 하나님의 진노에서 구원받지 못할 믿음입니다. 사람을 의롭게 하는 진실한 믿음은, 율법 아래 살다가 멸망 받을 상태에 있는 자신의 영혼에 대해 깨닫고, 피난처되시는 그리스도의 의 아래로 달려가는 믿음입니다.

하나님께서 기뻐 받으시는 의는 당신의 율법에 순종하는 행위가 아니라, 율법으로 말미암아 우리에게 내려질 진노를 대신 받으시고 고통당하신 그리스도의 순종입니다. 그래서 참된 믿음은 마치 영혼을 완전히 가릴 수 있는 천막처럼 그분의 순종을 받아들이는 것입니다. 또 그 의로움을 덧입는 영혼은 그 수치가 가려져서 하나님 앞에 흠 없이 설 수 있으며 심판에서 구원받을 수 있습니다."

무지 : "무슨 소리예요?" 더욱 큰 목소리로, "당신은 그리스도가 사람 없이 혼자 행한 일을 믿으라는 말입니까? 그런 억지는 인간의 욕망을 부

추겨서 누구든지 제멋대로 살게 할 것입니다. 누구든지 하고 싶은 것 다 하면서 아무렇게나 살다가도 단지 그리스도를 믿기만 하면 의롭게 된다면, 우리가 어떻게 살든지 문제 될 것이 뭐가 있습니까?"

기독도 : "당신은 무지라는 이름이 잘 어울리는군요. 당신의 그 대답이 무지한 사람인 것을 증명합니다. 당신은 의롭게 하신다는 그 의가 무엇인가에도 무지하고, 당신의 영혼이 믿음을 통해 하나님의 극심한 진노로부터 어떻게 구원받는가에 대해서도 역시 무지합니다. 당신은 또 그리스도의 의로 말미암아 구원을 받는 진리에 대해서도 무지합니다. 그리스도의 의는 당신이 무식하게 생각한 그런 것이 아니라, 그리스도 안에서 마음을 하나님께 굴복시키고, 하나님의 이름과 말씀, 길과 그 백성을 사랑하는 것입니다."

소망 : 팔꿈치로 기독도를 쿡 찌르면서, "그에게 하늘로부터 계시 된 그리스도를 본 적이 있는지 물어보세요."

그러나 무지가 그 질문을 알아듣고서 말했다.

무지 : "지금 무슨 소리 하고 있는 거요? 당신도 계시에 현혹되었습니까?" 기독도와 소망을 각각 손가락질하면서, "나는 당신이…, 또 당신이… 말하는 계시는 정신 나간 사람들의 마음의 열매일 뿐이라고 믿습니다."

소망 : "예수 그리스도는 하나님 안에 감추어져 있어서 사람의 자연적 이해력을 가지고서는 알 수 없습니다. 하나님 아버지께서 그 사람에게 계시해 주시지 않는 한, 어떤 사람도 구원에 이르는 지식을 얻을 수 없습니다."

무지 : 다시 소망을 손가락질하면서, "그것은 당신의 믿음이고 내 믿음은 절대로 아닙니다. 그리고 내 믿음이 당신만큼 훌륭하다는 것은 의심의 여지가 없습니다. 또 내 머릿속에는 결코 당신들처럼 많은 상상력이 있지 않습니다."

기독도 : "제가 추가로 설명을 하겠습니다. 당신은 이 일을 그렇게 경멸적으로 말해서는 안 됩니다. 저의 좋은 친구가 말한 것처럼, 감히 단언합니다. 하나님 아버지의 계시 없이는 그 누구도 예수 그리스도를 알 수 없

습니다. 옳습니다. 그리스도를 섬기는 참된 믿음은 하나님의 크고 위대한 능력으로 만들어집니다(엡 1:17-19). 불쌍한 무지씨! 지금 저는 당신이 이 믿음의 역할에 대해 전혀 알지 못하고 있음을 압니다. 그러므로 일어나서 당신의 비참함을 알고, 주 예수께로 돌아가십시오. 오직 하나님의 의로우신 은혜만이 당신을 저주에서 벗어나게 해주실 것입니다."

무지는 손을 흔들며 그들에게 앞서가라고 했다.

무지 : "너무 빨리 걸으니까 따라갈 수가 없네요. 그러므로 당신들은 먼저 가세요. 나는 멀찍이 뒤따라갈 것입니다."

기독도와 소망이 다음과 같이 노래했다.

"오, 어리석은 무지여!
좋은 충고를 무시했소이다. 그것도 열 번씩이나,
아직도 여전히 거절한다면,
머지않아 알 수 있소, 당신의 소행이 옳지 않음을,
명심하시오! 때가 되면 허리 굽혀 두려워한다는 것을,
들으세요, 받으세요, 붙드세요, 그런 좋은 조언을!
하지만 당신이 그것을 무시한다면
내가 보증하겠소. 패배자 무지가 될 것을!"

10

순례를 마치고 천국으로

> **기독도와 소망의 대화**

그때 기독도는 그의 동료에게 말했다.

기독도 : "자! 소망 씨, 가까이 오세요. 다시 당신과 나, 단둘이 걷게 되었군요."

그래서 나는 내 꿈에서 그들이 빠른 속도로 걸어가는 것을 보았다. 무지는 그들 뒤에서 건들거리며 따라가고 있었다.

그때 기독도가 이렇게 말했다.

기독도 : "저는 이 가련한 사람이 참으로 불쌍합니다. 왜냐하면, 그의 여행은 비참한 종말로 끝날 것이기 때문입니다."

소망 : "불행히도, 우리 마을에는 그와 같은 사람들이 많이 있습니다. 온 가족이 그런 경우도 있고, 심지어 많은 순례자들이 살고 있는 거리에도 많습니다. 우리 마을이 그 정도인데, 저 사람의 고향에는 얼마나 많은 사람이 있겠습니까?"

기독도 : "그렇습니다. 그것이 사실입니다. '그들이 보지 못하도록 그들의 눈을 멀게 하셨다'(요 12:40)라는 말씀이 있지 않습니까? 이제 우리끼리만 있으니까 말인데 당신은 저 남자를 어떻게 생각하십니까? 그들은 죄의식도 없고 위험스러운 자신의 처지를 두려워하지도 않겠지요?"

소망 : "아닙니다. 당신은 저보다 나이가 많고 경험도 많으시니까 그 질문에 대해 먼저 말씀하시지요?"

기독도 : "좋습니다. 제 생각에는 그들도 가끔 그런 두려움을 느낄 것

같습니다. 그러나 그들은 천성적으로 영적 진리를 모르기 때문에 그러한 죄의식이 그들에게 유익하다는 것을 이해하지 못할 것입니다. 그래서 자기 마음속의 죄의식을 억누르려고 필사적으로 애쓰면서, 자기 마음에 듣기 좋은 말로 자신을 치켜세웁니다."

소망 : 고개를 끄덕여 동의하면서, "당신이 말한 것처럼, 저는 두려움이 사람들에게 유익이 되고, 순례의 길을 가는 처음부터 올바른 길로 가도록 안내하는 힘이 된다고 믿습니다."

기독도 : "의심할 여지 없이 이것이 바람직한 두려움이라면 무슨 일이 일어날까요? 말씀에 의하면, '**여호와를 경외하는 것이 지식의 근본이거늘 미련한 자는 지혜와 훈계를 멸시하느니라**'(잠 1:7)라고 하셨습니다."

소망 : "바람직한 두려움을 어떻게 설명하시겠습니까?"

기독도 : "당신도 알다시피, 올바른 두려움이란 세 가지로 말할 수 있습니다.

첫째로, 올바른 두려움은 죄의 깨달음에서 옵니다. 그 두려움은 결국 그리스도를 믿고 구원을 얻게 만듭니다.

둘째로, 올바른 두려움은 영혼으로 하여금 그리스도를 굳게 붙잡게 만듭니다.

셋째로, 올바른 두려움은 영혼으로 하여금 하나님을 크게 경외하게 하고 말씀을 지키게 하며 그 길에서 벗어나 좌로나 우로나 치우치지 않게 합니다. 즉 하나님을 모독하거나, 평화를 깨뜨리거나, 성령을 슬프게 하거나, 원수로부터 비난받을 만한 일들을 피하도록 합니다."

소망 : "그렇습니다. 기독도씨! 참 옳은 말씀을 하셨습니다. 그런데 우리가 마법의 땅을 거의 지났습니까?"

기독도 : "왜? 이 대화가 지루하세요?"

소망 : "그럴 리가 있나요. 저는 단지 우리가 어디쯤 왔는지 궁금해서 그렇습니다."

기독도 : "아직도 3km 정도는 더 가야 할 것입니다. 하던 얘기를 마저 합시다. 무지한 사람들은 죄를 깨닫고 두려움을 느끼는 것이 자신에게 얼

마나 유익을 주는 줄 모르기 때문에 그것을 떨쳐버리려고만 합니다."

소망: "그들이 어떻게 떨쳐버릴까요?"

기독도: "다음과 같은 네 가지 방법이 있습니다. 첫째로, 그들은 그러한 두려움들을 마귀가 일으킨다고 생각합니다. 사실은 하나님께로부터 비롯된 것인데도 알지 못하기 때문입니다. 따라서 그들은 그러한 두려움이 자신을 패배시키는 원인이라고 착각하고 떨쳐버리려고 합니다.

둘째로, 그들은 이러한 두려움이 그들의 믿음을 약하게 만든다고 생각합니다. 사실은 자신들이 전혀 믿음이 없다는 것을 알지 못하는 가련한 사람들이 착각하는 것이지요. 그러므로 그들은 마음을 강퍅하게 하고, 두려움을 떨쳐버리려고 애씁니다.

셋째로, 그들은 자신을 괴롭히는 두려움이 없어야 한다고 생각하고, 두려움이 전혀 없는 척합니다.

넷째로, 그들은 그 두려움들이 자신들의 한심한 자존심을 지워버릴까 봐 온 힘을 다해 그것을 떨쳐버리려고 노력합니다."

소망: "저도 이것을 잘 알고 있습니다. 왜냐하면, 예전에 제가 깨닫기 전 저의 모습이었으니까요."

타락 원인

기독도: "자, 이쯤에서 우리 이웃 무지 이야기는 그만하고 다른 유익한 토론으로 넘어갑시다."

소망: "전적으로 동의합니다. 다시 먼저 시작하십시오."

기독도: "십 년 전쯤, 당신네 마을 근처에 살던 일시적이라는 사람을 아십니까? 당시 종교에 매우 열광하는 사람이었습니다."

소망: "알고말고요. 정말 그랬지요. 그는 정직 마을에서 약 3km 떨어진 곳에 있는 **볼품없음** 마을에 살았고, **돌아섬**이라는 사람의 옆집에서 살았습니다.

기독도: "맞습니다. 돌아섬은 사실 그와 한 지붕 밑에서 살았습니다. 한때 그 남자는 영적으로 매우 깨어있었어요. 그 당시 그는 자신의 죄와 그

에 따른 죄의 삶에 대해 어느 정도 깨닫고 있었다고 생각합니다."

소망 : "저도 같은 생각입니다. 우리 집은 그에게서 채 5km도 떨어지지 않았기 때문에, 그는 자주 저에게 찾아와서 눈물을 흘리곤 했었지요. 그에게 희망이 전혀 없는 것이 아니었기 때문에 저는 진심으로 그 사람을 불쌍히 여겼습니다. 그러나 주여! 주여! 하고 외치는 모든 사람이 진정한 기독교인이라는 것을 증명하는 것은 없습니다."

기독도 : 고개를 끄덕여 동의하면서, "그는 한때 저에게 지금 우리처럼 순례 여행을 떠나기로 결심했다고 말한 적이 있습니다. 하지만 갑자기 그는 자기 구원이라는 사람과 어울리더니, 그 후부터 저에게 낯선 사람이 되었습니다."

소망 : "우리가 그 사람 이야기를 하게 되었으니, 그가 왜 갑자기 타락하게 되었는가 하는 이유와 그와 비슷한 사람들 이야기로 잠시 시간을 보냅시다."

기독도 : "아주 유익할 것 같습니다. 이번에는 당신이 먼저 시작하십시오."

소망 : "좋습니다. 제 생각으로는 네 가지 이유가 있습니다.

첫째로, 그런 사람들은 머리로는 깨우쳤지만, 마음은 변하지 않았습니다. 그러므로 죄책감이 줄어들면, 그들을 종교적으로 만들었던 그 힘이 더이상 효과가 없게 됩니다. 그런 이유로, 그들은 자연스럽게 다시 과거로 돌아가게 됩니다. 마치 배가 아픈 개에게서 똑같은 반응을 볼 수 있습니다. 그는 속이 안 좋으면 뱃속에 있는 모든 것을 토합니다. 일부러 토하는 것이 아니라, 복통 때문입니다.

그러나 병이 낫고 배가 아프지 않으면, 그는 돌아서서 토한 것을 모두 핥아먹습니다.

그러므로 '개가 그 토하였던 것에 돌아간다'(벧후 2:22)라고 기록된 말씀이 맞습니다. 그러므로 단지 지옥의 고통에 대한 두려움 때문에 천국에 열심을 낸 자들은 지옥에 대한 두려움이 시들해지면 천국에 대한 열심도 따라서 시들해집니다. 그래서 그들은 죄의식과 지옥의 두려움이 시리지면,

천국의 행복에 대한 욕망도 사라지고, 다시 예전 삶으로 돌아갑니다.

둘째로, 그들은 그들을 압도하는 끔찍한 두려움에 사로잡혀 있습니다. 그것은 사람들에 대한 두려움입니다. '사람을 두려워하여 올무에 걸린 것입니다'(잠 29:25). 그러므로 그들은 활활 타는 지옥의 화염을 공포로 느낄 때는 하늘에 열광하는 것처럼 보이지만, 그 공포가 점점 줄어들 때 그들은 다시 한번 생각하게 됩니다.

그들은 확실히 알지 못한 것을 쫓아가서 모든 것을 잃는 위험을 무릅쓰는 것은 현명하지 못하다고 생각하기 시작합니다. 그들이 즐겨 쓰는 두 번째 생각은 불필요한 문제에 휘말리는 것은 신중하지 못하다는 생각이며, 그 결과 그들은 다시 세상으로 빠져들게 되는 것입니다.

셋째로, 종교에 대한 수치심도 걸림돌로 작용하고 있습니다. 그들 자신은 거만하고 콧대가 높은데, 그들 눈에 종교를 갖는 것은 낮고 비천합니다. 그러므로 그들이 지옥과 다가올 진노가 머릿속에서 시들해졌을 때 다시 과거로 돌아갑니다.

넷째로, 죄책감과 극심한 두려움은 그들에게 고통입니다. 그들은 실제로 고통이 닥치기 전에 미리 그 고통을 상상하는 것을 싫어합니다. 죄책감과 두려움을 깨달았던 처음 마음을 피하지 않았더라면 의로우신 분께 도피하여 안전할 수 있었겠지만, 그러나 그들이 죄책감과 두려움에 대한 자각을 떨쳐버리므로, 내가 앞에서 말했듯이, 그들은 하나님의 공포와 분노에 대한 자각이 점점 사라지면서, 기꺼이 마음을 강퍅하게 하고, 더욱 더 완악하게 하는 길을 선택하는 것입니다."

기독도 : 소망의 등을 두드리면서, "이 문제의 핵심을 잘 지적해 주셨습니다. 이 문제의 핵심은 그들의 마음과 의지에 변화가 없다는 것입니다. 그러므로 그들은 재판관 앞에 서서 두려워 떨고 서 있는 범죄자와 다름없습니다. 그는 진심으로 뉘우치는 것처럼 떨지만, 사실은 범죄에 대한 뉘우침이 아니라 교수형에 대한 두려움 때문에 떨고 있는 것입니다. 그러한 그를 석방시켜 주면 다시 도둑이나 악당으로 돌아갈 것이 뻔합니다. 하지만 그들이 변화되었다면 달라지겠지요."

어떻게 점점 타락해 가는가?

소망 : 동의하며 말했다. "제가 그들이 돌아서는 이유를 말했으니, 당신은 그들의 돌아서는 방식에 대해 말씀해 주기 바랍니다."

소망이 기독도에게 몸짓으로 계속하라고 했다.

기독도 : "기꺼이 그렇게 하겠습니다."

그는 손가락을 꼽아가면서 한 번에 하나씩 자신의 주장을 말하기 시작했다.

"시작하겠습니다.

첫째, 그들은 하나님, 죽음, 임박한 심판에 대한 생각들을 기억에서 떨쳐버리려고 애씁니다.

둘째, 그런 다음에 그들은 골방에서 기도하는 것, 정욕을 억제하는 것, 죄를 회개하는 것 등과 같은 성도의 의무를 점차 소홀히 하게 됩니다.

셋째, 그런 다음 그들은 신실한 성도들과 따뜻하고 활발하게 교제하는 것을 피합니다.

넷째, 그 후 그들은 설교 말씀을 듣고, 성경을 읽고, 경건한 예배에 참석하는 것과 같은 공적인 의무에 냉담하게 됩니다.

다섯째, 또 경건한 사람들에게서 흠을 찾거나 험담하기 시작합니다. 그래서 찾아낸 흠을 가지고 종교가 더럽혀졌다고 주장하며, 신앙을 저버리는 구실로 삼습니다.

여섯째, 그다음에 그들은 성적으로 음란한 자들, 부도덕한 자들, 방탕하고 세속적인 자들과 사귀기 시작합니다.

일곱째, 그 후 그들은 몰래 음탕하고 더러운 이야기를 하기 시작하며, 평판이 좋은 사람에게서 결점을 찾아내서 몹시 기뻐합니다. 그리고 그러한 결점을 대담하게 범하기 시작합니다.

여덟째, 그 뒤에 그들은 작은 죄악들을 공공연하게 범하기 시작합니다.

아홉째, 그리고 나서, 그들은 결국 완악해져서 본색을 드러냅니다. 기적적인 은혜가 그들을 막지 않는 한 영원한 죽음의 멸망에 빠집니다."

뿔라에 이르다

이때 나는 꿈속에서, 순례자들이 마법의 땅을 지나서, 안식의 땅 뿔라로 들어가는 것을 보았다(사 62:4-12). 가로질러서 길이 곧바로 뻗어 있었고, 공기는 매우 달콤하고 상쾌했다. 순례자들은 그곳에서 잠시 쉬면서 지친 몸이 매우 상쾌해졌다. 그들은 계속 지저귀는 새들의 노랫소리를 듣고 그 땅에서 매일 피어나는 다양한 꽃들을 감상했다. 또 밤낮으로 해가 비치는 그 땅에서 산비둘기 울음소리도 들었다.

사실, 그곳은 사망의 음침한 골짜기 너머에 있었고, 거인 절망의 지역을 벗어나 있어서 의심성을 볼 수 없었다. 그곳은 또 순례자들이 목표로 가고 있는 천국이 훤히 보였다. 여기서 그들은 그곳에 살고 있는 주민 몇 사람을 볼 수 있었다. 그리고 이 땅은 하늘과 접하고 있었기 때문에 천사들이 자주 지나다녔다. 또 이곳은 신랑 신부의 혼인이 맺어지는 곳이었다. 맞다. 여기는, '하나님께서 신랑이 신부를 기뻐함 같이 그들을 기뻐하시는 곳'(사 65:5)이었다.

하나님의 포도원을 거니는 기독도와 소망

그들은 이곳에서 순례하는 동안 내내, 그들이 필요한 모든 것이 풍성했기 때문에 먹고 마시는 것이 부족하지 않았다. 그들은 성 밖에서 '너희는 딸 시온에게 이르라, 보라 네 구원이 이르렀느니라'(사 62:11)하고 외치는 큰 음성을 들었다. 여기에서 그 나라의 모든 주민들은 두 사람을 '거룩한 백성', '주님의 구원받은 자', '주께서 찾으시는 자' 등으로 불렀다.

그들이 이 땅을 걸어가는 동안, 지금까지 걸어왔던 천국에서 멀리 떨어진 다른 어느 지역에서보다 더 큰 기쁨을 경험했다. 그리고 천국으로 점점 더 가까이 다가갈수록, 그곳 모습을 더욱 뚜렷이 볼 수 있었다. 그것은 진주와 귀중한 보석으로 지어졌고 거리는 황금으로 포장되어 있었다. 그 때문에, 그 도시의 자연적인 영광과 그것에 햇살이 반사되어 비치는 찬란한 모습을 너무 좋아해서 기독도는 그리워하는 향수병을 앓았다. 역시 소망도 같은 증상으로 한두 번 앓았다.

그래서 두 사람은 잠시 동안 그 찬란한 광경 앞에 서서, 그들의 고통 때문에 계속 외쳤다. '예루살렘 딸들아 너희에게 내가 부탁한다. 너희가 내 사랑하는 자를 만나거든 내가 사랑하므로 병이 났다고 하려무나'(아 5:8).

하지만, 그들은 병이 견딜 수 있을 만큼 회복되자, 계속 길을 따라 걸었고 천성으로 점점 더 가까이 다가갔다. 길 양쪽에는 과수원, 포도원, 정원이 이어져 있었으며, 그들이 들어가는 문은 넓은 길 끝에 활짝 열려 있었다. 그들이 이곳을 지날 때 한 정원사가 길 곁에 서 있는 것을 보고 그에게 물었다.

두 순례자 : "이 포도원은 누구의 것입니까?"

정원사 : "이것은 하나님의 것이고 그분의 기쁨과 순례자를 평안케 하기 위해 이렇게 가꾸어 놓았습니다."

그런 후 정원사는 그들을 포도원으로 데리고 가서, 맛있는 포도와 포도주를 대접하면서 기운을 북돋아 주었다(고전 10:31, 신 23:24). 그는 또한 그들에게 왕께서 산책하시는 길과 쉬는 정자를 보여주었다. 그래서 기독도와 소망은 거기에서 쉬다가 그만 잠이 들었다.

I-10 순례를 마치고 천국으로

나는 꿈속에서 그들이 잠자는 동안, 지금까지 여행에서 했던 것보다 더 많은 이야기를 나누는 것을 보았다. 내가 그 이유를 몰라 어리둥절하고 있을 때, 정원사가 내게 말했다.

정원사 : "이 포도밭의 포도나무가 주는 포도주는 잠든 사람의 입술로 말하게 합니다"(아가 7:9).

그래서 나는 그들이 깨어났을 때, **천국**으로 올라갈 준비를 하는 것을 보았다. 하지만, 전에 말했듯이, **천국**이 순금으로 만들어졌기 때문에 너무 눈이 부셔서(계 21:18), 그들은 그 찬란한 모습을 직접 볼 수 없었다. 대신, 그들은 그 목적을 위해 특별히 만들어진 도구를 통해서 **천국**을 보았다(고전 13:12, 고후 3:18).

그런 다음 나는 그들이 가는 길에서 두 명의 **천사**가 그들을 마중 나오는 것을 보았다. 그들은 정금처럼 빛나는 옷을 입고 있었고 얼굴이 햇빛처럼 빛났다. 이 사람들은 순례자들에게 어디에서 오는 길이냐고 물었다.

뿔라 땅에서 두 천사를 만나는 기독도와 소망

그 천사들은 또한 그들에게 숙박은 어디에서 했고, 그동안 만났던 어려움과 위험은 무엇이었으며, 경험한 안락함과 즐거움 등에 대해서 물었다. 그래서 기독도와 소망이 그들에게 지난 순례 여정을 말해주자 두 천사는 그들에게, "당신들은 앞으로 두 가지 어려움만 극복하면, 천국에 들어갈 수 있습니다."라고 말했다.

기독도와 소망은 그 천사들에게 함께 동행할 것을 부탁했다. 그 천사들은 그들에게 그렇게 하겠다고 했으나, "당신들은 천국을 스스로 믿음으로 얻어야 합니다"라고 말했다.

요단 강가에 도착한 두 순례자

그런 다음 나는 내 꿈에서 그들이 함께 가는 것을 보았고, 곧이어 천국문에 도착하는 것을 보았다. 그러나 그들과 성문 사이에는 강이 있었는데, 그 강은 매우 깊었고 위에 다리가 없었다. 강을 본 순례자들은 몹시 놀랐으나, 그들과 함께 걷는 천사들은 이렇게 말했다.

천사들 : "당신들은 강을 건너야 합니다. 그렇지 않으면 문으로 들어갈 수 없습니다."

두 순례자 : "문으로 가는 다른 길은 없습니까?"

천사들 : "네, 있기는 합니다. 그러나 두 사람 외에는 아무도 그것을 사용하도록 허락되지 않았습니다. 에녹과 엘리야만이 태초 이래로 그 길로 걸어갔습니다. 앞으로 마지막 나팔이 울릴 때까지 다시 그런 일은 없을 것입니다."

강물을 보고 두 순례자는 몹시 당황하는 기색이었다. 특히 기독도가 심했고 두리번거리기 시작했다. 그들이 두루 살펴보았지만, 강을 피할 수 있는 다른 길을 찾을 수 없었다. 그러자 순례자들이 물었다.

순례자들 : "물속 깊이가 모두 같습니까?"

천사들 : "그렇지 않습니다. 당신들은 천국의 왕을 얼마나 잘 믿느냐에 따라서 강물이 더 깊어질 수도 있고 더 얕은 곳을 발견할 수도 있습니다."

I-10 순례를 마치고 천국으로

그들은 이같이 말하는 것 외에는 추가적인 도움이나 안내를 하지 않았다.

순례자들은 강을 건너기 시작했다. 물에 들어서자마자 기독도는 가라앉기 시작했고, 그의 착한 친구 소망에게 소리쳤다.

기독도 : "큰물이 나를 둘렀고 주의 파도와 큰 물결이 다 내 위에 넘쳤나이다"(욘 2:3).

소망 : "내 형제여! 용기를 내시오. 나는 발이 바닥에 닿았는데 밑바닥은 단단합니다."

기독도 : 더 크게 소리쳤다. "아, 친구여, 사망의 그늘이 나를 완전히 덮어버렸어요! 나는 젖과 꿀이 흐르는 땅을 보지 못할 것 같아요."

그 말이 끝나자마자 큰 어둠과 공포가 기독도를 덮쳤고, 그는 앞을 전혀 볼 수 없게 되었다. 그는 거의 정신을 잃어서, 순례 도중 경험했던 달콤한 포도주를 기억한다거나, 말도 분명하게 할 수 없었다. 다만, 그가 겨

요단강을 건너는 순례자들

우 할 수 있는 것은 현재 정신의 몽롱함과 그가 그 강에서 빠져 죽을 것이라는 두려움, 그리고 천국으로 들어가지 못할 것이라는 두려움 등, 이러한 말들을 반복해서 중얼거리는 것뿐이었다.

곁에 서 있는 사람들은, 그가 순례자가 되기 전과 후에 저지른 죄를 생각하면서 크게 괴로워하는 것을 볼 수 있었다. 또 그가 갑자기 나타난 마귀와 악령들에게 어려움을 겪고 있다는 것도 분명했다. 그래서 소망은 그 형제의 머리를 물 위에 올려놓으려고 애쓰며 고군분투했다. 때때로 기독도는 완전히 가라앉았다가, 잠시 후에 반쯤 죽어서 다시 수면 위로 떠오르곤 했다. 소망은 마음속으로 그를 진정시키려고 애쓰며 말했다.

소망 : "형제님, 나는 사람들이 우리를 맞이하려고 문 옆에 서 있는 것을 봅니다."

그러나 기독도는 겨우 대답하였다.

기독도 : "당신이로군요… 내가 당신을 처음 알았을 때부터 당신은 줄곧 소망을 버리지 않았지요. 그들이 기다리고 있는 것은 당신입니다."

소망 : "당신도 마찬가지였습니다."

기독도 : "아, 형제여" 그는 몹시 괴로워하는 표정이었다. "내가 올바르게 살았더라면, 주님께서 나를 구하려고 일어나셨을 것입니다. 그러나 나의 죄 때문에, 그는 나를 이 함정에 빠뜨리고, 나를 버려두고 떠나셨습니다."

그러자 소망이 말했다.

소망 : "형제여, 당신은 악한 자들에 대한 말씀을 잊어버리셨습니다. 그들의 죽음에는 고통이 없습니다. 그리고 그들의 힘은 굳건합니다. 그들은 다른 사람들처럼 괴로움을 받지 않습니다(시 73:4-5). 당신이 이 강에서 겪고 있는 이 고통과 괴로움은 하나님이 당신을 버리셨다는 것을 나타내는 것이 아닙니다. 오히려, 그것은 당신이 과거에 그분의 선한 증거들을 기억하고, 현재의 고난 속에서 그분을 의지할 수 있는지를 알기 위해 당신을 시험하고 계신 것입니다."

그때 나는 내 꿈에서 기독도가 잠시 깊은 생각에 잠겨있었고 소망이 그

I-10 순례를 마치고 천국으로

에게 계속 말을 하는 것을 보았다.

소망 : "용기를 내세요. 예수 그리스도께서 당신을 온전하게 하실 것입니다."

그때 기독도가 갑자기 큰 음성으로 소리쳤다.

기독도 : "오, 저기 그분이 보입니다! 주님께서 나에게 말씀하십니다." '네가 물 가운데로 지날 때에 내가 함께 할 것이라 강을 건널 때에 물이 너를 침몰하지 못할 것이다'(사 43:2).

그때 두 순례자는 함께 용기를 내었고, 마귀들은 강을 다 건너갈 때까지 돌처럼 조용했다. 기독도는 그의 발이 설 수 있는 단단한 땅을 찾았고, 일단 그가 발을 디딜 수 있는 것을 발견한 후부터 나머지 강물은 실제로 얕았고 그들 두 사람이 쉽게 건너갔다.

이제, 기독도와 소망은 반대편 강둑에서 그들을 환영하기 위해 기다리고 있는 두 천사를 보았다. 그래서 순례자들이 강 밖으로 나왔을 때, 이 천사들은 "우리는 구원의 상속자가 될 사람들을 섬기도록 보내심을 받은 천사들입니다"(히 1:14)라고 말하며 그들을 맞이했다.

그리고 그들은 천국 문을 향해 나아갔다.

천사들 : "이제 당신들은 천국이 높은 언덕 위에 서 있다는 것을 알아두십시오."

그러면서 천사들이 순례자들의 두 팔을 붙들고 그 언덕 위를 향해서 천천히 올라갔다.

또 한 가지는, 그들이 입었던 옷을 뒤에 있는 강에서 벗어버리고 왔다는 것이다. 그들이 강에 들어갈 때 입었던 옷이, 강에서 나올 때는 벗겨진 채 나왔던 것이다. 그래서 그들은 천국이 구름보다 높은 산에 있었지만, 매우 민첩하고 빠르게 올라갈 수 있었다. 그래서 그들은 하늘을 가로질러 올라가면서, 길에서 상냥한 대화를 하면서 올라갔고, 많은 위로를 받았다. 그들은 강을 안전하게 건넜고, 이렇게 영광스러운 천사들의 호위를 받고 있었기 때문이었다.

행복한 천국 이야기

빛나는 천사와 나눈 대화는 그곳의 영광에 관한 것이었다. 천사들은 순례자들에게 그곳의 아름다움과 영광은 말로 다 표현할 수 없다고 말했다.

그들은 계속해서, "당신들은 시온성에 있는 하늘의 예루살렘에서 헤아릴 수 없는 천사들과 온전하게 변한 의인들을 수없이 만나게 될 것입니다"(히 12:22-24)라고 말했다.

그들은 또 "당신들은 지금 하나님의 낙원으로 가고 있습니다. 거기에서 당신들은 하나님의 생명 나무를 볼 것이며, 절대로 시들지 않는 그 열매를 먹을 것입니다. 거기에 도착하면, 당신들은 흰옷을 받아 입게 될 것이고, 매일 하나님과 함께 걸으며 대화하고, 영원한 삶을 누릴 것입니다"(계 2:7, 3:4-5, 22:5)라고 말했다.

"당신들은 땅 위에서 살 때 보았던 슬픔, 질병, 고통, 사망 등 과거의 것들을 더이상 볼 수 없습니다. 처음 것들이 이미 지나갔기 때문입니다"(계 21:4, 사 65:16-17).

"이제 여러분은 아브라함과 이삭과 야곱, 그리고 선지자들에게로 갑니다. 그들을 하나님께서 장차 임할 악에서 건지셨기에, 이제 자기들의 침상 위에 누워서 쉬며, 각자 자신의 의로운 삶을 누리고 있습니다."

그때 기독도와 소망이 물었다.

두 순례자 : "그 거룩한 곳에서 우리는 무엇을 합니까?"

천사들 : "당신들은 지금까지의 모든 수고로부터 오는 위로를 받고, 모든 슬픔 대신에 기쁨을 누릴 것입니다. 또 그동안 뿌린 것을 거둘 것입니다. 모든 기도와 눈물의 열매도 거둘 것이고, 순례 길을 가는 동안에 주님을 위해 당한 괴로움도 거둘 것입니다"(갈 6:7-8).

"그곳에서 당신들은 금 면류관을 쓰고, 거룩하신 분을 영원히 뵙는 기쁨을 누리게 될 것입니다. 곧 거기에서 당신들은 하나님을 참모습 그대로 뵈올 것입니다"(요일 3:2).

"당신들은 세상에서 그분을 잘 섬기기를 원했지만, 육신의 연약함 때문에 많은 고난을 겪었는데, 이제부터는 그곳에서 마음껏 그분을 큰 소리로 찬양하고 감사하며 섬길 것입니다."

"거기에서 당신들의 눈은 전능하신 분을 보면서 즐거워하고, 당신들의 귀는 전능하신 분의 목소리를 들으면서 아주 기뻐할 것입니다. 또 당신들은 먼저 도착한 친구들을 다시 만나서 즐거워할 것이며, 당신들보다 뒤에 오는 모든 사람을 거룩한 곳으로 맞아들일 것입니다. 또 영광과 존귀로 옷 입고 영광의 왕과 함께 마차를 타게 될 것입니다."

"당신들은 장차, 주님께서 바람 날개로 구름을 타시고 나팔소리와 함께 다시 오실 때에, 그와 함께 갈 것입니다. 그가 심판 보좌에 앉으시면, 당신들도 그분 곁에 앉아서, 그분이 천사든지 사람이든지, 모든 죄인들을 심판하실 때에, 그들은 또한 당신들의 원수들이기 때문에, 그 심판에서 증언해야 합니다. 그리고 그분이 다시 나팔소리와 함께 천성으로 돌아가실 때, 함께 가서 영원히 그와 함께 거하는 것입니다"(고전 6:2-3, 살전 4:16-17, 단 7:9-10).

천군 천사의 환영

그들이 **천국 문**에 가까이 다가가는 동안 **천군 천사**들이 그들을 맞으러 나왔다. 그들을 안내한 두 **천사**가 무리에게 말했다.

"이 사람들은 세상에 있을 때에, 우리 주님을 사랑하였으며, 그의 거룩한 이름을 위하여 모든 것을 버린 사람들입니다. 주님께서 우리를 보내어, 그들을 모셔오도록 명하셨기에, 우리가 이곳까지 모셔왔습니다."

천군 천사들이 기뻐하면서, 그들이 구주 예수님의 얼굴을 뵈올 수 있게 안내를 시작했다. 그때 **천군 천사**들이 큰소리로 외쳤다. "어린 양의 혼인 잔치에 청함을 받은 자들은 복이 있도다"(계 19:9).

그때, 빛나는 흰옷을 입은 왕의 나팔수 몇 명이 나와서 그들을 맞이했다. 그들이 나팔을 불자 우렁차고 아름다운 멜로디가 온 천성에 울려 퍼졌다. 이 나팔수들은 기독도와 소망보다 먼저 천성에 들어온 일만여 명의 환영인파와 함께 기독도와 소망을 맞이했다. 그리고 환영인파는 환호성을 질렀고 나팔수들은 나팔을 불었다.

일단 환영 행사를 마친 후 그들은 두 사람을 동서남북으로 둘러싸고 행진했다. 앞에서 가는 사람, 뒤따라가는 사람, 오른쪽에도, 왼쪽에도 환영인파들이 호위하면서, 계속해서 환호성을 지르며, 아름다운 음악소리가 울려 퍼졌다. 이 광경은 마치 **천국** 전체가 그들을 환영하는 것처럼 보였다.

행진하면서 나팔수들은 음악과 함께 몸짓으로 춤을 추면서 **기독도**와 **소망**을 환영한다는 표현을 했다. 아름다운 음악과 율동, 환호성에 둘러싸인 두 순례자는 **천국**에 들어가기도 전에 벌써 **천국** 안에 있는 듯했다. 또한 그들은 이제 **천국**의 모습을 눈으로 훤히 볼 수 있었고, 그 안에서 들려오

천성에서 환영받는 기독도와 소망

는 종소리가 그들을 환영하고 있다고 생각했다. 그러나 무엇보다도, 그들이 앞으로 **천국**에서 그 모든 사람들과 영원히 살 것을 생각하니 훈훈하고 즐거운 마음으로 벅차올랐다. 오, 그들의 영광스럽고 기쁜 마음을 어떤 말이나 글로 충분히 표현할 수 있을까!

하늘나라로 들어가는 두 순례자

드디어 그들은 **천국** 문 앞까지 올라왔다. 그들이 문에 이르렀을 때, 금으로 된 글귀가 그 위에 새겨져 있었다.

'자기 두루마기를 빠는 자들은 복이 있으니 이는 그들이 생명 나무에 나아가며 문들을 통하여 성에 들어갈 권세를 받으려 함이로다'(계 22:14).

그런 후 나는 꿈에서 **천국** 문 앞에서 **천사**들이 순례자들에게 큰 소리로 부르라고 말하는 것을 보았다. 그들이 부르니 **천국** 문 너머에서 에녹과 모세, 엘리야가 밖을 내다보았다.

천사 : "이 순례자들은 이곳 왕을 사랑하여 장망성으로부터 왔습니다."

그리고 나서 두 순례자는 그들이 처음 순례 길을 떠날 때 받았던 **증명서**를 내주었다. 그 사람들은 **증명서**를 왕께 갖다 드렸다.

왕께서 **증명서**를 읽고 나서 물으셨다. "이 사람들이 어디에 있느냐?"

"그들이 문밖에 서 있습니다"라고 대답했다.

왕께서 즉시 문을 열어주라고 명령하시면서, "너희는 문들을 열고 신의를 지키는 의로운 나라가 들어오게 할지어다."(사 26:2)라고 선포하셨다.

나는 꿈속에서 기독도와 소망이 문 안으로 들어가서 변화되는 모습을 보았다. 그들은 황금처럼 빛나는 옷으로 갈아입고 있었다. 그들은 또한 금 면류관을 받아 쓰고 손에 수금을 받아 들었다. 수금은 찬송을 하기 위한 것이었고 금 면류관은 영광의 표시였다.

그때 나는 꿈속에서 그 **천국**의 모든 종소리가 다시 울려 퍼지는 것을 보았고, 또 순례자들에게 '주인의 즐거움에 참여할지어다'(마 25:23)라고 외치는 말을 들었다.

나는 또 수많은 사람들이 큰 목소리로 노래를 부르는 것을 들었다. '보좌에 앉으신 이와 어린 양에게 찬송과 존귀와 영광과 권능을 세세토록 돌릴지어다'(계 5:13).

이제, 두 순례자를 들어오게 하려고 문이 열렸을 때, 나는 그 안을 들여다보는데 천국이 해처럼 빛나는 것을 보았다. 거리는 황금으로 포장되어 있었고, 많은 사람들이 면류관을 쓰고, 손에 수금을 들고 찬송을 하면서, 순례자들을 따라 걸었다. 백성 가운데에는 날개를 가진 사람들도 있었는데, 그들은 쉬지 않고 '거룩하다! 거룩하다! 전능하신 만군의 여호와여!'(사 6:3, 계 4:8)라고 외쳤다. 그 뒤에 그들은 문을 닫았고, 나는 내가 보았던 것을 인하여, 나도 그들과 함께 있고 싶었다.

무지의 최후

내가 이 모든 것들을 바라본 이후, 고개를 돌려 뒤를 돌아보다가, 무지가 강둑으로 오고 있는 것을 보았다. 그는 곧 강을 건너기 시작했고, 기독도와 소망이 만났던 어려움의 절반도 없이 건너갔다. 우연히도 그곳에 배한 척과 뱃사공 헛된 희망이 있었기 때문이다. 그는 배를 가지고 무지를 도와주었다. 그래서 나는 그가 강을 건넌 후 언덕을 올라와서 문 쪽으로 올라오는 것을 보았다.

그는 혼자 왔다. 그를 격려하기 위해 만나려고 오는 사람이 아무도 없었기 때문이다. 그가 문 앞에 다다랐을 때 문 위에 새겨진 글자를 올려다 보고 두들기기 시작했다.

그런데 문 위에서 내려다보고 있는 문지기들이 물었다. "그대는 어디서 무슨 일로 왔습니까?"

무지 : "나는 주님 앞에서 먹고 마셨으며, 주님이 우리 거리에서 가르치셨습니다."

그러자 그들은 왕에게 가서 보여 드릴 증명서를 달라고 그에게 요구했다. 그러나 무지는 그의 가슴 주머니를 더듬었지만 아무것도 찾지 못했다. 문을 지키는 사람들이 말했다. "당신에게는 없습니까?" 무지는 단 한마디의 대답도 못했다.

문지기들이 왕에게 가서 보고했다. 그러나 왕은 그를 보러 내려오시지 않았다. 그 대신에 기독도와 소망을 천국까지 안내한 두 천사를 시켜서, 바깥으로 나가서, 그의 손과 발을 묶어서 데리고 가라고 명령했다.

그때 두 천사가 그를 묶어서 끌고 올라가서, 내가 산허리에서 본 구덩이로 그를 데리고 갔다.

그때 나는 장망성뿐만 아니라, 하늘나라의 문 앞에도 지옥으로 가는 길이 있다는 것을 깨달았다.

그러다가 잠에서 깨어보니 꿈이었다.

지옥 구덩이로 빨려 들어가는 무지

1부를 끝내면서

독자 여러분, 저는 책에서 제 꿈 이야기를 여러분께 말씀드렸습니다.
그 꿈을 저에게 다시 해석해 보세요.
또 여러분 자신이나 이웃에게 잘못 해석하지 않도록 주의하세요.
이롭게 하는 대신, 해를 끼칠 수 있기 때문입니다.
잘못 해석하면 악이 태어나기 마련입니다.

여러분은 제 꿈의 겉모습만 보고
극단적으로 되지 않도록 주의하셔야 합니다.
제 은유나 비유를 가지고 비웃거나 반박하지 마시고,
웃어넘기거나 평가를 하세요.
조롱일랑 어린 소년들이나 우맹한 사람들에게 맡기시고,
여러분은 내 문제의 실체를 바로 보셔야 합니다.

휘장을 열어젖히고, 베일에 가려진 내 안을 보셔야 합니다.
내 은유를 밝히 보시고, 오해하지 마시기 바랍니다.
만약 당신이 그것들을 찾고자 한다면,
정직한 사람들에게 도움이 되는 것들을 발견할 수 있을 것입니다.

여러분이 거기에서 저의 티를 발견한다면, 과감하게 버리세요.
그것은 버릴지라도 황금은 간직하세요.
저의 황금을 광석에 묻어두면 안 되지 않습니까?
씨를 얻기 위해 사과를 통째로 버리지 않습니다.
모두를 헛되다고 던져버린다면,
아마도 나는 다시 꿈을 꿀 수밖에 없습니다.

저자 존 번연

제2부
기독도의 아내와 네 아들의 순례 여정

1

순례 여행 준비

　친애하는 독자 여러분께 순례자 기독도가 천국을 향해 가는 그의 위험한 여행에 대한 내 꿈 이야기를 한 지 얼마 되지 않았다. 그것이 나에게 즐거웠듯이, 또한 여러분에게도 유익했기를 바란다. 그때, 내가 그의 아내와 아이들에 관련하여 무엇을 보았는지, 또 그들이 그와 함께 순례 여행을 떠나는 것을 얼마나 꺼려했는지 여러분에게 이야기했었다.

　그래서 그는 어쩔 수 없이 가족들을 남겨두고 혼자 여행을 떠났다. 그는 장망성에서 그들과 함께 머물러 있다가 닥칠 죽음의 위험을 자초할 수가 없었기 때문이다. 그러므로 내가 여러분에게 이미 말한 대로, 기독도 혼자서 떠났다.

　그런데 그때 나는 해야 할 일들이 점점 많아지면서 몹시 바쁘게 지냈고, 그로 인해 내가 그 지방으로 자주 하던 여행을 할 수가 없었다. 그래서 지금까지, 그가 남긴 가족들에 대해 더 알아볼 기회가 없었다. 하지만 최근에 몹시 궁금해서 그들에게 어떤 일이 생겼는지를 알려 드리려고 다시 그 도시로 내려갔다. 거기서 1.6킬로 정도 떨어져 있는 숲에 숙소를 차리고 잠자는 동안 나는 다시 꿈을 꾸었다.

기독도의 아내 소식

　내가 나의 꿈속에서, 한 노신사가 내가 누워있는 곁을 지나가는 것을 보았다. 그 신사가 나와 같은 방향으로 간다고 해서 내가 자리에서 일어나 그와 함께 가기로 했다. 그래서 여행자들이 보통 하는 것처럼, 우리는 걸어가면서 대화를 하게 되었다. 우리의 이야기는 **기독도**와 그의 여행에 집중되었고, 이것이 내가 그 **현명**이라는 노신사와 함께 토론을 시작하게 된 이유이다.

먼저 말을 꺼낸 것은 나였다.

나 : "선생님, 저 아래에 있는 동네가 무슨 마을입니까?"

현명 : "저곳은 **장망성**입니다. 인구가 많은 곳이지요. 하지만 악하고 게으른 사람들이 많은 매우 열악한 마을입니다."

나 : "그럴 거라고 생각했습니다. 저도 그 마을에 한 번 간 일이 있는데 선생님 말씀은 사실입니다."

현명 : "정말이지, 그곳 사람들에 대해 좋게 말하고 싶어도 사실대로 말하지 않을 수가 없군요."

나 : "선생님은 참 좋은 분 같습니다. 좋은 것만 듣고 좋은 말만 하시려는 분 같네요. 그런데 그 마을에 살던 **기독도**라는 사람이 천성을 향해 구원 여행을 떠난 이야기를 들어보셨나요?"

현명 : 눈이 휘둥그레지면서, "그럼요! 들었지요. 아주 잘 알고 있습니다. 나는 또한 그가 여행 중에 만나고 겪었던 고난, 질병, 전쟁, 사로잡힘, 울부짖음, 신음, 공포, 두려움에 대해서도 들었습니다. 그뿐만 아니라, 우리 지역 전체가 그의 모험 이야기로 떠들썩했습니다. 하지만 저기서…"

그는 손으로 **장망성** 쪽을 가리켰다. "저 도시에 있는 집집마다 **기독도**와 그가 겪은 이야기를 들었던 사람이 거의 없습니다. 그러나 그의 순례 기록을 얻어서 읽고 그의 위험한 여정을 따르려는 지지자들이 많이 있었다고 생각합니다. 비록 그가 여기에 살고 있을 때는 대부분의 사람들에게 바보 소리를 들었지만, 그가 가버리고 나자 그들 모두에게서 크게 칭찬을 받고 있지요. 그가 **천국**에서 행복하게 살고 있다는 말을 듣고서, 그와 같이 위험을 무릅쓰기로 결심하지는 못하면서도, 그들 중 많은 사람이 그가 얻은 행복에는 군침을 삼킨답니다."

나 : "그들이 그럴지도 모르지요. 그가 지금 있는 곳에서 잘살고 있다는 것은 분명합니다. 그는 수고와 슬픔과 고통이 없는 **생명수** 샘에서 살고

있습니다. 그런데 사람들이 그에 대해 어떤 이야기들을 하고 있습니까?"

현명 : "어떤 이야기냐고요!" 신이 나서 눈을 치켜뜨면서, "사람들이 그에 대해 기묘한 이야기들을 합니다. 어떤 사람들은 그가 지금 흰 옷을 입고 걷는다고 말합니다(계 3:4). 그는 목에 금목걸이를 찼고, 그의 머리에는 진주를 박은 금 면류관이 있다고 말하며, 다른 이들은 여정 중에 가끔 나타났던 천사가 그의 친구가 되었고, 그가 이 땅에 있을 때 이웃들과 친숙한 것처럼 천사들과 친숙하다고 말합니다.

그뿐만 아니라 왕께서 이미 궁전 안에 호화롭고 쾌적한 집을 그에게 주었고, 날마다 그와 함께 먹고 마시고 있다는 소문이 자자합니다. 게다가 모든 것을 심판하는 왕께서 그와 함께 걷고 이야기하며, 그분의 웃음과 총애를 받는다고 확실히 단언합니다(슥 3:7).

그뿐만 아니라, 어떤 사람들은 곧 그 나라의 주권자이신 왕의 왕자께서 곧 이 지방으로 내려오셔서, 기독도가 순례자가 되려는 것을 이웃 사람들이 알았을 때 왜 그렇게 멸시하고 조롱했는지(유 1:14-15), 그 이유가 무엇이었는지를 알아보실 것이라고 예상하고 있답니다. 왜냐하면, 기독도는 지금 왕자님께 큰 사랑을 받고 있고, 왕자님께서 그가 순례자가 되었을 때에 받았던 모욕과 굴욕을 마치 자신이 당한 것처럼 생각하시면서 큰 관심을 가지고 계시기 때문이랍니다(눅 10:16). 그런데 이것은 놀라운 일이 아닙니다. 기독도가 그의 왕자님께 대한 사랑 때문에 순례 중에 있었던 모든 힘든 일들을 견뎠기 때문입니다."

나 : "저는 감히 그 모든 수고가 가련한 기독도를 위해서 끝났다는 것이 매우 기쁜 일이라고 말하고 싶습니다. 이제 그는 눈물을 기쁨으로 거두었고, 적들의 공격을 넘어섰으며, 그를 미워하는 자들의 손이 닿지 않는 곳에 있습니다(시 126:5-6).

나는 또한 이런 소문이 이 지방 전역에 퍼진 것이 아주 기쁩니다. 누가 알겠습니까? 그것이 뒤에 남겨진 몇몇 사람들에게 좋은 영향을 미칠지 모르지 않습니까? 그러나, 제 마음은 상쾌하지만, 가엾은 그의 아내와 아이들이 어떻게 되었는지 자주 궁금했습니다. 그들에 대해 들어본 적이 있습니까?"

현명 : "누구요? 기독도여사와 그 자녀들을 말하는 건가요? 그들은 기독도 자신이 했던 것처럼 잘할 것 같습니다. 그들은 모두 처음에 어리석은 짓을 했고, 기독도의 눈물과 호소에 설득되지 않았으나, 다시 생각해 보고, 놀라운 반응을 했답니다. 그들은 이미 짐을 싸서 그를 뒤쫓아 가고 있습니다."

나 : "정말 잘 됐군요!" 그 소식은 나를 기쁘게도 하고 놀라게도 했다. "그의 아내와 아이들이 모두 장망성을 떠났단 말입니까?"

현명이 진심으로 고개를 끄덕였다.

현명 : "맞습니다. 당신께 자초지종을 말씀드릴 수 있습니다. 저는 그 일이 일어난 바로 그 순간에 그곳에 있었기 때문에 그 사건의 모든 세부 내용에 대해 잘 알고 있습니다."

나 : "그러면 당신이 거기에 있었으니까, 그 사실을 이웃에게 전해도 되겠습니까?"

현명 : "그 사실의 확실성은 염려할 필요가 전혀 없습니다. 그 착한 여인과 네 자녀가 모두 순례 여행을 떠났습니다. 내 생각에 우리가 상당히 먼 거리를 함께 갈 것 같으니까, 그 모든 사실과 그것이 어떻게 발생했는지에 대해 설명을 하자면 다음과 같습니다."

그의 아내와 아이들이 함께 순례자의 삶을 떠나던 날부터 그녀의 이름을 기독도여사라고 불렀다. 그녀의 남편이 강을 건너간 후 그에 대한 소식을 더이상 듣지 못하게 되자 그녀는 지금까지 일어난 모든 일에 대해 심사숙고하기 시작했다.

첫째로, 그녀는 남편을 잃었고 부부 사이의 사랑이 그들 사이에 완전히 끊어졌다는 생각이 들었다. 사랑하는 사람을 잃은 것을 회상하면서 진심어린 반성을 하는 것은 살아 있는 사람들의 자연스러운 태도다. 이처럼, 그녀는 남편을 잃고서 많은 눈물을 흘렸다. 그러면서 그녀의 생각은 다른 방향으로 마음이 움직였다. 기독도여사는 남편을 배척했던 자신의 행동이 더이상 남편을 보지 못하는 이유가 아니었었을까 하는 질문을 자신에게 묻기 시작했고, 남편에 대한 많은 추억들이 마음에 떠올랐다.

　이러한 생각들과 함께 그녀의 소중한 친구인 남편에게 불친절하고, 부자연스러우며 불손한 태도의 기억들이 쇄도했다. 이러한 생각들이 그녀의 마음을 가누지 못하게 했고, 그녀에게 죄책감으로 엄습했던 것이다. 이처럼, 그녀는 남편의 떨리는 신음소리와 흐르는 눈물, 슬퍼하던 모든 일들을 회상하면서 괴로워했다. 그녀와 아이들 모두 함께 가자고 했던 남편의 간절한 설득과 사랑이 담긴 호소에 대해 그녀가 얼마나 마음을 강퍅하게 했는지 후회스러웠다.

　남편 기독도가 무거운 짐을 등에 짊어지고 그녀 앞에서 말하고 행한 모든 일들이 번개같이 스쳐 지나가면서 그녀의 마음을 산산 조각냈다. 특히

심사숙고에 들어간 기독도여사

그의 쓰라린 울음소리가 떠올랐다. '내가 어떻게 해야 구원을 얻을 수 있단 말인가?' 하던 그의 말이 그녀의 귀에 계속 울렸다.

그래서 그녀는 아이들에게 말했다. "얘들아, 우리 모두 망했구나. 내가 네 아버지께 죄를 지었는데 아버지가 혼자 가버리셨단다. 아버지는 우리와 함께 가기를 바라셨는데, 내가 같이 가지 않으려 했단다. 그래서, 나는 너희에게도 올바른 삶을 사는 것을 가로막았구나."

그 말을 들은 아이들이 울면서 아버지를 따라가고 싶다고 외쳤다.

기독도여사 : "오, 그와 함께 갔더라면 얼마나 좋았을까! 그랬더라면 지금보다 훨씬 좋았을 텐데. 전에는, 너희 아버지의 고민에 대해, 어리석은 망상의 산물이라고 했고, 또 우울증 때문이라고 몰아붙였었는데, 그러나 나는 이제 그의 마음이 어리석은 망상이 아니라는 것을 알게 되었다. 왜냐하면, 그것은 다른 명분에서 나왔기 때문이다. 즉, 생명의 빛이 그에게

기독도여사가 꿈에 본 보좌 앞에서 수금을 타는 남편의 모습

주어진 것이었다(요 8:12). 그는 죽음의 덫에서 벗어났다(잠 14:27)라는 것을 나는 이제야 알게 되었다."

그러자 기독도여사와 그 아들들은 모두 다시 울부짖으면서, '아! 슬프다 이날이여!'(겔 30:2)라고 외쳤다.

다음날 밤, 기독도여사는 큰 두루마리가 그녀 앞에 펼쳐지는 꿈을 꾸었다. 거기에는 지금까지의 그녀의 행실이 요약되어 기록되어 있었다. 그중에서 그녀가 범죄한 일들은 매우 검게 보였다. 그녀는 잠결에, '주님, 나를 불쌍히 여기소서 나는 죄인이로소이다'(눅 18:13)라고 울부짖었다. 그리고 아이들도 그녀의 잠꼬대를 들었다.

그 후 그녀는 몹시 추악하게 생긴 괴물 같은 두 사나이들이 자기 옆에 서서 자기들끼리 이야기하는 것을 보았다. "이 여자를 어떻게 할까? 이 여자가 자나 깨나 자비를 빌고 있는데, 만약 이렇게 계속하도록 내버려 둔다면, 우리는 그녀의 남편을 잃었듯이 이 여자도 잃을 것이다. 그러므로 우리는 어떻게 해서든 그녀를 장차 일어날 일에 대한 생각으로부터 주의를 돌리게 해야 한다. 그렇지 않으면 전 세계가 달려들어도 그녀가 순례자가 되는 것을 막을 수 없을 것이다."

그녀는 온몸에 땀이 흠뻑 젖은 채 일어나 두려움에 덜덜 떨다가 잠시 후 다시 잠이 들었다. 잠자는 동안, 그녀는 남편 기독도가 영생을 얻은 수많은 사람들과 함께, 손에 수금을 들고 왕좌에 앉아 계신 분 앞에 서서 연주하고 있는 것을 보았다. 그녀는 꿈속에서, 남편이 왕자의 발등상 앞에 그의 머리를 숙여 얼굴을 땅에 대고, "나를 이곳으로 데려와 주셨음을 나의 주님과 왕께 진심으로 감사드리나이다"라고 말하는 것을 보았다. 그때에 주위에 둘러 서 있는 한 무리의 사람들이 환호성을 지르며 다 같이 수금을 합주했다. 그러나 기독도와 그의 동료들 외에는 그들이 한 말을 알아들을 수 없었다.

천사 비밀의 방문

다음 날 아침, 그녀가 일어나서 하나님께 기도를 드리고 나서, 잠시 동

꿈에 비밀 천사의 지시를 받는 기독도여사

안 아이들과 이야기를 나누고 있었다. 그때 누군가가 문을 두드리기 시작했다. 그녀는 "하나님의 이름으로 오신 분이면 들어오세요"라고 말했다. 그러자 문 앞에 있던 사람이 "아멘"하고 문을 열고 들어왔다.

그는 "이 집에 평강이 있을지어다"라고 인사했다. 인사를 하고 난 그는 기독도여사를 똑바로 쳐다보며 말했다. "기독도여사님, 내가 왜 왔는지 아십니까?"

기독도여사는 얼굴을 붉히며 몸을 떨었고, 그가 어디에서 왔고 무슨 일로 왔는지 궁금해서 조바심이 났다.

그가 그녀에게 말했다. "내 이름은 비밀입니다. 나는 저 높은 곳에 사는 사람들과 함께 살고 있습니다. 당신도 그곳에 가고 싶어 한다고 들었습니다. 또 당신이 이전에 남편의 길을 가로막고 마음을 완악하게 하면서 저지른 악행과 아이들을 그들의 무지 속에 가둬두고 있다는 것을 깨닫고 회개하고 있다고 들었습니다.

그래서 긍휼을 베푸시는 분께서 나를 당신에게 보내사 '그분께서는 기꺼이 용서할 준비가 되어있는 하나님이시고, 많은 죄를 용서하시는 것을 기뻐하신다'라는 말씀을 전하라고 하셨습니다. 또 하나님께서는 당신을 자기 앞에 세우고, 자기 식탁에 초대하셔서 가장 좋은 음식과 조상 야곱의 기업으로 당신을 양육할 것을 알리라고 하셨습니다. 그곳에는 당신의 남편 기독도가 많은 동료와 함께 있으면서, 앙망하는 자들에게 생명을 주시는 하나님의 얼굴을 뵈옵고 있습니다. 그가 당신이 아버지의 문지방 위로 발을 디디는 소리를 들으면 모든 동료들과 함께 기뻐할 것입니다."

기독도여사는 이 방문자의 말에 크게 당황하여 땅에 엎드려 절을 했다. 그때 비밀은 계속해서 이렇게 말했다. "기독도여사여, 당신 남편의 왕께서 보내온 편지가 여기에 있습니다."

그래서 그녀는 그것을 받아서 열었더니, 향긋한 향유 냄새가 풍겼다(아가 1:3). 그 편지는 왕께서 보낸 금으로 쓴 편지였는데, 자기 남편 기독도가 한 것처럼 하길 원하시며, 그 길은 남편이 사는 천국으로 와서 함께 영원히 기뻐하며 사는 길이라고 씌어 있었다.

이 편지를 읽은 기독도여사는 몹시 감격하여 방문자에게 소리쳤다. "주님! 우리가 왕을 섬길 수 있도록 저와 제 자녀들을 데리고 가주세요!"

그때 그 방문객이 말했다. "기독도여사여, 쓴맛을 지난 다음에 달콤한 것이 옵니다. 당신은 이 천국에 들어가기 전에 먼저 남편처럼 어려움을 겪어야 합니다. 그러므로 나는 당신에게 남편 기독도가 했던 대로 하기를 제안합니다. 멀리 보이는 좁은 문으로 가세요."

그는 밖으로 나와서 평야를 가로질러서 보이는 한 지점을 가리켰다.

"그 좁은 문은 당신이 가야 할 길의 시작 지점에 서 있습니다. 급히 서둘러야 합니다. 나는 또한 이 편지를 당신의 가슴 속주머니에 넣고, 그것의 내용을 당신 자신과 당신의 아이들에게, 외울 때까지 읽으라고 충고합니다. 그것은 당신이 순례자의 집에 있을 때 반드시 불러야 하는 노래 중 하나이기 때문입니다(시 119:54). 그리고 또 당신의 순례 여정이 끝났을 때, 그 성문 앞에서 문지기들에게 내놓을 증거물이기 때문입니다."

내 꿈속에서 그 노신사가 나에게 이 이야기를 들려주면서 자신도 그 이야기에 큰 감명을 받는 것 같았다. 하지만 그는 그 이야기를 계속했다.

그래서 **기독도여사**는 아들들을 불러서 말했다.

"얘들아, 너희들도 알다시피 너희 아버지가 돌아가시고 나서 내 영혼은 큰 괴로움을 겪었다. 이 고통은 그가 행복하다는 것에 대한 의심 때문이 아니란다. 나는 아버지가 잘 계시는 것에는 만족하고 있다. 그러나 멸망을 피할 수 없는 나와 너희들의 처지를 생각할 때 몹시 비참하구나. 내가 너희 아버지께서 고난을 받을 때 모질게 대했던 행동은 나의 양심에 큰 짐이 된단다. 나와 너희들의 마음을 완악하게 하고, 그와 함께 순례 길을 가는 것을 거절했기 때문이다.

내가 간밤에 가졌던 꿈과 오늘 아침 이 낯선 사람이 나에게 준 격려가 없었더라면, 나는 이런 번민들로 생을 마쳤을지도 모른다. 그러니 내 아들들아, 우리가 짐을 싸서 서둘러 **천국**으로 가는 **좁은 문**으로 가자. 그래서 너희 아버지를 뵙고, 그 땅의 법률에 따라 아버지와 **천국** 백성들과 함께 평안하게 지내도록 하자."

그녀의 아이들은 어머니의 마음이 그렇게 변화된 것을 보고 기쁨의 눈물을 흘렸다.

겁쟁이부인과 자비의 방문

그래서 천사 비밀은 떠났고, 가족들은 함께 여행 준비를 했다. 그들이 거의 떠날 준비를 끝냈을 때, 기독도여사의 이웃인 두 여자가 그녀의 집으로 다가와 문을 두드렸다.

그녀가 문을 열고, 두 여자에게 "하나님의 이름으로 오셨으면 들어오세요"라고 말했다.

이런 언어는 두 여인에게 익숙하지 않았고, 기독도여사의 입에서 그런 언어가 나올 거라고 예상하지 않았기 때문에 그들은 놀랐다.

그러나 그들은 안으로 들어왔고, 집에서 떠날 준비를 하는 착한 여자를 발견하고 다시 한번 놀랐다. 그래서 그들은 "대체 무얼 하시는 겁니까?" 라고 물었다.

기독도여사가 두 사람 중 나이가 많은 겁쟁이부인에게 대답했다. 이 겁쟁이부인은 곤고산 언덕 위에서 기독도를 만났을 때, 사자를 두려워하여 되돌아갔던 바로 그 겁쟁이의 딸이다.

기독도여사 : "여행을 준비하고 있습니다."

겁쟁이부인 : 얼굴을 찌푸리면서, "갑자기 무슨 여행이세요? 어디로 갈 계획입니까?"

기독도여사 : "나의 착한 남편을 따라가려고 그럽니다." 그러나 그 말은 그녀가 의자에 앉아 눈물을 흘리면서, 입에서 간신히 흘러나왔다.

겁쟁이부인 : 놀라서 손을 가슴에 대고 턱을 높이 치켜들고서, "난 분명히 그러지 않길 바랍니다. 좋은 이웃이여! 제발, 불쌍한 아이들을 위해서,

겁쟁이 부인과 자비 양의 방문

그런 무례한 짓을 하지 마세요! 당신의 아이들은 당신이 여기에 있기를 바랄 것입니다."

기독도여사는 이웃 부인을 올려다보며 치맛자락으로 눈물을 닦았다.

기독도여사 : "아니오, 당신은 오해하고 있습니다. 자식들 가운데서 아무도 뒤에 남지 않고 모두 나와 함께 갈 것입니다."

겁쟁이부인의 입술은 마치 식초를 한 모금 마신 것처럼 꽉 막혔다.

겁쟁이부인 : "누가 무엇 때문에 그런 생각을 당신의 마음속에 넣었는지 몹시 궁금하군요."

기독도여사 : "오, 이웃이여! 당신은 지금 내가 무엇을 하려는지 안다면, 당신도 나와 함께 갈 거라는 데 의심의 여지가 없습니다."

겁쟁이부인 : 팔짱을 끼고서, "당신이 가지고 있는 새로운 지식이 무엇인지 말해주세요. 당신의 친구들을 떠나도록 부추기고 아무도 알지 못하는 곳으로 유혹하는 그 새로운 지식을 누가 주었습니까?"

기독도여사 : "**겁쟁이부인**님, 저는 남편이 떠난 후부터 깊은 고민을 해왔었는데 특히 남편이 강을 건너간 이후부터 더욱 그랬습니다. 저를 가장 힘들게 하는 것은 그가 고통을 받고 있을 때 그에게 제가 무례하게 행동했던 일입니다. 그뿐만 아니라, 지금 저는 그가 그랬던 것처럼 똑같은 고통에 빠져 있습니다. 순례 여행을 떠나는 것 말고는 그 어떤 것도 구원받을 길이 없습니다. 어젯밤 저는 그이를 만나보는 꿈을 꾸었습니다. 아! 내 영혼이 그와 함께 있기를 얼마나 바라는지요! 그이는 그 나라의 왕 앞에서 살고 있습니다. 그이는 왕과 함께 식탁에 앉아서 식사하며, 영생을 얻은 사람들의 친구가 되었고, 왕께서 주신 집에서 살고 있었어요. 그 집을 지구상의 가장 좋은 궁전과 비교한다고 해도, 지구상의 집은 그저 거름더미처럼 보일 뿐입니다(고후 5:1-4). 내가 그곳에 가면, 그곳의 왕자님께서도 나를 손님으로 맞이할 것을 약속하신다는 전갈을 보내오셨습니다. 그분의 심부름꾼이 얼마 전에 이곳에 와서 저에게 편지 하나를 주었는데, 그것은 저를 오라고 하는 **초대장**입니다."

그녀는 호주머니에서 편지를 꺼내 큰 소리로 읽고 나서 그녀의 이웃들에게 물었다.

기독도여사 : "당신들은 이 일에 대해 어떻게 생각하십니까?"

겁쟁이부인 : "어머나! 말도 안 돼!" 팔을 천장을 향해 뻗치면서 투덜거리듯, "그런 어려움에 스스로 뛰어들려 하다니, 당신 부부가 함께 미쳤나 봅니다. 당신은 남편이 길을 떠나자마자 어떤 일을 당했는지 들어보셨을 겁니다. 그와 함께 있었던 우리 이웃 **고집쟁이**와 **변덕쟁이**가 그가 여행을 떠났을 때 얼마나 형편없었는지를 분명히 증언했습니다. 그런데 그들 두 사람은 정신을 차리고, 더이상 같이 갔다가는 무슨 일을 당할는지 모른다고 지혜롭게 판단하고 장망성으로 되돌아왔습니다.

더 나아가서, 우리는 그가 만났던 사자, **아볼루온**, 사망의 음침한 골짜기 등과 그밖에 이야기들을 들었습니다. 게다가 허영 시장에서 그가 만났던 위험을 결코 잊지 마세요! 그가 남자인데도 견디기가 어려웠는데, 하물며 연약한 여자인 당신이 어떻게 그런 일을 견딜 수 있겠습니까? 그리고 당신의 귀여운 네 아이들을 생각해 보세요. 그들은 당신의 살과 뼈입니다. 그러므로 비록 당신이 그렇게 성급하게 떠나고 싶을지라도, 당신의 아들들을 위하여 다시 한번 생각하시고 집에 머물러 있으십시오."

기독도여사 : 서서 치마를 매만지면서, "나의 이웃이여, 저를 유혹하지 마세요. 저는 이제 이 여행의 가치와 이득을 알고 있습니다. 만약 제가 지금 낙심하고 이 기회를 놓치고 만다면 저는 가장 큰 바보가 될 것입니다. 그리고 당신이 상기시켜준 모든 어려움에도 불구하고, 그것들은 저에게 좌절감을 주는 것과는 거리가 멉니다. 오히려 제가 올바른 선택을 하고 있다는 것을 보여줍니다. 쓴맛은 단맛보다 먼저 와야 하고, 그것이 단맛을 더 달콤하게 만들 수 있습니다. 그러므로 당신은 제가 아까 말한 대로 **하나님**의 이름으로 우리 집에 오지 않았으므로, 저는 당신에게 떠나 달라고 부탁하고, 저에게 더이상 위협하지 말라고 당부합니다."

겁쟁이부인은 기독도여사를 비난하면서 같이 온 자비(慈悲) 양에게 말했다.

겁쟁이부인 : "이봐요, 자비 양! 저 여자는 우리의 충고와 우정을 멸시하

니까 내버려 두고 갑시다."

　그녀는 신발을 신고 문 쪽으로 한 걸음 걸어갔다. 그러나 자비 양은 꼼짝 않고 그대로 서 있었다. 두 가지 이유로 겁쟁이부인의 말을 그렇게 쉽게 따를 수 없었기 때문이었다.

　첫째, 기독도여사에게 동정심과 걱정이 일어났기 때문이다. 그래서 그녀는 자신에게 말했다. "만약 내 이웃인 기독도여사가 꼭 떠나야 한다면, 나는 그녀와 함께 조금 같이 가면서 그녀를 돕고 싶다." 둘째, 같은 동정심과 걱정이 그녀 자신의 영혼 속에서 일어났기 때문이다. 그래서 그녀는 생각했다. "나는 이 기독도여사와 좀 더 이야기해보고 그녀가 말하는 진리와 생명이 깨달아진다면, 나 또한 진심으로 그녀의 생각을 따를 것이다." 이런 생각으로 그녀는 이웃 겁쟁이부인에게 대답했다.

　자비 : "아주머니, 제가 오늘 아침에 당신과 함께 기독도여사를 방문했는데, 당신도 알다시피, 그녀가 마지막으로 이 도시를 떠날 준비를 하고 있으니, 저는 화창한 오늘 아침에 그녀와 함께 좀 걸으면서 배웅하고 싶네요." 하지만 자비는 그녀의 두 번째 이유를 말하지 않고 단지 혼자만 간직했다.

　겁쟁이부인 : "저런!" 우중충한 얼굴로 자비 양을 향해서 턱을 높이 쳐들고 콧구멍을 벌름거리면서, "너도 바보짓을 할 마음이 있는 게 분명하구나!" 자비 양에게 삿대질하면서, "하지만 정신 차리고 내 말을 들어라. 우리가 위험 지역 밖에 있을 때는 안전하지만, 위험 지역 안에 있을 때는 빠져나올 수가 없다."

겁쟁이 부인과 친구들

　그래서 겁쟁이부인은 그들에게 등을 돌리고, 문밖으로 나가 그녀의 집으로 가버렸고, 기독도여사는 서둘러 여행을 떠났다.

　집에 도착한 겁쟁이부인은 이웃에 사는 부인들을 급히 불렀다. 박쥐눈부인, 몰지각부인, 경솔부인, 무식쟁이부인 등 네 사람이 달려왔다.

　그들이 모두 그녀의 집에 모였을 때, 그녀는 그들에게 기독도여사의 계획적인 여행 이야기를 떠들어대기 시작했다.

겁쟁이부인 : "여러분, 오늘 아침에 좀 한가해서, 나는 기독도여사 집을 방문했지 뭐예요. 내가 문에 도착해서 우리의 습관대로 문을 두드렸더니 그 여자 하는 대답이, '당신이 하나님의 이름으로 왔거든 들어오세요'라고 말하는 거예요. 좀 이상해 보였지만, 나는 대수롭지 않게 생각했어요. 하지만, 내가 들어갔을 때, 그녀가 아이들과 함께 마을을 떠날 준비를 하고 있는 것을 알았습니다.

그래서 나는 그녀에게 무엇을 하고 있는지 물었지요. 간단히 말해서, 그녀는 남편이 했던 것처럼 순례 여행을 떠나기로 했다고 말했습니다. 또 그녀가 꾸었던 꿈 이야기를 했고, 그녀의 남편이 있는 곳으로 갈 수 있는 초대장을 왕이 보냈다고 말하지 뭡니까?"

겁쟁이부인과 네 친구들

무식쟁이부인 : "그녀가 갈 것 같습니까?"

겁쟁이부인 : 깊은 한숨을 내쉬면서 고개를 끄덕였다. "네, 그 여자는 무슨 일이 닥치더라도 떠날 것입니다. 그게 다예요. 내가 가는 길에서 겪을 수 있는 모든 어려움을 상기시키면서 그녀에게 집에 머무르도록 설득했는데, 그녀를 좌절시키기는커녕, 오히려 여행을 계속하도록 격려했을 뿐이었어요. 그 여자가 많은 말을 했는데, 쓴맛은 단맛보다 먼저 온대요. 그래서 단맛을 더욱 달콤하게 만든 다나 어쩐다나!"

박쥐눈부인 : 입술을 실룩거리면서, "눈멀고 어리석은 여자 같으니라고! 자기 남편이 당한 고통을 보고도 경고를 받아들이지 않다니! 내 생각은, 그녀의 남편이 여기에 다시 온다면, 그는 무사히 이곳에서 쉬면서 두 번 다시 그 많은 위험을 무릅쓰지 않을 거라고 생각합니다."

몰지각부인 : 천천히 손을 흔들며 대답했다. "그런 황당한 바보들은 우리 마을에서 없어져야 합니다. 그 여자가 떠난다니 속이 다 후련하네요. 그런 여자가 계속 이곳에서 산다면 누가 그녀와 어울릴 수 있겠습니까? 그녀에게는 이웃도 없고 어울려 주는 사람이 아무도 없기 때문에 따분한 삶을 살지 않겠어요? 그래서 나는 그녀가 떠나는 것이 절대 섭섭하지 않네요. 그녀가 떠나고 나면 그 집에 다른 사람이 와서 그녀 대신 살도록 하면 되지 않겠어요. 현실을 직시합시다. 이런 우스꽝스러운 바보들이 우리와 함께 살아온 이후로 좋은 일이 별로 없었습니다."

그리고 나서 경솔부인이 끼어들었다.

경솔부인 : "자자, 이제 이런 골치 아픈 이야기는 그만합시다. 어제 나는 바람둥이 마님 댁에서 처녀 시절로 돌아가 하루를 보냈습니다. 그리고 누구누구가 함께 그곳에 있었다고 생각되세요? 육체사랑부인, 색욕부인, 외설부인, 그리고 몇 사람 더 있었어요.

그래서 우리는 음악에 맞춰 춤을 추며 즐겼죠. 또 우리에게 즐거움을 주는 다른 것들도 많이 즐겼습니다. 감히 말씀드리자면, 우리 여사님들이 너무 감탄스럽고 예의 바르게 자란 자상한 분들이었어요. 특히 멋쟁이 남자 호색 씨는 너무너무 좋았어요."

2

순례를 떠나는 기독도 가족

순례 여행을 출발하다

기독도여사는 그녀의 아이들과 함께 여행을 출발했고 자비 양도 그들과 함께 갔다. 먼저 기독도여사가 말을 꺼냈다.

기독도여사 : "자비 양! 이 여행을 나와 동행하는 뜻밖의 호의에 몹시 기쁩니다."

젊은 자비는 미소를 지었다. 그녀는 아가씨였다.

자비 : "만약 당신과 함께 가는 것이 이롭다고 여겨진다면, 다시는 마을로 돌아가지 않을 것입니다."

기독도여사 : "그렇다면 함께 갑시다. 우리가 순례를 마쳤을 때 무엇을 얻게 될지 나는 잘 알고 있습니다. 내 남편은 스페인 광산에 있는 금을 다 준다고 해도 바꿀 수 없는 곳에 있답니다. 당신이 나의 권유를 받고 가지만 분명히 환영받을 것입니다. 나와 내 아이들을 초대한 왕께서는 자비 양에게도 기뻐하실 겁니다. 괜찮으시다면 내가 당신을 고용하겠어요. 아가씨는 나의 하녀로 나와 동행할 것입니다. 하지만 우리는 모든 것을 함께 사용할 것이니까 자비 양은 그냥 동행만 하시면 되는 거예요."

잠시 생각하느라고 젊은 자비의 이마에 주름이 잡혔다.

자비 : "그러나 제가 환대를 받을 것이라고 어떻게 확신하십니까? 이런 희망은 있지만 도움을 주실 수 있는 분이 도와주신다면 아무리 힘들어도 가고 싶어요."

기독도여사 : "좋아요. 사랑하는 자비 양, 어떻게 해야 할지 일러줄게요. 우리와 함께 좁은 문까지 갑시다. 그러면 거기에 계신 분이 자비 양에 대

해 자세히 물어볼 거예요. 만약 당신이 나와 함께 순례 여행을 계속하도록 격려받지 못한다면, 당신은 집으로 돌아가도 괜찮습니다. 그리고 당신이 나와 내 자녀들에게 베풀어 준 친절에 대하여, 우리가 받은 만큼 당신에게 갚을 것입니다."

자비는 두 손을 턱 밑에 받치고 말했다.

순례를 떠나는 기독도여사와 네 아들 그리고 자비 양

자비 : "그러면 제가 좁은 문으로 가서 거기서 내려지는 결정을 받아들이겠습니다. 주님께서 제 길이 거기에서 허락되게 하시고, 하늘의 왕께서 저에게 사랑을 베풀어주시기를 바랍니다."

기독도여사의 얼굴은 기쁨으로 환하게 빛났다. 그는 여행 동반자가 생긴 것뿐만이 아니라 이 불쌍한 아가씨가 자신의 구원을 간절히 구하도록 하는 데 성공했기 때문이다. 그래서 그들은 함께 걸어가고 있는데, 자비 양이 갑자기 울기 시작했다.

기독도여사는 그녀를 보고 물었다.

기독도여사 : "나의 자매여! 왜 이렇게 웁니까?"

자비 : "저는 그들을 도울 수가 없어요. 저의 가난한 친척과 친구들이 어떤 상태에 있고 어디에 살고 있는가를 생각하면 소리 내어 울지 않을 수가 없습니다. 죄악으로 가득 찬 장망성에 남아 있는 사람들 말입니다. 더욱 슬프고 후회스럽고, 마음을 무겁게 짓누르는 것은 앞으로 무슨 일이 일어날지 말해 줄 사람이 아무도 없다는 것입니다."

기독도여사 : "순례자가 되면 불쌍히 여기는 마음이 생긴답니다. 당신은 나의 착한 남편 기독도가 떠날 때 나에게 했던 것처럼, 당신의 가족과 친구들을 위해 울고 있군요.

나의 남편은 내가 그의 말을 듣지도 않고 관심도 기울이지 않았기 때문에 슬퍼하며 울었습니다. 나는 그가 하는 말에 전혀 관심을 보이지 않았지요. 그러나 우리 하나님께서는 그 눈물을 거두어들이시고, 그것을 눈물 병에 담으셨습니다(시 56:8).

그리고 이제 당신과 나, 또 나의 귀여운 아이들은, 열매를 거두고 그 혜택을 누릴 것입니다. 자비 양, 당신이 흘리는 눈물이 결코 헛되지 않을 거예요. 진실로 '눈물을 흘리며 씨를 뿌리는 자는 기쁨으로 거두리로다' 그리고 '울며 씨를 뿌리러 나가는 자는 반드시 기쁨으로 그 곡식 단을 가지고 돌아오리로다'(시 126:5-6)라고 말씀하셨기 때문입니다."

그러자 자비 양이 다음과 같이 노래했다.

"지극히 복되신 분이시여,
당신의 뜻이라면,
당신의 문까지, 당신의 양우리까지,
그리고 당신의 거룩한 산까지,
나를 인도하여 주소서.

어떠한 고난이 닥친다 해도
돌아서거나 곁길로 빠지지 않도록
당신의 은혜와 거룩함으로
나를 지키소서.

주여! 뒤에 두고 온 사람들을 돌보사,
온 맘과 정성 다해
주님을 섬기게 하옵소서."

낙심의 늪

나의 오랜 친구, 노신사 현명 씨는 기독도여사의 순례 여행 이야기를 계속했다.

그들이 낙심의 늪에 다다랐을 때 그녀는 속도를 늦추고 잠깐 멈추었다 가자고 말했다.

기독도여사: "이곳이 바로 내 사랑하는 남편이 빠져서 진흙을 왕창 뒤집어쓴 곳이로구나."

기독도여사는 순례자들을 위하여 이 수렁을 보수하라는 왕의 명령에도 불구하고 전보다 더 나빠진 것을 눈치챘다. 그래서 나는 그것이 사실인지 노신사에게 물었다. 노신사는 "맞습니다. 사실입니다. 많은 사람이 왕의 일꾼인 척하면서, 왕의 대로를 복원하기 위한 것이라고 말하지만, 돌 대신에 쓰레기와 분뇨를 가져오고, 그 결과 보수보다는 오히려 더 많은 피해를 입히고 있습니다"라고 대답했다. 그래서 기독도여사 일행이 낙심의 늪에 멈추어 있을 때 자비가 이렇게 말했다.

자비 : "이쪽으로 오세요. 길을 잘 살펴서 위험한 곳을 조심합시다."

그런 다음에, 그들은 길을 조심스레 살펴보며 디딤돌 위에 발을 옮겼고, 의심스러운 곳은 다른 쪽으로 돌아서 갔다. 기독도여사가 한두 번 수렁에 빠질 뻔했지만, 그들은 결국 건너갔다.

이윽고 그들이 건너편에 다다랐을 때, 누군가가 "주께서 하신 말씀이 반드시 이루어지리라고 믿은 그 여자에게 복이 있도다"(눅 1:45)라고 말하는 것을 들었다.

이 말을 들은 후 그들은 계속하여 길을 갔다. 자비가 기독도여사에게 말했다.

자비 : "저도 만약 여사님처럼 좁은 문에서 열렬한 환영을 받을 거라는 소망이 있다면, 이까짓 낙심의 늪 같은 것은 전혀 두렵지 않아요."

기독도여사 : "당신에게도 나름대로 슬픔이 있고 나는 나대로의 슬픔이 있지요." 자비의 어깨 위에 팔을 얹고서, "우리 모두 여정이 끝나기 전까지 많은 고난을 겪게 될 것입니다. 착한 아가씨! 찬란한 영광과 행복을 받으러 가는 우리 같은 사람을 미워하는 적들을 상상해 보셨나요? 그들은 우리를 두려움과 올무와 고통과 질병으로 공격할 것입니다."

좁은 문에 도착하다

그리고 나서 노신사 현명 씨는 나를 혼자 꿈꾸도록 남겨두고 떠났다. 그래서 나는 기독도여사와 자비, 그리고 소년들이 모두 좁은 문을 향해 올라가는 것을 보았다.

그들이 좁은 문에 도착했을 때, 어떻게 해야 할지 잠깐 동안 의논했다. 문지기에게 무슨 말을 해야 할지 그리고 누가 말해야 할지에 대해 이야기를 나눴다. 의논한 다음 연장자인 기독도여사가 문을 두드리고, 나머지 사람들은 문지기가 묻는 말에 대답하기로 했다.

그래서 기독도여사는 문을 두드리기 시작했고 아무 반응이 없자, 그녀의 가련한 남편이 했던 것처럼, 다시 두드리고 또 두드렸다. 하지만 사람이 응답하는 대신, 커다란 개 한 마리가 그들을 향해 짖어대는 소리만 들려왔다. 그것은 단지 짖는 소리가 아니라 거대한 경비견의 우렁찬 소리였다. 여인들과 아이들 모두 깜짝 놀라 무서워 떨었다.

그들은 두드리는 소리를 듣고 거대한 경비견이 재빨리 뛰쳐나와 달려들지는 않을까 싶어 두려워서 문을 두드릴 엄두도 못 냈다. 그들은 발을 동동 구르며 어떻게 해야 할지 크게 허둥대며 어찌할 바를 몰랐다. 개가 무서워서 감히 문은 두드리지 못하겠고, 그렇다고 다시 돌아서자니 문지기가 돌아가는 것을 보고 화를 낼까 봐 이러지도 저러지도 못했다.

마침내, 그들은 용기를 내어 다시 한번 두드리기로 하고 이번에는 처음보다 더 강하게 두드렸다. 문지기가 대답했다. "누구세요?" 그리고 개 짖는 소리가 그치고 문지기가 그들에게 문을 열어주었다.

기독도여사가 고개를 숙이고 말했다.

기독도여사 : "주님, 우리가 이 귀한 문을 두드렸사오니 계집종에게 노하지 마옵소서."

문지기 : "어디서 오셨습니까? 그리고 무엇을 원하십니까?"

기독도여사 : "우리는 기독도가 왔던 곳에서 같은 용건으로 왔습니다. 정확히 말씀드리자면, 이 문을 통해서 우리가 천성으로 가는 길로 들어서기를 원합니다. 저는 기독도여사란 사람입니다. 저 하늘나라에 있는 기독도의 아내입니다."

문지기가 놀라서 입이 딱 벌어진 채로 말했다.

문지기 : "뭐라고요? 얼마 전까지 이 길을 반대했던 사람이 이제 순례자가 되었단 말입니까?"

기독도여사 : 고개를 숙인 채, "네, 그리고 저의 귀여운 아이들 또한 순례자가 되었습니다."

문지기가 손을 내밀어서 그녀의 손을 잡고 안으로 인도했다. 그리고 "어린아이들이 내게 오는 것을 용납하고 금하지 말라"(막 10:14)라고 말했다.

그리고서 그는 문을 닫았다. 그런 후 그는 문 위에 있는 나팔수에게 즐거운 나팔 소리로 기독도여사를 환영하라고 명령했다. 그가 즉시 나팔을 불자, 아름다운 음악 소리가 공중으로 울려 퍼졌다.

그때까지 가엾은 **자비**는 문밖에서 울면서 떨고 서 있었다. 그녀는 거절 당할까 봐 두려웠다. 그러나 **기독도여사**가 그녀와 아들들이 입장하고 난 후에 곧바로 **자비**를 위해 중보기도 하며 간청했다.

기독도여사 : "주님, 저에게는 아직도 문밖에 서 있는 동행이 있습니다. 저와 같은 이유로 이곳에 왔습니다. 저는 남편의 왕께서 오라는 초대를 받았는데, 그녀는 초대도 없이 이곳에 왔기 때문에 무척 풀이 죽어 있습니다."

자비는 너무 초조해서 견딜 수가 없었다. 매 순간이 한 시간만큼이나 긴 것 같았다. 그래서 그녀는 직접 문을 두드렸다. 그것은 곧 **기독도여사**가 자신을 위해 더 많이 중보기도 하는 것을 막았다. 그리고 그녀는 너무 크게 두드려서 **기독도여사**를 화들짝 놀라게 했다.

그러자 문지기가 물었다.

문지기 : "저 사람은 누굽니까?"

기독도여사 : "제 친구입니다."

그래서 그는 문을 열고 밖을 내다보았다. 그러나 **자비**는 의식을 잃고 문밖에 쓰러져 있었다. 그녀는 자기에게 문이 열리지 않을까 봐 두려워서 기절했던 것이다. 문지기가 손을 내밀어 그녀의 손을 잡았다. 그리고는 "내가 네게 말하노니 소녀야 일어나라"(막 5:41)라고 말했다.

자비가 눈을 뜨면서 말했다.

자비 : "오, 주님, 기운이 하나도 없어요. 곧 죽을 것만 같습니다."

문지기 : "내 영혼이 내 속에서 피곤할 때에 내가 여호와를 생각하였더니 내 기도가 주께 이르렀사오며 주의 성전에 미쳤나이다"(욘 2:7)라고 하며 이어서 말했다. "두려워하지 말고 일어서서, 여기에 무엇 때문에 왔는지 말해 보세요."

자비는 다리를 후들거리며 일어서서 이렇게 말했다.

자비 : "저는 **기독도여사**처럼 초대를 받고 온 것이 아닙니다. **기독도여사**는 왕께 부르심을 받았지만 저는 그녀에게 초대를 받고 왔습니다. 그러므

로 저는 허락 없이 왔으므로 건방지다는 말씀을 듣지 않을까 두렵습니다."

문지기 : "기독도여사가 당신에게 이곳에 함께 오자고 했단 말이지요?"

자비 : 진심으로 고개를 끄덕이면서, "그렇습니다. 저의 주님께서 보시듯이 제가 이렇게 왔습니다. 은혜와 용서를 베풀어주실 수 있다면, 불쌍

기절한 자비 양을 손잡아 일으키는 문지기

한 소녀를 순례 길에 동참시켜 주시기 바랍니다."

문지기는 다시 자비의 손을 잡고 좁은 문 안으로 부드럽게 이끌었다. 그는 "나를 믿는 모든 이들을 위해 기도하노니"(요 17:9)라고 말했다.

그때 그는 곁에 서 있는 다른 사람들에게 말했다.

문지기: "향을 좀 가져다가 이 소녀가 정신이 들도록 하여라"(아 1:13).

그래서 그들은 몰약 한 뭉치를 집어 들고 와서 그 소녀에게 주었고, 그녀는 향기를 깊이 들이마시고 곧바로 다시 일어났다.

그래서 기독도여사와 그 아들들, 그리고 자비는 모두 순례 길을 가도록 주님의 허락을 받았고, 그에게 친절하게 대해 주심에 감사함을 표했다. 그들은 또 말했다. "저희는 저희의 죄에 대해 회개하며, 우리 주님의 용서를 빕니다. 또 우리가 무엇을 해야 할지에 대한 더 많은 가르침을 주옵소서."

그분이 말했다. "나는 말과 행위로 용서하지요, 용서에 대한 약속의 말씀에 따라 용서했고, 또 내가 얻은 행위에 따라 용서했소. 첫째는 입으로 하는 말로 했고, 두 번째는 손과 옆구리를 보여주는 행위로 용서했지요" (요 20:20).

지금 나는 내 꿈에서 그분이 그들에게 좋은 말을 많이 하는 것을 보았는데 그들이 듣고 매우 기뻐했다. 그분은 또 그들을 성문 위로 데리고 올라가서, 그들이 언제 구원을 받았는지를 보여주었고, 또한 이 광경이 그들이 앞으로 길을 가는 동안 위안을 줄 것이라고 말했다.

그런 다음 그들은 아래로 내려가 시원한 응접실에서 잠시 쉬었다. 그곳에서 그들은 상쾌한 기분으로 지금까지 일어난 일을 뒤돌아보며 이야기했다.

기독도여사: "아, 우리가 여기까지 온 것이 얼마나 기쁜지 모르겠어요."

자비: 동의하면서, "여사님도 기쁘시겠지만, 저는 너무 기뻐서 뛰고 싶을 지경입니다."

기독도여사: 문을 두드리던 때를 회상하면서, "내가 문 앞에 서서 두드렸지만 아무도 대답하지 않고, 특히 그 험악한 경비견이 우리를 향해 그

토록 크고 우렁차게 짖어댈 때 우리의 모든 애씀이 헛수고가 되는 줄 알았어요."

자비 : "제가 가장 두려웠던 것은, 여사님이 그분에게 환영을 받고 문안으로 사라진 것을 본 후, 저만 뒤에 남겨졌을 때입니다. 그때 저는 성경에 기록되어 있는 것이 이루어졌다고 생각했습니다. 즉 '**두 여자가 맷돌질을 하고 있으매 한 사람은 데려가고 한 사람은 버려둠을 당할 것이니라**'(마 24:41)라는 말씀입니다.

'이제 다 틀렸다!'라고 소리치며 울고 싶었지만 참았어요. 다시 문을 두드리는 것이 두려웠습니다. 그러나 문 위에 쓰인 글을 올려다보고, 다시 용기를 얻었습니다. 저는 다시 두드리거나 죽거나 둘 중 하나를 하기로 했습니다. 그래서 다시 두드렸지만, 그 뒤로는 저의 영혼이 어떻게 삶과 죽음 사이를 헤매고 있었는지 알 수 없습니다."

기독도여사 : "아가씨가 얼마나 크게 두드렸는지 아세요? 두드리는 소리가 너무 커서 깜짝 놀랐어요. 내 평생 그런 큰 소리를 들어본 적이 없다고 생각해요. 사실 나는 아가씨가 무력으로 성문에 들어가거나 폭력으로 왕국을 점령하지나 않을까라고 생각했어요"(마 11:12).

자비 : "죄송합니다. 그러나 누구든지 저와 같은 처지라면 그렇게 했을 거예요. 여사님이 들어간 뒤에 문이 닫히는 것을 보면서 저는 그 끔찍한 경비견과 마주하고 반대편에 서 있었습니다. 저보다 더 마음이 떨리는 사람은 아무도 없었을 것입니다. 그러한 제 처지에서 자신도 모르게 힘을 다하여 문을 두드렸지 않을까요? 그러나 부디 저의 주님께 저의 무례함을 용서해 주시라고 말씀해 주십시오. 그분이 저에게 화가 났었습니까?"

기독도여사 : 입가에 미소가 감돌았다. "그분은 아가씨의 견디기 힘든 소리를 들었을 때, 가장 멋진 미소를 지었어요. 나는 아가씨가 그분을 기쁘게 한 것으로 믿습니다. 그분이 별다른 기색을 보이지 않기 때문이지요. 하지만 나는 그분이 왜 그런 개를 기르고 있는지 궁금합니다. 그 사실을 만약 우리가 **좁은 문**에 오기 전에 알았더라면, 나는 어느 것도 시도할 만큼 용기가 없었을 겁니다. 하지만 지금은…"

II-2 순례를 떠나는 기독도 가족

그녀는 자비의 어깨를 움켜잡았다. "우리가 들어왔습니다! 그리고 마음 속 깊은 곳에서 우러나는 행복이 이보다 더한 적이 없었습니다."

자비 : 동의하는 듯 머리를 끄덕이면서, "제발, 조금 후에 그분이 내려오실 때, 왜 그렇게 험악한 개를 마당에 두고 있는지 꼭 물어볼게요." 잠시 멈추었다가, "저는 그분이 그 말을 오해하지 않았으면 좋겠어요."

아이들이 일제히 "네, 그분께 물어보세요"하고 말했다. "앞으로 그가 우리를 물까 두렵기 때문입니다."

마침내 그분이 그들에게 다시 다가오셨다. 자비는 그분 앞에서 땅에 엎드려서 경배하였다.

자비 : "주님, 제가 지금 입술로 드리는 찬양의 제사를 받아주옵소서."

그분께서 그녀에게 말씀했다. "평안할지어다. 일어나시오."

그러나 그 여인은 계속 얼굴을 땅에 대고 말했다. "주여 제가 주와 변론할 때에는 주께서 의로우시니이다. 그러나 제가 주께 질문하옵나니(렘 12:1), 왜 그렇게 잔인한 개를 당신의 마당에 기르시나요? 그 광경을 보고, 우리와 같은 여자들과 아이들은 두려움에 떨면서 주의 문에서 도망칠 수밖에 없습니다."

문지기 : "그 개는 저 멀리 보이는 성에 사는 다른 사람이 주인입니다. 그 주인의 소유물에 묶여 있소. 나의 순례자들은 그 소리가 이곳의 벽에 다다를 수 있어서 짖는 소리만 들릴 뿐이요. 나쁘지도 않고 좋지도 않지만, 그가 짖어대는 큰 소리는 많은 정직한 순례자들을 놀라게 하고 있소. 사실은 개 주인이 나나 나의 사람들에게 어떤 호의를 가지고 기르는 것이 아니고, 순례자들이 나에게 오는 것을 막기 위한 유일한 의도를 가지고 기릅니다.

그의 희망은 순례자들이 이 문을 두드릴 때 짖는 소리를 듣고 너무 두려워 떨게 하려는 것입니다. 때때로 그 개는 뛰쳐나와서 심지어 내가 사랑하는 사람을 괴롭히기도 하지만, 나는 지금은 참을성 있게 받아들이고 있소. 그리고 적절한 시기에 나는 순례자들에게 도움을 주기 때문에, 순례자들이 그 개의 본능적으로 두렵게 하는 일 때문에 좌절하는 일은 없소.

그러나 개를 만나기 전에 내가 피로 값 주고 산 자여, 개를 두려워해서는 안 됩니다. 집집마다 다니며 구걸하는 거지들도 짖고 물어뜯는 개를 기부금을 잃지 않으려고 무서워하지 않습니다. 그러니 다른 사람의 마당에서 짖어대는 개 한 마리가 순례자가 나에게 오는 것을 막을 수 있겠소? 나는 사자들 가운데서 그들을 건져내고, 소중한 사람들을 개의 힘에서도 구합니다"(시 22:21-22).

자비는 일어나 앉아서 이렇게 말했다.

자비 : "저는 저의 무지함을 고백합니다. 저는 제가 알지 못한 것들에 대해 말했습니다. 당신께서 모든 일을 잘 해내신다는 것을 인정합니다."

그 후, 기독도여사는 그들의 여행에 대해 이야기하기 시작했고 길을 물어보기 시작했다. 그래서 문지기는 그녀의 남편 기독도를 위해서 했던 것처럼, 그들의 순례가 시작될 때에, 그들에게 먹을 것을 주고 그들의 발을 씻겨서, 그들이 가야 할 길을 안내했다.

3

좁은 문을 지나 순례 길을 가다

노래하는 기독도여사

그래서 나는 내 꿈에서 그들이 매우 화창한 날씨를 즐기며 길을 걸어가는 것을 보았다. 그러자 **기독도여사**는 노래를 부르기 시작했다.

"내가 시작한 날은 복된 날이었네,
그것은 곧 순례 길이라오,
그리고 그 사람 역시 복된 사람이라오,
나를 구원으로 이끄신 그분,

내가 영생을 얻은 건 오래지 않지만,
그 영원한 삶을 향해,
오늘도 힘껏 달려갑니다.
늦은 것이 안 하는 것보다 낫기 때문이지요,

눈물 변하여 기쁨 되고, 두려움 변하여 믿음 되기에,
보시다시피 나는 돌아섰어요.
이렇게 시작한 나의 첫 출발은,
나의 마지막이 어떠할지를 보여줍니다."

두 사나이

기독도여사와 그녀의 일행이 여행하는 길을 따라 담이 있었는데 그 담 너머에는 정원이 있었다. 그 정원은 전에 사납게 짖어대던 개 주인의 정원이었다.

　그 정원에는 탐스러운 과일들이 나무 위에 매달려 있었는데, 가지가 담 밖까지 뻗어 나와 있어서 지나가는 사람들이 따먹고 배탈이 나곤 했었다. 기독도여사의 아이들도, 소년들이 흔히 하는 것처럼, 그 열매를 따 먹기 시작했고 즐거워했다. 엄마가 그들을 꾸짖었지만, 소년들은 계속 과일을 잔뜩 먹었다.

　기독도여사 : "얘들아! 너희는 도둑들이다! 그 과일은 우리 것이 아니야!"

　그러나 그녀는 그것이 원수의 소유라는 것을 알지 못했다. 만약 알았더라면 무서워서 어찌할 바를 몰랐을 것이다. 그러나 일은 이미 저질러졌고, 그들은 무사히 길을 계속 걸어갔다.

　그들이 좁은 문에서 쏜 화살이 미치는 거리 두 배쯤 갔을 때, 그들은 매우 험상궂은 두 명의 남자가 그들을 향해 빠르게 걸어오는 것을 발견했다. 그들을 본 기독도여사와 자비는 면사포로 얼굴을 가리고 길을 계속 갔다. 아이들 또한 그들을 따라 계속 가다가 결국 그들을 만나기 위해 걸어 온 두 명의 험악한 남자와 마주쳤다. 그들은 마치 그들을 끌어 안으려는 듯이, 여자들에게로 다가왔다.

　기독도여사 : "물러서요! 가던 길이나 얌전히 가세요!"

　그러나 두 사람은 마치 귀머거리처럼 기독도여사의 말을 들은 척도 않고 여인들의 어깨를 잡았다. 기독도여사는 몹시 화가 나서 그들을 발로 세게 걷어차버렸다. 자비도 역시 그들을 떨쳐버리려고 힘껏 몸부림쳤다.

와~ 맛있겠다

적의 과일을 따 먹는 아이들

기독도여사가 그들에게 다시 경고했다.

기독도여사 : "우리에게는 돈 한 푼 없으니, 뒤로 썩 물러서세요! 보다시피 우리는 친구들의 자선에 의지해 살아가는 순례자들이에요."

그러자 매력 없는 두 사내 중 하나가 말했다.

사내 : "우리는 돈을 노리는 게 아니야! 너희가 작은 부탁 하나만 들어주면, 영원히 너희를 당당한 여성으로 만들어 주겠다는 것이다."

기독도여사가 그 말이 무슨 뜻인지 알아차리고 말했다.

기독도여사 : "우리는 당신이 요구하는 것을 듣지도 않고, 생각지도 않고, 응하지도 않을 거예요! 우리는 서둘러야 하기 때문에 머무를 시간이 없어요. 우리 일은 생사가 걸린 일이예요."

그녀와 자비는 그들을 지나치려고 다시 한번 시도했지만, 그들은 위협적으로 가로막고 서 있었다. 그 남자들 중 하나가 말했다.

사내 : "우리는 너희 목숨을 해칠 생각이 없어. 우리가 요구하는 것은 따로 있다고."

기독도여사 : "알아요! 당신들은 우리의 몸과 마음을 빼앗으려는 속셈이에요. 이것이 우리를 쫓아온 이유라는 것을 모를 줄 아세요! 하지만 우리는 이러한 위험에 처하느니 차라리 지금 여기서 죽기를 택하겠어요."

그래서 그들은 모두 울면서 목청껏 소리쳤다 "사람 살려요! 살려주세요!"

그것은 그들이 여인들을 보호하기 위해 마련된 율법의 보호를 받으려고 한 것이었다(신 22:25-27).

그러나 그 사내들은 여전히 그들에게 악의를 품고 다가가서, 그들을 욕보이려고 했다. 그래서 두 여성은 더 큰 소리로 다시 비명을 질렀다.

내가 아까 말씀드린 대로, 여인들과 아이들이 좁은 문으로 들어선 입구에서 그리 멀리 가지 않았으므로, 비명소리가 좁은 문까지 들렸다. 들려오는 소리가 기독도여사의 목소리라는 것을 알고 그녀를 도와주기 위해 한 사람이 급히 뛰어나갔다. 그들이 구조자의 시야에 들어올 때쯤, 그 여인들과 아이들이 울면서 험악한 사나이들과 심한 몸싸움을 벌이고 있었다.

구조자는 불량배들에게 소리쳤다.

구조자: "무슨 짓이야? 네놈들이 주의 백성에게 죄를 범하려 하느냐?"

구조자가 그 악당들을 붙잡으려 했으나, 두 사나이는 벽을 넘어 거대한 개 주인의 정원으로 도망갔다. 개가 그들의 보호자가 된 셈이다. 흉악범들이 사라지자, 이 구조자는 여성들에게 다가가 다친 데는 없는지 물었다.

"왕자님께 감사드립니다!"라고 여자들이 대답했다. "우리는 괜찮습니다. 단지 좀 놀랐을 뿐입니다. 도와주러 와주셔서 정말 감사합니다. 당신이 오시지 않았다면 우리는 꼼짝없이 욕을 당했을 것입니다."

몇 마디 더 물은 뒤에, 이 구조자가 말했다.

구조자: "당신들이 좁은 문에 도착했을 때, 연약한 여성이라는 것을 알고 있었는데 이와 같은 곤란한 문제나 위험을 피할 수 있는 안내자를 주님께 구하지 않은 것이 놀랍군요. 부탁했더라면 그분은 당신들에게 한 사람을 붙여 주셔서 이러한 봉변을 피할 수 있었을 텐데요."

기독도여사: 옷에서 먼지를 털면서, "아쉽게도, 우리는 주님의 축복에 너무 감격해서 다가올 위험에 대해 생각해 보지 못했어요. 게다가, 그런 불량배들이 왕의 궁전 근처에 숨어있을 거라고 상상이나 했겠습니까? 우리가 주님께 안내자를 청했더라면 훨씬 좋았을 텐데, 그러나 우리 주님께서 안내자가 우리에게 필요하다는 것을 아셨을 텐데, 왜 우리와 함께 안내자를 딸려 보내지 않으셨는지 궁금합니다."

구조자: "구하지 않은 것을 주는 것은 항상 좋은 것은 아닙니다. 구하지 않은 것을 주면 소중히 여기지 않거나 당연한 것으로 여기기 때문입니다. 하지만, 절실하게 필요성을 인식하면, 그 필요를 인식한 사람의 눈에 그것이 가치 있게 됩니다. 또 결과적으로 그것이 적절하고 가치 있게 사용될 것입니다. 만일 나의 주님께서 당신들에게 안내자를 허락하셨다면, 당신들은 지금처럼 요청하지 못한 실수를 절실히 후회하지 않았을 것입니다. 그래서 모든 것이 서로 합력하여 선을 이루어, 당신들이 좀 더 신중하게 되었습니다."

기독도여사: "우리가 다시 우리 주님께로 돌아가서, 저희의 어리석음을

고백하고, 안내자를 요청해도 될까요?"

구조자 : "당신이 어리석었음을 자백했다고 내가 대신 그분께 보고할 테니 당신은 다시 돌아갈 필요가 없소. 당신이 앞으로 가야 할 모든 곳에서 전혀 부족함이 없을 것입니다.

주님께서 자신의 **순례자**들을 맞아 주시려고 예비해 두신 모든 숙소에는, 여러분이 방금 겪었던 시험과 같은 시험들을 이길 수 있는 만반의 준비가 되어있습니다. 그렇지만 내가 거듭 말했듯이, **순례자**들은 그분께 그것을 해 달라고 요청해야 합니다(겔 36:37). 요청할 가치가 없는 것은 대수롭지 않기 때문이지요."

구조자가 이 말을 남긴 후 자기 처소로 돌아갔고, 순례자들은 다시 길을 나섰다. 길을 가면서 **자비**가 말했다.

자비 : "갑자기 우리 사이에 이런 공허함이 느껴집니다. 저는 우리가 당할 수 있는 모든 위험들의 목록을 작성했어요. 정말로 다시는 이런 고통을 보지 않았으면 좋겠습니다."

기독도여사 : "나의 자매여, 당신에게는 아무 잘못이 없어요! 대신 나를 용서해줘요! 내 잘못이 훨씬 큽니다. 알다시피, 나는 **좁은 문**을 나서기 전에 이러한 위험을 예상했지만, 그에 대한 준비를 할 수 있었는데도 나는 그것을 계획하지 않았거든요. 그게 큰 잘못이었고 그래서 내 책임이 커요."

자비 : 기독도여사를 의아하게 쳐다보면서, "**좁은 문**을 나서기 전에 어떻게 그런 걸 알 수 있었죠? 이 수수께끼 같은 이야기를 말씀해 주세요."

기독도여사 : "물론 내가 말해줄게요. 알다시피, 내가 **장망성** 집을 나서기 전에, 나는 어느 날 밤 침대에 누워서 꿈을 꿨어요. 거기서 방금 우리를 폭행하려고 했던 두 남자와 같은 사람들을 봤어요. 그들은 내 구원을 어떻게 막을 수 있을지 계획하면서 내 침대 발치에 서 있었어요. 이것은 내가 매우 힘들어할 때 일어났었고, 나는 그들이 말하는 음모를 들었지요. '이 여자를 어떻게 할까요? 그녀는 자나 깨나 불쌍히 여겨 달라고 용서를 빌기 때문에, 만일 그녀를 내버려 둔다면, 우리는 남편을 잃었듯이 그녀

를 또 잃을 것입니다.'라고 말했어요. 자매님은 이것이 내가 이 순례 여행을 위해 무엇을 준비해야 할지 각성을 주었다고 생각되지 않나요? 나는 내가 안내자를 요청해야 하는 필요성을 충분히 알고 있었어요."

　　자비 : "그렇군요. 하지만 그런 실수 덕분에 우리 자신이 불완전하다는 것을 깨달았고, 주님께서는 이런 사정을 이용하셔서 하나님의 은혜가 풍성하다는 것을 보여주셨습니다. 우리가 보았듯이, 그분은 우리를 따라와서, 우리보다 강한 이 사람들의 손아귀에서 기꺼이 우리를 건지셨습니다."

해설가의 집에서

　　그들은 좀 더 이야기를 나누면서 길을 가로막고 서 있는 커다란 집 가까이 다가갔다. 이 집은 이 길을 지나가는 순례자들에게 휴식을 제공하기 위해 지어진 것이었다. 독자 여러분은 이미 『천로역정』 1부에서 해설가의 집에 대한 많은 내용을 접했었다.

　　그들이 집 가까이 걸어가서 문에 도착했을 때, 집 안에서 새어 나오는 소리를 들었다. 자세히 들어보니 기독도여사라는 이름이 들렸다. 그녀와 아이들이 이미 순례 여행을 떠났다는 소문이 그곳까지 이르렀던 것이다. 집 안에 있던 사람들은 이 소식이 얼마나 즐거운 일인가에 대해 떠들썩하게 이야기하고 있었는데, 그녀는 얼마 전까지만 해도 순례 여행을 떠나는 남편을 팝박했던 기독도의 아내이자 같은 여성이었기 때문이다.

　　그래서 기독도여사와 자비는 문밖에 서서, 그녀가 문 앞에 있다는 것을 알지 못하고 집안에서 착한 사람들이 그녀를 칭찬하는 소리를 들었다. 마침내, 기독도여사는 좁은 문을 두드렸던 것처럼 문을 두드렸다.

　　젊은 아가씨 한 사람이 문을 열고 나와서 기독도여사와 자비를 바라보면서 물었다. "누구를 찾아오셨습니까?"

　　기독도여사 : "우리는 이곳이 순례자들을 쉬게 하려고 지은 집이라는 것을 알고 왔습니다. 여기에 서 있는 저희를 여기서 머물다 갈 수 있게 해주시기를 바랍니다. 저희가 오늘 밤 더이상 여행할 수 없기 때문입니다."

　　문에 있던 젊은 아가씨의 이름은 순결이었다.

순결 : "이 집의 주인님께 이 말을 전할 수 있도록, 당신의 이름을 말씀해 주세요."

기독도여사 : "제 이름은 기독도여사예요. 저는 몇 해 전에 이 길로 여행했던 순례자 기독도의 아내이고, 이들은 그 사람의 네 아들들입니다." 자비를 향해 몸짓을 하며, "이 젊은 여성도 우리의 동반자이고 순례 길을 가고 있습니다."

그러자 순결은 집안으로 뛰어 들어가 사람들에게 소리쳤다.

순결 : "문 앞에 누가 서 있는지 아십니까! 기독도여사가 아이들과 그녀의 동반자를 데리고 왔어요! 모두 여기에 들어오기를 기다리고 있습니다."

십에 있는 모든 사람들이 기뻐서 뛰면서 그들의 주인에게 가서 기독도여사와 그 일행이 왔다고 말했다. 그래서 주인이 문에 나와서, 그 일행을 보고 물었다. "당신이 착한 기독도가 순례 여행을 떠날 때 남겨두었던 아내 기독도여사가 맞습니까?"

기독도여사 : 고개를 끄덕이면서, "네, 제가 남편이 고난을 당했을 때 남편을 핍박했던 그 여자입니다. 저는 그가 혼자 여행하도록 내버려 두었습니다. 그리고 이들은 그의 네 아이들입니다. 하지만 저는 이제 순례 여행을 떠나왔습니다. 이것이 유일하게 옳은 길이라고 확신했기 때문입니다."

해설가 : "'어떤 포도원 주인이 오늘 포도원에 가서 일하라 하니, 그가 대답하여 이르되 싫소이다 하였다가 그 후에 뉘우치고 갔다'(마 21:28-30)라고 기록된 말씀이 이루어졌소이다."

기독도여사 : "그렇습니까? 아멘입니다. 하나님께서 저를 두고 하신 말씀을 진실로 이루셔서, 저를 마침내 흠이 없게 하셨고 그분과 평화롭게 지낼 수 있도록 허락하셨습니다."

해설가 : "그런데 왜 문 앞에 서 있나요? 아브라함의 딸이여, 들어오세요. 우리는 방금 당신 이야기를 하고 있었는데, 이제 당신이 우리에게 어떻게 순례자의 길을 가야 하는지에 대한 조언을 들으러 온 것입니다."

그녀에게 안으로 들어오라고 손짓하며 아이들과 자비에게도 그렇게 했다. "얘들아, 너희도 들어오너라. 아가씨도 어서 들어오세요."

그래서 그들은 모두 집 안으로 들어갔다.

일단 그들이 안으로 들어오자 해설가는 앉아서 쉬도록 권했다. 그들이 자리에 앉자, 그 집에서 순례자들에게 시중드는 사람들이 그들을 보려고 방으로 몰려왔다. 순례자가 된 기독도여사를 보고 한 사람이 미소를 짓자, 또 다른 사람도 따라 웃었고, 그들 모두가 기쁨으로 환하게 웃었다.

그들은 또한 아이들을 보고 친절하게 환영하는 표시로 아이들의 얼굴을 부드럽게 쓰다듬었다. 또 자비를 사랑스럽게 맞이했고 그들 모두에게 주인님의 집에 오신 것을 환영하면서 따뜻하게 맞이했다. 저녁 식사가 아직 준비되지 않아서 서로 인사가 끝난 후 해설가는 그들을 특별한 방으로 데려갔다. 그는 기독도여사의 남편인 기독도가 방문했을 때 보여준 것을 그들에게도 보여주었다. 그들은 철장 안에 갇혀있는 사람, 심판 장면을 꿈꾼 사람, 원수들을 무찌르고 길을 내서 궁전 안으로 들어간 사람, 세상에서 가장 큰 사람의 초상화, 그밖에 기독도가 방문했을 때 보았던 모든 것들을 보았다.

그들이 이 모든 것을 보고 난 후, 해설가는 기독도여사와 일행이 목격한 것들에 대해 잠시 생각할 수 있도록 한 후 그들을 다른 방으로 안내했다.

먼지만 긁는 사람

그들이 방에 들어가자, 그곳에 어떤 사람이 퇴비용 갈퀴를 손에 들고 있었는데, 그는 오로지 바닥만 응시하고 있었다. 그의 머리 위에서 한 사람이 천국의 면류관을 들고 씌워주려 했으나 그는 고개를 들거나 면류관을 들고 있는 사람을 쳐다보

면류관은 거들떠보지도 않고 땅만 보고 쓰레기만 긁어모으는 사람

지도 않고 갈퀴를 가지고 지푸라기, 작은 나뭇가지, 먼지를 바닥에서 긁어모으고 있었다.

그것을 본 기독도여사가 말했다.

기독도여사 : "저는 이 장면이 무엇을 의미하는지 이해할 것 같습니다. 이것은 이 세상의 사람을 상징합니다. 선생님, 그렇지요?"

해설가 : "당신 생각이 옳습니다. 땅만 바라보고 있는 그의 모습과 손에 든 갈퀴는 그의 세속적인 마음을 보여줍니다. 보다시피, 그는 천국의 면류관을 손에 들고 그를 부르시는 하나님의 음성은 거들떠보지도 않고 지푸라기와 나뭇가지, 먼지를 긁어모으는 데 열중하고 있습니다. 이것은 세상 사람들에게는 하늘나리 이야기가 우화에 불과하며, 이 세상의 일들만 유일하게 중요하다고 여긴다는 것을 보여주기 위함입니다. 갈퀴를 든 남자가 아래만 내려다보고 있는 것은, 땅에 있는 것이 사람의 마음을 지배할 때, 그들의 마음은 하나님께로부터 완전히 멀어진다는 것을 볼 수 있습니다."

기독도여사 : "오, 이 쓰레기 갈퀴에서 나를 구원하소서."

해설가 : "사람들은 그런 기도를 갈퀴가 녹이 슬어서 거의 사용할 수 없을 때에야 한답니다. 그리고 '나를 부하게도 마옵시고'(잠 30:8)라는 기도는 너무 드물어서 만 명에 하나 있을까 말까 하지요. 대신 대부분의 사람들은 지푸라기, 나뭇가지, 먼지를 위대한 것이라고 여깁니다."

기독도여사와 자비가 눈물을 흘리며 말했다. "아, 정말 그건 사실입니다!"

아름다운 방에 있는 거미

이것을 보여준 후에, 해설가는 그들을 그 집에서 가장 좋은 방으로 데려갔다. 그것은 참으로 아름다운 방이었는데, 그들이 그곳에서 유용한 것을 찾을 수 있는지 보기 위해 데려간 것이다. 그들이 찾아보았지만, 벽에 있는 아주 큰 거미 말고는 보이는 것이 없었다.

자비 : 해설가를 돌아보면서, "선생님, 저는 아무것도 안 보입니다."

하지만 기독도여사는 입을 다문 채 가만히 있었다.

해설가 : "다시 찾아보세요."

자비 : "여기 벽 위에 매달려 있는 못생긴 거미밖에 없는데요."

해설가 : "이 넓은 방에 오직 거미 한 마리밖에 없습니까?"

그러자, 그 의미를 금방 이해한 기독도여사의 눈에서 눈물이 주르르 흘렀다.

기독도여사 : "주님, 거미가 한 마리뿐이 아니고 그것보다 훨씬 더 무서운 독을 가진 거미들이 많이 있습니다."

해설가 : 매우 기뻐하면서, "당신은 정답을 말했습니다."

자비는 얼굴을 붉혔고 아이들은 손으로 얼굴을 가렸으며, 그들 모두 그 수수께끼를 알아차리기 시작했다.

해설가 : "보다시피 '거미는 손으로 잡을 수 있는데 왕의 궁궐에 있다'(잠 30:28)라는 말씀은 오직 여러분이 얼마나 많은 죄의 독으로 가득 차 있는가를 보여주기 위해서 기록한 말씀입니다. 그같이 죄가 가득한데도 불구하고 여러분은 믿음으로 말미암아, 이처럼 왕의 궁궐에서 가장 아름다운 방에 누워 살 수 있습니다."

기독도여사 : "저도 비슷한 생각을 했지만 중요한 것을 모두 이해할 수는 없었습니다. 저는 우리가 거미와 같다고 생각했고, 아무리 좋은 방에 있어도 우리는 독을 가진 못생긴 생명체에 불과하다고만 생각했습니다. 징그럽고 독을 가진 이 거미를 보고 믿음을 실천할 수 있는 법을 배울 수 있다는 생각은 하지 못했습니다. 그러나 거미가 궁궐 안에서 가장 좋은 방에 살고 있다는 사실은 하나님께서 어느 것 하나도 헛되이 창조한 것이 아니라는 것을 보여줍니다."

두 사람의 마음은 기쁨으로 가득 차서 서로를 바라보고 눈물을 글썽이며 해설가에게 엎드려 절을 했다.

암탉과 병아리들

그는 그들을 다른 방으로 데려갔다. 그 방에서 그들은 암탉과 병아리들을 볼 수 있었고 해설가는 순례자들에게 잠간 그것들을 관찰하라고 말했다. 병아리 한 마리가 물을 마시러 물통으로 갔고, 물을 마실 때마다 매번 머리를 치켜들고 눈으로 하늘을 쳐다봤다.

해설가 : "이 작은 병아리가 하는 짓을 보고 그에게서 배울 수 있습니다. 당신의 은혜는 위로부터 옵니다. 하늘나라로 눈을 돌려야 받을 수 있다는 것을 깨달아야 합니다."

그는 다시 순례자들에게 관찰하고 지켜보라고 말했고, 그들은 다시 암탉과 병아리들을 주의 깊게 바라봤다. 그들은 암탉이 병아리들과 의사소통을 할 때 네 가지 방법을 사용한다는 것을 알아챘다.

첫째, 암탉은 온종일 병아리들을 부르는데 사용하는 일반적인 소리를 내고 있었다.

둘째, 암탉은 가끔씩 사용하는 특별한 소리를 내고 있었다.

셋째, 암탉은 병아리를 날개 아래 품을 때에는 다른 소리를 내고 있었다(마 23:37).

넷째, 암탉은 외치는 경고의 소리도 내고 있었다.

해설가 : "이제 이 암탉을 여러분의 하나님으로, 그리고 이 병아리들을 하나님께 순종하는 백성들로 비교해 보세요. 병아리들이 암탉에게 대답하는 것처럼, 하나님께서도 자신의 백성들을 부르시는 방법을 가지고 계십니다. 일반적인 부르심으로는 아무것도 주지 않지만, 특별한 부르심으로는 항상 주시는 것이 있습니다. 그분은 또한 그의 날개 아래에 있는 사람

들을 위해 사용하는 음성과 적이 오는 것을 보시고 경종을 울리는 외침 소리를 가지고 계십니다. 나는 당신들이 여성이기 때문에, 이해하기 쉬울 것 같아 이 방으로 안내했습니다."

조용히 죽임 당하는 양

기독도여사 : "우리에게 좀 더 보여주세요."

그래서 해설가는 그들을 도살장으로 데리고 가서, 그곳에서 백정이 양들을 도살하는 장면을 보여주었다. 그 양들은 조용하고, 참을성 있게 자신의 죽음을 받아들이고 있었다.

해설가 : "당신들은 이 양이 죽음을 불평 없이 참아내는 것을 보고 교훈을 배워야 합니다. 그가 얼마나 자신의 죽음을 조용히 받아들이는지 보세요. 그는 귀밑의 목을 찌르는 것을 허락하고 있습니다. 하나님께서도 자신의 양이 되라고 여러분을 부르십니다."

조용히 죽임을 당하는 양

정원에 핀 꽃들

그 후 그는 다양한 꽃들이 만발한 정원으로 순례자들을 이끌었다.

해설가 : "이 꽃들이 모두 보이나요?"

기독도여사 : "네, 보입니다."

해설가 : 다채로운 꽃들을 가리키며, "이 꽃들은 키, 품질, 색깔, 향기, 그리고 아름다움이 제각각입니다. 더 나은 꽃도 있고 더 못한 꽃도 있지만, 정원사가 심은 곳에 그대로 서서, 다른 것들과 다투는 법이 없습니다."

Ⅱ-3 좁은 문을 지나 순례 길을 가다

열매 없는 밀과 옥수수

그는 순례자들을 다른 밭으로 데려갔다. 그곳은 밀과 옥수수밭이었는데, 농작물들이 위의 열매 부분은 없고 오직 밑동의 짚만 남아 있었다. 그는 이렇게 말했다.

해설가와 아름다운 정원을 거니는 순례자들

해설가 : "이 땅에 거름을 주고, 쟁기로 갈고, 씨를 뿌렸습니다. 그러나 이렇게 된 작물을 우리는 어떻게 합니까?"

기독도여사는 잠시 생각한 후 말했다.

기독도여사 : "일부는 태워버리고 나머지는 퇴비로 만들어야겠지요."

해설가 : "하나님께서 여러분에게서 찾으시는 것은 열매입니다. 보세요, 열매가 없으면 불태우거나 밖에 버려 사람들에게 짓밟힐 것입니다. 여러분은 이처럼 책망받지 않도록 스스로 조심해야 합니다."

거미를 먹는 울새

그리고 나서, 그들이 들에서 돌아오다가, 큰 거미를 입에 물고 있는 작은 울새를 보았다. 그래서 해설가는 그 새를 가리키며 말했다.

해설가 : "여기 좀 보세요."

순례자들은 쳐다보았고 자비는 그것이 무엇을 의미하는지 어리둥절했지만, 기독도여사는 이렇게 말했다.

기독도여사 : "가슴에 빨간 털을 가진 아주 작고 사랑스러운 울새가 이렇게 흉측한 것을 먹다니 실망스럽네요. 사람들에게 사랑받기 때문에 가장 좋아하는 새입니다. 또 사람들과 잘 어울리기에 빵 부스러기나 깨끗한

것을 먹고 산다고 생각했는데, 정이 뚝 떨어집니다."

해설가 : "이 울새는 거짓 신앙 고백 자들을 가장 잘 나타내는 좋은 예화입니다. 특히 그들은 이 울새처럼 겉모습, 말, 행동이 예쁘고 훌륭합니다. 그들은 또한 성실한 신앙인들을 끔찍히 아끼는 것처럼 보입니다. 무엇보다도, 그들은 진실한 신자들과 사귀고 싶어 하고 모임에 참여하고 싶어 하는 것처럼 행세합니다. 마치 선한 분이 주시는 빵 조각을 먹고 사는 것처럼 보입니다. 그들은 또한, 하나님의 성전과 주의 율례를 잘 지키는 척합니다. 그러나 그들이 혼자 있을 때는 울새가 거미를 잡아 먹어치우듯이 쾌락을 좇고, 죄악을 물 마시듯 합니다."

해설가의 다른 이야기들

그 후 그들이 집에 돌아왔을 때, 안으로 들어갔지만, 저녁 식사가 아직 준비되지 않았다. 그래서 기독도여사는 해설가에게 다른 가치 있는 것들을 보여주거나 이야기해주기를 부탁했다. 이것은 해설가를 매우 기쁘게 했다.

해설가 : "암퇘지는 살이 찌면 찔수록 진흙 구덩이를 더 좋아하고, 암소는 살이 찌면 찔수록 더 빨리 도살장으로 끌려갑니다. 욕심이 많은 사람이 건강할수록 더 악에 빠지기 쉬운 법이지요.

여성들은 곱고 아름답게 꾸미고자 하는 욕망이 있는데, 하나님 보시기에 귀하고 가치 있게 꾸미는 것이 바람직합니다. 하루나 이틀 밤을 새우기는 쉬워도 일 년 내내 새우는 것은 어렵지요. 마찬가지로, 처음에 신앙을 고백하기는 쉬워도 끝까지 계속해서 신앙을 지키기란 어렵습니다.

어느 선장이든 폭풍우를 만나면, 배에서 제일 쓸모없는 것부터 기꺼이 배 밖으로 던져버립니다. 그러나 값비싼 물건부터 먼저 던지려는 사람이 누가 있을까요? 하나님을 두려워하는 사람은 그렇게 하지 못할 것입니다.

물이 새는 작은 구멍 하나가 배를 가라앉히듯이 죄인은 한 가지 죄로도 파멸하는 법이지요.

친구를 잊은 사람은 친구에게 배은망덕이지만, 구세주를 잊은 사람은 자기 자신에게 무자비한 사람입니다.

죄를 짓고 살면서, 내세의 행복을 바라는 사람은 잡초를 뿌리고, 자기 곳간에 밀이나 보리를 채우려고 하는 사람과 다름없습니다.

사람이 인생의 마지막 날까지 바르게 사는 비결은, 매일매일이 마지막 날이 될 수 있다고 생각하고 그에 맞게 살아야 합니다.

험담과 변덕은 이 세상에 죄악이 있다는 증거입니다.

하나님께서 가볍게 여기시는 이 세상을 인간이 가치 있는 것으로 여기거늘, 하나님께서 소중히 여기시는 천국은 얼마나 훌륭하겠습니까?

수많은 괴로움으로 가득 찬 이 세상도 우리가 포기하기 힘든데, 하물며 천국의 삶은 어떻겠습니까?

누구든지 선한 사람을 소리 높여 칭찬하지만, 하나님의 선하심을 감격하여 소리 높여 칭찬하는 사람은 많지 않습니다.

우리가 식사할 때 음식을 다 먹지 못하고 남기는 일이 많습니다. 이와 마찬가지로 예수 그리스도 안에는 온 세상이 필요로 하는 것보다 더 많은 공과 이가 있습니다."

속이 썩은 나무

해설가는 말을 마치고, 다시 순례자들을 그의 정원으로 데리고 나가서 나무 하나를 보여주었다. 그 나무는 속이 다 썩어서 텅 비어있었지만, 잎이 나고 꾸준히 자라고 있었다.

자비 : "이것은 무슨 의미입니까?"

해설가 : "이 나무는 겉으로 보기에는 멀쩡하지만 속은 썩어 있습니다. 하나님의 동산에 사는 많은 사람들과 비교될 수 있습니다. 그들은 입으로는 하나님을 찬양하지만, 실상은 그분을 위해 하는 일은 아무것도 없습니다. 겉모습은 번듯하지만, 마음은 마귀의 불쏘시개가 되는 것 외에는 아

무짝에도 쓸모가 없습니다."

저녁 식사 자리에서

저녁 준비가 다 되어 식탁에 음식이 차려졌다. 한 사람이 감사기도를 드린 뒤 자리에 앉아 먹기 시작했다. 해설가는 자기 집에서 유숙하는 사람들이 식사할 때에 음악을 들려주는 것을 좋아해서 그날도 음악가들을 불러서 연주하게 했다. 목소리가 매우 아름다운 사람이 이렇게 노래했다.

"주님만이 나를 지켜 주시고,
나를 먹여 주신다.
내게 부족함이 전혀 없으니,
무엇을 더 바라리요."

노래와 연주가 끝나자, 해설가는 기독도여사에게 맨 처음 어떻게 순례 길을 떠나게 되었는지 물었다.

기독도여사: "첫째로, 남편을 잃었다는 생각에 너무 슬프고 아팠습니다. 물론 부부였으니까 인간으로서 당연히 느끼는 감정이지요. 다음으로 남편의 고뇌와 순례를 생각해 보았지요. 제가 남편에게 얼마나 못되게 굴었는지 생각나서 죄책감에 시달렸지요. 마침 남편이 그곳에서 행복하게 사는 꿈을 꾸게 되었어요. 또 남편이 살고 있는 그 나라 왕께서 보내온 편지도 받았습니다. 그 꿈과 초대장이 아니었더라면 저는 아마 연못에 몸을 던졌을 것입니다. 꿈과 편지가 저의 마음을 움직여 이렇게 길을 떠나게 되었습니다."

해설가: "집을 떠나기 전에 반대하는 사람은 없었나요?"

기독도여사: "물론 있었습니다. 제 이웃인 겁쟁이 부인이 반대했습니다. 호기심이 강한 그녀는 무서운 사자들이 있으니 돌아가라고 제 남편을 설득한 사람의 딸이었습니다. 제가 절박한 심정으로 순례 여행을 떠나려 하자 그녀는 미친 짓이라고 몰아붙이며 비웃었고, 제 남편이 여행에서 겪었

던 고난과 시련을 들먹이면서 제 용기를 꺾으려고 애썼습니다. 그러나 저는 모든 방해를 가볍게 이겨냈습니다.

그런데 저를 가장 괴롭힌 것은 추악하게 생긴 두 남자가 어떻게 해서든지 제 여행을 막으려고 흉계를 꾸미는 꿈을 꾸었습니다. 그 꿈이 저를 무척 힘들게 했습니다. 그 꿈은 아직도 제 마음에 남아 있어서 만나는 사람마다 저를 헤치고 바른길에서 벗어나게 하지는 않을까 하며 마음 졸이게 합니다.

남에게 알리고 싶지 않은 이야기이지만 당신께는 말씀드리지요. **좁은 문을 지나서 이곳으로 오는 길에서 자비와 저는 습격을 받았습니다. '사람 살려요!'** 하고 큰소리로 외치지 않을 수 없었습니다. 우리를 폭행하려 했던 두 사내는 제가 꿈에서 본 두 남자와 똑같았어요."

해설가 : "시작이 좋으니 끝은 더 좋을 것입니다." 또 자비를 향해서, "아가씨는 어떻게 이곳까지 오게 되었지요?"

자비는 얼굴을 붉히고 떨면서 한동안 침묵을 지켰다. 그녀의 경험은 기독도여사와 너무 달랐기 때문이다.

해설가 : 그녀를 격려하여 말하기를, "겁먹지 말고, 믿음을 가지고 속마음을 말해 보세요."

그녀는 숨을 한 번 깊이 들이켰다가 천천히 내뱉은 후 말했다.

자비 : "사실 저는 경험이 부족해서 입을 다무는 게 낫다고 생각했습니다. 결국, 순례 도중에 그만두지나 않을까 걱정이 앞서기도 합니다. 기독도여사님처럼 환상이나 꿈에 대해 말씀드릴 수 있는 것이 없고, 좋은 친척들의 충고를 거절한 슬픔이 무엇인지 알지 못합니다."

해설가 : "사랑스러운 아가씨, 그럼 무엇 때문에 순례를 떠나게 되었지요?"

자비 : "여기 계신 저의 친구분이 우리 마을을 떠나기 위해 짐을 꾸리고 계셨을 때였어요." 기독도여사를 한 번 힐끗 쳐다본 후, "그때 저와 한 이웃이 우연히 찾아갔습니다. 저희는 문을 두드리고 안으로 들어갔다가 기독도여사님이 떠날 준비를 하는 것을 보고, 무엇을 하느냐고 물었지요. 기

독도여사님은 남편이 계신 곳에 오라는 초대를 받았다고 말씀했어요.

꿈에서 남편이 영생을 받은 사람들과 함께 살면서, 면류관을 쓰고 수금을 연주하고, 왕자님의 식탁에서 먹고 마시며, 그를 찬송하는 모습을 봤다고 설명했습니다. 이런 말씀을 하는 동안 저의 가슴은 활활 타오르는 것 같았어요. 저는 이것이 사실이라면, 아버지와 어머니, 그리고 제가 태어난 마을을 떠나서, 할 수만 있으면 **기독도여사님**과 함께 가야겠다고 생각했습니다(룻 1:16).

그래서 저는 기독도여사님께 이 이야기가 모두 사실인지, 저도 따라가도 되는지 물어보았습니다. 저는 멸망의 위험에 처해 있는 우리 동네에서 더이상 살 수 없다는 것을 깨달았습니다. 하지만 마음이 무척 무거웠어요. 떠나는 것이 싫어서가 아니라 가족과 친척을 모두 남겨두고 떠나야 했기 때문이지요. 어쨌든 저는 제 소망을 따라 이곳까지 왔습니다. 가능하다면 저는 기독도여사님과 함께 기독도님과 왕이 계시는 곳에 갈 것입니다."

해설가 : "진리를 믿고 나왔으니 출발이 참 좋습니다. 당신은 룻과 같군요. 룻은 시어머니 **나오미**와 그녀의 주님이신 **하나님**을 사랑했기 때문에, 그녀의 아버지 어머니, 태어난 고향 땅을 떠나 전에 알지 못했던 백성들에게로 갔지요. 주님께서 당신이 한 일을 갚아주시고, 당신이 믿게 된 주 이스라엘의 **하나님**께서 넉넉히 보답해 주시기를 바랍니다"(룻 2:11-12).

식사를 마치고 잠자리에 들 준비를 했다. 여인들은 저마다 자기 방에서 자고, 아이들은 모두 한방에서 잤다. 자비는 잠자리에 들어서도 너무 신나고 기쁨이 가득해서 잠을 이룰 수가 없었다. 자신이 결국 버림받지 않을까 하는 모든 의심이 말끔히 사라졌기 때문이다. 그녀는 잠자리에 누워서, 큰 은혜를 내려주신 **하나님**께 감사드리며 찬양했다.

새 옷으로 갈아입는 순례자들

그들은 동이 틀 무렵 일어나서 떠날 채비를 했다. 그러나 해설가가 잠시 더 머무르라고 했다.

해설가 : "당신들은 수순을 밟아서 나가야 합니다." 맨 처음 도착했을

때 문을 열어주었던 순결이라는 소녀를 향해서, "이 사람들을 뜰에 있는 목욕탕으로 데려가 여행하면서 묵은 때를 말끔히 씻어주도록 하여라."

순결이 시키는 대로 순례자들을 목욕시키러 정원으로 데리고 간 후 말했다.

순결 : "당신들은 거기에서 몸을 깨끗이 닦으세요. 주인님은 순례 도중에 이 집을 찾은 여인들이 그렇게 하기를 바라십니다."

두 여인과 아이들은 모두 목욕탕에 들어가서 몸을 씻었다. 목욕을 마치고 나오자 그들은 깨끗하고 아름다워졌을 뿐만 아니라 한층 생기가 돌고 뼈마디가 튼튼해졌다. 집안으로 돌아왔을 때 그들은 목욕하기 전보다 훨씬 더 좋아 보였다. 그들이 정원 목욕탕에서 돌아오자 해설가가 미소를 지으며 말했다.

해설가 : "보름달처럼 훤하군요."

그리고 그는 목욕탕에서 몸을 씻은 사람들에게 찍어주는 도장을 가져오라고 명했다. 도장을 가져오자 해설가는 그들이 어디를 가든 금방 알아볼 수 있도록 표를 찍어주었다. 그 도장은 이스라엘 자손이 애굽 땅에서 나올 때 먹은 유월절 음식과 같은 의미였다(출 13:9).

양미간에 찍은 도장은 그들의 얼굴을 꾸며 주었고 한층 아름답게 보이게 했다. 또 위엄까지 더해주어서 그들을 천사처럼 보이게 했다.

그때 해설가가 여인들의 시중을 들던 소녀에게 말했다.

해설가 : "옷장에서 이분들이 입을 옷을 골라서 가져오너라."

소녀가 옷장에서 흰옷을 가져와 해설가 앞에 내려놓았다. 그 옷은 희고 깨끗한 세마포였다. 해설가가 두 순례자에게 입어보라고 권했다.

여인들이 그 옷으로 몸단장을 한 뒤 서로를 보고 깜짝 놀랐다. 자신의 모습은 보지 못하고 상대방의 눈부신 모습만 보았기 때문이었다. 두 여인은 자신보다 낫다며 서로를 칭찬했다.

한 사람이 "당신이 나보다 훨씬 아름다워요"라고 말하자, 다른 사람이 "저보다 부인이 더욱 아름답습니다"라고 대꾸했다. 아이들 또한 그들의 달라진 모습을 보고 눈이 휘둥그레진 채 서 있었다.

해설가가 담대를 불러 순례자들을 안내하라고 지시하다.

4

곤고산 언덕

안내자 담대

그때 해설가는 담대라는 이름의 신하를 불러서, "칼과 투구와 방패를 가져다가 무장하라"라고 명령한 뒤 말했다.

해설가: "여기 있는 내 딸들을 호위하여, 다음에 묵을 아름다운 궁전으로 모시고 가라."

그리하여 담대가 무장하고 앞장서서 걸어갔다.

해설가가 그들에게 "하나님께서 함께하시기를 빕니다"라고 축복해 주었고, 그 집안 가족들도 그들을 배웅하며 행운을 빌어주었다.

그래서 순례자들은 다시 길을 떠나면서 노래를 불렀다.

"우리가 두 번째로 머문 곳에서
우리는 보고 들었다네,
다른 이들에게는 대대로 숨겨져 왔던
여러 가지 좋은 것들을

티끌을 긁어모으는 자, 거미, 암탉,
그리고 병아리들까지도
나를 깨우쳐 주었네.
가르침을 따라 앞으로 나아가리라

도살장, 정원, 그리고 밭,

완전무장한 안내자 담대

울새와 그 먹이,
그리고 속이 썩은 나무도
나에게 소중한 가르침을 주었네.

진실해지기 위해 애쓰고
깨어있기 위해 기도하고
날마다 나의 십자가를 짊어진 채,
경외함으로 주님을 섬기게 되었다네."

　나는 꿈에서 담대가 앞서가고 순례자들이 그 뒤를 따라가는 것을 보았다. 드디어 그들은 기독도의 짐이 등에서 벗겨져 무덤으로 떨어졌던 구원의 처소에 이르렀다. 일행은 여기서 걸음을 멈추고 하나님께 찬양을 드렸다.
　기독도여사 : "여기 서 있는 동안 좁은 문에서 들었던 말씀이 떠오르네요. 우리가 말과 행위로 용서를 받을 것이라는 말씀이에요. 말로써 받는 용서는 하나님의 약속으로 받는다는 의미이고, 행위로써 받는 용서는 용서를 받는 방법을 의미하지요. 약속으로 받는 용서는 어느 정도 알 것 같은데 행위로써 용서를 받는다는 말은 무슨 의미인지 잘 모르겠어요. 담대씨 당신이 알고 계신다면 그 주제에 대한 당신의 생각을 알고 싶어요."
　담대 : "행위에 의한 용서는 용서를 받아야 하는 사람을 대신하여 다른 사람이 성취해 주는 용서를 말합니다. 스스로의 행위가 아니라 '다른 사람이 용서를 이루는 방법'을 말합니다. 예를 들어보면 당신이나 자비, 아이들이 용서를 받는 방법은 다른 사람 곧 당신들이 좁은 문에서 맞이하신 그분을 통해 얻는 것입니다. 그분께서는 두 가지 방법으로 용서를 이루셨습니다. 그분은 자신의 의로 여러분을 덮어주셨고 여러분의 죄를 씻어주시려고 자신의 피를 흘리셨습니다."
　기독도여사 : "하지만, 그분의 의를 우리에게 다 나누어주신다면, 그분 자신을 위한 의는 없어지지 않겠습니까?"

담대 : "그분은 여러분이 필요로 하는 것보다 훨씬 더 많은 의를 가지고 계십니다."

기독도여사 : "제가 이해할 수 있도록 좀 더 자세히 설명해 주시겠어요?"

담대 : "기꺼이 말씀드리지요. 그런데 한 가지 전제해 두어야 할 점이 있습니다. 그분은 이 세상 사람들과 같지 않다는 것입니다. 그분은 하나의 몸속에 나누어질 수 없는 분명한 두 개의 본성을 가지고 계십니다. 그 본성은 각각 자체의 의를 가지고 있는데 구별하기는 쉽지만 분리할 수는 없습니다. 그래서 한 가지 의를 분리시키고자 한다면 그 전체가 소멸되고 맙니다. 우리는 그 의를 가지고 있지 않습니다. 그러나 그 의는 우리에게 입혀질 수 있습니다. 그렇게 되면 그 의로 말미암아 우리도 의롭게 됩니다.

이와는 별도로, 이 인격은 세 번째 의도 가지고 계시는데, 이 의는 한 인격에 두 개의 본성을 결합한 의입니다. 이것은 신격이 인격으로부터 분리되는 의가 아니며, 인격이 신격으로부터 분리되는 의도 아닙니다. 그것은 두 본성을 합친 의이며, 하나님께서 그에게 주신 중보자의 역할을 완수하기 위해 그분께 필수적인 것입니다.

그분이 첫 번째 의를 잃어버리신다면, 그것은 **하나님** 되심을 나누는 것이며, 두 번째 의를 잃어버리신다면 인간성의 순수함을 잃게 되시는 것입니다. 그리고 세 번째 중보자의 역할, 곧 행위로 주어지고 순종으로 하나님의 계시된 뜻을 따름으로 오는 의를 잃어버리신다면, 우리가 저지른 죄를 용서하는 의 즉, 그가 죄인들에게 주시는 의를 잃습니다.

그러므로 '한 사람이 순종하지 아니함으로 많은 사람이 죄인 된 것같이 한 사람이 순종하심으로 많은 사람이 의인이 되리라'(롬 5:19)라고 말씀하셨습니다."

기독도여사 : "그렇다면 다른 의들은 우리에게 아무 소용이 없다는 뜻입니까?"

담대 : "그렇지 않습니다. 처음 두 가지 의는 그분의 본성과 직무에 필

수적이기 때문에 나누어 줄 수는 없지만 그 의로움이 있어야 우리 죄를 용서해주시는 세 번째 의가 제대로 작동하게 되는 것이지요.

그분의 신성의 의는 우리에게 순종할 수 있는 힘을 줍니다. 그분의 인성의 의는 그분의 순종을 의롭게 되도록 하십니다. 또한 그분의 두 본성이 결합 된 의는 그분에게 주어진 일을 감당하실 수 있는 능력이 됩니다. 그러나 하나님이신 그리스도께서는 그 의가 필요하지 않습니다. 그것이 없어도 그분은 하나님이십니다. 또 인간이신 그리스도께서는 그 의가 없어도 완벽한 사람이시기 때문에 의가 필요하지 않습니다. 마찬가지로, 신인(神人)이신 그리스도께서는 의가 없어도 완전하시기 때문에 의가 필요하지 않습니다. 하나님으로서도, 사람으로서도, 그리스도께서는 스스로를 위하여 의가 필요하지 않으십니다. 그러므로 그리스도께서는 그것을 우리에게 아낌없이 나눠 줄 수 있고, 이것을 의롭게 여기신다고 하는 것입니다. 이러한 이유로, 그것을 **의의 선물**이라고 부릅니다(롬 5:17).

주 예수 그리스도께서는 하나님의 율법 아래 계시므로, 이 의를 남에게 주십니다. 율법은 율법 아래 있는 자들을 구속하여 율법을 지키게 할 뿐만 아니라 사랑으로 행하게 합니다. 그러므로 '**옷 두 벌 있는 자는 옷 없는 자에게 나눠 줄 것이요**'(눅 3:11)라고 말씀합니다.

사실, 우리 주님께서는 두 벌의 외투를 가지고 계셨습니다. 하나는 자기 자신을 위한 것이고, 하나는 따로 남겨 두셨습니다. 그러므로 그 남는 외투를 없는 사람에게 값없이 나눠주십니다. 이런 식으로, **기독도여사와 자비**, 어린아이들은 그분의 행위로 말미암아 용서를 받았습니다. 이처럼 주 예수님은 그 행위를 하셨고, 자기가 하셨던 행위를 만나는 가난한 자들에게 주시는 분이십니다.

그러나 행위를 통해 용서를 받으려면, 하나님께 바치는 대가가 있어야 하고, 우리를 덮기 위해 준비해야 할 무언가가 있어야 합니다.

죄에 대해서는 정의로운 율법이 대가로 저주를 가져왔습니다. 그리고 이제 우리는 이런 저주에서 구원을 얻어 의롭다 함을 받아야 합니다. 그것은 우리가 저지른 죄에 대한 대가를 지불하는 것입니다. 이 값은 그리스도의 피입니다. 예수님은 세상에 오셔서 죄에 매인 우리를 대신하여 죽으셨습니다.

이렇게 하여, 주님께서는 자신의 피로 우리를 죄에서 건져내시고, 우리의 더럽고 타락한 영혼을 의로 덮으셨습니다(롬 4:7, 8:34).

그러므로 주 예수님께서 세상을 심판하러 다시 오실 때에, 여러분을 넘어가실(유월, 踰越) 것이며 해치지 않을 것입니다"(출 12:23, 갈 3:13).

기독도여사는 담대를 존경심으로 가득 찬 눈으로 바라보았다.

기독도여사 : "정말 멋지네요! 이제야 우리가 말과 행위로 용서받는다는 의미를 깨닫게 되었고 알 것 같습니다." 자비를 바라보면서, "착한 자비양, 이 말을 우리 마음에 잘 새기도록 합시다. 그리고 얘들아! 너희도 꼭 명심해야 한다." 다시 담대를 바라보면서, "그런데, 선생님, 바로 이것이 저의 착한 남편을 무거운 짐이 그의 어깨에서 떨어졌을 때, 기쁨으로 뛰게 만든 것이 아닌가요?"

담대 : 고개를 끄덕이면서, "네, 그렇습니다. 다른 방법으로는 도저히 잘라낼 수 없는 끈들을 잘라낼 수 있었던 것은 그 가르침을 믿었기 때문입니다. 기독도에게 십자가 앞까지 짐을 지고 가도록 허락한 것은 믿음의 능력을 스스로 깨닫게 하기 위함이었습니다."

기독도여사 : "저도 그렇게 생각했어요. 예전에도 제 마음이 평안하고 즐거웠지만, 지금은 전보다 열 배나 더 평안하고 행복해요. 세상에서 가장 무거운 짐을 진 사람이라도 여기 와서 저처럼 보고 믿으면, 마음이 훨씬 더 평화롭고 즐거워질 것입니다."

담대는 기독도여사의 말을 생각하면서 주위를 둘러보았다.

담대 : "이러한 것들은 위로하고 부담을 덜어 줄 뿐만 아니라, 우리 마음에 진실한 사랑이 피어나게 합니다. 언약만이 아니라 예수님의 행위를 통해 용서받는다는 사실을 곰곰이 생각한다면, 그 구원의 방법과 구원을 이루어주신 분에 대해 사랑하지 않을 사람이 어디 있겠습니까?"

기독도여사 : "맞아요, 그분께서 저를 위해 피를 흘리셨다는 사실을 생각하면 저의 가슴이 찢어지는 것 같아요. 오, 사랑하시는 주님! 오, 복되

신 주님! 값으로 저를 사셨으니 저는 당신의 것입니다. 당신은 저를 위해 제 몸값보다 만 배나 넘는 대가를 치르셨으니 제 모든 것이 당신의 것입니다.

제 남편이 눈물을 흘리며 이 험한 여정을 그토록 빨리 달려간 것도 놀랄 일이 아니군요. 그이는 저와 함께 떠나기를 바랐지만, 제가 그이를 홀로 떠나게 했으니 그 죄가 얼마나 큽니까? 오 자비 양! 당신의 아버지와 어머니도 함께 계셨으면 좋았으련만, 그리고 **겁쟁이** 부인과 **바람둥이** 부인 역시 여기 있었더라면, 틀림없이 그들도 마음의 변화를 받았을 거예요. **겁쟁이** 부인의 두려움이나 **바람둥이** 부인의 뜨거운 욕정도, 그들의 발길을 돌리거나 착한 순례자가 되지 못하게 할 수는 없었을 것입니다."

담대 : 미소를 지어 보이면서, "당신은 따뜻한 사랑의 마음으로 말을 하고 있군요. 하지만 늘 그런 마음이 들 수 있다고 생각하십니까? 실로 모든 사람에게 이런 감동이 전해지는 것은 아닙니다. 여러분은 **예수**께서 피를 흘리는 현장을 본 사람에게도 감동이 전달되지 않은 것을 알아야 합니다. 몇 사람들은 그분의 심장에서 피가 땅바닥으로 흐르는 것을 곁에 서서 지켜보고도 슬퍼하기는커녕 비웃었습니다. 그들은 주님의 제자가 되는 대신, 마음을 굳게 닫아버렸습니다.

자매님들이여! 여러분은 내 이야기를 깊이 묵상함으로써 감동을 받았기에 그런 마음을 갖게 된 것입니다. 암탉이 여느 때처럼 평범한 소리로 병아리를 부를 때는 아무 먹이도 주지 않는다는 사실을 기억하세요. 그러므로 여러분이 품은 사랑은 특별한 은총을 받은 덕분이라는 것을 알아야 합니다."

교수형을 당한 세 사람

나는 내 꿈에서 기독도여사 일행이 전에 기독도가 순례할 때 만났던 단순함과 느림보, 거만함 세 사람이 잠들어 있던 곳까지 계속 걸어가는 것을 보았다.

일행은 길 건너편 약간 떨어진 곳에 세 사람이 쇠사슬에 목이 매달려

II-4 곤고산 언덕

있는 것을 발견했다. 자비가 담대를 바라보며 물었다.

자비 : "이 세 사람은 누구이며, 왜 저기에 매달려 있습니까?"

담대 : "이 세 사람은 질이 매우 사악한 자들입니다. 그들은 순례자가 되고 싶은 마음이 없을 뿐 아니라, 순례 길을 가고자 하는 사람들을 방해 했지요. 게으르고 어리석었던 그들은 다른 사람들까지 자기들처럼 만들려 고 설득하고 노력했습니다. 그리고 하는 말이 결국 잘 살게 된다고 했습 니다. 기독도가 이곳을 지날 때는 자고 있었는데, 여러분이 지나갈 때는 저렇게 교수형에 처해 있네요."

자비 : 이맛살을 찌푸리고 그 셋을 가리키면서, "그들의 꼬임에 넘어간 사람도 있나요?"

담대 : 땅을 빤히 응시하다가 세 사람을 다시 쳐다보면서, "네, 있어요, 안타깝게도 여러 명 있습니다. 천천이도 꾐에 넘어가 저들과 똑같은 꼴이 되었지요. 그 밖에 출랑이, 무심이, 호색광, 잠꾸러기 등이 있습니다. 그 리고 우둔이라는 젊은 아가씨도 있었는데 그들은 그녀도 이 길을 떠나 그 들처럼 되게 했습니다.

게다가 그들은 여러분의 주님을 험담하여, 사람들을 노예처럼 부려먹는 다는 악한 소문을 퍼뜨려서 사람들이 그 소문을 믿게 했습니다. 그들은 또한 천국에 대해 나쁜 소문을 퍼뜨리며 말하기를, '그곳은 일부 사람들 이 주장하는 만큼 좋지 않다'라고 떠들며 악평했습니다.

그들은 심지어 주님의 훌륭한 종들을 일컬어 참견하기 좋아하는 귀찮은 인간들이라고 비방했습니다. 더 나아가서 하나님의 성찬식 떡을 곡식 껍 데기라고 불렀고, 주님의 자녀들이 받는 위로를 헛된 환상일 뿐이라면서, 순례자들이 견뎌내는 여행과 고난은 쓸데없고 무익한 것이라고 말했습니 다."

기독도여사 : "오, 안돼요!" 놀라서 손으로 입을 막았다. "그들이 그렇게 말한 게 사실이라면 그들을 불쌍히 여길 필요가 없겠고, 죽어 마땅한 자 들이네요. 다른 사람들이 그들을 보고 경고를 받을 수 있도록 큰길가에 세워놓은 것이 좋다는 생각이 듭니다. 그들의 범죄 내용을 쇠기둥이나 놋

기둥에 새겨서 다른 나쁜 사람들에게 경고로 남겨진다면 더 좋지 않겠는가 싶네요."

담대: "이미 세워놓았습니다. 여러분이 벽 쪽으로 조금만 더 가까이 가 보면 보일 것입니다."

자비: "그들을 그냥 매달아 두고, 그들의 이름이 썩어 없어져도 그들이 지은 죄는 영원히 남아서 오명으로 전해질 거예요. 우리가 여기 오기 전에 그들이 매달린 것은 큰 은총이라고 여겨집니다. 그렇지 않았다면 우리처럼 연약한 여성들에게 무슨 짓을 했을지 누가 알아요?"

그리고 나서 그녀는 하고 싶은 말을 노래로 바꾸어 불렀다.

"자, 너희 셋은 거기서 매달린 채,
진리를 거스르는 모든 자에게
본보기가 되어라.

뒤따라오는 이들이여,
순례자들을 두렵게 하고,
친구가 되지 않거든,

여기 있는 종말을 보고 두려워하게 하세요.
나의 영혼아, 거룩한 것을 거스르는,
모든 자들을 조심하여라."

곤고산 언덕

순례자들은 거기서부터 계속 걸어서 곤고산 기슭에 다다랐다. 착한 담대 씨는 틈을 봐서 기독도가 순례 도중 이곳을 여행할 때 무슨 일이 있었는지 말해주었다. 먼저 그는 그들을 데리고 샘을 찾아갔다.

담대: "보세요. 이 샘물은 기독도가 이 언덕을 오르기 전에 마셨던 샘물입니다. 그 당시는 물이 참 맑고 깨끗했는데, 지금은 순례자들에게 갈증

을 풀지 못하게 하려고 사람들이 발로 더럽혀놨습니다"(겔 34:18-19).

자비: "왜 그렇게 시기하는 걸까요?"

안내인은 그 질문에 직접 대답하지 않고 이렇게 말했다.

담대: "물을 퍼서 깨끗하고 좋은 그릇에 담아두면 걱정 없습니다. 먼지가 바닥으로 가라앉고 물이 맑아지기 때문에 달콤하고 좋은 물이 됩니다."

그래서 기독도여사 일행은 물을 퍼서 토기에 담았다. 그리고 흙이 바닥으로 가라앉을 때까지 그대로 두었다가 마셨다.

그다음 담대는 그들에게 형식주의자와 위선자가 길을 잃었던 언덕 입구에 있는 두 개의 샛길을 보여주었다.

담대: "이 샛길은 아주 위험합니다. 기독도가 여기 도착했을 때, 두 사람이 그 샛길로 가다가 멸망했지요. 보시다시피 그 샛길은 조금 가다 보면 쇠사슬과 기둥, 도랑으로 막혀 있습니다. 그런데도 언덕으로 오르는 것은 힘들다며 샛길로 모험하는 사람들이 아직도 있습니다."

기독도여사: "배신자의 길은 스스로 멸망하는 길입니다(잠 13:15). 이런 길을 가면서 목이 부러지지 않는 것이 이상한 일이지요."

담대: "당신 말이 옳지만, 그래도 그들은 무모한 짓을 하려고 합니다. 왕의 신하들이 그러한 자들을 볼 때마다, 불러 세워 길을 잘못 든다고 말해주고, 위험이 도사리고 있으니 조심하라고 말해주지만, 그들은 화를 내면서 이렇게 말합니다. '당신이 여호와의 이름으로 우리에게 무슨 말을 하든지 우리가 듣지 않겠소. 그러나 우리는 우리 입으로 결정한 것은 반드시 실행하겠소'(렘 44:16-17).

이제 좀 멀리 살펴보면, 이 샛길에 말뚝, 도랑, 쇠사슬뿐 아니라 울타리를 둘러쳐 막아놓고, 여행자들이 안전하도록 경고하고 있다는 것을 알 수 있습니다. 하지만 이 모든 조치에도 불구하고 일부 사람들은 여전히 그 샛길로 가는 것을 선택합니다."

기독도여사는 애석해하면서 고개를 가로저었다.

기독도여사: "그들은 게으르고 또 언덕을 오르는 고생을 싫어합니다.

담대의 도움을 받으면서 곤고산 언덕을 오르는 순례자들

그래서 이렇게 쓰인 말씀이 그들에게 해당합니다. '게으른 자의 길은 가시 울타리 같으나 정직한 자의 길은 대로니라'(잠 15:19). 그렇습니다. 그들은 천성으로 가는 나머지 순례 길을 곤고산 언덕을 올라가느니 차라리 함정에 빠지는 쪽을 택할 것입니다."

그리고 나서 순례자들은 일어나서 곤고산 언덕을 오르기 시작했다. 정상에 오르기도 전에, 기독도여사는 헐떡거리기 시작했고 이렇게 말했다.

II-4 곤고산 언덕

기독도여사 : "영혼보다 편안한 육신의 삶을 사랑하는 사람들이 평탄한 길을 택하는 것도 당연하겠네요."

자비 : 맞장구치면서, "저는 좀 앉아서 쉬었다 가야겠어요."

그러자 가장 어린 막내아들이 울기 시작했다.

담대 : "자, 자," 막내 아이의 손을 잡고 올라가면서, "여기 앉지 마세요. 언덕을 조금만 올라가면 왕자님의 정자가 나옵니다."

시원한 정자

그들이 정자에 도착하자, 더위에 몹시 지친 터라 모두 앉으면서 아주 기뻐했다.

자비 : "수고한 사람에게 휴식은 어찌나 달콤한지요(마 11:28). 왕자님께서 순례자들을 위해서 정자를 만들어 주셨으니 얼마나 훌륭하십니까? 저는 이 정자에 대해 본 적은 없지만, 이야기는 많이 들었습니다. 여기서 잠에 빠지지 않도록 조심합시다. 가련한 기독도 선생님이 이곳에서 잠들었다가 호되게 대가를 치렀다고 들었습니다."

담대 : "얘들아, 좀 어때? 너희들은 순례 여행을 어떻게 생각하니?"

그러자 막내 야고보가 말했다.

야고보 : "선생님 저는 심장이 터지는 줄 알았어요. 도움이 필요할 때 도와주셔서 감사합니다. 천국으로 가는 길은 사다리와 같고 지옥으로 가는 길은 언덕의 내리막길과 같다고 엄마가 저에게 말씀하신 것이 떠오릅니다." 담대를 올려다보면서, "하지만 저는 언덕을 내려가서 죽느니 차라리 사다리를 타고 올라가겠어요."

자비 : "하지만 '산을 내려가기는 쉽다'라는 속담도 있단다."

야고보 : "저는 산을 내려가는 것이 가장 힘든 일로 여겨질 날이 머지않아 올 거라는 생각이 들어요."

담대 : "참 똑똑한 아이로구나! 자비 누나가 정답을 말했단다."

자비는 미소를 지었고, 어린 소년은 얼굴을 붉혔다.

기독도여사 : "자, 이리들 오세요. 여기 앉아서 쉬는 동안 입을 좀 즐겁

게 해드려야겠어요. 내게 석류 하나가 있는데, 해설가의 집을 떠날 때 그가 주었답니다. 그는 또한 꿀이 든 벌집 한 덩이와 포도주 한 병을 주었어요."

자비 : "해설가님이 부인을 따로 부를 때 그분이 뭔가 줄줄 알았지요."

기독도여사 : "맞아요. 이것저것 챙겨 주셨어요. 하지만 자비 양, 우리가 집을 떠나면서 내가 말했던 대로 해요. 아가씨는 기꺼이 나와 동행했으니 앞으로도 내가 가진 모든 것을 나누어 쓰기로 합시다."

기독도여사는 자비와 아이들에게 먹을 것을 나누어 주고 모두 함께 먹었다. 담대에게도 권했다.

기독도여사 : "선생님도 좀 드시겠어요?"

담대 : "아닙니다. 여러분은 순례 여행을 계속해야 하지만 저는 안내만 끝나면 곧 돌아갈 겁니다. 여행에 도움이 될 테니 많이 먹어두세요. 저는 집에서 매일 먹지만 여러분은 먹어두면 훨씬 도움이 될 거예요."

5
아름다운 궁전

담대와 잔인함의 전투

그들이 먹고 마시며 수다를 좀 더 떨고 앉았는데 안내자가 말했다.

담대: "날이 곧 저물겠어요. 괜찮으시다면 이제 슬슬 떠날 준비를 합시다."

모두 자리에서 일어나서 다시 출발했고, 아이들이 앞장서서 걸어가기 시작했다. 그런데 기독도여사가 그만 포도주병을 깜빡 잊고 두고 온 것을 알았다. 그녀는 하는 수 없이 아이를 돌려보내 가져오게 했다.

자비: "저 정자는 물건을 잃어버리는 장소인가 봐요. 기독도 선생님은 거기서 두루마리를 잃어버렸고, 기독도여사님은 포도주병을 잃으셨습니다." 담대 쪽을 바라보면서, "선생님, 왜 이런 일이 일어나지요?"

담대: "그 이유는 졸음이나 건망증 때문입니다. 깨어있어야 할 때 잠을 자거나, 꼭 기억해야 하는 것을 깜빡 잊는 거지요. 그래서 순례자들이 휴식처에서 물건을 잃어버린답니다. 순례자들은 늘 깨어있어야 하고, 아무리 행복한 때라도 이미 받은 것을 잘 기억해야 합니다. 그렇지 않으면 그들의 행복은 눈물로 끝나고, 햇살은 구름에 가려지게 됩니다. 기독도가 여기서 겪은 이야기가 그 증거입니다."

그들이 겁쟁이와 의심이가 기독도를 만나 무서운 사자들이 있으니 돌아가라고 권했던 바로 그곳에 이르렀을 때, 처형대 같은 것 하나가 큰길가에 서 있었다. 그리고 그 앞에는 왜 처형대를 세웠는지 그 이유를 시로 적은 게시판이 서 있었다. 시는 다음과 같았다.

이 처형대를 보는 사람들이여,
말하고 생각하는 것을 조심하세요.
만약 그렇지 않으면, 어려움을 겪습니다.
오래전에 누군가가 그랬었답니다.

시 아래에는 이런 설명이 적혀 있었다.
"이 처형대는 무서워서 겁을 먹거나 의심을 해서 더이상 순례를 가지 못하고 포기한 사람들을 처벌하기 위해 만들어졌다. 또 순례 중인 기독도를 방해했던 두 사람의 혀를 뜨거운 쇠꼬챙이로 뚫었던 처형대이다."

이것을 본 자비가 말했다.
자비 : "저 글은 주님께서 하신 말씀과 같네요. '너 속이는 혀여 무엇을 네게 주며 무엇을 네게 더할꼬, 장사의 날카로운 화살과 로뎀 나무 숯불이리로다'(시 120:3-4)라는 말씀입니다."
그래서 그들은 사자들이 보일 때까지 계속 걸었다. 담대는 매우 강한 사람이어서 사자들을 두려워하지 않았다. 하지만 사자가 있는 곳에 접근했을 때 앞장섰던 소년들이 무서워하여 재빨리 어른들 뒤로 숨었다. 담대가 미소를 지었다.
담대 : "얘들아, 위험하지 않을 때는 앞장서 가기를 좋아하더니 사자가 나타나자 뒤에서 따라오려고 하는 거냐?"
사자 앞에 이르자 담대가 순례자들에게 길을 터주기 위해서 칼을 뽑아 들었다.
그때 갑자기 한 거인이 나타났다. 그의 이름은 잔인함이었고, 순례자들을 많이 죽인 까닭에 살벌했다. 그가 순례자들의 안내인 담대에게 물었다.
잔인함 : "여기는 무엇 때문에 왔느냐?"
담대 : "이 여인들과 아이들은 순례의 길을 가기 때문에 반드시 이 길로 가야 한다. 너와 사자들을 물리치고 이 길로 가게 할 것이다."
잔인함 : "이건 너희가 지나는 길이 아니다! 안으로 들어가지 못하게 할

II-5 아름다운 궁전

것이다. 나는 사자들을 도와서 너희에게 맞설 것이다."

사실, 사자들이 아주 사납고 사자를 돕는 거인이 너무 잔인하여, 최근엔 여행자들이 거의 없었고, 풀만 무성하게 자라나 있었다. 그때 기독도여사가 나서서 말했다.

기독도여사 : "요즘 큰길은 텅 비어있고, 여행자들은 오솔길을 걷고 있지만, 내가 이스라엘의 어머니로 일어났으니 이번에는 어림없을 것이다" (삿 5:6-7).

그러자 **잔인함**은 사자 앞에 서서 그들을 반드시 막겠다고 맹세하며, 그들이 지나가는 것을 허락하지 않았고 길을 비키라고 말했다.

거인 잔인함의 죽음

그러나 순례자의 가이드이자 통솔자인 담대가 잔인함에게 먼저 일격을 가했고 그의 검이 너무 세게 내리쳐서 그는 후퇴해야만 했다.

그 거인은 숨을 헐떡이며 서서 말했다.

잔임함: "네가 내 땅에서 나를 죽일테냐?"

담대: "우리가 있는 곳은 왕의 대로이다. 그리고 너는 사자를 이렇게 데려다 놓지 않았느냐? 그러나 이 여자들과 아이들은 비록 몸이 약하지만, 너의 사자를 물리치고 길을 계속 갈 것이다."

말을 마치고 그가 칼로 다시 강타하니 잔인함이 무릎을 꿇었다. 또 일격을 가하여 그의 투구를 깨뜨렸고, 그다음은 한쪽 팔을 잘라버렸다. 잔인함은 끔찍한 비명을 지르면서 으르렁거리는 바람에 여인들이 놀랐지만, 그가 곧바로 땅바닥에 널브러져 버둥대는 것을 보고 안도했다.

이제 사자들은 쇠사슬에 묶여 있어서 그들 스스로 아무 짓도 하지 못했다. 그러므로 그들을 제지하려던 늙은 잔인함이 죽고 나자, 담대는 순례자들에게 앞으로 나아가라고 재촉했다.

담대: "모두 이쪽으로 나를 따라오세요. 사자들이 해치지 못합니다."

여인들은 사자 옆을 지나가면서 덜덜 떨었고, 남자아이들이 숨을 죽였지만 아무런 상처도 입지 않고 모두 지나갔다.

아름다운 궁전

그들은 곧 문지기의 초소가 보이자 서둘러 갔다. 날이 어두워지기 전에 성문에 도착해야 한다. 밤에 여행하는 것은 위험하기 때문이다. 그래서 그들이 문에 도착했을 때, 담대가 즉시 초소 문을 두드렸다.

문지기: "거기 누구세요?"

담대: "접니다."

문지기는 그의 목소리를 알아차리고 급히 내려가서 문을 열었지만, 뒤에 서 있는 여인들과 아이들을 보지 못하고 오직 안내인만 문 앞에 서 있는 줄 알았다.

문지기: "안녕하세요, 담대 씨, 밤늦게 무슨 일로 왔습니까?"

담대 : "순례자 몇 분을 데리고 왔습니다. 이 순례자들은 여기서 묵어야 합니다. 사자를 감싸준 잔인함의 방해가 없었더라면 더 일찍 왔을 겁니다. 그러나 그와 길고 지루한 싸움 끝에, 저는 그를 쓰러뜨리고, 순례자들을 안전하게 모셔왔습니다."

문지기 : "당신도 아침까지 묵으실 겁니까?"

담대 : 고개를 가로저으면서, "아니요. 오늘 밤에 저의 주인님께로 돌아가야 합니다."

기독도여사 : 큰 소리로, "오, 선생님! 저희를 두고 떠나신다니 어찌할 바를 모르겠습니다. 우리에게 매우 성실하고 다정하게 대해 주셨어요. 우리를 위해 매우 용감하게 싸워주셨고, 우리에게 진심 어린 충고를 해 주셨습니다. 우리는 당신의 은혜를 결코 잊지 못할 것입니다."

자비 : "오, 우리가 여행을 마칠 때까지 당신과 함께 있었으면 좋겠어요! 친구나 안내원 없이 우리 같은 연약한 여인들이 어찌 우리 앞의 길을 갈 수 있겠습니까?"

그때 막내인 야고보도 말했다.

야고보 : "선생님, 부디 우리와 함께하셔서 도와주시기 바랍니다. 우리는 너무 약하고 위험하기 때문입니다."

담대가 그 아이를 보고 불쌍히 여겨 말했다.

담대 : "나의 주인님 명령대로 해야 합니다. 만약 나를 내내 여러분의 안내자가 되게 해달라고 그분께 부탁했다면, 나는 기꺼이 여러분의 곁에 머물렀을 것입니다. 하지만 애초에 실수했습니다. 그가 이렇게 멀리 가라고 했을 때, 여러분이 그에게 나를 끝까지 보내 달라고 간청했어야 했습니다. 그가 여러분의 요청을 받아들였을 것입니다. 그러나 지금은 가봐야 합니다."

그때 이름이 감시원인 문지기가 기독도여사에게 물었다.

문지기 : "어디 출신이고 가족이 누구십니까?"

기독도여사 : "저는 장망성 출신입니다. 제 남편은 죽었고 저는 과부입니다. 저의 순례자 이름은 기독도여사입니다."

문지기 : "오, 이런! 기독도가 당신 남편이었나요?"

기독도여사 : 입가에 미소가 스몄다. "네, 그리고 얘들은 그의 아이들입니다." 자비를 가리키면서 "그리고 이분은 저의 고향마을 여인입니다."

그래서 문지기는 즉시 종을 울렸고, 겸손함이라는 이름의 젊은 아가씨가 문으로 달려왔다.

문지기 : "기독도의 아내인 기독도여사와 그녀의 아이들이 순례 길에 우리 궁전에 왔다고 보고하세요."

겸손함이 뒤돌아서 안으로 들어가 기독도여사가 그녀의 가족과 함께 도착했다고 말했다. 그녀의 입에서 말이 떨어지자마자 집 안에서 기쁨과 축하의 소리가 큰 환호성으로 울렸다. 집 안에 있던 사람들은 서둘러 기독도여사가 서 있는 문 앞으로 달려나갔다.

그중에서 가장 점잖아 보이는 사람이 그녀에게 말했다. "기독도여사님, 들어오세요. 착한 분의 아내여! 복 받으신 분이여! 함께 오신 분들도 들어오세요."

순례자들을 환영하는 아름다운 궁전의 가족들

그래서 기독도여사가 안으로 들어갔고 소년들과 자비가 따라 들어갔다. 안에 있는 큰 방으로 안내받고 모두 자리에 앉았다. 그러자 집주인이 손님을 맞이하러 들어왔다. 집 안에 있는 모든 사람도 들어왔다.

그들은 각자 자기소개를 하고 난 뒤 서로 볼에 입을 댄 후 인사했다. "우리는 당신들의 친구입니다. 환영합니다. 하나님의 은혜가 함께 하시기를 빕니다!"

이미 밤이 깊었고 순례자들은 여행으로 지쳐있었다. 게다가 담대와 잔인함이 싸움하는 장면과 무서운 사자를 본 탓에 일행은 모두 기진맥진한 상태였다. 그들은 되도록 빨리 잠자리에 눕고 싶었다. 그런데 가족 가운데 한 사람이 말했다. "피곤하시겠지만 먼저 음식을 조금 드시고 기운을 차리십시오"(출 12:21).

사람들이 어린양 한 마리를 잡아 양념을 곁들여 요리했었다. 그것은 문지기가 그들의 온다는 소식을 듣고 집안사람들에게 그들의 도착을 준비하라고 말했기 때문이었다. 그래서 그들이 먹고, 시편을 외우고 기도를 마친 후 모두 잠자리에 들었다.

기독도여사 : "죄송한 부탁입니다만, 전에 남편이 여기 왔을 때 묵었던 방에서 잘 수 있을까요?"

집안사람들은 흔쾌히 승낙하고 일행을 그 방으로 안내했다. 그들은 모두 같은 방에 나란히 누웠다. 잠자리에 들자, 기독도여사와 자비는 마음속에서 떠오르는 대로 이런저런 이야기를 했다.

기독도여사와 자비의 대화

기독도여사 : 베개를 벤 채, "남편이 순례 여행을 떠났을 때 내가 그 뒤를 따라가리라고는 꿈에도 생각지 못했어요."

자비 : 그녀를 마주 보면서, "그리고 지금처럼 남편이 묵었던 방의 침대에서 자게 될 줄도 몰랐지요?"

기독도여사 : 잠시 생각에 잠긴 후 고개를 끄덕였다. "그럼요. 게다가 나는 편안하게 그의 얼굴을 바라보고, 주 하나님께 경배드릴 거라고는 전혀

상상도 못 했지만, 지금은 그렇게 되리라고 믿습니다."

자비 : 눈이 휘둥그레져서, "잠깐 만요, 저 소리가 들리세요?"

기독도여사 : "네. 음악 소리 같은데요. 우리가 여기 온 것을 기뻐하는 것 같은데요."

자비 : 밝게 웃으면서, "어머나! 멋져요! 집안에도 음악! 마음에도 음악! 그리고 천국에도 음악이 가득합니다!"

두 여인은 그렇게 이야기를 나누면서 꿈나라로 빠져들었다.

그들이 아침에 깨어나서, 기독도여사가 자비에게 말했다.

기독도여사 : "어젯밤 잠꼬대를 하던데요. 꿈꾸었나 봐요. 왜 그렇게 웃었지요?"

자비 : 고개를 끄덕이면서, "네, 꿈을 꾸었어요. 아주 달콤한 꿈이었어요. 그런데 제가 정말 웃었나요?"

기독도여사 : "오, 그랬군요." 일어나 침대 끝에 앉아서 말했다. "당신은 정말로 웃었어요. 무슨 꿈을 꿨는지 말해줘요."

자비가 침대 가장자리로 가서 그녀 옆에 앉았다.

자비 : "꿈에, 외딴곳에 혼자 앉아 있었는데, 마음이 무거워져서 슬퍼하고 있었어요. 그런데 잠시 후 많은 사람들이 저를 보려고 몰려들었어요. 제가 하는 말을 듣기 위해서지요. 그들이 듣고 있을지라도, 저는 제 마음의 완악함을 탄식하고 울부짖었어요. 듣고 있던 사람들의 반응은 엇갈렸어요. 어떤 사람은 비웃었고, 어떤 사람은 바보라고 불렀고, 어떤 사람은 쿡쿡 찌르기 시작했어요.

그때 저는 위를 쳐다보니 날개가 달린 어떤 분이 저를 향해 날아오고 있었어요. 그는 곧장 내게로 와서 물었어요. '자비야! 왜 괴로워하느냐?' 그리고 제 하소연을 듣더니 이렇게 말씀하셨어요. '평강이 네게 있을지어다.' 그리고 손수건으로 제 눈물을 닦아주시고 금과 은으로 옷 입혀주셨어요.

그분은 제게 목걸이를 둘러주고, 귀걸이를 달아주었으며, 머리에 아름다운 면류관을 얹어 주셨어요(겔 16:9-11). 그런 후 제 손을 잡고 말했어요 '**자비야, 나와 함께 가자.**' 그래서 그분과 함께 올라가서, 저는 그분을 따라갔고, 우리는 황금 문 앞에 이르러서 그분이 문을 두드렸어요.

그 안에 있는 사람들이 문을 열자, 그 사람이 들어갔고, 저는 따라 들어가 한 보좌 앞까지 갔는데 그 보좌에 앉으신 분이 저에게 '**딸아, 어서 오너라**' 하고 말씀하셨어요. 그곳은 별처럼 밝고 반짝반짝 빛나고… 아니 해와 같아 보였어요. 거기서 아주머니의 남편을 보았어요. 그리고서 저는 꿈에서 깨어났어요. 그런데 제가 정말로 웃었을까요?"

기독도여사의 눈이 크게 벌어지면서 고개를 힘차게 끄덕였다.

기독도여사 : "웃고말고요! 웃음소리를 확실히 들었어요. 자신이 더 잘 알거에요. 그 꿈은 분명 길몽이에요.

절반은 꿈에서 보았으니 나머지는 실제로 보게 될 거에요.

'**하나님은 한번 말씀하시고 다시 말씀하시되 사람은 관심이 없도다. 사람이 침상에서 졸며 깊이 잠들 때에나, 꿈에나, 밤에 환상을 볼 때에 그의 귀를 여시고**'(욥 33:14-16) 말씀을 듣게 하십니다.

우리가 잠잘 때 하나님과 대화하기 위해 침대에 누운 채 깨어있을 필요가 없어요. 그분은 우리가 자는 동안에도 우리를 찾아오셔서 목소리를 들려주실 수 있거든요. 종종 우리는 자면서도 마음이 깨어있기 때문에 하나님께서는 우리가 깨어있을 때처럼 말씀이나 잠언 혹은 징조나 비유로 말씀하실 수 있지요."

자비는 기독도여사의 말을 곰곰이 생각해 본 후 말했다.

자비 : "그런 꿈을 꾸게 되다니 정말 기뻐요. 머지않아 그 꿈이 이루어진 것을 보고 다시 한번 웃기를 간절히 바랍니다."

기독도여사 : "이제 자리에서 일어나 우리가 해야 할 일이 무엇인지 여쭤봐야겠어요."

자비는 침대에서 일어나지 않았다. 대신, 그녀는 기독도여사를 보고 말했다.

자비 : "이 집 사람들이 우리를 좀 더 머무르라고 한다면 그렇게 했으면 해요. 당분간 여기 머물면서 신중, 경건, 자선 아가씨들과 좀 더 친해지고

싶어요."

기독도여사 : "그들이 머물라고 할지는 두고 보도록 해요. 이제 일어납시다."

소년들에게 질문하는 신중

그들이 일어나서 옷을 갈아입고 아래로 내려가자 사람들이 잠을 잘 잤는지 물었다.

자비 : "아주 편안했습니다. 제 평생에 이렇게 편안한 방은 처음이랍니다."

그러자 그들이 바랬던 대로, 신중과 경건, 자선 자매들이 그들을 맞았다.

신중 : "한동안 이곳에 머무르고자 원하신다면, 성의껏 모시겠습니다."

자선 : "네, 우리는 여러분을 모실 수 있어서 매우 기쁩니다."

그래서 기독도여사와 자비는 찬성하고 한 달 이상 그곳에 머물렀고, 그 기간은 그들에게 매우 유익했다.

신중이 기독도여사가 자녀들을 어떻게 길렀는지 알고 싶어서, 그녀에게 자녀들에게 교리에 관해 몇 가지 질문해도 좋을지 물었다. 기독도여사가 쾌히 승낙했고 신중은 막내 야고보부터 시작했다.

신중 : "자, 야고보야, 누가 너를 만들었는지 말해줄래?"

야고보 : "성부 하나님과 성자 하나님, 성령 하나님이십니다."

신중 : "아주 잘했어. 훌륭해요." 대답한 야고보를 칭찬한 후, "그러면 누가 너를 구원했는지 말해줄 수 있니?"

야고보 : 고개를 갸우뚱한 후 대답했다. "성부, 성자, 성령 하나님이십니다."

신중 : "그것도 좋은 답변이긴 하지만, 성부 하나님께서 어떻게 너를 구원하셨는지 말해줄래?"

야고보 : "그분의 은혜입니다."

신중 : "그리고 성자 하나님께서 어떻게 너를 구원하셨지?"

야고보 : "그분의 의와 죽음과 피와 부활 생명으로 구원하셨습니다."

신중 : "그러면 성령 하나님께서 어떻게 너를 구원하셨니?"

야고보 : "그분의 지식을 통한 깨우치심과 새롭게 하심으로 구원하셨습니다."

그 뒤에 신중이 기독도여사에게 말했다.

신중 : "자녀들을 이토록 잘 기르시다니 칭찬받아 마땅합니다. 야고보가 이 정도이니 다른 아이들에게는 질문할 필요가 없겠네요. 막내가 이처럼 대답을 잘하다니 놀랍습니다. 셋째 아들에게도 한 번 질문해 보겠습니다."

신중은 셋째 요셉 앞으로 갔다.

신중 : "요셉아, 너에게 질문해도 되겠니?"

요셉 : "물론이지요."

신중 : "인간이 무엇이지?"

요셉 : "우리 동생이 말한 것처럼 하나님께서 창조하신 이성을 가진 피조물입니다."

신중 : "그러면 '구원받다'라는 말은 무엇을 의미한다고 생각하니?"

요셉 : "죄로 말미암아 스스로 속박과 고통 상태에 빠져 있는 데서 건짐받는 것을 의미합니다."

신중 : "그리고 사람은 삼위일체 하나님에 의해 구원을 받는다는 것은 무슨 의미할까?"

요셉 : "죄는 너무 크고 강력한 폭군이므로 하나님 외에는 아무도 우리를 죄의 손아귀에서 끌어낼 수 없습니다. 그리고 하나님은 사람을 무척 좋아하시고 사랑하셔서, 기꺼이 우리를 이 비참한 상황에서 벗어나게 하십니다."

신중 : "불쌍한 인간을 구원하시는 하나님의 목적은 무엇일까?"

요셉 : "하나님의 이름, 은혜, 공의 등을 찬양하게 하고 또 그분이 지으신 피조물을 행복하게 하기 위해서입니다."

신중 : "누가 구원을 받을 수 있을까?"

요셉 : "하나님의 구원을 받아들이는 사람들입니다."

신중 : "요셉, 아주 훌륭하구나! 어머니께서 너를 잘 가르치셨고, 너도 어머니께서 하신 말씀을 잘 들었구나."

그다음 신중이 둘째 아들 사무엘에게 말했다.

신중 : "사무엘아, 내가 너에게 질문해도 되겠니?"

사무엘 : "네, 무엇이든지 물어보세요."

신중 : "천국이란 무엇이지?"

사무엘 : "하나님이 계신 곳이기 때문에 가장 축복받은 장소이고 행복한 곳이지요."

신중 : "그러면 지옥은 어떤 곳일까?"

사무엘 : "죄와 마귀와 죽음이 있는 곳이기 때문에 가장 비참한 장소입니다."

신중 : "너는 왜 천국에 가고 싶은 거니?"

사무엘 : "제가 하나님을 뵙고, 기쁘게 그분을 섬길 수 있기 때문이며, 그리스도를 뵈옵고 영원히 사랑할 수 있기 때문이며, 이 세상에서 완전히 누릴 수 없는 성령의 충만함을 얻을 수 있기 때문입니다."

신중 : 약간 긴장하면서, "너도 아주 훌륭한 소년이로구나! 매우 잘 배웠어."

그리고 나서 신중은 첫째 아들 마태에게 말했다.

신중 : "와, 마태, 너에게도 질문해 볼까?"

마태 : "네, 그렇게 해 주세요."

신중 : "그럼 묻는다. 하나님보다 먼저 존재했던 것이 있었을까?

마태 : "아니요. 하나님은 영원하시기 때문에 천지를 창조하신 첫날이 시작될 때까지 존재했던 것은 아무것도 없었습니다. 하나님께서는 엿새 만에 하늘과 땅과 바다와 그 안에 있는 모든 것을 만드셨습니다."

신중 : "성경이 무엇이라고 생각하니?"

마태 : "그것은 하나님의 거룩한 말씀입니다."

신중 : "성경 말씀 중에 네가 이해하지 못하는 것이 하나도 없니?"

마태 : "아, 제가 이해할 수 없는 것들이 많이 있습니다."

신중 : "네가 성경을 읽다가 이해하지 못하는 곳을 만나면 어떻게 하니?"

마태 : "저는 하나님이 저보다 훨씬 지혜로우시다고 생각합니다. 그래서 하나님께서 제가 알 수 없는 모든 것을 제게 알려주시기를 기도합니다."

신중 : "너는 죽은 사람의 부활에 대해 어떻게 생각하지?"

마태 : "저는 하나님께서 사람이 땅에 묻힐 때와 똑같은 모습으로 그리고 죄가 전혀 없는 모습으로 부활시켜 주신다고 믿습니다. 저는 이것을 두 가지 이유 때문에 믿습니다. 첫째, 하나님이 약속하셨기 때문입니다. 둘째, 하나님이 그것을 이행하실 수 있기 때문입니다."

그리고 나서 신중은 모든 소년들에게 말을 했다.

신중 : "너희는 아직도 너희 어머니 말씀을 들어야 한다. 어머니가 너희에게 더 가르쳐 주실 수 있기 때문이다. 또 다른 사람에게서 들을 수 있는 유익한 이야기를 열심히 들어야 한다. 왜냐하면, 그들이 좋은 말을 하는 것은 너희를 위한 것이기 때문이다. 또 천지 만물이 가르쳐주는 것을 관찰해야 한다. 그러나 특히 성경을 읽으면서 시간을 보내라. 그것은 너희 아버지를 순례자가 되게 했기 때문이다. 나도 너희들이 여기 있는 동안 도움이 될 말들을 가르쳐 주겠어. 너희들이 신앙에 도움이 될 수 있는 질문을 한다면 더없이 기쁘겠구나."

자비에게 구애하는 청년

그 후 순례자들이 이곳에 머문 지 일주일쯤 되었을 때 쾌활이라는 이름의 남자가 자비를 만나러 왔다. 그는 다소 교양이 있는 남자였고, 그녀에게 호감

자비에게 구애하는 쾌활

갈쌈을 하고 있는 자비 양

이 있는 척했다. 그는 또한 하나님의 일에 관심 있는 척했지만, 사실 그는 이 세상의 일에 매우 집착하는 사람이었다. 그는 몇 차례 방문했는데, 하루는 자비에게 사랑을 고백했다. 자비는 용모가 아름답고 매력적인 젊은 여성이었다.

  자비는 항상 바빴다. 한가할 때에도, 그녀는 옷이나 양말을 만들어 가난한 사람들에게 나누어주곤 했다. 쾌활은 그녀가 만든 물건들을 어디에, 어떻게 사용했는지 전혀 몰랐지만, 그녀가 그렇게 열심히 일하며 절대 게으름을 피우지 않는 매력적인 모습에 마음이 끌린 모양이었다. 그는 "그녀는 훌륭한 가정주부가 될 거야."라고 혼자 말했다. 자비는 그가 왔다고 그 집 아가씨들에게 이야기했고, 그를 알기 위해 그에 대해 물었다.

아가씨들은 그가 매우 분주한 청년으로, 신앙이 깊은 척하지만 선함과는 거리가 멀다고 말해주었다.

자비 : "어머나! 그렇다면 안 되겠어요. 더이상 그와 만나지 않을래요. 저는 결코 저의 영혼을 괴롭히지 않기로 했어요."

그러자 신중이 자비에게 말했다.

신중 : "그 녀석을 포기하게 만드는 일은 아주 간단해요. 가난한 사람들을 위해 해오던 대로 계속한다면, 그의 열정은 금방 식을 것입니다."

쾌활이 다시 찾아왔을 때 자비는 전처럼 가난한 사람들을 위해 옷을 만들고 있었다.

쾌활 : "당신은 늘 무슨 일을 그렇게 하는 거죠?"

자비 : "저와 다른 사람들을 위해 일하지요."

쾌활 : "그렇게 해서 하루에 얼마나 벌 수 있나요?"

자비 : "제가 이런 일을 하는 것은 돈을 벌려고 하는 것이 아니에요. 앞을 대비해 좋은 일을 많이 해서 하늘에 보물을 쌓으려는 것이지요."(딤전 6:17-19).

쾌활 : "그렇다면 이 옷들로 무엇을 하는 겁니까?"

자비 : "헐벗은 사람들에게 나눠주지요."

그러자 그의 안색이 변했다. 그 후로 그는 자비를 찾아오지 않았다. 사람들이 그 이유를 물으면, 그는 "자비는 아름다운 아가씨이기는 하지만 정신이 조금 이상하더라"라고 대답했다.

신중과 자비의 대화

그가 발길을 끊자 신중이 자비에게 말했다.

신중 : "제 말대로 하면 쾌활이 당신을 거절할 거라고 말했지요? 그리고 그가 당신을 험담하고 다녀도 놀라지 마세요. 그가 신앙이 깊은 척하고, 당신을 사랑하는 척해도 당신과 그 사람은 성품이 너무 달라서 어울리지

못할 거라고 믿었어요.

자비 : "아무한테도 말하지 않았지만, 지금까지 청혼을 받은 적이 여러 번 있었어요. 그때마다 그들은 제 성품을 트집 잡지는 못했지만 결국은 좋아하지 않았어요. 그래서 이루어질 수 없었어요."

신중 : 자비의 어깨에 팔을 걸치고서, "아가씨, 우리 시대에 종교라는 명분을 넘어서서 성경에 나오는 것을 실제로 실천하는 사람은 거의 없습니다. 따라서 당신의 신앙적 신념을 받아들일 수 있는 사람도 거의 없습니다."

자비 : "아무도 저에게 관심을 갖지 않는다면…" 어깨를 한 번 으쓱했다. "저는 혼자 살거나 아니면 저의 성품을 남편처럼 여기고 살겠어요. 성품을 바꿀 수는 없는 노릇이고, 저와 맞지 않는 사람을 남편으로 맞아들일 생각은 없습니다. 저에게는 너그러움이라는 언니가 있는데 그만 수전노와 결혼을 했어요. 두 사람은 성격이 전혀 맞지 않았어요. 언니가 해왔던 대로 가난한 사람들에게 친절을 베풀려고 하자 형부는 욕을 퍼부어대더니 결국 언니를 집에서 내쫓아버렸어요."

신중 : "그가 교회 신자였겠지요?"

자비 : 고개를 끄덕였다. "네, 요즘 세상은 그런 사람들로 가득해요."

병이 든 마태

그때 기독도여사의 맏아들 마태가 심한 병이 들었다. 배탈이 나서 창자가 뒤집히는 것 같았다. 마침 집 근처에 기량이라는 이름의 의사가 살고 있었다. 그는 용하기로 소문난 늙은 의사였다. 기독도여사가 그를 불러왔다. 그가 방에 들어가 소년을 진찰해보고 배탈이 났다고 했다.

그는 아이의 어머니에게 물었다.

의사 : "마태가 최근에 무엇을 먹었습니까?"

기독도여사 : "음식요? 건강에 좋은 음식 말고는 전혀 먹지 않았습니다."

의사 : "위에서 소화되지 않는 것을 먹었고 빈드시 꺼내야 합니다. 꺼내

지 않으면 죽을 수도 있습니다."

곁에 서 있던 둘째가 엄마에게 말했다.

사무엘 : "엄마, 저번에 길 입구에 있는 **좁은 문**을 나서면서 형이 따먹은 과일이 뭐죠? 담장 너머에 과수원이 있었잖아요. 그때 담장 너머로 뻗어 나온 과일을 형이 따서 먹었어요."

기독도여사 : 손으로 입을 가리고 접시만큼 큰 눈으로 의사를 바라보면서, "맞아요! 아들이 그것을 따서 먹었어요. 못된 녀석! 내가 하지 말라고 말렸는데, 어쨌거나 그것을 먹었습니다."

의사 : "아이가 뭔가 몸에 좋지 않은 것을 먹은 줄 알았습니다. 그것은 모든 과일 중에서 가장 해로운 과일입니다. 그것은 **바알세불** 과수원의 열매입니다. 많은 사람이 그것 때문에 죽었는데, 어느 누구도 당신에게 그것을 경고하지 않은 것이 놀랍군요."

기독도여사가 울기 시작했다. 그녀는 코를 훌쩍거리며 말했다.

기독도여사 : "정말 개구쟁이로군! 나는 얼마나 부주의한 엄마였는지! 어떻게 해야 하죠? 어떻게 하면 아들을 살릴 수 있을까요?"

의사 : 그녀를 위로하면서, "이리 오세요, **기독도여사님**, 너무 낙심하지 마세요. 아들이 구토를 하고 설사를 하면 회복될 수 있습니다."

기독도여사는 희망을 가지고 의사를 바라보았다.

기독도여사 : "선생님 제발, 비용은 얼마가 들더라도 고쳐만 주세요."

의사 : "걱정하지 마세요. 적당히 받겠습니다."

그래서 의사는 염소의 피와 암송아지를 태운 재, 우슬초 즙을 섞어 만든 설사약을 **마태**에게 먹였다(히 10:1-4). 그러나 신통치 않았다.

의사는 약을 새로 지었다. 이번에는 **그리스도**의 살과 피로 만든 약이었다(히 9:14). 거기에 한두 가지의 약속과 적당한 양의 소금을 섞어 알약으로 만들었다(막 9:49). 알다시피 의사들은 환자에게 이상한 약을 주는 법이다.

마태는 그 알약 세 알을 회개한 눈물 한 컵에 타서 한 번에 먹어야 했다(스가랴 12:10).

의사 기량

약이 만들어지자 의사는 그 약을 마태에게 가져갔다. 마태는 창자가 갈기갈기 찢어지는 것 같으면서도 약을 먹으려 들지 않았다.
의사: "자자, 어서 먹어야지!"
마태는 괴로움으로 이맛살을 찌푸리며 그를 바라보았다.
마태: "그 약은 저의 배를 더 아프게 할 거예요."
기독도의사: "너에게 억지로라도 먹일 거야!"

마태 : "먹자마자 다시 토할 것 같아요."

기독도여사 : "선생님, 이 약이 무슨 맛입니까?"

의사 : "나쁘지 않습니다."

이때, 기독도여사는 알약 중 하나를 혀끝에 댄 후 말했다.

기독도여사 : "오! 마태야! 이 알약은 꿀보다 더 달콤하구나. 네가 엄마를 사랑한다면, 동생들을 사랑한다면, 자비 누나를 사랑한다면, 너의 목숨을 사랑한다면, 이 약을 먹으려무나."

그렇게 해서 가까스로, 마태는 은혜를 주시라고 하나님께 짧게 기도드린 후 순순히 약을 먹었다. 그는 설사를 하고 나서 금방 잠이 들어 조용히 쉬었다.

그의 체온은 정상으로 돌아왔고, 고통은 사라졌다. 그는 금방 일어나서 직원의 부축을 받고 걸어 다녔다. 그는 방마다 돌아다니면서, 그의 질병과 그가 어떻게 치유되었는지에 대해 신중, 경건, 그리고 자선에게 이야기를 하였다.

마태가 낫자, 기독도여사는 의사에게 물었다.

기독도여사 : "선생님, 제 아이를 돌보는 데 드는 모든 비용은 얼마인가요?"

의사 : "규칙에 따라 당신은 의과대학 학장님께 비용을 지불해야 합니다"(히 13:15).

기독도여사 : "그런데, 선생님. 이 알약은 다른 병에도 잘 듣나요?"

의사 : "이것은 만병통치약입니다. 순례자들에게 닥칠 수 있는 모든 질병에 참 좋습니다. 잘만 만든다면, 오래 두고 사용할 수 있을 것입니다."

기독도여사 : "선생님, 이 약 열두 상자만 만들어 주세요. 이것만 있으면 다른 약은 필요하지 않겠네요."

의사 : 웃으면서, "이 알약들은 아플 때 치료하는 것뿐만 아니라 병을 예방하는 데 쓸 수도 있습니다. 이 약을 꼭 필요한 만큼만 쓰면 영원히 살 수 있습니다(요 6:51).

그러나 기독도여사님 이 알약을 제가 처방해 준 방법 외에 다른 방법으로 사용해서는 안 됩니다. 그렇게 하면 아무 소용이 없을 것입니다."
　그는 기독도여사와 아이들 그리고 자비를 위해 약을 지어주었고, 마태에게 더이상 익지 않은 과일을 먹지 않도록 조심하라고 말했다. 그런 다음 각자의 볼에 입을 맞추며 인사하고 돌아갔다.

신중에게 질문하는 마태

　내가 앞에서 언급했듯이, 신중은 아이들에게 언제라도 자유롭게 유익한 질문을 하면 기꺼이 대답해 줄 것이라고 말했었다. 마태가 건강해진 후, 그녀에게 가서 물었다.
　마태: "왜 대부분의 약이 쓴맛입니까?"
　신중: "그것은 세속에 젖은 사람들의 마음에 하나님의 말씀과 그 효력이 얼마나 환영받지 못하는가를 보여주는 것이지."
　마태: "그리고 이 약이 효과가 있다면, 왜 설사를 하고 구토를 일으키는 걸까요?"
　신중: "그것은 말씀이 효과적으로 작용할 때, 그 말씀이 심령과 마음을 정화시킨다는 것을 보여주기 위해서이지. 설사와 구토를 하는 것을 보면서 약은 몸을 깨끗이 해 주고 말씀은 영혼을 깨끗이 해 주는 것을 알 수 있지."
　마태: "그럼 불꽃은 위로 올라가고 햇살은 아래로 내려오는 것을 볼 때, 우리가 무엇을 배워야 할까요?"
　신중: "불꽃이 위로 치솟는 것을 보면서 우리의 뜨겁고 간절한 욕망이 하늘에 도달하는 것을 배우지. 또 햇빛의 따뜻하고 달콤한 열기가 내려오는 것을 보면서 세상의 구세주께서 높은 곳에 계시지만 아래에 있는 우리에게 은혜와 사랑을 내려주시는 것을 알 수 있지."
　마태: "구름들은 어디에서 물을 얻나요?"
　신중: "바다에서 얻지."
　마태: "그리고 우리는 그것에서 무엇을 배울 수 있을까요?"
　신중: "성직자들이 하나님께로부터 그들의 교리를 받아내야 한다는 것

을 배울 수 있지."

마태 : "왜 구름은 땅 위에 자신을 쏟아부을까요?"

신중 : "구름이 바다에서 물을 얻어서 땅으로 떨어지게 하는 것처럼, 성직자들은 하나님께 받은 것을 세상에 전해야 하지."

마태 : 알았다는 듯 고개를 끄덕이면서 다시 물었다. "왜 태양이 있어야 무지개가 만들어집니까?"

신중 : "하나님의 은혜의 약속이 그리스도 안에서 이루어짐을 우리에게 보여주기 위함이지."

마태 : "어째서 바다에서 나는 샘물이 땅을 통하여 우리에게 오는가요?"

신중 : "하나님의 은혜가 그리스도의 몸을 통해 우리에게 온다는 것을 보여주기 위해서이지."

마태 : "그리고 왜 어떤 샘들은 높은 산꼭대기에서 흘러나오나요?"

신중 : "성령의 은혜가 위대하고 높은 사람들뿐만 아니라 가난하고 비천한 사람들 가운데서도 나타날 수 있다는 것을 보여주는 것이지."

마태 : "왜 불이 촛불 심지에만 붙을까요?"

신중 : "우리가 마음속에 은혜를 입고 있지 않으면, 우리 안에는 진정한 삶의 빛이 없다는 뜻이지."

마태 : "왜 초와 심지가 모두 타아 양초의 빛을 낼 수 있을까요?"

신중 : "우리 안에 있는 하나님의 은혜의 빛을 계속 유지하려면, 육체와 영혼을 모두 바쳐서 섬겨야 한다는 것을 보여주는 것이지."

마태 : "왜 펠리컨은 부리로 자신의 가슴을 쪼는 거예요?"

신중 : "그것은 자신의 피로 새끼들을 먹이기 위해서인데, 이것은 또한 복되신 그리스도께서 자신의 피로 사랑하는 백성들을 죽음에서 구원하신 일을 나타내지."

마태 : "우리가 수탉 우는 소리를 듣고 무엇을 배울 수 있을까요?"

신중 : "우리는 베드로가 저지른 죄와 베드로가 뉘우친 것을 기억하는 법을 배울 수 있지. 수탉의 울음소리가 날이 밝아오고 있음을 보여주지 않니, 그날은 또 사람들에게 무시무시한 마지막 심판의 날이 다가오는 것

을 상기시켜주지."

해설가에게 안내원을 구하다

어느덧 그 집에서 한 달이 지났다. 일행은 그 집 사람들에게 이제 가야 할 때가 되었다고 말했다. 또 요셉은 엄마에게 이렇게 말했다.

요셉 : "해설가에게 감사편지 쓰는 것을 잊지 말고, 담대님을 다시 보내어 우리를 안내할 수 있는지 물어보세요."

기독도여사 : "요셉, 좋은 생각이구나. 하마터면 잊을 뻔했구나."

그래서 그녀는 요청서를 작성해서 그것을 심부름꾼에게 전해달라고 문지기 감시원에게 부탁했다.

해설가는 편지가 집에 도착하자, 그 요청서를 읽고 난 후, 심부름꾼에게 말했다.

해설가 : "가서 내가 그들에게 담대를 보내준다고 전하시오."

하와가 따먹었던 사과

기독도여사가 묵었던 그 집 가족들은 순례자들이 떠날 준비가 되어있는 것을 보고 온 가족이 모두 모여 이렇게 예의 바른 손님들을 보내주신 하나님께 감사기도를 드렸다. 기도를 마치자, 그들은 기독도여사에게 말했다. "떠나기 전에, 우리가 보통 순례자들에게 의례 보여드리는 게 있는데 여러분이 여행하면서 교훈을 얻을만한 것입니다. 보시겠습니까?"

기독도여사와 그녀의 아이들, 그리고 자비가 모두 동의했다. 그래서 그들을 구석에 있는 벽장으로 데려가서 사과 하나를 보여주었다. 그 사과는 하와가 따먹었고 또한 그녀의 남편에게 주어 먹게 해서 둘 다 낙원에서 쫓겨났었다. 그들은 기독도여사에게 사과를 보니 어떤 생각이 드는지 물었다.

기독도여사 : "이것은 먹을 수 있는 것인지 독인지 잘 모르겠는데요."

그래서 그들이 사과에 얽힌 이야기를 말해주었고, 그녀는 놀라서 두 손을 내저으며 어쩔 줄 몰라 했다(창 3:6, 롬 7:24).

II-5 아름다운 궁전

야곱의 사닥다리

그들은 순례자들을 다른 곳으로 데리고 가서 야곱의 사닥다리를 보여주었다(창 28:12).

때마침 천사들이 사닥다리를 타고 올라가고 있었다. 기독도여사 일행은 천사들이 사닥다리를 오르는 것을 얼마 동안 지켜봤다. 그런 다음 다른 것을 보여주기 위해 그들을 다른 곳으로 데려가려 하자, 야고보가 엄마에

야곱의 사닥다리

게 말했다. "이 신기한 광경을 좀 더 보다가 가고 싶다고 말해주세요." 그래서 조금 더 머물면서 이 즐거운 장면을 홀린 듯이 바라보았다.

잠시 후, 그들은 순례자들을 황금 닻이 걸려 있는 곳으로 이끌었다.

그들은 기독도여사에게 그 닻을 내리라고 한 뒤 말했다.

"이 닻을 당신께 드리지요. 꼭 필요한 날이 반드시 올 테니 가방에 담아서 가져가세요(히 6:9). 거센 풍랑을 만날 때마다 꼭 붙잡고 있으면 든든히 서 있을 수 있습니다"(요엘 3:16).

그것을 받고 순례자들은 행복해했다.

다음으로 그들은 순례자들을 이끌고, 우리 조상 아브라함이 아들 이삭을 바쳤던 산으로 데리고 가서, 그들에게 제단과 나무, 불, 칼을 보여주었다. 그것들이 오늘날까지 그곳에 머물러 있었기 때문이다(창 22:9).

그들은 그것들을 보고 손을 높이 들고, 영적인 행복과 하나님의 은혜에 대하여 감사를 드리면서 외쳤다. "아, 아브라함은 어떤 사람이었던가? 하나님을 극진히 사랑하고, 자신을 부인한 사람이로다."

그들은 이 모든 것을 보여 준 뒤에, 신중은 그들을 식당으로 데리고 갔다. 거기에는 한 쌍의 훌륭한 악기가 있었다. 신중이 그것을 연주하며 지금까지 보여준 것을 훌륭한 노래로 만들어 불렀다.

"하와의 사과를 보여드렸으니,
부디 조심하세요.
천사들이 오르는
야곱의 사다리도 보셨고,
닻도 드렸지만,
이것만으로는 부족해요.
아브라함처럼
당신이 가장 아끼는 것을 바치기 전까지는,"

길을 나서는 순례자들

그때 누군가가 문을 두드렸다. 문지기가 문을 열어보니 담대가 서 있었다. 그가 안으로 들어오자, 방에 있던 순례자들이 말할 수 없이 기뻐했다. 얼마 전에 그가 늙은 거인 잔인함을 죽이고 그들을 사자들로부터 구해주었던 것이 다시 떠올랐기 때문이었다.

담대는 기독도여사와 자비에게 말했다.

담대 : "저의 주인님께서 여러분에게 각각 포도주 한 병과 볶은 옥수수 약간, 석류 두 송이를 보내셨고, 소년들에게는 무화과와 건포도를 보내셨습니다. 여행하면서 기운을 북돋우게 하기 위해서입니다."

그런 다음 기독도여사 일행이 여행을 계속하기 위해 길을 나섰다. 신중과 경건이 배웅하러 따라 나왔다. 그들이 성문에 도착했을 때, 기독도여사가 문지기에게 최근에 다른 순례자들이 지나갔는지 물었다.

문지기 : "얼마 전에 단 한 사람이 지나갔습니다. 그가 전해준 말에 따르면 최근에 여러분이 가시는 이 왕의 큰길에서 큰 강도 사건이 일어났다더군요. 하지만 강도들은 모두 잡혀서 머지않아 재판을 받는다고 했습니다."

그 소식은 기독도여사와 자비를 놀라게 했다.

마태 : "엄마, 담대님이 우리의 길잡이가 되어주시니 두려워하지 마세요."

기독도여사가 고개를 끄덕이고 문지기를 보고 말했다.

기독도여사 : "여기에 온 이래 저희에게 베풀어주신 친절에 감사드리며 아이들을 참으로 다정하고 친절하게 돌보아 주셔서 정말 감사드려요. 무엇으로 고마움을 다 표해야 할지 모르겠네요. 이것은 작은 존경의 표시이니 받아주셨으면 합니다."

그러면서 그녀는 금화 한 닢을 문지기의 손에 쥐여 주었다.

그러자 문지기가 정중하게 고개를 숙여 절한 뒤 말했다.

문지기 : "당신의 옷이 언제나 희고 머리에 바른 기름이 마르지 않기를 빕니다(전 9:8). 자비 양도 늘 건강하시고, 일감이 떨어지지 않기를 바랍

니다"(신 33:6).

그리고 소년들에게 말하기를,

"너희는 젊음의 욕정을 멀리하고, 성실하고 지혜로운 사람들과 함께 경건한 삶을 좇도록 하여라(딤후 2:22). 그러면 어머니의 마음을 기쁘게 할 수 있고, 훌륭한 사람에게서 칭찬을 받을 것이다."

그들은 마지막으로 문지기에게 감사하다는 인사를 하고 길을 떠났다.

6

겸손 골짜기와 사망의 음침한 골짜기

겸손 골짜기

나는 꿈속에서 순례자들이 앞으로 나가서 산등성이에 이르는 것을 보았다. 그때 경건이 갑자기 생각난 듯 소리쳤다.

경건 : "아차! 기독도여사와 일행에게 드리려고 했던 것을 깜빡 잊었어요! 집에 가서 빨리 가져올게요."

경건이 집으로 달려간 사이, 기독도여사는 길 오른편 숲속에서 들려오는 이상한 노랫소리에 귀를 기울였다. 노랫말은 다음과 같았다.

"내 평생 주님의 은혜를
이토록 아낌없이 받았으니,
주님의 궁궐이
영원토록 나의 처소가 되리이다."

그녀가 계속 듣고 있는데 또 다른 노래가 들려왔다.

"아무렴, 우리 주 하나님은 선하시고,
그의 자비는 영원할 것임이여,
그의 진리는 언제나 견고히 서 있어서,
자자손손 보존되리."

그래서 기독도여사는 신중에게 이 신기한 노래를 부르는 사람이 누구냐고 물었다.

신중 : "이 노래를 부르는 것은 우리 고장의 새들입니다. 그 노래는 오직 햇살이 따스하고 꽃이 피는 봄날에만 온종일 들을 수 있습니다. 사실 저는 노래를 듣기 위해 종종 밖으로 나옵니다. 때로는 집에서 새들을 기르기도 하지요. 기분이 울적할 때면 새들이 좋은 친구가 되어주거든요. 숲이나 산처럼 외딴곳도 새들의 노랫소리가 들리면 찾아가고 싶어져요"(아 2:11-12).

이때 경건이 돌아왔다. 그녀가 기독도여사에게 말했다.

경건 : "이것 보세요! 이것은 여러분이 우리 집에서 본 모든 것들을 표로 만든 것입니다. 본 것을 잊으면 이걸 꺼내 보고 다시 떠올려서 믿음을 기르고 마음의 위안을 삼으세요."

그런 다음 그들은 겸손 골짜기로 들어서기 위해 산 아래로 내려갔다. 비탈이 무척 가파르고 미끄러웠지만, 계곡에 도착할 때까지 매우 조심스럽게 발걸음을 내디뎠다.

그때 경건이 기독도여사에게 말했다.

경건 : "이곳이 바로 당신의 남편이 악랄한 아볼루온을 만났던 곳입니다. 그리고 그들은 끔찍한 싸움을 벌였습니다. 이 일에 대해 들어봤겠지만 걱정하지 마세요. 안내자 담대가 있어서 잘 지나갈 수 있을 테니 용기를 내세요."

이렇게 말하고 나서 신중과 경건은 안내자 겸 보호자인 담대에게 순례자들을 맡기고 나서 돌아갔다.

그러자 담대가 이렇게 말했다.

"이 계곡을 그렇게 두려워할 필요가 없습니다. 우리가 위험을 자초하지 않는 한 아무도 우리를 해치지 못합니다. 사실, 기독도는 아볼루온을 만나서 끔찍한 싸움을 벌였지만, 그 싸움은 기독도가 산을 내려오다가 미끄러져서 일어난 일입니다. 보시다시피, 언덕에서 미끄러지는 사람들은 이곳에서 전투를 각오해야 하지요. 사실, 이 계곡이 그런 이름을 갖게 된 것도 그 때문입니다.

사람들은 대개 어떤 곳에서 무서운 일이 일어났다는 이야기만 듣고서

II-6 겸손 골짜기와 사망의 음침한 골짜기

도, 그곳에 사악한 악마나 악한 귀신이 출몰한다고 생각하지요. 안타깝게도, 그런 일이 일어나는 것은 그들이 잘못 행동한 결과일 뿐입니다. 이 겸손 골짜기도 정말로 까마귀가 날아다니는 여느 골짜기처럼 기름진 곳입니다. 만일 우리가 관심을 가지고 조금만 살펴본다면, **기독도**가 왜 이곳에서 그렇게 심한 괴롭힘을 당했는지에 대한 단서를 찾을 수 있을 것입니다."

그러자 **야고보**가 앞을 가리키며 엄마에게 말했다.

야고보: "저기 보세요, 기둥이 있어요! 그리고 무언가가 쓰여 있는 것처럼 보여요. 가서 무슨 말인지 보도록 해요."

겸손 골짜기에 세워진 기념비

그래서 그들은 기둥으로 걸어가서 다음과 같은 글을 읽었다.

"기독도가 여기 오기 전에 미끄러진 실수와 이곳에서 만났던 싸움을 보고 뒤에 오는 사람들은 경고를 얻으시오."

그들의 안내자 담대가 기둥 쪽을 손짓하며 말했다.

담대 : "저것 보세요. 기독도가 왜 이곳에서 그렇게 심한 괴롭힘을 당했는지 우리에게 알려줄 만한 것이 이 근처에 있다고 말했지요?"

그리고 나서 그는 돌아서서 기독도여사에게 말했다.

담대 : "그렇다고 기독도를 이 길로 오는 다른 사람들보다 더 비난해서는 안 됩니다. 이 산은 오르는 것 보다 내려가는 것이 더 어렵기 때문입니다. 세상에 이런 산은 아주 드뭅니다. 하지만 기독도는 좋은 사람이었습니다. 그는 이제 안식하고 있고 또한 적을 무찌르고 용감한 승리를 거두었기 때문입니다. 우리는 우리 자신이 시험을 받게 될 때 기독도보다 못하게 되지 않도록 위에 계신 분께 기도해야 합니다.

다시 이 겸손 골짜기에 대해 생각해 봅시다. 보시다시피, 이곳은 이 부근에서 가장 비옥하고 목초지가 많은 땅입니다. 만약 어떤 사람이 과거에 여기서 무슨 일이 있었는지 모르고서, 여름에 여기 왔더라면, 분명히 이 땅을 훌륭한 곳이라고 여길 것입니다. 눈에 보이는 모든 것을 기쁘게 바라볼 것입니다. 이 푸른 골짜기와 아름다운 백합화를 보세요(아 2:1).

저는 이 겸손 골짜기에 좋은 땅을 가진 근면한 사람을 많이 알고 있습니다. 하나님께서는 교만한 자를 물리치시고 겸손한 자에게 은혜를 주신다고 하셨습니다(약 4:6). 이곳은 실로 매우 기름진 땅이며 풍성한 결실을 거두는 땅입니다. 어떤 사람들은 그들이 가는 길에 더이상 언덕이나 산에 시달리고 싶지 않아서, 하나님의 집으로 가는 길이 곧바로 여기에 있었으면 합니다. 하지만 길은 길이고 모든 길은 결국 끝이 보이는 법입니다."

그들이 이야기하면서 길을 가다가, 부친의 양을 치고 있는 한 소년을 보았다. 그 소년은 매우 초라한 옷을 입고 있었으나 그의 얼굴은 매우 건강하고 아름다웠다. 그는 혼자 앉아서 노래를 부르고 있었다.

담대 : "목동이 무슨 노래를 하는지 들어보세요."

그래서 그들은 이런 노래를 들을 수 있었다.

"밑에 있는 자는 떨어질 걱정이 없네.
미천한 사람은 교만하지 않네.
겸손한 자는 언제나
하나님께서 인도자가 되시네.

적든지 많든지
나는 가진 것에 만족한다오.
주여, 만족이 언제까지나 이어지게 하소서
주께서 그런 자들을 구원하시기 때문입니다.

순례 여행을 가는 사람들에게,
많이 갖는 건 무거운 짐일 뿐이네.
이 땅에서는 적게 갖고, 천국에서 누리는 복락이
대대로 가장 좋은 길이랍니다."

노래가 끝나자 담내가 순례자들에게 말했다.
담대 : "잘 들으셨나요? 저는 이 소년이 비단옷이나 비로드 옷을 입고 있는 사람보다 더 행복한 삶을 누리고 있다고 봅니다. 그 가슴에 마음의 평화라는 향기를 가지고 있기 때문이지요. 자, 이제 하던 이야기를 계속해 볼까요?
우리 주님께서는 전에 이 골짜기에 자기 별장을 가지고 계셨습니다. 그분은 이곳을 무척 좋아하셨지요. 공기가 상쾌하여 풀밭을 거니는 것을 좋아하셨습니다. 게다가, 여기는 세상의 소음이나 번잡한 일들과 동떨어져 있습니다. 요즈음 어디나 온통 소음이 가득하고 혼잡하기 짝이 없지만, 오직 **겸손 골짜기**만큼은 한적해서 명상하는데 방해받을 일이 없지요.
이곳은 순례자의 삶을 사랑하는 사람들 말고는 아무도 걸어가지 않는 계곡이거든요. 비록 기독도가 아볼루온을 만나 치열한 대결을 벌이는 불운을 겪었지만, 예전에는 이곳에서 천사를 만나기도 했지요(호 12:4-5). 진주를 발견한 사람도 있고(마 13:46), 이곳에서 생명의 말씀을 얻은 사람도 있습니다(요 6:68, 잠 8:36).

우리 주님께서 이곳을 걷는 것을 좋아하셨다고 말했는데 한 가지 덧붙인다면, 주님께서는 이곳에 살거나 지나가는 사람들을 위해서 연금을 남겨두셨습니다. 순례자들에게 더욱 용기 있게 순례 길을 가도록 하기 위해 해마다 정한 날짜에 연금이 지급됩니다."

그때 사무엘이 담대에게 말했다.

사무엘 : "선생님, 이 골짜기에서 우리 아빠와 아볼루온이 싸웠다고 알고 있는데 정확히 어디쯤일까요? 이 계곡은 굉장히 넓은데요."

담대 : "너희 아빠와 아볼루온이 싸운 곳은 저쪽에 보이는 망각의 초장 건너편에 있는 좁은 길목이란다. 사실, 그곳은 이 지역에서 가장 위험한 곳이지. 이곳은 다른 사람들도 어려움을 겪은 곳인데, 순례자들이 어떤 폭력을 당하는 것은 그들이 받은 은혜를 잊어버리거나 그들이 얼마나 보잘 것없는 존재인지를 잊어버릴 때이다. 더 자세한 이야기는 그곳에 가서 하자. 그곳에 가면 싸운 흔적이나 싸움이 일어났다는 것을 증명하는 기념비가 남아 있을 것이다."

자비 : "나는 우리가 여행하면서 다녀본 곳 가운데서 이 계곡이 가장 기분이 좋고 마음이 평안합니다." 그녀는 신선한 공기를 한 번 깊이 들이마셨다. "저는 마차가 삐걱거리는 소리나 수레가 덜거덕거리는 소리가 들리지 않는 그런 곳을 좋아하거든요. 이곳에서는 누구나 자신이 누구인지, 어디에서 왔는지, 그동안 무엇을 했는지, 그리고 하나님께서 무슨 까닭으로 자신을 부르셨는지 등을 전혀 방해받지 않고 조용히 사색해볼 수 있겠어요. 여기서 명상하면 마음이 열리고 생각이 영혼에 녹아들 것이며 두 눈에서 헤스본 연못처럼 눈물이 고일 것입니다(아 7:4).

이 눈물 골짜기를 하나님의 공의와 신의로 걷는 사람은 복 될 것입니다. 여기를 걷는 분들에게 하나님께서 하늘에서 내리시는 비가 웅덩이를 메울 것입니다. 이 골짜기는 하나님께서 자기 백성에게 포도원을 주시는 곳이며, 이곳을 지나는 사람은 기독도가 아볼루온을 만났음에도 불구하고 노래한 것처럼 노래를 부르며 지나갈 것입니다"(호 2:15).

담대가 고개를 끄덕였다.

담대 : "맞습니다. 저는 이 골짜기를 여러 번 지나다녔는데 여기 있을 때처럼 기분 좋은 곳이 없었습니다. 내가 안내했던 많은 순례자들도 같은 말을 했습니다. 하나님께서 말씀하시기를, '무릇 마음이 가난하고 심령에 통회하며 내 말을 듣고 떠는 자 그 사람은 내가 돌볼 것이다'(사 66:2)라고 하셨습니다."

그들은 드디어 기독도와 아볼루온이 싸웠던 곳에 도착했다. 담대는 기독도여사와 그녀의 아이들, 자비를 향해 말했다.

담대 : "바로 이곳입니다. 기독도가 여기에 서 있을 때 아볼루온이 맞은 편에서 다가왔던 곳입니다." 그는 피로 얼룩진 돌들을 가리켰다. "여기, 그리고 여기. 이 돌 위에 묻어있는 피가 당신 남편의 유혈입니다. 아직도 전투의 흔적이나 기념비가 남아 있을 거라고 말하지 않았나요? 이쪽을 보세요. 아볼루온의 부서진 화살 조각들입니다. 그리고 여기 좀 보세요."

그는 손가락으로 움푹 파인 땅바닥을 가리켰다. "그들이 서로 맞서 싸우는 동안 땅을 밟아 뭉갠 무수한 발자국들입니다. 여기 그리고 여기, 그들이 무기를 헛치면서 산산조각낸 바위 조각들입니다. 기독도는 정말로 헤라클레스처럼 남자답게 용감했다는 것을 증명합니다. 아볼루온은 사망의 음침한 골짜기라고 불리는 다음 계곡으로 물러갔습니다. 우리도 곧 도착할 겁니다."

그리고 나서 그는 길옆에 있는 가까운 기념비로 향했다. "저것 보세요. 전투 내용과 기독도의 승리를 새겨놓은 것인데, 그의 명성을 대대로 전하는 기념비입니다."

그래서 그들은 길가에 서 있는 비석 앞에 모여서 글귀를 읽었다.

"바로 여기서 격렬한 싸움이 있었는데

아주 이상하지만 지극히 진실하다.
기독도와 아볼루온은
서로 승리를 다투었다.

기독도는 아주 용감하고 남자답게 맞서
그 악마를 쫓아버렸다.
그 증거를 남기기 위해
여기에 기념비를 세우노라."

사망의 음침한 골짜기

그들은 그곳을 지나서 **사망의 음침한 골짜기** 가에 이르렀다. 이 계곡은 **겸손 골짜기**보다 더 길었고, 많은 사람들이 증언하고 있듯이 사악한 악령들이 출몰하는 곳이었다. 그렇지만 아직 밝은 대낮이고 안내자인 **담대**가 있었기 때문에 두 여인과 아이들은 그곳을 무사히 지나갈 수 있었다.

그들이 이 골짜기에 들어섰을 때, 죽은 사람들의 신음 소리 같은 것이 들려왔다. 작은 소리로 윙윙거리는 것이 아니라 어마어마한 신음 소리였다. 극심한 고통을 견디는 것처럼 누군가가 슬피 흐느끼면서 내지르는 소리 같았다. 이 소리는 소년들을 두려움에 떨게 했고, 여성들은 얼굴이 백지장처럼 창백해 졌지만, 안내자가 용기를 내라고 안심시켰다.

그들이 좀 더 멀리 가자, 마치 땅속이 텅 빈 것처럼 땅이 흔들렸다. 또 큰 뱀이 쉭쉭 소리를 내며 지나가는 것 같았다. 이 두 가지는 그들을 두려움으로 가득 채웠지만 아무 일도 일어나지 않았다.

소년들은 "이 참혹한 곳을 빠져나가려면 아직 멀었나요?"라고 물었다.

담대가 다시 그들을 격려했다.

담대 : "용기를 잃지 말고 발을 헛디디지 않도록 조심해라! 잘못하다간 구덩이에 빠지고 말거든."

그때 **야고보**가 시름시름 병이 났는데, 그가 너무 무서워했기 때문이다. 그의 엄마가 해설가의 집에서 받은 포도주병을 꺼내서 포도주 약간과 의사 기량 씨가 준비해 준 세 가지 알약과 함께 야고보에게 먹였다. 그 소년은 금방 좋아졌다.

그들은 계속 걸어서 골짜기 한가운데에 다다랐다. 그때 기독도여사가 말했다.

기독도여사 : "저쪽 앞에 뭔가 보이는 것 같습니다. 하지만 무엇인지 알 수 없네요. 저런 건 처음 봐요."

요셉 : "그게 뭡니까?"

기독도여사 : 그에게 팔을 얹고 말했다. "흉측하구나! 얘야, 아주 흉측한 괴물이야!"

요셉 : "하지만, 엄마, 그게 어떻게 생겼어요?"

그녀는 그곳을 응시하며 고개를 저었다.

기독도여사 : "아주 가까워졌는데 그것이 무엇인지 알 수 없어요."

담대 : "글쎄, 몹시 두려운 사람은 저에게 바짝 붙으세요."

그래서 그 흉측한 마귀가 다가오자, 담대가 그것과 마주쳤다. 그러나 그에게 다다랐을 때, 순식간에 사라지고 아무것도 보이지 않았다. 그들은 '마귀를 대적하라 그리하면 너희를 피하리라'(약 4:7)라는 말씀을 기억했다.

그런 후, 그들은 기운을 좀 차렸지만, 얼마 가지 않아 지비가 뒤를 돌아보자 사자처럼 생긴 것이 성큼성큼 다가오는 것 같았다. 그것은 으스스하고 공허한 소리를 요란하게 지르며 빠르게 뒤를 쫓아왔다. 그것이 소리를 지를 때마다 계곡을 가로질러 메아리쳤고, 담대를 제외한 순례자들의 심장이 터질 듯했다. 위험이 더 가까이 다가오자, 담대는 뒤로 돌아가서 다른 사람들이 앞서 걷게 했다. 사자는 재빠르게 거리를 좁혀왔고, 담대는 그와 싸우기 위해 몸을 돌렸다. 그러나 사자와 같이 생긴 악마가 자기와 맞서 싸우려는 담대를 보고 뒤로 물러나서 더이상 오지 않았다(벧전 5:8-9).

그들은 다시 담대를 앞세우고 길을 따라가다가 큰 구덩이에 이르렀다. 그 구덩이는 길을 가로막고 있었고 구덩이를 건너갈 준비도 하기 전에 커다란 안개와 어둠이 몰려와 그들에게 덥혔다. 아무것도 보이지 않았다. 그래서 그들은 그 자리에 그대로 서 있었다.

그러자 순례자들이 외쳤다. "오 이런! 이제 어떻게 해야 하지요?"

담대 : "두려워하지 마세요. 그냥 가만히 서서 무슨 일이 일어나는지 지켜봅시다."

길이 구덩이로 파헤쳐져 있었기 때문에 그들은 그곳에 머물러 서 있을 수밖에 없었다. 그리고 구덩이에서 피어오르는 검은 안개로 앞을 볼 수 없었다. 그들이 안개 속에 서 있을 때, 다른 소리가 들렸다. 적들이 요란하게 떠들며 돌진해 오는 소리였다. 구덩이에서 피어나는 불과 연기도 보았다.

그때 기독도여사가 자비에게 이렇게 말했다.

기독도여사 : "이제야 가엾은 내 남편이 어떤 어려움을 겪었는지 알겠어요. 이곳에 대한 이야기는 많이 들어봤지만, 지금까지 여기에 와 본 적은 없었어요.

가엾은 그이는 밤중에 홀로 이곳을 지나갔어요. 이 골짜기를 빠져나가려고 밤새 걸어야 했지요. 게다가 마귀들이 그를 갈기갈기 찢으려고 주변을 끊임없이 맴돌았지요. 많은 사람이 이 이야기를 떠들어댔지만, **사망의 음침한 골짜기**에 직접 와보기 전에는, 아무도 이 계곡이 어떤 곳인지 모를 거예요(잠 14:10). 이곳에 있는 것은 실로 끔찍한 일입니다."

담대 : "이 일은 마치 깊은 바다에서 허우적대거나 바닷속으로 빨려 들어가는 것 같습니다. 아니면 산꼭대기에서 땅으로 떨어지는 것 같습니다. 그러나 암흑 속을 지나며 한 가닥 빛이 없을지라도, '**흑암 중에 행하여 빛이 없는 자라도 여호와의 이름을 의뢰하며 자기 하나님께 의지할지어다**'(사 50:10)라는 말씀이 있지요.

전에도 말씀드린 바와 같이, 저는 이 계곡을 여러 번 지나다니면서 지금보다 훨씬 더 어려운 일도 겪었습니다. 하지만 보다시피 멀쩡하게 살아 있습니다. 저의 힘으로 살아남은 것이 아니기 때문에, 자랑할 것이 못됩니다. 어쨌든 우리는 반드시 구원받을 것이라 믿습니다. 자, 우리의 어둠을 밝히시고 이곳 마귀들뿐만 아니라 지옥에 있는 사탄들도 꾸짖으시는 주님께 빛을 달라고 기도합시다."

그래서 그들이 울며 기도를 드렸더니 하나님께서 빛과 구원을 보내주셨다. 방금까지 길을 가로막고 있던 구덩이도 사라졌다. 그들이 계속해서 골짜기를 지나가고 있는데 이번에는 어디선가 고약한 악취가 풍겨 나와 코를 찔렀다.

자비가 기독도여사에게 말했다.

자비 : "여기는 좁은 문이나 해설가의 집, 또 마지막으로 머물렀던 아름다운 궁전만큼 즐거운 일이 하나도 없네요."

그 소년들 중 사무엘이 이렇게 말했다.

사무엘 : "그래도 여기서 계속 사는 것에 비하면 지나가는 것은 별것 아니잖아요. 우리를 위해 마련한 집으로 가는 길에 이러한 악취를 견디게 하는 것은, 그래야 우리가 도착했을 때 우리를 기다리고 있는 집이 더 달콤할 수 있기 때문입니다."

담대 : "좋아요, 사무엘. 어른스럽게 잘 말했어요."

사무엘 : "만약 내가 이 계곡에서 나간다면, 나는 '햇빛'과 '좋은 길'을 내 평생 소중하게 여길 것입니다."

담대 : "우리는 여기서 곧 나가게 될 것입니다."

그들이 계속 길을 가는데, 조금 가다가 요셉이 물었다.

요셉 : "골짜기 끝이 아직도 멀었습니까?"

담대 : "발밑을 조심해라. 지금 우리는 올가미들 사이로 걸어가고 있다."

그래서 순례자들은 길을 가는 동안, 바닥을 살펴보며 걸었지만, 그럼에도 불구하고 그들은 수많은 덫 때문에 괴로움을 당했다.

그들이 올가미들 사이를 지나가고 있을 때, 길 왼쪽 도랑에 갈기갈기 찢긴 채 내 버려진 남자를 보았다. 담대가 그 남자를 가리키며 말했다.

담대 : "저 여행객의 이름은 부주의라는 사람입니다. 그는 이 길로 가고 있었는데 저렇게 버려진 지 한참 되었습니다. 그가 납치되어 살해될 당시 주의라는 사람과 함께 여행하고 있었는데 그는 늘 조심했기 때문에 마귀

들의 손에서 벗어날 수 있었습니다. 이 근처에서 얼마나 많은 사람들이 죽었는지 여러분은 아마 상상도 할 수 없을 것입니다. 그런데 사람들은 순례 길을 얕잡아보고 안내원 없이 길을 간답니다.

 가엾은 기독도가 이곳을 무사히 지나간 것이 놀랍지만, 그것은 하나님의 사랑 덕분입니다. 그가 용감했으니 망정이지 그렇지 않았다면 그도 살아남지 못했을 겁니다."

거인 몽둥이와의 싸움

 그들이 드디어 골짜기 끝에 다다르자, 전에 기독도가 지나가면서 보았던 동굴이 보였다. 동굴 앞에 이르자 그곳에서 몽둥이라는 거인이 걸어 나왔다.

 이 몽둥이는 젊은 순례자들을 궤변으로 미혹하는 자였는데, 담대의 이름을 부르면서 소리쳤다.

 몽둥이 : "담대야! 내가 이런 짓을 하지 말라고 몇 번이나 말했느냐?"

 담대 : "무슨 말이냐?"

 거인 : "무슨 말이라니! 몰라서 묻느냐? 네가 다시는 이런 짓을 못하게 오늘 결판을 내주마!"

 거인이 그들을 조롱하자, 여자들과 아이들은 벌벌 떨면서 어찌할 바를 모르고 우르르 한 곳으로 몰렸다.

 담대 : "잠깐! 싸움을 시작하기 전에 왜 싸워야 하는지 이유나 좀 알자!"

 몽둥이 : "너는 이 나라를 털어먹는 도둑놈이다. 그것도 가장 악랄한 방법으로 도둑질하고 있다."

 담대 : "얼버무리지 말고 구체적으로 말해라!"

 몽둥이 : "넌 유괴범이야! 여자들과 아이들을 모아 이상한 나라로 데려가고 있지 않느냐? 그 때문에 우리 주인님의 왕국이 약해지고 있다."

 담대 : "나는 하늘에 계신 하나님의 종이다. 죄인들을 회개하도록 하는 것이 내 일이다. 나는 모든 사람을 변화시키도록 노력하라는 명령을 받았

다. 여자들과 아이들을 어둠에서 빛으로, 사탄의 권세로부터 하나님께로 인도하는 것이다. 이것이 네가 싸우려고 하는 이유라면, 기꺼이 맞서주마! 자, 덤벼라!"

거인이 앞으로 다가오자 담대가 나가 맞섰다. 담대는 칼을 뽑아 들었고 거인은 **몽둥이**를 들고 나왔다. 그들은 둘 다 말없이 맞붙어 싸웠다. 거인이 먼저 담대의 한쪽 무릎을 내리쳐서 넘어뜨렸다. 이를 본 여인들과 아이들이 비명을 질렀다. 담대가 정신을 차리고 일어서서 칼을 힘껏 휘둘러 거인의 팔에 일격을 가했다. 이런 식으로, 싸움은 한 시간 넘게 계속되었다.

싸움이 치열해지면서, 거인의 콧구멍에서 나오는 숨은 펄펄 끓는 솥에서 치솟는 뜨거운 열기 같았다. 그리고 나서 두 사람은 휴식을 선언하고 잠시 자리에 앉아 쉬었다. 그동안 담대는 기도했다. 여인들과 아이들은 싸움이 계속되는 동안, 한숨짓고 우는 일 말고는 아무것도 할 수 없었다.

거인과 담대가 쉬면서 호흡을 고른 다음, 다시 일어나 싸우기 시작했다.

거인 몽둥이를 무찌른 담대

단번에 담대가 휘두르는 칼을 맞고 거인이 쓰러졌다.

몽둥이 : 손을 번쩍 들고서, "안 돼! 잠깐! 내가 일어날 때까지 기다려 줘!"

담대는 정정당당하게 그를 일어나게 했고, 또다시 싸우기 시작했다. 거인이 몽둥이로 담대의 머리를 내리쳤지만 아슬아슬하게 빗나갔다.

그것을 본 담대는 온 힘을 다해 달려가서, 그의 다섯 번째 갈비뼈 밑을 칼로 찔렀다. 거인은 쓰러졌고, 몽둥이는 그의 손아귀에서 떨어졌다. 담대는 두 번째 타격을 가해서 거인의 머리를 잘라버렸다. 여자들과 아이들은 함성을 지르며 기뻐했다. 그리고 담대는 하나님께서 인도하신 것을 인하여 하나님께 영광을 돌렸다.

싸움이 끝나고 승리를 거둔 뒤, 순례자들은 기둥을 세우고 그 기둥에 거인의 머리를 매달았다. 그 밑에 지나가는 여행자들이 볼 수 있도록 다음과 같은 글자를 기록했다.

이 머리의 주인은
순례자들을 괴롭힌 자다.
순례자들의 앞길을 막고
모조리 해치웠다.

이제 순례자들의 안내자인
나, 담대가 일어나
순례자들의 원수인 그를
칼로 무찔렀도다.

7

가이오와 나손의 집

정직 노인

이제 나는 꿈에서 순례자들이 길에서 좀 벗어난 곳에 있는 언덕에 오르는 것을 보았다. 그곳은 순례자들이 앞길을 바라볼 수 있는 언덕이었다. 전에 기독도가 그의 형제 믿음을 처음 만난 곳이기도 하다. 순례자들이 그곳에 앉아 먹고 마시면서 쉬었다. 무지막지한 거인으로부터 벗어난 것으로 모두 마음이 들떠있었다.

그들이 음식을 먹으면서 기독도여사가 담대에게 말했다.

기독도여사 : "싸우다가 다치신 곳은 없나요?"

담대 : "약간 긁힌 것 말고는 괜찮습니다. 하지만 그것도 저의 주님과 여러분을 향한 저의 사랑의 증표가 됩니다. 그리고 제가 받을 상을 더해 주는 은혜의 수단이 될 것입니다."

기독도여사 : "거인이 몽둥이를 들고 나타났을 때 두렵지 않았나요?"

담대 : "저의 능력을 믿지 않고 누구보다도 강하신 분을 의지하는 것이 저의 의무입니다."

기독도여사 : "하지만 처음에 거인에게 얻어맞고 땅에 쓰러졌을 때 어떤 생각이 들던가요?"

담대 : "주님께서도 쓰러지셨지만 결국 승리하셨다는 생각을 했습니다" (고후 4:10-11).

마태가 참견했다.

마태 : "여러분들의 생각도 모두 좋으시지만, 저는 우리를 이 골짜기에서 건져 주시고, 이 원수의 손에서도 건져 주신 하나님께서 참으로 좋으

신 분이라고 생각합니다. 우리가 이러한 위험한 골짜기에 있을 때 사랑을 확인해 주셨으니 하나님을 믿지 않을 이유가 없다고 생각합니다."

그리고 나서 그들 일행은 일어나서 여행을 계속했다.

가다가 보니 약간 떨어진 앞쪽에 떡갈나무 한 그루가 서 있었다. 그들이 그곳에 도착해 보니 나무 밑에 깊이 잠든 늙은 순례자 한 사람을 발견했다.

차림새, 지팡이, 그리고 허리에 차고 있는 허리띠를 보고 그가 순례자라는 것을 알았다.

담대가 다가가 노인을 깨우자 노인이 눈을 뜨면서 고함을 질렀다.

노인 : "왜 그러시오? 누군데 무슨 볼일이 있소?"

담대가 그 남자를 진정시키려고 애썼다.

담대 : "자, 그렇게 역정을 내지 마시고 참으세요. 우리는 모두 친구입니다."

노신사 정직

그러나 노인은 벌떡 일어나서 그들을 잔뜩 경계하며, 또다시 누구냐고 물었다.

담대 : "저의 이름은 담대입니다. 천국으로 가는 순례자들을 안내하고 있습니다."

노인 : "내 이름은 정직이요. 당신이 얼마 전 작은 믿음의 돈을 빼앗은 패거리인 줄 알고 두려워서 그랬소. 나의 무례를 용서해주기 바랍니다. 알고 보니 당신은 꽤 정직한 사람이로군요."

담대 : "우리가 정말로 도둑 패거리였다면, 당신은 자신을 지키기 위해 어떻게 하려고 하셨습니까?"

정직 : "어떻게 하긴! 마지막 숨이 끊어질 때까지 싸워야지. 만약 내가 있는 힘을 다해 싸운다면, 절대로 지지 않을 것이라고 확신하오. 그리스도인은 스스로 물러나지 않는 이상 결코 남에게 굴복하지 않지요."

담대 : "옳으신 말씀입니다, 어르신. 진실한 말씀을 하시는 것을 보니 어르신은 보기 드물게 의로우신 분 같군요."

정직 : "당신도 진정한 순례가 무엇인지 알고 있구먼. 사람들은 모두 순례자들이 누구에게나 쉽게 굴복한다고 생각하고 있거든."

담대 : "자, 이렇게 만나 뵙게 되어 반갑습니다. 어르신의 성함과 고향은 어디인가요?"

정직 : "나는 어리석음 마을에서 왔소. 장망성 바로 너머에 있는 마을이지요."

담대 : "아, 바로 그 마을 분이시군요. 누구신지 대충 짐작이 갑니다. 성함이 정직 어르신 아니세요?"

노인이 얼굴을 붉히며 말했다.

정직 : "별로 정직하지도 못하면서 내 이름이 정직이요. 내 성품이 이름과 일치했으면 좋으련만. 그런데 당신은 내 고향만 듣고서 어떻게 내 이름을 아셨소?"

담대 : "예전에 저의 주인님에게서 어르신 이야기를 들었습니다. 그분은 어르신에게 일어난 모든 일을 알고 계십니다. 하지만 저는 어르신 마을에서 순례자가 나올 줄은 몰랐습니다. 그 성읍이 장망성보다 더 악하기 때문입니다."

정직 : 고개를 끄덕이면서, "동감이에요. 우리가 사는 어리석음 마을은 태양 빛이 다른 마을보다 더 늦게 비추므로 마을 사람들의 마음이 차갑고 감각이 무디다오. 그러나 빙산 속에 있는 사람이라도 의로운 태양이 비취면, 얼어붙은 심장이 녹는 것을 경험하게 될 것이며, 그것이 바로 나에게 일어났다오."

담대 : "전 어르신을 믿어요. 그 말씀이 사실인 것을 알거든요."

노신사는 거룩한 사랑의 입맞춤으로 모든 순례자들의 볼에 키스하고 반갑게 인사했다. 또 각자의 이름을 묻고 그들이 순례를 시작한 이후로 어떻게 지냈는지를 물었다.

기독도여사가 먼저 앞으로 나왔다.

기독도여사 : "아마 제 이름은 들어보셨을 거예요. 착한 기독도가 제 남편이고 이 네 명은 저희 아이들입니다."

그녀가 이렇게 말하자 그 노신사가 얼마나 기뻐했는지 독자 여러분은 상상도 못할 것이다. 그는 껑충껑충 뛰면서 활짝 웃었고, 그들에게 수천 번 덕담을 하며 복을 빌어주고 말했다.

정직 : "나는 당신의 남편 이야기를 많이 들었소. 그가 여행했던 일과 어떻게 싸움을 치렀는지를 수없이 들었소. 남편의 이름이 세상 어디를 가나 자자하니 기뻐하기 바라오. 믿음, 용기, 인내, 성실함으로 그토록 이름을 떨치고 있지."

그는 돌아서서, 하나하나 이름을 물었다. 먼저 마태를 향해서 말했다.

정직 : "마태야, 너는 세리 마태를 닮아라. 대신 그의 악덕이 아니라 미덕을 본받도록 해라"(마 9:9, 10:3).

그는 사무엘을 향해서 말했다.

정직 : "너는 선지자 사무엘처럼 믿음이 깊고 늘 기도하는 사람이 되어라"(시 99:6).

요셉을 향해서, "너는 보디발의 집에 있던 요셉처럼 순수하며, 유혹을 이기는 사람이 되어라"(창 39:10-12).

마지막으로 야고보를 향해서, "너는 우리 예수님의 동생 야고보와 같이 되어라"(마 13:55, 행 1:13).

그러자 소년들은 노인에게 자비를 소개했고, 그녀가 고향과 가족을 버리고 자신들의 어머니를 따라 어떻게 순례 길에 나서게 되었는가를 말했다. 이 말을 듣고, 그 늙은 정직은 자비를 향해 말했다.

정직 : "이름이 자비로구먼. 너는 이름처럼 순례 길에서 겪게 될 모든 어려움을 자비로서 이겨내고, 목적지에 이를 것이다. 그리고 그곳에서 자비의 샘을 바라보며 마음의 평화를 얻을 것이야!"(마 5:7).

두려움의 순례 이야기

　모두를 소개하는 동안, 담대는 그들을 바라보며 흐뭇한 미소를 짓고 있었다. 그런 후 일행과 함께 다시 걷기 시작했다. 걸으면서, 담대는 노신사에게 두려움 씨를 아느냐고 물었다. 왜냐하면, 그는 노인과 같은 마을에서 순례 여행을 왔기 때문이었다.

　정직: "물론, 잘 알지. 그는 문제의 근원을 이해하는 사람이었지만, 평생 만난 사람들 중 가장 성가신 순례자들 중 하나였소."

　담대: "어르신이 그를 잘 파악하고 계신 것을 보니 잘 알고 계신 것 같군요."

　정직: "알다마다. 나와 단짝이었소. 한동안 순례도 같이했지. 그가 고향에서 이대로 있다간 어떤 일을 당할지 모른다고 생각할 때부터 함께 했었소."

　담대: "저는 주인님의 집에서부터 천성 문까지 그를 안내했습니다."

　정직: "그렇다면 당신은 그가 얼마나 골치 아픈 사람이라는 걸 잘 알겠군."

　담대가 고개를 끄덕이면서 말했다.

　담대: "물론이지요. 하지만 이런 일을 하다 보면 그 같은 사람을 자주 만나기 때문에 견딜 만했습니다."

　정직: "그럼, 그에 관한 이야기를 좀 들려주시오. 그가 당신의 안내를 받으면서 어떻게 행동했는지 듣고 싶구먼."

　담대: "말씀해드리지요. 그는 언제나 가고 싶은 곳에 도착하지 못할까 봐 두려워했어요. 누가 조금이라도 반대하는 말을 하면 놀라서 벌벌 떨곤 했습니다. 그가 낙심의 늪 앞에서 한 달 넘게 울고 있었다고 들었습니다. 여러 사람이 그가 보는 앞에서 건너갔고 그 사람들 중에서는 도와주겠다고 손을 내민 사람도 있었지만 그렇게 울고만 있었다고 합니다.

　그는 앞으로 나가지도 않았지만 그렇다고 집으로 뒤돌아가지도 않았답니다. 그는 천성에 도착하지 못하면 죽을 것이라고 말하면서도, 어려움을 만날 때마다 낙심했고, 혹시 자신이 가는 길에 누군가가 지푸라기라도 버리면 거기에 걸려 넘어졌습니다. 아까도 말씀드렸듯이 그는 오랫동안 낙심의 늪에 앉아 있다가 어느 화창한 날 아침, 자세한 것은 알지 못하지만, 용기를 내어 과감히 늪을 건넜다고 합니다. 그러나 그는 자신이 반대편에 도착했다는 사실을 믿으려 하지 않았지요.

제 생각에 그는 낙심의 늪을 항상 마음속에 가지고 다녔던 것 같습니다. 그렇지 않다면 그가 모든 것을 그렇게 두려워하지 않았을 것입니다.

어쨌거나 **두려움** 씨가 문 앞까지 이르렀습니다. 제가 말하는 문은 무슨 문이라는 것을 아시지요? 이 길 어귀에 있는 **좁은 문**입니다. 그런데 그는 두드릴 용기를 내지 못하고 한참 동안 거기에 서 있었습니다. 문이 열리자, 그는 뒤로 물러나서 다른 사람들이 자기 앞에 가도록 했고, 자신은 그럴 가치가 없다고 말했습니다.

그는 다른 사람들보다 먼저 성문에 이르렀지만, 뒤따라온 많은 사람들이 그 앞에서 안으로 들어갔습니다. 그러나 그 가련한 사람은 문 앞에서 부들부들 떨며 서 있었습니다. 그를 본 사람이라면 누구든지 측은히 여겼을 것입니다. 마침내 그는 손을 뻗어서 문에 매달린 망치를 잡고 한두 번 약하게 두드렸습니다. 그때 한 사람이 문을 열고 나왔는데 그는 전처럼 다시 뒷걸음질 쳤습니다.

하지만 문을 연 사람이 다가가서 이렇게 물었습니다. '거기 떨고 있는 분, 당신이 원하는 것이 무엇입니까?'

그 소리를 듣자 **두려움** 씨는 겁을 먹고 바닥에 쓰러져버렸습니다. 그에게 말을 한 사람은 이상히 여기고 이렇게 말했습니다. '평안할지어다. 당신에게 문을 열어주었으니 일어나 들어오세요, 당신은 은혜를 받은 사람입니다.'

그제야 그는 일어나서 여전히 벌벌 떨면서 문 안으로 들어갔습니다. 들어간 뒤에도 떨면서 부끄러워 얼굴을 들지 못했지요.

아시다시피, 그도 거기서 잠시 환대를 받고 어느 길로 가야 하는지 설명을 들은 후 길을 떠났지요. 그래서 **두려움** 씨는 우리 집에 도착할 때까지 계속 걸어갔습니다. 그러나 그가 도착하고 나의 주인님 **해설가**의 집

문 앞에 섰을 때, **두려움 씨는 좁은 문에서**와 마찬가지로 두려워하는 행동을 했습니다. 그는 심한 추위 속에서 오랫동안 아무 말도 하지 않고 서 있었습니다. 여전히 돌아갈 생각은 하지 않더군요. 그날 밤은 유난히 길고 추웠습니다.

그리고 안타깝게도 그의 가슴 주머니에 우리 주인님께 보여드릴 편지를 가지고 있었습니다. 그 편지에는 그가 마음이 매우 약한 사람이기 때문에, 집에 맞아들여서 위안을 베풀고, 매우 용감하고 씩씩한 안내원을 한 명 붙여 주라고 되어있었습니다. **두려움 씨**는 이 모든 것을 알고 있으면서도, 여전히 문을 누드리는 것을 두려워했습니다. 문밖에서 앉았다 일어섰다 하는 사이 거의 굶어 죽을 지경이 되었어요. 그는 너무 기가 죽어서, 다른 사람들이 문을 두드리고 들어가는 것을 바라만 볼 뿐, 감히 두드리지를 못했습니다.

마침내, 내가 우연히 창밖을 내다보다가 문 앞에서 서성이는 그 사람을 보았습니다. 밖으로 나가서 그에게 누구냐고 물었지요. 그 불쌍한 사람은 아무 말도 못 하고 눈물을 흘리며 나를 바라만 보고 있었어요. 나는 그가 무엇을 원하는지 알아채고, 안으로 들어가서, 집 안에 있는 사람들에게 말했고, 우리 주인님께 그 상황을 설명했습니다. 그래서 주인임은 저를 다시 밖으로 내보내서 **두려움 씨**를 데리고 들어오게 했습니다. 하지만 저는 그를 데리고 들어가느라 얼마나 애먹었는지 모릅니다. 드디어 그가 들어왔지요.

나의 주인님께서는 그를 아주 정성스럽게 대접했습니다. 식탁에 음식이 그리 푸짐하지 않는데, 주인님은 음식을 조금 덜어다가 **두려움 씨**의 접시에 먼저 놓았지요. 그때 **두려움 씨**는 주머니에서 편지를 내밀었는데, 나의 주인님께서 그것을 보시고, 그의 소망을 들어주시겠다고 말씀하셨습니다. 집에 오랫동안 머무는 사이, 그는 용기를 약간 되찾아 어느 정도 마음이 편안해지는 것 같았습니다. 저희 주인님께는 아시다시피, 매우 친절하고 자비로우신 분이십니다. 특히 두려워하는 사람들에게 너그러우시지요. 주인님은 그에게 친절하게 대하시며 용기를 북돋아 주셨습니다.

나중에 집에서 모든 경험을 마친 후 떠날 채비를 하자, 주인님은 전에 **기독도**가 천성으로 여행을 떠날 때 하셨던 것처럼 그에게도 포도주 한 병과 먹을 음식을 몇 가지 싸주셨습니다. 그리하여 우리는 함께 출발했습니다. 제가 앞장섰지만, **두려움** 씨는 거의 아무 말도 하지 않았습니다. 대신에 그는 함께 걷는 동안 큰 한숨만 잇달아 내쉬더군요.

세 사람이 교수형을 당한 곳에 도착했을 때, 그는 자신의 최후도 그렇게 되지 않을지 의심스럽다고 말했습니다. 그러나 그가 **십자가**와 **무덤**을 보았을 때는 기뻐하는 듯해 보였습니다. 거기서 좀 더 머무르며 보고 싶어 했지요. 그런 후 얼마 동안 기분이 좋아지는 것처럼 보였습니다.

그가 곤고산 언덕에 다다랐을 때 전혀 주저하지 않았고 사자들을 두려워하지도 않았습니다. 그런 것을 무서워하는 사람에게는 이상하게 보일 수도 있지만, 그의 문제는 이런 것이 아니었습니다. 그의 **두려움**은 순례 **여정**이 끝났을 때 하나님 품에 안기게 될 것인가에 관한 것이었습니다.

아름다운 궁전에 이르러서도 망설이는 그를 억지로 이끌고 안으로 들어갔습니다. 저는 그에게 그곳에 있는 아가씨들을 소개시켜 주었지만, 수줍어하며 별로 어울리지 않았습니다. 그는 단지 혼자 있기를 원했지요. 그래도 유익한 이야기를 듣는 것은 좋아해서 종종 눈에 띄지 않게 숨어서 다른 사람들의 대화를 엿듣곤 했습니다.

그는 고대 물건들을 보고 속으로 곰곰 생각하는 것을 무척 좋아했습니다. 우리가 그 궁전을 떠난 후, 나에게 말하기를 자기는 전에 묵었던 좁은 문과 해설가의 집에 좀 더 머물면서 고대 물건들을 보고 싶었지만 차마 부탁할 용기가 나지 않았다고 하더군요.

우리가 **아름다운 궁전**을 나와서 **겸손 골짜기**로 들어갈 때, 그는 주저하지 않고 언덕을 내려갔습니다. 내가 지금껏 만나본 그 어느 순례자보다 더 잘 내려갔습니다. 그는 마지막에 행복해질 수 있다면 고생하는 것쯤은 아랑곳하지 않습니다. 그와 골짜기 사이에 무언가 통하는 점이 있지 않나 싶었습니다. 그가 순례 여행을 하는 동안 **겸손 골짜기**에서 가장 행복해 보였습니다.

그는 '땅에 누워서 뒹굴며 땅을 얼싸안고, 골짜기에 핀 꽃에 입을 맞추었습니다'(애 3:27-29). 매일 새벽에 일어나서 골짜기를 거닐면서 산책하기도 했습니다.

그러나 그가 사망의 음침한 골짜기에 이르렀을 때 저는 그를 잃어버리는 줄 알았습니다. 그가 되돌아가고 싶어 해서가 아닙니다. 그는 항상 돌아가는 것은 싫어했습니다. 다름 아니라 그가 두려움으로 죽을 것 같았기 때문입니다. '오, 도깨비들이 날 잡아먹을 거야! 도깨비들이 날 잡아먹고 말 거야!' 하며 소리치는 그를 말릴 수가 없었습니다. 소란을 피우며 시끄럽게 외쳐댔습니다. 만약 도깨비들이 그의 말을 알아듣기라도 한다면 얼씨구나 하고 달려와 우리를 공격했을 것입니다.

그런데 놀라운 것은 우리가 그 계곡을 지나가는 동안 전에 없이 잠잠했습니다. 그런 일은 전에도 없었고 그 이후로도 본 적이 없습니다. 우리 주님께서 두려움 씨가 골짜기를 다 지나갈 때까지 방해하지 못하도록 명령하셨다고 생각됩니다.

두려움 씨 이야기를 다 하면 지루할 테니 두어 가지만 더 설명하겠습니다. 그가 허영 시장에 도착했을 때, 그는 시장의 모든 사람과 싸울 태세였습니다. 어르신도 그를 보았으면 좋을 뻔했습니다. 시장 사람들의 어리석은 행동에 그가 불같이 화를 내는 통에 우리 두 사람의 머리통이 깨지는 줄 알았습니다. 마법의 땅을 지날 때도 그는 정신을 바짝 차렸습니다.

그러나 다리가 없는 강에 도착했을 때 그는 다시 침울해졌습니다. '그토록 먼 길을 달려왔건만 주님의 얼굴도 평안히 뵙지 못하고 여기서 강에 빠져 죽는구나!'라고 말했습니다. 그런데 저는 거기서도 매우 놀라운 것을 발견했습니다. 강물이 특별한 시기여서, 제가 평생 강물이 그렇게 얕은 것은 처음 봤습니다. 그는 신발도 다 잠기지 않고 건너갔습니다.

그가 천성 문을 향해 걸어 올라갈 때, 저는 그에게 작별인사를 했고 천성에서 환영받기를 바란다고 빌어주었습니다. 그는 '저는 그럴 거예요, 꼭 그렇게 될 거예요'라고 말했습니다. 그렇게 우리는 헤어졌고, 다시는 그를 만나보지 못했습니다."

정직 : "그래서 결국 그는 잘 된 것 같구먼."

담대 : 고개를 끄덕이면서, "물론이죠. 그것을 한 번도 의심해 본 적이 없습니다. 그는 누구보다 정신력이 뛰어났어요. 그저 늘 우울감에 빠져서 삶이 짐이 되고 남을 성가시게 했던 겁니다(시 88:1-7). 그는 긍정적인 성격도 갖고 있었습니다. 그는 누구보다도 죄에 민감했고, 남에게 해를 끼치지 않을까 걱정해서, 자신이 정당하게 누려도 되는 것을 자제하고는 했어요"(롬 14:21).

정직 : 이맛살을 찌푸리면서, "하지만 왜 그런 착한 사람이 평생을 우울하게 살아야 하는 이유가 뭘까?"

담대 : "두 가지 이유가 있습니다. 하나는 지혜로우신 하나님의 뜻에 의한 거지요. 어떤 사람은 피리를 불어야 하고, 어떤 사람은 울어야 하기 때문입니다(요 21:22, 마 11:16).

다른 하나는 우리가 그것을 음악처럼 본다면 가장 좋은 설명이 됩니다. 두려움 씨는 가장 낮은 베이스를 연주하는 사람이었습니다. 그와 그의 친구들은 다른 악기보다 더 애절한 음악을 연주했던 것입니다. 어떤 사람들은 베이스가 음악의 기초라고 말합니다.

저는 깊은 슬픔에서 우러나오는 고백이 아니면 진정한 신앙 고백이 아니라고 생각합니다. 음악가가 조율할 때 맨 먼저 만지는 줄은 낮은음인데, 하나님께서도 사람의 영혼을 조율하실 때 이 베이스 줄을 먼저 튕겨보십니다. 두려움 씨의 단 한 가지 아쉬운 점은 종말이 가까워질 때까지 다른 어떤 음악도 연주할 수 없었다는 점입니다."

> 내가 감히 이렇게 대담하게 비유를 써서 설명하는 까닭은 젊은 독자들이 이해하기 쉽게 하기 위함이다. 요한계시록에서 '**구원받은 자들**'을 '보좌 앞에서 나팔과 거문고를 연주하며 노래하는 악단'으로 비유하고 있기 때문이다(계 5:8).-존 번연

정직 : "당신의 말을 듣고 보니 두려움 씨는 매우 성실한 사람이었구려. 그는 곤고산이나, 사자, 허영 시장을 전혀 두려워하지 않았소. 다만 죄와 죽음, 지옥만을 두려워했는데, 그것도 다 자신이 천국에 들어갈 수 있을까

하는 의심 때문이었군요."

담대 : "그렇습니다. 어르신도 보셨듯이, 그런 문제들이 그의 괴로움이었습니다. 그것은 그의 연약한 마음에서 비롯되었지만, 순례자 생활을 실천하면서 정신이 나약해진 것은 아닙니다. 속담에도 있듯이, 불기둥이 길을 가로막고 있을지라도, 그는 잘 헤쳐나갔을 거라 믿습니다. 그를 짓누르던 문제들은 그 누구도 쉽게 떨쳐버리지 못했습니다."

기독도여사 : "두려움 씨와 그의 투쟁에 대한 이야기는 저에게도 큰 도움이 되었어요. 저 같은 사람이 또 있을까 했는데 그 사람이 저와 닮았군요. 단지 두 가지 차이가 있어요. 우선 그는 그처럼 큰 두려움을 겉으로 드러냈지만 저는 속으로 삭였어요. 또 한 가지는 그가 두려움이 너무 커서 집에 들어가게 해 달라고 문을 두드리지 못한 반면, 저는 두려움 때문에 오히려 더욱 세게 문을 두드렸다는 점입니다."

자비 : "저도 허락해 주신다면 제 마음을 고백하고 싶어요. 말씀드리고 싶은 것은, 제 마음속에도 다른 면에서 그와 닮은 점이 있습니다. 저는 늘 낙원에 살지 못하고 지옥에 던져지지 않을까 하는 두려움에 시달렸어요. 모든 것을 잃는 것보다 그게 더 두려웠어요. 아! 이 세상에서 제가 가지고 있는 모든 것을 포기한다 해도 천국에 들어가는 것을 확신할 수만 있다면 그것으로 충분해요."

마태 : "저도 구원받기에는 부족하다는 두려움이 있었습니다. 그러나 그렇게 착한 두려움 씨가 천국에 들어갈 수 있게 되었다는 것을 알고 나니 저도 구원받을 수 있겠어요."

야고보 : "두려움이 없으면 은혜도 없어요. 지옥에 대한 두려움이 있을 때 항상 은혜가 있는 것은 아니에요. 하지만, 하나님을 두려워하지 않으면 은혜가 없습니다."

담대 : "잘했어. 야고보 너는 이 문제의 핵심을 찌르고 있구나. '하나님을 두려워하는 것이 지혜의 근본이다'(잠 9:10). 시작하지 않는 사람들에게는 중간도 끝도 없지. 즉 하나님을 두려워할 줄 아는 근본이 없는 사람은 지옥을 두려워하지 않는 시점까지 갈 수 없지.

자, 우리가 지금까지 두려움에 대한 이야기를 충분히 했으니, 노래로 착한 두려움 씨에게 작별인사를 합시다."

"두려움 씨, 당신은
당신의 하나님을 두려워했지요.
당신이 세상에 있는 동안 아무 짓이라도 했더라면,
정녕 버림받았을 거예요.
당신은 불 못과 지옥 구덩이를 두려워했소.
모든 사람들아 그리할지어다.
저처럼 지혜를 가지지 못한다면,
당신들 스스로 멸망할 것임이여!"

아집 이야기

나는 꿈에서 그들이 여전히 대화를 계속하며 걸어가는 것을 보았다.
담대가 두려움 씨에 대한 이야기를 끝낸 후, 정직 노인이 순례자들에게 아집이라는 사람의 이야기를 꺼냈다.
정직: "그 사람은 순례자 행세를 했어요. 하지만 그는 이 길 입구에 있는 좁은 문으로 들어오지 않았어요."
담대: "그 문제를 그 사람과 얘기해 본 적이 있으세요?"
정직: 고개를 끄덕이면서, "그럼, 한두 번이 아니지요. 그는 항상 아집이라는 자기 이름처럼 억지를 썼지. 다른 사람들이 뭐라고 하든 상관하지 않았고, 진실한 여론이나 다른 사람들의 선례로부터 배우고 싶어 하지 않았어요. 그가 하고 싶은 것은 다른 어떤 것도 아니고 자신의 아집을 따르는 것뿐이었지."
담대: "도대체 그가 내세운 주장이 뭡니까? 어르신은 그 사람과 함께 시간을 보내셨으니 아시겠군요."
정직: "그는 순례자들의 미덕뿐만 아니라 악덕도 따라야 한다고 주장했지, 그 두 가지 일을 하면서 살아간다면, 반드시 구원받을 것이라고 주장

했지."

담대: "어떻게 그런 생각을 할 수 있었을까요? 아무리 훌륭한 사람이라도 순례자의 미덕을 따를 뿐 아니라 악덕도 저지를 수 있다고 말했다면 틀린 말은 아니네요. 왜냐하면, 우리가 요단강 이쪽에 있는 동안은 악덕에서 완전히 벗어날 수 없기 때문에, 늘 조심하도록 노력해야 하니까요. 하지만 그가 한 말은 이러한 뜻이 아니겠지요. 어르신 말씀의 정확한 의미는, 그 사람이 악덕도 허용해야 한다고 주장한 것 같습니다."

정직: 고개를 끄덕였다. "맞아, 바로 그 뜻이야. 그는 그렇게 믿고 그런 방식으로 살았지."

담대: "그가 그렇게 주장한 근거가 무엇이라고 했습니까?"

정직: "글쎄, 성경에 나와 있다고 말했는데, 성경이 그것을 뒷받침하고 그렇게 살도록 허락했다는 거야."

담대: 눈썹이 약간 찌그러졌다. "정말입니까? 성경에요? 좀 더 자세히 설명해 주시겠습니까?"

아집 이야기를 하는 정직 노인

정직 : "그가 말했던 것처럼 설명해 보겠네. 예를 들어, 그는 하나님께 사랑받는 다윗이 다른 사람들의 아내와 정을 통했기 때문에 자기도 그럴 수 있다고 말했어. 그는 솔로몬이 수많은 여인을 거느리고 살았으니 자기도 그럴 수 있다고 말했어. 그는 또 사라와 애굽의 신실한 산파들도 거짓말을 했고, 라합이 정탐꾼을 숨긴 것처럼, 자기도 거짓말을 할 수 있다고 했어.

또 제자들도 주님의 말씀을 따라, 남의 나귀 새끼를 풀어서 가져왔으므로, 다른 사람의 것을 가져도 괜찮다고 했지. 야곱은 속임수와 거짓말로 아버지로부터 유산을 물려받았으니, 자기도 그런 일을 할 수 있다고 했어."

담대 : 생각에 잠겨 고개를 가로저었다. "가장 저질스러운 생각이군요! 정말로 그가 그렇게 말했습니까?"

정직 : "그럼! 그가 성경을 인용해서 주장하는 소리를 똑똑히 들었어."

담대 : "아무리 생각해도 세상에서 용납될 수 없는 주장입니다."

정직 : "내 말뜻을 정확히 이해하게, 그는 아무에게나 그런 행위가 허용된 것이 아니고 미덕을 행하는 사람만이 그런 짓을 저질러도 된다는 거야."

담대 : "그런 엉터리 주장이 어디 있습니까? 그는 착한 사람이 한때 마음이 흔들려 죄를 저지른 적이 있으니 자기도 그처럼 죄를 저질러도 괜찮다는 궤변이지요. 마치 어떤 아이가 거세게 부는 바람에 날려가거나 돌에 걸려 엎드러져서 진흙투성이가 되는 것을 보고, 일부러 넘어져서 진흙탕 속에 드러누워 돼지처럼 뒹굴어야 한다는 것과 마찬가지 아닙니까? 아무리 욕망에 눈이 어두워진들 그토록 눈이 멀었다고 누가 상상이나 했겠어요?

그러나 기록된 말씀이 사실로 입증되는군요. '그들이 말씀을 순종하지 아니하므로 넘어지나니 이는 그들을 이렇게 정하신 것이라'(벧전 2:8)라는 말씀입니다.

악덕에 물든 사람들이 독실한 신자처럼 미덕을 가질 수 있다고 생각하는 것은 과대망상입니다. 마치 개가 똥을 핥듯이, '하나님의 백성들이 죄를 먹습니다'(호 4:8). 그런 사람이 미덕을 지녔다고 말할 수 없습니다. 또 그런 생각을 고수하는 자들의 마음속에 믿음과 사랑이 있다고는 도저히 믿을 수 없습니다. 어르신도 그의 주장에 강력히 반대했을 것 같은데, 그때 그가 뭐라고 변명하던가요?"

정직 : 어깨를 한번 으쓱해 보이면서, "뭐랬냐 하면, 겉으로 반대하면서도 몰래 그런 짓을 하는 것보다, 자신과 같은 의견을 갖고 떳떳하게 실천하는 삶이 훨씬 더 정직하다고 말하더군."

담대 : 깊은 한숨을 내쉬었다. "악발하기 짝이 없는 대답입니다. 안 되는 줄 알면서도 정욕의 고삐를 늦추면 죄가 되는데, 죄를 짓고서도 묵인해 달라고 주장하다니요. 앞의 경우는 실수로 넘어지는 것이지만, 뒤의 경우는 사람들을 함정으로 몰아넣는 것입니다."

정직 : "아집처럼 말하진 않아도 그와 같은 생각을 가진 사람들이 꽤 많지. 요즈음 순례가 하찮게 여겨지는 것도 다 그런 자들 때문이야."

담대 : 체념한 듯 고개를 끄덕였다. "슬픈 일이지만 그건 사실입니다. 그러나 낙원에 계신 하나님을 두려워하는 사람들은 악한 생각에서 벗어날 것입니다."

기독도여사 : "세상에는 이상한 생각들을 가진 사람들이 참 많군요. 저는 죽기 직전에 회개해도 늦지 않다고 주장하는 사람을 보았어요."

담대 : "그리 현명하지 못한 사람이군요. 일주일 동안 30km를 걸어야 하는 여행인데, 마음에 내키지 않는다고 출발을 마지막 날 한 시간 전으로 미룰 수 있나요?"

정직 : "옳은 말이요. 순례자라는 사람들 중에서 대다수가 그런 짓을 하고 있어요. 나는 보다시피 노인이지만, 이 길에서 오랫동안 나그네 생활을 하면서 많은 것을 보았다오. 마치 온 세상을 몰아갈 것처럼 열정을 가지고 순례 여행을 출발한 많은 사람들이 모두 약속의 땅을 보지 못하고 광야에서 죽는 것도 보았지요. 또 처음 떠날 때는 아무런 가망도 없이 하루도 못 버틸 것 같던 순례자들이 매우 훌륭한 순례자가 되는 것도 보았

소.

어떤 사람들은 급하게 서둘러 뛰어가더니만 얼마 못 가서 되돌아오는 경우도 보았소. 처음에는 순례 생활을 침이 마르도록 칭찬하다가 얼마 뒤 기를 쓰고 반대하는 사람들도 있었지. 또 천국을 향해 출발할 때는 천국이 있다고 확신하던 사람들이 천국에 거의 다다라서는 '그런 곳은 없다'라고 말하면서 다시 돌아가는 것을 보았소. 또 순례를 가로막는 자들을 만나면 없애버리겠다고 큰소리치던 자들이 허무맹랑한 위협에도 겁을 먹고 신앙이고 순례고 모조리 내팽개치며 달아났다는 이야기도 들었소."

그때 어떤 사람이 그들에게 달려와서 말했다. "여러분, 그리고 약한 여자분들과 소년들이여, 목숨이 아깝거든 빨리 몸을 피하세요! 저 앞에 강도들이 있어요!"

이 말을 듣고 담대가 말했다.

담대 : "그들은 전에 작은 믿음을 습격했던 세 놈인가 보군요. 싸울 준비가 되어있습니다."

그래서 순례자들은 길을 계속 가면서, 혹시 그들이 숨어있지 않나 모퉁이를 돌 때마다 조심스레 살피면서 길을 갔다. 하지만 강도들이 담대의 소문을 들어서인지 아니면 다른 사람을 해치고 있는지, 순례자들 앞에 나타나지 않았다.

가이오의 집에서

기독도여사는 자신과 아이들이 지쳐있어서 여관에 들어가 쉬었다 가고 싶었다.

정직 : "조금만 더 가면 주님의 훌륭한 제자 가이오가 사는 집이 나옵니다"(롬 16:23).

노신사가 가이오를 그토록 몹시 칭찬하기에, 그들은 그 집에 가서 쉬어가기로 했다.

그들이 문에 도착했을 때 문을 두드리지 않고 바로 들어갔다. 여관에 들른 손님은 여관 문을 두드리지 않는 것이 관례이기 때문이었다. 그 집

II-7 가이오와 나손의 집

주인을 부르자 그가 곧 달려 나왔다. 그들은 주인에게 하룻밤을 묵어갈 수 있는지 물었다.

가이오 : "여러분이 진정한 신자라면 묵고 가셔도 좋습니다. 저의 집은 오직 순례자들만을 위한 집입니다."

순례자들을 사랑하는 여관 주인을 보고 기독도여사와 자비, 소년들이 매우 기뻐했다. 순례자들에게 방이 배정되었다. 가이오는 기독도여사와 아이들, 자비에게 방 하나, 담대와 정직 노인에게 방 하나를 주었다.

담대 : "착한 가이오 씨, 저녁으로 무엇이 준비되어 있습니까? 순례자들은 오늘 먼길을 오느라 몹시 지쳐있습니다."

가이오 : "밤이 깊어 음식을 구하기가 쉽지 않으니, 괜찮으시다면 우리 집에 있는 것으로 대접해드리겠습니다."

담대 : "집에 있는 음식으로도 아주 만족합니다. 제가 알기로 이 집에는 맛있는 음식이 떨어지는 날이 없으니까요."

가이오는 부엌으로 내려가서, 별미라는 요리사에게 순례자들을 위해 저녁 식사를 준비하라고 지시했다.

가이오가 순례자들에게로 돌아와서 말했다.

가이오 : "좋은 친구분들이여, 우리 집에 오신 걸 환영합니다. 여러분들을 대접할 수 있는 집이 있어서 매우 기쁩니다. 저녁이 준비되는 동안 좋으신 대로 함께 유쾌한 대화를 나누시지요."

순례자들은 모두 고개를 끄덕이며 찬성했다. 가이오는 기독도여사와 다른 순례자들에게 질문하는 것으로 대화를 시작했다.

가이오 : "나이 든 여자분은 누구의 아내신가요? 이 젊은 여인은 누구의 따님이십니까?"

담대가 기독도여사와 일행을 소개했다.

담대 : "이분은 기독도의 아내이며 소년들은 그의 네 아들입니다. 그리고 이 젊은 아가씨는 부인의 이웃인데, 부인 말을 듣고 함께 순례 길을 나섰지요. 이 아이들은 모두 아버지를 따르고 있으며, 아버지가 걸었던 길을 가고 있습니다. 아버지가 누웠던 곳이나, 아버지의 발자국을 보기만

해도 기뻐하면서, 같은 자리에 눕기도 하고 같은 곳을 걸어보기도 합니다."

가이오 : "기독도의 아내와 그의 아이들이란 말입니까? 부인! 남편의 아버지와 할아버지까지 제가 알고 있습니다. 이 가문에서 많은 훌륭한 사람들이 나왔습니다. 그의 조상들은 처음에 안디옥에 살았습니다(행 11:26). 기독도의 조상은 아주 훌륭한 분들이셨지요. 부인도 남편에게서 이런 이야기를 들어보셨지요? 그 조상들은 제가 아는 어느 누구보다 주님과 주님의 길을 사랑하는 순례자들에게 큰 미덕과 용기를 보여주신 분들이었습니다.

저는 진리를 위해 온갖 고난을 견디어 온 남편의 선조들 이야기를 많이 들었습니다. 남편 집안의 선조 스데반은 돌에 맞아 죽었고(행 7:59-60), 같은 세대의 야고보는 칼로 쳐 죽임을 당했습니다(행 12:2).

바울과 베드로에 대해서는 말할 것도 없고, 예부터 당신 남편의 집안에서 굶주린 사자에게 던져서 죽인 이그나티우스(Ignatius)와, 뼈에서 살을 도려내서 죽인 로마누스(Romanus)가 있고, 화형장의 불길 속에 용감하게 서 있었던 폴리갑(Polycarp)이 있는데, 맹렬한 불꽃이 그를 해치지 못하자 창으로 찔러 죽였습니다. 바구니에 담아서 뜨거운 햇빛 아래 매달아 놓고 말벌들이 쏘게 해서 죽였던 사람도 있었고, 자루에 쑤셔 넣어 바다에 던져서 익사시킨 사람도 있었습니다.

이 가문에서 순례자의 삶을 사랑하다가 크게 부상당하거나 죽임을 당한 가족들을 다 세는 것은 불가능한 일입니다. 당신의 남편이 이와 같이 훌륭한 아들을 넷씩이나 남겼다니 기쁘기 그지없습니다. 이 아이들이 아버지의 이름을 빛내고, 아버지의 발자취를 따라 아버지 계신 곳에 갈 수 있기를 바랍니다."

자비와 마태의 결혼 중매

담대 : "그렇습니다. 이 아이들이 아버지의 길을 확실하게 선택한 것을 보니 믿음직스럽습니다."

Ⅱ-7 가이오와 나손의 집

마태와 자비의 결혼을 제안하는 가이오

가이오 : "그렇기 때문에 기독도의 가족이 계속해서 세계로 퍼져나가고 지구상에서 셀 수 없이 많아질 것 같습니다. 기독도여사님 아들들이 약혼할 수 있는 적당한 아가씨를 찾아보세요. 그래서 이비지의 이름과 그 조상의 가문이 세상에서 결코 잊혀지지 않도록 해야 합니다."

정직 : "그의 가족이 멸종한다면 애석한 일이지요."

가이오 : "사람 수가 줄어들 수는 있지만, 가문이 망하는 일은 없을 것입니다. 하지만 기독도여사님 내 충고를 받아들이도록 하세요. 그리고 기독도여사님…" 그는 직접 말하기 위해 기독도여사 쪽으로 돌아섰다. "당신과 친구 자비 양을 여기서 함께 만나게 되어 무척 기쁩니다. 제가 조언을 드리겠는데, 자비 양을 가족으로 맞는 건 어떻습니까? 자비만 좋다면 그녀를 맏아들 마태에게 아내로 맺어 주세요. 이것이 앞으로 이 땅에서 자손을 보존하는 방법입니다."

그래서 두 사람의 혼담이 성사되어, 얼마 후 그들이 결혼했는데 자세한 이야기는 나중에 하겠다.

여인들의 수고와 헌신

가이오의 조언은 계속되었다.

가이오 : "저는 이제 여자들에게 쏟아지는 비난을 없애주기 위해 여자들을 대변하여 말하겠습니다. 한 여인을 통해 사망과 저주가 세상에 들어왔습니다(창 3:6).

또 생명과 회복 역시 같은 방법으로 세상에 들어왔습니다. 하나님께서는 여자에게서 한 아들이 나게 하셨습니다(갈 4:4).

후세의 여성들이 하와가 한 일을 얼마나 증오했는지 모릅니다. 구약성경에서 여성들이 아이 낳기를 무척 원했던 것을 보면 알 수 있습니다. 왜냐하면, 그들은 너도나도 세상의 구세주의 어머니가 되기를 바랐기 때문입니다. 그래서 구세주가 오셨을 때, 여자들이 남자나 천사들보다 먼저 기뻐했습니다(눅 1:42-46).

나는 '그리스도를 따라온 여자들이 자기들의 재산을 그분께 털어놓는 동안'(눅 8:2-3), 남자들이 그리스도께 동전 한 닢이라도 주었다는 것을 읽어 본 일이 없습니다.

눈물을 흘리며 그분의 발을 씻은 것도 여자였습니다(눅 7:37-48).

그리고 그분의 시체를 장사지낼 때를 위해서 미리 그분의 머리에 향유를 부은 것도 한 여자였습니다(요 11:2, 12:3).

그분이 십자가를 지고 가실 때 따라가며 통곡한 것도 여자들이었습니다(눅 23:27).

그분이 십자가에 매달려 계실 때에도 여자들이 그분과 함께 있었습니다(마 27:55-56).

그분의 몸이 무덤에 묻혀 계실 때, 무덤 곁에서 지키고 앉아 있었던 사람도 여자들이었습니다(마 27:61).

그리고 그분께서 부활하신 날 아침에 그분을 뵈었던 첫 번째 사람도 여자들이었습니다(눅 24:1).

그분이 부활하셨다는 소식을 제자들에게 가장 먼저 전해 준 사람도 여자들이었습니다(눅 24:22-23).

그러므로 여성들이야말로 큰 은혜를 받고 있으며, 남자와 함께 생명의 은총을 누리고 있다는 것이 분명합니다."

저녁 식사

그때 요리사가 저녁 식사 준비가 거의 다 되었음을 알리고 식탁에 식탁보를 펴고, 접시와 소금, 빵을 내어놓았다.

마태 : "식탁보가 펴지고 서넉 준비가 다 된 것을 보니 어느 때 보다 더 군침이 돕니다."

가이오 : 마태를 향해서 "그와 마찬가지로 하늘에 계신 위대하신 주님의 만찬에 참석하고 싶은 열망도 이 세상에서 배운 교리를 통해 더욱 뜨거워지기를 바란다. 이 땅에 있는 모든 설교와 책, 의식들은 우리가 주님의 집에 갔을 때, 주님께서 베풀어주신 잔치와 비하면 식탁 위에 식탁보와 접시, 소금에 불과하단다."

음식이 나오기 시작했다. 먼저 거제를 나타내는 어깨 살코기가 식탁에 옮겨졌고, 그다음에 흔들어 바치는 요제를 상징하는 가슴 살코기가 나왔다. 이 고기들은 그들이 식사하기 전에 먼서 하나님께 기도와 찬양을 드려야 함을 보여주기 위함이었다(레 10:14-15).

거제의 어깨살은 다윗이 자기 마음을 하나님께 들어 올려바친 것을 뜻하고, 요제의 가슴살은 다윗이 수금을 연주할 때 자신의 심장이 있는 가슴으로 악기를 품은 것을 뜻한다(시 25:1).

이 두 음식은 매우 신선하고 맛이 훌륭해서 그들은 모두 맛있게 먹었다.

다음으로 피처럼 붉은 포도주가 식탁에 나왔다(신 32:14).

가이오 : "마음껏 마시세요. 이것은 하나님과 사람의 마음을 기쁘게 하는 포도즙으로 만든 것입니다."

그들은 포도주를 마음껏 마시며 즐거워했다.

그 다음에 신선하고 맛있는 우유가 나왔다.

가이오 : "소년들이 이것을 먹고 쑥쑥 자라나도록 도웁시다"(벧전 2:1-2).

그때 또 버터와 꿀이 담긴 접시가 들어왔다.

가이오 : "마음껏 드십시오. 이것은 여러분의 기운을 솟아나게 하고, 이해력과 판단력을 높여주는 음식입니다. 이것은 우리 주님께서 어렸을 때 드셨던 음식입니다. '그가 악을 버리며 선을 택할 줄 알 때가 되면 엉긴 젖과 꿀을 먹을 것이라'(사 7:15)라고 하셨습니다."

다음으로 신선하고 맛있는 사과 한 접시가 나왔다.

마태 : "사과로 우리의 시조 하와를 유혹했는데, 사과를 먹어도 되겠습니까?"

가이오가 고개를 끄덕이면서 다음과 같이 노래로 대답했다.

"사과는 우리가 유혹을 당한 과일이었지요.
그러나 사과가 아니라 죄가 우리 영혼을 더럽히지요,
사과를 먹는 것이 우리를 부패시키는 것이 아닙니다.

식탁에 둘러앉은 순례자들

이 사과를 먹는 것은 우리에게 유익합니다.
기록된바 '주님의 비둘기 너희 교회들아,
주님의 사과를 먹으라'" (아가 2:5).

마태 : "저는 얼마 전에 과일을 먹고 아팠기 때문에 불안했습니다."
가이오 : "금지된 과일은 여러분을 아프게 하지만, 우리 주님께서 허락하신 것은 그렇지 않습니다."

그들이 대화하고 있을 때, 다른 접시가 들어왔다. 그것은 호두가 가득 담긴 접시였다(아 6:11).

그러자 식탁에 앉아 있던 누군가가 말했다. "호두는 약한 이를 망가뜨려요. 특히 어린아이들의 이를 망쳐요."

이 말을 들은 가이오가 또 이렇게 노래로 대답했다.

"어려운 성경 말씀은 호두와 같습니다.
그것을 위장술이라 부르지 않습니다.
딱딱한 껍데기는 알맹이를 보호해 주지요.
껍데기를 깨면 알맹이를 먹을 수 있습니다.
껍데기를 깨서 먹도록 여러분 식탁에 차려 놓았어요."

순례자들은 매우 즐거웠고 식탁에 둘러앉아 오랫동안 많은 대화를 나누었다.

수수께끼

그리고 나서, 노신사 정직이 말했다.
정직 : "나의 좋은 여관 주인님, 우리가 껍데기를 깨는 동안 수수께끼를 하나 풀어보시지요. 미치광이라는 소리를 듣는 어떤 사람이 있었는데, 그가 버리면 버릴수록 더 많이 얻었습니다."

그런 다음 그들은 가이오에게서 어떤 좋은 말이 나올지 숨을 죽이고 기다렸다. 그는 말없이 앉아 있다가 잠시 후 말을 꺼냈다.

가이오 : "가난한 사람에게 자기 물건을 나누어주는 사람은 그것을 열 배로 더 많이 돌려받을 것입니다."

요셉 : 눈이 휘둥그레져서, "선생님, 저는 선생님께서 그것을 못 맞출 거라고 생각했습니다."

가이오 : "오, 저런! 나는 그 방면으로 훈련을 많이 받았단다. 경험만큼 좋은 스승은 없다. 나는 주님에게서 친절을 베풀라는 가르침을 받았고, 친절은 베풀수록 유익하다는 것을 경험을 통해서 깨달았지.

'흩어 구제하여도 더욱 부하게 되는 일이 있나니 과도히 아껴도 가난하게 될 뿐이니라'(잠 11:24).

'스스로 부한 체하여도 아무것도 없는 자가 있고 스스로 가난한 체하여도 재물이 많은 자가 있느니라'"(잠 13:7).

사무엘이 엄마에게 귓속말로 속삭였다.

사무엘 : "엄마, 정말 훌륭한 사람이에요. 이 집에 좀 더 머물면서, 여기서 마태 형과 자비 양을 결혼시키면 어때요?"

가이오가 사무엘의 제안을 엿듣고 말했다.

가이오 : "얘야, 그거참 좋은 생각이구나."

구제하는 자비

그래서 그들은 가이오의 집에서 한 달 이상 머물렀고, 그사이 자비와 마태는 결혼했다. 그리고 그곳에 머무는 동안, 자비는 외투와 옷가지를 만들어서 가난한 사람들에게 나누어주었는데, 이것으로 순례자들에게서 매우 좋은 평판을 받았다.

다시 아까 이야기로 돌아가 보자. 저녁 식사 후에 소년들은 여행하느라 피곤했기 때문에 얼른 잠자리에 들고 싶어 했다.

그러자 가이오가 사람을 불러 말했다.

가이오 : "아이들의 잠자리를 보아주시오."

자비가 얼른 말했다.

자비 : "제가 가서 그들을 재울게요."

Ⅱ-7 가이오와 나손의 집

옷을 만들어 가난한 자들에게 입히는 자비

그녀는 아이들의 잠자리를 돌봐주었고, 아이들은 곧 잠이 들었다.
한편 나머지 사람들은 밤을 꼬박 지새웠다.
가이오와 순례자들이 서로 마음이 맞아서, 떨어질 줄을 몰랐기 때문이다. 그들은 주님과 자기 자신, 그리고 여행에 대해 많은 이야기를 나누었다. 그러다가 늙은 정직이 졸기 시작했다.

담대 : "어르신, 졸리시나 보지요? 자, 이번에는 제가 수수께끼를 하나 내볼게요."

정직 : "어디 한번 들어보지."

담대 : "죽이려 하는 사람은 먼저 정복당하고, 밖에서 살려는 사람은 집 안에서 먼저 죽습니다."

정직 : "하하, 어렵구먼, 풀기가 어렵겠고 실천하기는 더 어렵겠어. 여관 주인장님, 대답을 듣고 싶으니, 이 수수께끼를 여관 주인장께 양보하겠소."

가이오 : "아닙니다. 이 수수께끼는 어르신에게 주어졌으니까 어르신이 대답해야 합니다."

그래서 노신사는 이렇게 노래로 대답했다.

"죄를 없애려는 자는
먼저 은혜로 충만해야 하고,
참되게 살고 있다고 인정받으려는 자는
자신에게 먼저 죽어야 한다."

가이오 : "맞았습니다. 이 대답은 교리와 경험을 모든 사람들에게 가르치고 있습니다.

첫째, 은혜가 나타나서 그 영광으로 영혼을 지배하기 전까지는, 죄에 저항할 마음이 전혀 생기지 않습니다. 죄가 사탄의 밧줄이고 영혼이 그 밧줄에 묶여 있다고 한다면, 밧줄에서 풀리지 않은 채 어떻게 저항할 수 있겠습니까?

둘째, 이성이나 은혜를 아는 사람이라면, 부정부패의 노예가 되어있는 자기 자신을 은혜의 살아있는 증거라고 믿을 사람은 아무도 없을 것입니다. 지금 갑자기 떠오른 이야기인데 들을 만한 가치가 있을 테니 들어보세요.

순례 여행을 떠난 두 사람이 있었습니다. 한 사람은 젊어서 시작했고, 다른 한 사람은 나이가 지긋한 노인이 되어 시작했지요. 젊은 순례자는 타락하고 부패하려는 자신과 늘 싸워야 했지만, 노인은 늙었기에 자연히 싸워야 할 유혹이 적었습니다.

젊은이는 노인의 보조에 맞춰 매일 가벼운 발걸음으로 걸어갔습니다. 그들의 걸음은 비슷해 보였지만, 그들의 은총 중에서 어느 쪽이 더 선명하게 빛나겠습니까?"

정직 : "의심할 여지 없이 젊은이지요. 큰 유혹에 맞서 숭고한 노력을 하는 사람에게 강력한 흔적이 있기 때문입니다. 특히 노령으로 인해 유혹

이 반쯤밖에 안 되는 사람과 보조를 맞춰 나란히 걸어간다면 더욱 그렇습니다. 나는 노인들이 종종 자기기만에 빠지는 것을 보았소. 그들은 젊었을 때만큼 죄의 유혹과 투쟁하지 않는 것이, 체력이 쇠퇴하여 자연히 죄의 유혹을 덜 받게 된 것인데도 마치 자신이 유혹과 싸워서 이겨낸 것인 양 착각하는 것이지요. 정말로, 많은 경험으로 사물의 무익함을 아는 훌륭한 노인들은 젊은 사람들에게 충고할 수 있소.

그러나 노인과 젊은이가 함께 순례 길을 가고 있을 때, 비록 노인이 자연스럽게 죄의 유혹을 적게 받지만, 자기 안에서 역사하는 은혜를 깨닫는 것은 젊은이가 훨씬 민감하다오."

이같이 그들은 동이 틀 때까지 앉아서 이야기를 나누었다.

온 가족이 잠에서 깨어났을 때, 기독도여사는 아들 야고보에게 성경 한 장을 읽으라고 시켰다. 그는 이사야 53장을 읽었다. 다 읽고 나자 정직이 물었다.

정직 : "왜 구세주가 '마른 땅에서 나와야 한다'라고 했고, 또 '고운 모양도 없고 풍채도 없다'라고 한 이유가 무엇일까?"

담대 : "제가 대답하지요. 마른 땅에서 나왔다는 말은, 그리스도께서 오셨던 유대 땅의 상황을 말합니다. 당시 유대인들은 믿음의 생명력과 정신을 거의 다 잃어버렸기 때문입니다. 그늘은 영직으로 완전히 메말라 있었습니다.

또 고운 모양도 없고 풍채도 없다는 것은, 믿지 않는 사람들을 두고 한 말입니다. 그들은 우리 왕자님의 마음을 들여다볼 수 있는 눈이 없어서 초라한 겉모습만 보고 판단합니다. 마치 귀한 보석이 평범한 껍질로 덮여 있으면 알아보지 못하는 사람들과 같습니다. 그냥 평범한 돌인 줄 알고 던져버리지요."

살선과 심약

가이오 : "좋습니다. 여러분이 여기 있는 동안 좋은 일을 한 가지 합시다. 담대 씨가 무기를 잘 다룬다는 것을 알고 있어서 하는 말인데, 우리가

씻고 아침을 먹은 다음 들판으로 나갑시다.

여기서 1.6킬로 정도 떨어진 곳에, 왕의 대로를 여행하는 사람들을 괴롭히는 살선(殺善)이라는 거인이 살고 있습니다. 저는 그가 어디에 숨어있는지 아주 잘 알고 있습니다. 그는 많은 도둑들의 두목인데, 우리가 그를 없애버릴 수 있으면 좋겠습니다."

그 말에 모두 찬성했다. 담대는 칼과 투구, 방패로 무장했고, 나머지 사람들은 창과 몽둥이를 들고 길을 나섰다. 그들이 거인이 살고 있는 동굴에 도착했을 때, 그가 심약(心弱)이라는 사람을 두 손으로 붙잡고 있는 것이 보였다.

그의 졸개들이 길을 가던 심약을 붙잡아서 두목에게로 끌고 갔던 것이다. 그 거인은 그를 샅샅이 뒤져서, 가지고 있는 것을 모조리 빼앗은 다음, 그를 산 채로 잡아먹을 참이었다. 그는 식인종이었다.

그는 담대 일행이 무기를 들고 동굴 입구에 들어오는 것을 보고 뭣 때문에 왔느냐고 소리쳤다.

담대 : "너를 잡으러 왔다. 네 놈이 왕의 대로에서 많은 순례자들을 잡아다가 죽인 것을 복수하러 왔다. 어서 동굴 밖으로 나와라."

그래서 거인이 무장하고 밖으로 나왔고, 즉시 싸움이 시작되었다. 담대와 거인이 한 시간 넘게 싸우다가, 숨을 돌리기 위해 잠시 멈췄다.

거인 : "도대체 무엇 때문에 내 땅에 온 거냐?"

담대 : "아까 말한 것처럼 순례자들의 피를 복수하기 위해서 왔다."

그들은 다시 싸움을 시작했다.

거인의 공격으로 약간 뒤로 물러났던 담대가 다시 힘을 내어 무서운 기세로 거인의 머리와 옆구리를 내리치자 거인이 무기를 땅에 떨어뜨렸다. 담대는 단숨에 거인을 쳐서 죽이고, 그의 머리를 잘라서 여관으로 가져갔다. 그는 또한 순례자 심약을 구해서 데려갔다.

여관에 도착한 그들은 그의 머리를 식구들에게 보여주었고, 그것을 밖으로 가져다가 장차 그렇게 하려고 하는 사람들에게 본보기로 장대에 높이 달아 세웠다.

거인 살선의 머리를 메고 가는 순례자들

그들은 심약에게 어떻게 하다가 거인의 손아귀에 붙잡혔는지 물었다. 그러자 가엾은 그가 말했다.

심약 : "여러분이 보시다시피, 저는 몸이 약합니다. 죽음이 매일 방문을 두드렸어요. 저는 집에 있으면 결코 안 되겠다 싶었습니다. 그래서 순례자의 생활을 시작했고, 저와 저의 아버지가 태어난 **불확실** 마을을 떠나 여기까지 오게 되었습니다.

저는 몸이 약하고, 정신력도 부족하지만, 할 수만 있다면 순례자의 길에서 제 인생을 보내고 싶습니다. 제가 **좁은 문** 앞에 이르렀을 때, 그곳의 주께서 저에게 아낌없이 베풀어주셨습니다. 그는 저의 허약한 몸이나 나약한 마음을 나무라지도 않으셨습니다. 오히려, 여행에 필요한 모든 것을 내어주셨고, 끝까지 희망을 잃지 말라고 격려해 주셨습니다.

저는 또 해설가의 집을 찾아갔을 때도 분에 넘치는 대접을 받았고, 곧

고산 언덕이 저에게 너무 힘들겠다고 하시면서, 하인 중에서 한 사람을 저에게 붙여 주셔서, 그 하인이 저를 업고 산을 넘었습니다.

정말로 저는 다른 순례자들의 도움을 많이 받았습니다. 비록 저처럼 천천히 가야 하는 사람과 보조를 맞춰주는 사람은 없었지만 저마다 다가와 용기를 북돋아 주면서 '**마음이 약한 자에게 위로를 주는 것이 주님의 뜻**' (살전 5:14)이라고 말했습니다. 그러고는 걸음을 늦추지 않고 가던 길을 계속 갔습니다.

제가 습격의 오솔길에 도착했을 때, 이 거인과 마주쳤습니다. 그가 제게 싸울 준비를 하라고 하더군요. 그러나 저는 나약한 사람이지 않습니까? 그래서 그가 저를 끌고 갔으나 두렵지 않았습니다. 그가 저를 죽이지 않을 거라는 생각이 들었습니다. 그의 소굴로 데려갔을 때도 다시 살아날 것이라고 믿었습니다. 왜냐하면, 순례자가 아무리 난폭한 자들에게 사로잡힌다 해도, 마음을 다해 주님을 믿으면 하나님의 섭리에 따라 적의 손에서 살아남을 수 있다고 들었거든요.

단지 가지고 있는 물건을 모조리 강탈당할 각오는 하고 있었습니다. 실제로 빼앗기기도 했지만, 여러분이 보시다시피 저는 목숨을 건졌습니다. 모든 것을 아시고 이렇게 도와주신 주님과 주님께서 보내주신 여러분께 감사를 드립니다.

저는 앞으로도 끊임없이 폭력과 싸움이 있을 것으로 예상합니다. 하지만 결심한 것이 있습니다. 뛸 수 있으면 뛰고, 뛸 수 없을 때는 걸어가고, 걸을 수 없을 때는 기어서라도 순례 길을 가겠다고 결심했습니다. 저를 사랑해 주시는 분이 계시므로 결코 흔들리지 않을 것입니다. 보시다시피 저는 허약하지만, 제 앞에 길이 뻗어 있고 제 마음은 이미 **요단강** 너머에 가 있습니다."

정직 : "혹시 오래전에 순례자였던 **두려움**이라는 사람과 잘 아는 사이가 아닙니까?"

심약 : "알다마다요. 그는 장망성에서 북쪽으로 약간 떨어진 **어리석음** 마을에 살았지요. 비록 제 고향과는 좀 멀리 떨어져 있지만, 그는 제 아

버지의 동생입니다. 저에게는 삼촌이라 아주 잘 알고 있습니다. 그는 저와 성격이 비슷했고, 키는 저보다 조금 작지만, 얼굴색도 비슷했습니다."

정직: "그를 알고 있을 줄 알았소. 당신들 둘 다 피부가 하얗고 눈매도 닮았으며, 말투까지 비슷해서 아는 사이일 거라고 짐작을 했어요."

심약: "저희를 아는 사람들은 거의 똑같이 말합니다. 심지어 제가 봐도 삼촌과 저는 비슷한 점이 많거든요."

가이오: "선생, 힘내세요. 우리 집에 오신 것을 환영합니다. 바라는 게 있으면 뭐든지 말하세요. 하인들도 시키는 일이 있으면 기꺼이 해 줄 것입니다."

심약: "생각지 못한 대접을 받으니, 마치 짙은 먹구름 사이로 햇살이 비치는 것 같습니다. 거인 살선이 저를 가로막고 더 멀리 못 가게 한 것도 다 이런 호의를 받기 위해 그랬던 것일까요? 그리고 제 물건을 훔친 뒤에 저를 가이오 주인님의 집에 보내려고 그랬을까요? 어찌 됐건 결과가 그렇게 되었습니다."

심약과 가이오가 이러한 대화를 나누고 있을 때, 어떤 사람이 집으로 달려와 문을 두드리며 소리쳤다. "여기서 2.4킬로 떨어진 곳에서 옳지 못함이라는 순례자가 벼락을 맞고 즉시했습니다."

심약: "세상에! 그가 죽있단 말입니까? 제가 며칠 전에 이곳에 도착했을 때 그가 저를 뒤따라 와서 저와 동행하고 싶다고 했었지요. 거인이 저를 붙잡을 때도 같이 있었는데 그는 발이 빨라 재빨리 도망쳤지요. 그런데 그는 죽으려고 도망쳤고, 저는 살기 위해 끌려간 셈이 되었군요."

그런 후 심약은 다음과 같이 감사의 노래를 불렀다.

"당장 죽일 듯이 달려들던 것이
종종 궁지에 몰린 사람을 구하는구나.
죽음의 얼굴을 한 하나님의 섭리가
때로는 비천한 자에게 생명을 주신다.
나는 붙잡히고 그는 도망쳤지만,

뒤바뀐 손길로, 그에게는 죽음을 나에겐 생명을 주셨도다."

마태와 야고보의 결혼

이때쯤 마태와 자비가 결혼식을 올렸고 가이오도 자기 딸 뵈뵈를 마태의 동생 야고보에게 시집보냈다. 순례자들은 결혼식 후 열흘 정도 더 가이오의 집에서 머물렀고, 여느 순례자들처럼 시간을 보냈다.

그들이 떠날 때가 되자, 가이오가 잔치를 베풀었고, 모두 먹고 마시며 즐거워했다. 그들이 떠나기에 앞서 담대가 숙박비를 지불하기 위해 가이오에게 청구서를 달라고 했다. 그러자 가이오가 자기 집에서는 순례자들을 대접한 대가를 받지 않는 것이 관례라고 말했다.

그는 순례자들을 일 년씩 묵게 하지만 돈은 착한 사마리아 사람에게 받게끔 되어있다고 말했다. 사마리아 사람은 비용이 얼마가 됐든 자신이 돌아올 때 순례자들을 대신해서 충실히 갚겠다고 약속했다고 말했다(눅 10:34-35).

마태와 자비의 결혼식

그러자 담대가 말했다.

담대 : "사랑하는 자여, 네가 무엇이든지 형제 곧 나그네 된 자들에게 행하는 것은 신실한 일이니, 그들이 교회 앞에서 너의 사랑을 증언하였느니라. 네가 하나님께 합당하게 그들을 전송하면 좋으리로다"(요삼 1:5-6).

가이오와 그의 가족들은 순례자들과 작별 인사를 했다. 특히 심약에게 각별하게 작별인사를 한 후, 길을 가면서 마실 것을 주었다. 하지만 그들이 문밖으로 나갈 때, 심약이 일부러 꾸물대는 눈치였다. 담대가 이를 알아채고 말했다.

담대 : "심약 씨! 부디 우리와 함께 갑시다. 제가 안내하면 당신도 다른 순례자들처럼 길을 잘 갈 수 있을 겁니다."

심약 : 한숨을 쉬면서, "아! 저에게 맞는 길동무가 있으면 얼마나 좋을까요? 여러분은 모두 튼튼하고 활기차지만 저는 보시다시피 연약합니다. 그러니 저는 천천히 혼자 가겠습니다. 결점이 많은 제가 함께 가면 제 자신뿐 아니라 여러분에게도 짐이 될 것입니다.

이미 말씀드렸듯이, 저는 나약하고 소심한 사람이라서 다른 사람이 잘 견뎌내는 것도 힘들어하며 포기하고 맙니다. 여행 동행자로서 저는 잘 웃지 않고, 화려한 옷도 좋아하지 않으며, 쓸데없는 질문도 싫어해요. 저는 남들이 마음껏 누리는 일에도 걸려 넘어질 만큼 나약합니다.

게다가 무지한 신자라서 진리를 모두 알지 못하기 때문입니다. 가끔, 누군가가 주님 안에서 기뻐하는 소리를 들을 때면, 그렇지 못한 제가 괴롭습니다. 저는 힘센 사람 중에 섞여 있는 나약한 외톨이 같고 건강한 사람들 틈에 낀 환자 같습니다. 어찌해야 좋을지 모르겠어요"(욥 12:5).

담대 : "하지만, 형제여, 저는 마음이 약한 자를 격려하고 힘이 없는 사람을 붙들어주라는 임무를 맡았습니다. 그래서 당신은 우리와 함께 가야 합니다. 우리가 당신을 기다려 주고 도와줄 것입니다. 당신을 당황하게 할 수 있는 말과 행동을 조심할 것이고, 쓸데없는 언쟁을 피할 것입니다. 당신을 혼자 뒤처지게 내버려 두지 않고 우리가 당신에게 맞추며 가겠습니다"(고전 9:22).

망설임을 반기워하는 심약

망설임의 방문

그들이 가이오의 집 문 앞에서 계속 대화하고 있는 동안, 망설임이라는 사람이 목발을 짚고 나타났다. 그 역시 순례 길을 가고 있었다.

심약이 새로 나타난 사람에게 고개를 돌려 말했다.

심약 : "여기는 어쩐 일로 오셨습니까? 그러지 않아도 제게 어울리는 여행 친구가 없다고 푸념하던 참이었는데 당신이야말로 제가 바라던 사람이군요. 잘 오셨습니다! 반갑습니다. 나와 당신이라면 서로 도움을 줄 수 있을 것입니다."

망설임 : "기꺼이 길동무가 되어 드리지요. 이렇게 운 좋게 만났으니, 혼자 가는 것보다 서로 함께 가는 것이 좋지요. 제 목발 하나를 빌려드리겠습니다."

심약이 손과 고개를 가로저으며 말했다.

심약 : "아니요, 괜찮습니다. 말씀은 고맙지만 절름발이가 되기도 전에 다리를 절면서 가고 싶지는 않습니다. 개를 쫓을 때는 필요할지도 모르겠지만요."

망설임 : 고개를 끄덕이면서, "저의 도움이나 목발이 필요하면 언제든지 말씀하세요."

담대와 노신사의 대화

그리하여 순례자들은 다시 길을 떠났다. 담대와 정직 노인이 앞장을 서고 기독도여사와 그녀의 가족이 그 뒤를 따랐으며 심약과 목발을 짚은 망설임이 맨 뒤에 따라갔다.

정직이 담대에게 말을 걸었다.

정직 : "이렇게 다시 순례의 길로 들어섰으니 우리보다 앞서 순례 길을 갔던 사람들의 유익한 이야기를 좀 들려주시오."

담대 : "기꺼이 해드리지요. 예전에 기독도가 겸손 골짜기에서 아볼루온을 만났던 일과, 사망의 음침한 골짜기를 지나갈 때 힘든 일을 겪었던 이야기는 들어보셨을 것입니다. 또 믿음이 음탕 여인, 첫 사람 아담, 불만, 수치 네 악당을 만나 얼마나 혼났는지도 들어보셨겠지요?"

정직 : 고개를 끄덕이면서, "그 이야기는 모두 들었지요. 착한 믿음이 수치를 만났을 때 가장 애를 먹었다지요? 수치란 자는 아주 끈질긴 놈이니까."

담대 : "그렇습니다. 모든 사람 가운데 수치만이 이름이 거꾸로 되었다고 순례자들이 입을 모아 말했지요."

정직 : "그런데 기독도와 믿음이 수다쟁이를 만난 곳이 어디였지요? 그도 꽤 악명이 높았지요?"

담대 : "그는 건방진 바보였지만, 많은 사람들이 그의 뒤를 따랐습니다."

정직 : "믿음도 그에게 감쪽같이 속아 넘어갈 뻔했다지요?"

담대 : "그렇습니다. 그러나 기독도가 수다쟁이의 실체를 꿰뚫어 본 덕분에 믿음이 재빨리 정신을 차릴 수 있었습니다."

길을 계속 가던 그들은 전도자가 기독도와 믿음을 만나 허영 시장에서 겪게 될 일을 예언했던 곳에 이르렀다.

담대가 그곳을 가리키며 말했다.

담대 : "이곳에서 기독도와 믿음이 전도자를 만났습니다. 전도자는 그들에게 허영 시장에서 어떤 문제에 직면하게 될지를 미리 일러주었습니다."

정직 : "알고 있소. 그때 그들에게 전달해야 했던 것이 힘든 소식이었지요?"

담대 : 고개를 끄덕이면서, "그렇긴 하지만 동시에 용기를 북돋아 주기도 했습니다. 하지만 우리가 무슨 말로 그들을 설명할 수가 있을까요? 두

사람 모두 사자처럼 용맹스러웠고, 역경 앞에서 굳센 각오를 다졌지요. 그들이 재판관 앞에 섰을 때, 얼마나 당당했는지 기억하십니까?

정직 : 턱을 매만지면서, "생생하게 기억하고 있소. 믿음은 용맹스럽게 고통을 견뎌냈지요."

담대 : "그렇습니다. 믿음 덕분에 용감한 이들이 많이 일어났지요. 소망 씨를 비롯한 몇 사람들이 믿음의 죽음을 보고 회심했던 것입니다."

정직 노인은 지금까지 그가 알지 못했던 이야기들을 자세히 알고 있는 담대에게 계속 이야기해 달라고 간청했다.

담대 : 웃으면서, "기독도가 일단 허영 시장을 통과하고 난 후, 엄청난 대적이었던 이기심을 비롯해서 또 다른 사람들과 어려움을 만났지요."

정직 노인이 눈살을 찌푸렸다.

정직 : "이기심이요? 어떤 자였지요?"

담대 : "몹시 거만하고 둘도 없는 위선자로 못된 악당입니다. 그는 세상 풍조를 따라 바꿔가면서 종교를 믿었습니다. 절대로 손해를 보지 않고 고통을 겪지 않도록 약삭빠르게 처신했지요. 형편이 새롭게 바뀔 때마다 종교를 믿는 법도 달라졌지요.

그의 아내도 만만치 않았습니다. 이랬다저랬다 생각을 바꾸기 일쑤였고 자기 행동을 이기적인 쪽으로 정당화했습니다.

그의 자식들 중 어느 누구도 진실하게 하나님을 경외한다는 말을 들어 본 적이 없습니다. 제가 알기로는, 자신의 이기심 때문에 불행한 최후를 맞았다고 합니다."

허영 마을 나손의 집에서

이 무렵 허영 마을이 저 멀리 보였다. 마을이 가까워지자 그들은 그곳을 어떻게 통과해야 할지 의논했다.

다들 한마디씩 한 뒤 담대가 끝으로 말했다.

담대 : "여러분도 아시다시피 저는 순례자들을 안내하면서 몇 번이나 이 마을을 지나갔습니다. 구브로 출신의 나손이라는 늙은 제자(행 21:16)와

친분이 있으니 그의 집에 머무는 게 어떻겠습니까? 다들 괜찮으시다면 그 집으로 갑시다."

정직 : 활짝 웃으면서, "그렇게 하도록 합시다."

기독도여사 : "좋습니다."

심약 : "저도 좋습니다."

다른 사람들도 모두 찬성했다.

그들이 마을 변두리에 이르렀을 때 이미 해가 져서 어두웠다. 그러나 담대가 노인의 집으로 가는 길을 알고 있었다. 집에 도착해서 담대가 문을 두드렸다. 안에 있던 노인이 그의 목소리를 알아듣고 얼른 문을 열어 그들을 안으로 맞이했다.

나손 : "오늘은 얼마나 멀리서 오시는 길입니까?"

담대 : "우리의 친구 가이오의 집에서 오는 길입니다."

나손 : "먼길을 오시느라 몹시 피곤할 텐데, 모두 어서 앉으세요."

그래서 일행은 진심으로 감사하며 자리에 앉았다.

담대 : "자! 여러분 힘내십시오! 제 친구 나손 씨가 여러분을 반가워하는군요."

나손 : "진심으로 환영합니다. 필요한 것이 있으면, 무엇이든지 말씀하세요. 저희가 할 수 있는 건 다 해드리겠습니다."

정직 : "우리는 잠시 머물 숙소와 좋은 친구가 필요했소. 이 두 가지를 모두 얻게 되었군요."

나손이 웃었다.

나손 : "숙소라면 여러분 눈앞에 있지만, 좋은 친구는 시험당하고 있을 때 나타난답니다."

담대 : "자, 순례자들을 방으로 안내해 주시겠습니까?"

나손 : "그러지요."

나손은 그들을 저마다 방에 안내해 주고, 아주 깨끗한 식당도 보여주었다. 잠자리에 들기 전에 함께 식사할 곳이었다.

선량한 사람들의 토론

그들이 자리에 앉아 쉬면서 좀 기운을 되찾자, 정직이 집주인 나손에게 물었다.

정직 : "이 마을에도 선량한 사람들이 있나요?"

나손 : "몇 사람 있지요." 어깨를 으쓱했다. "하지만 다른 마을에 비해 아주 적은 편입니다."

정직 : "그들 중 몇 명을 만나볼 수 있을까요? 순례자들이 선량한 사람을 만나는 것은 마치 밤바다를 항해하다가 달과 별들을 만나는 것과 같지요."

나손이 발을 쿵쿵 구르자 그의 딸 은혜가 올라왔다.

나손 : "은혜야! 아버지 친구인 회개, 거룩, 성도 사랑, 거짓 없음, 참회 등에게 가서 우리 집에 오신 손님들이 오늘 저녁에 뵙고 싶어 한다고 전해라."

그래서 은혜가 집을 나서서 그들을 부르러 가자 모두 열 일을 제치고 한달음에 달려왔다. 서로 인사를 나눈 뒤 식탁에 둘러앉았다.

집주인 나손이 모두에게 말했다.

나손 : "이웃들이여, 보다시피 우리 집에 낯선 손님들이 와 있습니다. 이들은 멀리서 온 순례자들인데 시온 산으로 가는 길입니다. 여러분! 이분이 누구신지 아십니까?"

그는 기독도여사를 손으로 가리키며 말했다.

나손 : "이분은 기독도여사입니다. 믿음과 함께 우리 마을에서 치욕을 당한 유명한 순례자 기독도의 아내입니다."

그 이웃들이 깜짝 놀라서 벌떡 일어나 말했다. "은혜가 우리를 부르러 왔을 때 기독도여사를 볼 것이라고는 상상도 못 했습니다. 참으로 뜻밖이며 기쁜 일이네요!"

그들은 기독도여사에게 안부를 물었고, 함께 있는 젊은이들이 그의 아들들이냐고 물었다. 그녀가 그렇다고 대답하자 그들이 말했다.

"너희들이 사랑하고 섬기는 하나님께서 너희를 너희 아버지처럼 되게 하시고, 그가 평안히 쉬고 있는 나라로 이끄시기를 바란다."

그들이 모두 자리에 앉자, 노신사 정직이 회개와 나머지 사람들에게 물었다.

정직: "요즘 마을 형편이 어떻습니까?"

회개: "장이 서는 날이면 무척 바쁘답니다. 할 일이 많고 복잡한 데 마음과 영혼을 돌보는 일은 아주 힘들지요. 이런 곳에서 장사하며 살아가는 우리 같은 사람들에게는 매일, 매 순간 주의해야 할 필요가 있습니다."

정직: "이웃들은 좀 어떻습니까? 평안한가요?"

회개: "전보다 한결 부드러워졌습니다. 이 마을에서 기독도와 믿음이 어떤 시련을 당했는지 알고 계시지요? 요즘에는 그때보다 훨씬 더 순해졌고 덜 공격적입니다. 믿음의 피가 지금까지도 그들에게 마음의 짐으로 남아있는 모양입니다. 그를 불태워 죽인 이후로, 그 일을 부끄러워하며 다시는 사람을 불태우지 않았습니다."

회개와 정직 노인의 대화

그 당시 우리는 거리에 나서는 것조차 무서워했지만, 지금은 고개를 들고 나다닐 수 있습니다. 그 당시는 기독교 신자들이 아주 미움을 받았지만, 지금은 이 큰 마을의 일부 지역에서는 종교가 명예로운 것으로 여겨지고 있습니다."

회개가 말을 마치고 다시 순례자들에게 안부를 물었다.

회개 : "그건 그렇고 여러분의 순례 여행은 어떻습니까? 지금까지 마을을 들를 때마다 사람들이 어떻게 대하든가요?"

정직 : "다른 여행자들과 별반 다를 게 없습니다. 길이 깨끗할 때도 있고 더러울 때도 있으며, 때로는 위험하기도 하고, 오르막길도 있고, 내리막길도 있었습니다. 앞길을 전혀 예측하지 못합니다. 늘 순풍이 부는 것도 아니고, 길에서 만나는 사람이 다 친구가 아닙니다.

이미 제법 어려운 고난을 겪었지만 또 어떤 어려움이 닥칠지 알 수가 없지요. 대부분의 경우 착한 사람이 어려움을 겪는다는 옛말이 사실이라는 것을 알게 되었습니다"(딤후 3:12).

회개 : "시련에 대해 이야기하셨는데 어르신은 어떤 시련을 겪으셨습니까?"

정직 : 고개를 가로저으면서, "그것은 우리 안내자인 담대에게 물어보세요. 그가 잘 설명해 줄 거예요."

담대 : "시련이라면 이미 서너 차례나 겪었습니다. 먼저, 기독도여사와 그 아들들이 두 명의 불량배에게 습격을 당해 목숨을 잃을 뻔했습니다. 또 '피에 굶주린 쟈라는 거인, 몽둥이 거인, 살선 거인의 괴롭힘을 받았습니다. 살선 거인에게서 괴롭힘을 당했다기보다 우리가 나서서 그 거인을 해치웠습니다.

그 상황을 말씀드리자면, 우리가 온 교회의 주인인 가이오의 집에 머무를 때입니다. 어느 날 우리는 무기를 들고 순례자들을 자주 습격하는 악명 높은 거인이 있다는 말을 듣고 찾아 나섰지요. 가이오는 그가 출몰하는 곳을 잘 알고 있었지요. 그래서 우리는 그 지역을 수색하고 샅샅이 뒤져서 마침내 그의 동굴 입구를 찾아냈어요. 우리는 기뻐하며 용기를 냈습니다. 동굴 입구로 가보자 거인이 불쌍한 심약을 억지로 끌고 와서 막 목숨을 빼앗으려던 참이었습니다.

그런데 우리를 보고는 또 다른 먹잇감으로 생각했는지 그는 불쌍한 심약을 굴에 두고 나와서 우리를 쫓아왔어요. 그래서 격렬한 싸움이 벌어졌고 심하게 반격해 왔지만 결국 우리는 그를 박살 내고 땅바닥에 쓰러뜨리고 그의 목을 잘라버렸습니다.

그 머리는 앞으로 사악한 짓을 저지르려는 자들에게 겁을 주려고 우리가 길가에 매달아 놓았지요. 저의 말이 사실이라는 것을 여기 있는 심약이 증명해 줄 것입니다. 그는 사자의 입에서 살아나온 어린 양과 같은 사람이지요."

심약 : 고개를 끄덕이면서, "모두 사실입니다. 저는 고통과 위안을 모두 경험했습니다. 거인이 당장 갈기갈기 찢을 것만 같아 떨고 있을 때, 담대씨와 그의 친구들이 가까이 와서 저를 구해주었고 저의 고통은 사라지고 진정한 위안을 얻었습니다."

거룩 : "순례 여행을 가는 사람들에게 필요한 것이 두 가지가 있는데, 바로 용기와 타락하지 않은 삶입니다. 만일 용기가 없다면, 결코 순례 길을 꿋꿋하게 나아갈 수 없습니다. 또 그들이 방탕한 삶을 산다면, 그들은 순례자들의 이름에 먹칠을 하게 될 것입니다."

성도 사랑 : "여기 계신 순례자들에게는 이러한 주의가 필요하지 않다고 생각하지만, 실제로 여행을 다니는 사람들 가운데는 자신이 나그네이자 순례자라는 것을 인정하기보다는 오히려 순례에 이방인이라고 말하는 사람들이 많이 있습니다."

거짓 없음 : 고개를 끄덕여 맞장구치면서, "그들은 순례자의 모습도 없고, 순례자의 용기도 없습니다. 똑바로 걷는 것이 아니라 제멋대로 발을 디딥니다. 한 발은 안으로 향하고, 다른 쪽 발은 바깥으로 향하고 있지요. 그들의 양말은 그들의 주님을 조롱거리로 만드는 찢어진 걸레에 지나지 않습니다."

참회 : "이러한 일들이 걱정스럽습니다. 순례자들은 그러한 얼룩과 흠이

깨끗해지지 않는 한, 그들과 그들의 순례 여정에 은총을 받지 못할 것입니다."

그들은 이렇게 이야기를 하며 시간을 보내다가 저녁 식사가 차려지자 식탁에 둘러앉았다. 식사하면서 지친 몸의 피로를 푼 다음, 모두 잠자리에 들었다.

결혼하는 기독도의 아들들

그들은 시장 안에 있는 나손의 집에서 오랫동안 머물렀다. 시간이 지나면서 그는 자기 딸 은혜를 기독도의 아들 사무엘과 맺어 주었고, 그의 딸 마르다는 요셉과 맺어 주었다. 그들이 이곳에 그렇게 오래 머물 수 있었던 이유는 기독도가 허영 시장을 방문했던 시절과 상황이 바뀌었기 때문이다.

그래서 순례자들은 이 마을의 착한 사람들을 많이 알게 되었고, 그들이 할 수 있는 일이라면 무엇이든지 성의껏 봉사해 주었다. 자비는 늘 하던 대로, 가난한 사람들에게 먹을 것과 입을 것을 만들어 주면서 열심히 도왔다. 그녀에게 도움을 받은 사람들은 모두 순례자들을 축복했으며, 그녀는 그곳 신자들의 자랑거리가 되었다.

그리고 뵈뵈, 은혜, 마르다도 모두 마음씨가 고와서 착한 일을 많이 했다. 그리고 기독도의 며느리들이 자녀들을 많이 낳았기 때문에 앞서 말했듯이, 기독도의 이름이 세상에 길이 남게 되었다.

괴물 용을 무찌르다

그들이 이곳에 머무는 동안 한 괴물이 숲에서 나와 마을 사람들을 마구 죽였다. 괴물은 어린아이들을 데리고 가서 자기 새끼처럼 젖을 빨도록 가르쳤다. 마을에서는 아무도 감히 이 괴물과 맞서지 못했다. 다들 괴물이 다가오는 소리를 들으면 모두 도망가기 바빴다.

그 괴물은 지구상의 어떤 짐승과도 닮지 않았다. 그것의 몸뚱이는 용과 같았고, 머리가 일곱이요 열 개의 뿔을 가지고 있었다. 그것은 한 여자의 조종을 받고 있으면서, 아이들의 삶에 엄청난 재앙과 멸망을 가져다주었다(계 17:3).

이 괴물이 사람들에게 특정한 조건을 제시했는데, 자신의 영혼보다 목숨을 더 사랑했던 사람들은 그 조건을 받아들였다. 그래서 그들은 그 짐승의 지배를 받았다.

마침내 담대는 나손의 집에 있는 순례자들을 만나러 온 사람들과 함께, 이 짐승과 맞서 싸우기로 결의했다. 혹시 탐욕스러운 용의 마수에서 마을 사람들을 구할 수 있지 않을까 하는 생각에서였다. 그래서 담대는 회개, 거룩, 성도 사랑, 참회 등과 함께 무기를 들고 괴물과 싸우기 위해 나섰다.

그들이 다가가자 괴물은 몸을 일으켜 매우 깔보는 듯한 눈초리로 바라보았다. 하지만 무기에 능한 사람들이었기 때문에, 그들이 짐승을 마구 치자 그가 멀리 달아났다. 그리고 나서 그들은 나손의 집으로 돌아왔다.

그들은 그 괴물이 마을에 나타나 아이들을 잡아가는 시기가 정해져 있

순례자들의 공격으로 궁지에 몰린 괴물

다는 것을 알았다. 이 계절이 돌아오면, 이 용맹스럽고 대담한 순례자들은 그를 지켜보고 있다가 계속해서 공격했다. 괴물은 나날이 상처가 깊어져 발까지 절뚝거리게 되었다.

그 결과, 마을에 있는 아이들을 잡아가는 일은 예전처럼 일어나지 않았다. 몇 사람들은 실제로 이 짐승이 상처가 깊어져 죽을 것이라고 믿었다.

이로 말미암아 담대와 그의 친구들이 이 마을에서 유명 인사가 되었다. 아직도 세상 허영에 들떠있는 사람들조차 그들을 존경하기에 이르렀다. 그 덕분에 순례자들이 그 마을에서 더이상 피해를 당하지 않게 되었다. 두더지처럼 이해력이 없고 짐승만도 못한 비천한 사람들이 아직도 있기는 했다. 그들은 순례자들을 존경하지 않았고 그들의 용기와 모험에 전혀 관심을 갖지 않았다.

믿음이 불태워 죽임을 당한 곳에 세워진 기념비

8

기쁨의 산과 의심성

재물 언덕과 소금기둥

　시간이 흘러서 길을 떠나야 할 때가 다가오자 순례자들은 길 떠날 채비를 했다. 떠나기에 앞서, 그들은 친구들을 불러 이야기한 후, 각각 서로를 위하여 하나님께 보호를 바라는 기도를 올리기로 했다. 그들은 자기 소유물 가운데서 약한 자와 강한 자, 여자들과 남자들에게 필요한 물건들을 가지고 와서 순례자들에게 여행에 부족함 없이 채워주었다(행 28:10).
　마침내 순례자들이 출발했다. 친구들은 순례자들을 멀찌감치 따라가며 배웅한 후 작별인사를 하기 전에, 다시 한번 서로 하나님의 보호를 바라는 기도를 올리기로 약속하고 헤어졌다.
　이처럼 적은 무리의 순례자들은 담대를 앞세우고 길을 나아갔다. 여성들과 소년들은 체력이 약해서 안간힘을 다해 따라가야 했다. 그런 처지를 망설임과 심약이 딱하게 여길 정도였다.
　마을 사람들과 친구들을 떠난 지 얼마 되지 않아서 믿음이 순교 당한 곳에 이르렀다. 그들은 걸음을 멈추고 서서, 믿음이 십자가의 삶을 그처럼 훌륭하게 감당하게 해 주신 주님께 감사기도를 드렸다. 더욱이 믿음이 고통을 담담하게 받아들인 덕분에 자신들이 혜택을 받고 있다는 것을 알기에 더욱 감사를 드렸다.
　거기서부터 순례자들은 계속 길을 가면서, 기독도와 믿음에 관한 이야기, 믿음이 순교한 후 소망이 어떻게 기독도와 함께 순례를 계속했는지 이야기를 나누면서 먼 길을 걸어갔다.
　이윽고 순례자들이 재물 산에 이르렀다. 그 산에는 은광이 있었는데 데마가 은광의 유혹에 빠져 순례 길을 버렸던 곳이며, 이기심도 그곳에서 떨어져 죽었다는 소문이 있는 산이었다.

순례자들은 이 이야기들을 회상하면서 길을 갔다. 그들은 재물 산 맞은편에 서 있는 오래된 비석, 소금기둥 앞에 다다랐을 때, 잠시 걸음을 멈추고 서서 소돔의 모습과 악취 나는 호수를 바라보면서, 기독도가 그랬던 것처럼, 지식과 지혜가 풍부한 사람들이 어쩌다 재물에 눈이 멀어 샛길로 빠졌는지 의문스러워했다.

하지만 다시 생각해 보니 인간의 본성은 다른 사람의 허물을 보고도 쉽게 고칠 수 있는 것이 아님을 깨달았다. 특히 보이는 것이 어리석은 눈앞에 매혹적일 때 누구나 넘어지기 쉽다고 생각했다.

푸른 초장과 쉴만한 물가

나는 그들이 계속 길을 가서 마침내 기쁨의 산기슭에 있는 강가에 이르는 것을 보았다.

강 양쪽 둑에는 아름다운 나무들이 줄지어 있었는데, 배탈이 났을 때

시편 묵상

그 나뭇잎을 따먹으면 금방 좋아졌다. 이곳의 초원은 일 년 내내 푸르렀고 순례자들이 안전하게 누워 쉴 수 있는 곳이었다(시 23:2).

강가의 초원에는 양 우리가 있었는데, 어린 양이나 순례 중에 태어난 어린아이를 기르고 양육하기 위해 지은 집이었다. 그곳에는 새끼 양을 돌보고, 또 어린아이들을 돌보는 목자가 있었다. 그는 어린 양을 너그럽게 품속에 안고 다니며, 젖을 먹이는 어미 양을 다정하게 이끌어주었다(사 40:11).

기독도여사는 네 며느리들에게 아기를 그분께 맡기라고 당부했다. 그러면 아이들이 강가에 살면서 보호받고 자랄 수 있어서 아무 부족함 없이 지낼 수 있기 때문이었다.

기독도여사 : "만일 아이들 가운데서 누가 길을 잃고 헤매게 되면, 그분이 찾아서 집으로 데려오실 것이다. 상처를 당한 아이는 싸매어 주고 병든 아이는 낫게 하시고 튼튼하게 하실 것이다(렘 23:4).

여기서는 절대로 먹고 마시며 입을 옷이 부족함 없이 살 거란다. 도둑이나 강도로부터도 안전하게 보호받을 수 있을 거야. 그분은 돌보는 아이들 중 한 명이라도 잃지 않기 위해서라면 목숨도 버리실 분이시거든. 게다가, 여기서 아이들은 올바른 길을 가도록 좋은 지도와 가르침을 받을 것이다. 너희들도 알다시피, 이 모든 것은 하찮은 친절이 아니라 아주 특별한 은총이다.

이곳에서는, **바알세불**의 정원 담장 너머로 가지가 늘어져 **마태**가 먹고 배탈이 났던 그런 과일이 아니라, 맑은 물, 아름다운 초원, 싱싱한 꽃, 그리고 건강한 열매를 맺는 다양한 나무들이란다. 이 과일들은 약한 자에게는 건강을 가져다주고, 건강한 자에게는 더욱 건강하고 튼튼하게 해주는 열매란다."

그래서 며느리들은 어린아이들을 목자의 보살핌에 맡기고 행복해했다. 사실, 그렇게 하는 것은 매우 고무적인 일이었다. 왜냐하면, 이곳은 하나님께서 직접 경영하시며 어린아이들이나 고아들을 돌보시고 보호하시는 곳이었기 때문이다.

의심성을 무너뜨리다

그곳을 떠나 길을 계속 걸어가던 순례자들은 샛길 초원에 이르러, 기독도와 소망이 넘어갔던 계단 앞에 도착했다. 두 순례자는 그 계단을 넘어갔다가 거인 절망에게 납치되어 의심성에 갇혀서 고생했었다.

거기에 순례자들이 둘러앉아서 어떻게 하면 좋을지 의논했다. 기독도와 소망이 겪은 일들을 이야기했고, 지금 그들이 할 수 있는 가장 좋은 일은 무엇일지 이야기를 나누고 있었다. 그들은 지금 매우 강해졌고, 담대와 같은 용감한 안내자가 있으니, 더 멀리 가기 전에 어쩌면 거인을 죽이고 그의 성을 무너뜨리고, 만일 성에 잡혀있는 순례자가 있다면 구출해서 자유롭게 하는 게 좋겠다고 했다.

한 사람이 의견을 내면 다른 사람이 반대하기를 되풀이했다. 어떤 사람은 신성하지 않은 땅에 들어가도 괜찮은지 의문을 제기했고, 다른 사람은 의도가 좋으면 상관없다고 말했다.

담대 : "의도가 좋으면 무슨 짓을 해도 괜찮다는 의견이 항상 옳은 것은 아닙니다. 하지만 저는 죄에 맞서 악을 물리치고, 믿음의 선한 싸움을 싸우라는 명령을 받았습니다. 제가 만약 거인 절망을 내버려 둔다면, 누구와 선한 싸움을 싸워야 한단 말입니까? 그러므로 저는 그를 죽이고 의심성을 무너뜨릴 것입니다. 저와 함께 가실 분 없습니까?"

정직 : "내가 가겠소!"

그러자 기독도여사의 네 아들 마태, 사무엘, 요셉, 그리고 야고보가 말했다. "우리도 함께 가겠습니다"(요일 2:13-14).

그래서 그들은 여인들을 길에 남겨두고 싸우러 나갔다. 그들이 돌아올 때까지 심약과 목발을 짚은 망설임에게 여인들을 보호하고 있으라고 부탁하고 떠났다. 그 계획은 그들을 길에 머물러 있도록 하는 것이었다. 그것은 어린아이라도 할 수 있는 일이었다(사 11:6).

담대와 정직 노인, 네 명의 젊은이가 거인 절망을 찾기 위해 의심성으로 올라갔다. 그들이 성문에 도착해서 아주 요란하게 문을 두드렸다. 그 늙은 거인이 문 앞으로 나왔고 그의 아내도 따라 나왔다.

거인이 소리쳤다.

거인 : "웬 놈들이냐? 감히 겁도 없이 나 거인 절망을 번거롭게 하느냐?"

담대 : "나는 담대다. 천국의 왕을 섬기는 신하로서 천국으로 가는 순례자들을 안내하고 있다. 내가 들어가도록 어서 문을 열어라! 나는 너의 목을 베고 의심성을 쳐부수러 왔으니 싸울 각오를 해라!"

거인 절망은 자신이 거인이기 때문에 아무도 자기를 이길 수 없다고 생각했다. 과거에 천사들도 물리친 적이 있었으므로, 담대가 어떤 놈이든 두려워할 필요가 없다고 생각했다. 그래서 그는 무장하고 담대와 싸우러 밖으로 나왔다. 머리에는 강철 투구를 썼고 가슴에는 불타는 갑옷을 입었으며 쇠로 만든 신발을 신었다. 손에는 커다란 몽둥이를 들고 있었다.

여섯 남자가 그에게 다가가서 앞뒤로 둘러쌌다. 거인의 아내 주눅이가 남편을 도우러 나오자 정직 노인이 그녀를 단칼에 베어 버렸다.

싸움이 치열해지자 그들은 죽을힘을 다해 싸운 끝에 거인 절망을 땅바

거인 절망을 무찌른 순례자들

닥에 쓰러뜨렸다. 거인은 죽기를 두려워해 마지막까지 미친 듯이 버둥거렸다. 흔히 말하는 것처럼 목숨이 고래 심줄보다 질겼지만 결국 담대가 그를 죽이고 목을 베어버렸다. 머리만 남기고 몸뚱이는 큰 바위 밑에 묻어버렸다.

거인 절망을 죽이고 난 다음 의심성을 무너뜨리기 시작했다. 모두 허무는 데 7일이나 걸렸다. 그리고 성안에 갇혀 굶어 죽기 직전이었던 순례자 낙심과 그의 딸 근심을 찾아내 구했다. 하지만 성 안마당에 널려 있는 수많은 시체와 죽은 사람들의 해골로 가득한 지하 감옥을 보았다면 독자 여러분도 놀랐을 것이다.

담대와 그의 친구들이 이처럼 눈부신 활약을 펼친 뒤, 낙심과 그의 딸 근심을 보호해 주었다. 그들은 거인 절망에게 붙잡혀 의심성에 갇혀 있긴 했지만 정직했기 때문이었다.

그들은 거인의 머리를 들고 길로 돌아가서, 그들을 기다리던 순례자들에게 그것을 보여주고, 지금까지 이루어진 일을 그들에게 설명했다. 심약과 망설임이 이것이 정말로 거인 절망의 머리라는 것을 알고는 기뻐서 어쩔 줄 몰라 했다.

기독도여사는 비올라를 켤 줄 알았고, 며느리 자비는 비파를 켤 줄 알았다. 그들은 모두가 기쁨에 겨워 음악을 연주하기 시작했다. 이때 춤을 추고 싶어진 망설임이 낙심의 딸 근심에게 다가가 손을 잡아끌어 함께 춤을 추기 시작했다. 그는 한 손으로 목발을 짚고 추는데도 발을 잘 맞췄다. 근심도 음악에 맞추어 추면서 칭찬받을 만한

지하 감옥에 갇힌 낙심과 그의 딸

솜씨를 뽐냈다.

하지만 낙심은 음악이 귀에 들어오지 않았다. 그는 붙잡혀 있는 동안 굶주렸기 때문에 춤을 추는 것보다 먹고 싶은 마음이 간절했다. 그래서 그가 배고픔을 견딜 수 있도록 기독도여사가 마실 것과 음식을 내주었다. 잠시 뒤 이 노신사는 정신을 차리고 기운을 되찾았다.

나는 내 꿈에서, 이 모든 일이 끝나자 담대가 거인 절망의 머리를 높은 장대에 매달아 큰길 옆에 세워놓는 것을 보았다. 그는 그것을 뒤따라오는 순례자들이 거인의 땅에 들어가지 않도록 경고하기 위해 기독도가 세운 기둥 옆에 세워놓았다.

그런 다음 그는 다음과 같은 구절을 대리석에 써서 세웠다.

장대에 높이 매달린 거인 절망의 머리

이것은 그의 이름만 듣고도
순례자들이 벌벌 떨던 자의 목이다.
그의 성은 무너졌고 그의 아내 주눅이도
용맹한 정직의 손에 죽었다.

낙심과 그의 딸 근심을 위해서도
담대가 용맹을 발휘했으니
믿지 못하겠거든 눈을 크게 뜨고
이것을 바라보면 의심이 깨끗이 걷힐 것이다.

의심하던 절름발이들도
기뻐하며 춤을 추면서
비로소 두려움에서 벗어났음을
이 머리로 보여주는 바이다.

기쁨의 산과 목자들

거인 절망을 죽이고 의심성을 무너뜨린 후 순례자들은 계속 길을 가다가 마침내 기쁨의 산에 도착했다. 그곳은 전에 기독도와 소망이 힘을 얻었던 아름다운 숲, 포도원, 온갖 종류의 과일들로 가득 찬 꽃처럼 아름다운 곳이었다.

그곳에서 양 떼를 돌보는 목자들을 만나 금방 친하게 되었다. 그들은 이전에 기독도와 소망을 환영했던 것처럼 그들을 환영해 주었다. 목자들은 담대와 잘 아는 사이였는데 그렇게 많은 사람들을 이끌고 있는 것을 보고 물었다.

"일행이 참 많습니다. 이 사람들을 모두 어디서 만났나요?"

그러자 담대가 대답했다.

담대 : "먼저 여기는 기독도여사와 가족들인데, 그녀의 아들들과 며느리들입니다. 항상 북극을 향하는 북두칠성이나 나침반처럼, 죄에서 떠나 오직 은총을 향해 여기까지 달려왔답니다.

다음으로 순례자요 순진한 노인 정직 씨입니다.

그리고 제가 감히 진실하다고 보증하는 망설임 씨와 뒤에 남기를 싫어하는 심약 씨입니다.

또 낙심 씨와 그의 착한 딸 근심 양입니다.

우리가 여기서 좀 쉬었다 갈 수 있을지 아니면 계속 가야 하는지 솔직하게 말씀해 주세요."

목자들 : "잘 오셨습니다. 여러분을 진심으로 환영합니다. 우리 왕자님께서는 지극히 작은 자에게 행한 일을 기뻐하십니다. 그러므로 약한 사람이라도 우리가 대접을 소홀히 할 수 없습니다"(마 25:40).

그늘은 순례자들을 궁궐 분으로 안내한 후 말했다.

목자들 : "어서 들어오세요, 심약 씨. 들어오세요, 망설임 씨. 들어오세요, 낙심 씨와 따님 근심 양."

그리고 그들은 안내자 담대에게 말했다.

목자들 : "우리가 저분들의 이름을 일일이 부른 것은 들어오는 것을 주저하지 않을까 해서였습니다. 그러나 당신과 강건한 나머지 분들은 평소처럼 자유롭게 들어오십시오."

담대 : "여러분의 얼굴에 은혜가 빛나는 것을 보니 우리 주님의 진실한 목자들이 분명하군요. 여러분은 약하거나 병든 자들을 밀어내지 않고, 그들의 발 앞에 꽃을 뿌려주셨습니다"(약 1:27, 겔 34:21).

그리하여 몸과 마음이 약한 자들이 먼저 궁궐로 들어가고, 담대와 나머지 사람들은 그 뒤를 따랐다.

그들이 안으로 들어가 자리에 앉자, 목자들이 약한 사람들에게 먼저 말했다.

"무엇을 드시고 싶으십니까? 여기서는 난폭한 사람들에게 주의를 주는 것은 물론이고 약한 사람들에게는 음식을 마련해 준답니다."

목자들은 소화가 잘되면서도 맛있고 영양가 있는 음식을 듬뿍 차려주었다. 음식을 맛있게 먹은 순례자들은 각자에게 정해진 방으로 가서 쉬었다.

아침이 밝았다. 매우 맑고 신선한 날씨였다. 목자들은 관례대로 순례자들이 떠나기 전에 들판으로 데리고 나가서 전에 기독도에게 보여주었던 것을 보여주었다.

그런 다음 목자들은 새로운 장소로 그들을 인도했다. 맨 처음 간 곳은 **경이로움 산**이었다. 그들이 바라다보니 저 멀리서 한 남자가 말소리로 산속의 고요함을 깨뜨리고 있었다. 순례자들은 목자들을 돌아보며 물었다. "저것이 무엇을 의미합니까?"

목자들 : "저 사람은 『천로역정』 1부에서 읽었던 큰 은혜 씨의 아들입니다. 그는 순례자들에게 순례 길에서 어떤 어려움과 맞닥뜨릴지라도 믿음으로 그 고난을 이겨내라고 가르치기 위해서 저러고 있는 것입니다"(막 11:23-24).

담대 : "나는 저 사람을 알고 있습니다. 그는 누구보다도 뛰어난 사람입니다."

그리고 나서 목자들은 순례자들을 **순결산**이라고 불리는 곳으로 데려갔다. 그들은 거기서 흰옷을 입고 있는 어떤 사람을 보았다. 그런데 그 옆에서 **편견**과 **양심**이라는 두 사람이 계속해서 그 사람에게 흙을 던지고 있었다. 하지만 놀랍게도 그들이 아무리 흙을 던져도 흰옷에서 금방 떨어져 나갔고, 흰옷은 마치 먼지 하나도 닿지 않은 것처럼 깨끗하고 하얗게 보였다. 그것을 본 순례자들이 물었다. "이게 무슨 뜻이죠?"

목자들 : "저 사람의 이름은 **경건**입니다. 이 흰옷은 그의 경건한 삶을 보여주는 것이지요. 그의 올바른 삶을 미워하는 사람들이 흙을 던지고 있지만, 보다시피 흙이 옷에 묻지 않습니다. 이것이 세상에서 경건하게 사는 사람들의 모습입니다. 하나님께서 그들의 경건함을 빛나게 하시고 의로운 삶을 대낮처럼 환하게 밝히시기 때문에 그들에게 아무리 흙을 던져봤자 헛수고일 뿐입니다."

그 후 목자들은 순례자들을 **자선산**으로 데리고 가서 옷감 한 필을 앞에 놓고 있는 사람을 보여주었다. 그 사람이 주위에 서 있는 가난한 사람들에게 겉옷과 속옷을 만들 수 있는 옷감을 잘라서 나누어 주는데도 옷감은 줄어들지 않고 계속 그대로 있었다.

순례자들이 또 물었다. "이게 무슨 뜻이죠?"

목자들 : "이것은 가난한 사람에게 나누어주기 위해 일하는 사람은 결코 부족함이 없음을 보여드리는 것입니다. 남에게 물을 주는 사람은 목마르지 않고, 선지자에게 떡을 만들어 준 과부의 밀가루 통은 조금도 줄어들지 않습니다"(왕상 17:16).

목자들은 순례자들을 또 다른 장소로 데리고 갔다. 그곳에서 바보와 멍청이라는 자들이 에디오피아 사람의 검은 피부를 하얗게 만들려고 열심히 씻어주고 있었다(렘 13:23). 하지만 그들이 열심히 씻으면 씻을수록 검은 피부가 더욱 검어지는 것이었다.

그것을 본 순례자들이 또 물었다. "이것은 또 무슨 뜻이죠?"

목자들 : "이것은 좋은 평판을 얻기 위해 모든 수단과 방법을 다하는 사악한 사람이 어떻게 되는지를 보여주는 본보기입니다. 결국 그들의 모든 노력은 그들을 더 혐오스럽게 만들 뿐입니다. 바리새인들이 그러했고, 모든 위선자들이 그렇게 될 것입니다."

그리고 나서 마태의 아내인 자비가 시어머니 기독도여사에게 말했다.

자비 : "어머니, 가능하다면 지옥으로 가는 샛길이라고 부르는 언덕의 구멍을 보고 싶어요."

기독도여사가 목자들에게 그녀의 뜻을 전하자 그들이 산기슭에 있는 문으로 데려갔다. 그들이 문을 열고 자비에게 잠시 동안 귀를 기울여 보라고 했다. 그곳에서 어떤 사람의 말소리가 들려왔다.

"평화와 생명의 길로 가지 못하게 한 아버지에게 저주를 내려 주

지옥 구덩이 입구를 바라보는 자비

시기를!"

또 다른 사람이 말했다. "아, 내 영혼을 잃기 전에 몸이 갈기갈기 찢기는 한이 있어도 생명을 구원했어야 했는데!"

또 다른 이가 말했다. "다시 태어날 수만 있다면, 무슨 수를 써서라도 여기 오지 않을 거야!"

자비는 발밑에서 땅이 신음하며 요동치는 것 같아서 겁에 질렸다. 뒤로 물러나는 자비가 하얗게 질려 부들부들 떨면서 말했다.

자비 : "저곳에 떨어지지 않고 구원받은 사람들은 복이 있도다."

목자들은 순례자들에게 이 모든 것을 보여 준 뒤 그들을 다시 궁전으로 데리고 가서 집에 있는 온갖 음식으로 대접했다.

젊은 기혼 여성인 자비는 그곳에서 본 것 가운데 하나를 갖고 싶었지만, 그것을 달라고 하기가 부끄러웠다. 기독도여사가 자비의 안색을 눈치채고 무엇 때문에 괴로워하느냐고 물었다.

자비 : "식당에 걸려 있는 거울을 갖고 싶어요." 시어머니를 빤히 쳐다본 뒤 마룻바닥을 돌아보면서, "생각을 떨쳐버릴 수가 없어요. 거울을 갖지 못한다면 유산할 것만 같아요."

기독도여사 : "거울을 갖고 싶다는 네 소원을 목자들에게 전해주마. 주지 않겠다고 하지는 않을 것이다."

자비 : "하지만 간절히 바라는 제 욕심을 그분들이 아는 게 부끄러워요."

기독도여사 : "아니다. 내 딸아, 그런 것을 갖고 싶어 하는 것은 부끄러운 일이 아니라 미덕이란다."

자비 : "그러면 어머니, 목자들에게 거울을 팔 생각이 없는지 물어봐 주세요."

그 거울은 천에 하나인 아주 진귀한 것이었다. 앞면은 자신의 모습을 그대로 비춰주지만, 돌려서 뒷면을 보면 특별한 능력을 가지고 있었다. 그것은 순례자들에게 주님의 얼굴과 모습을 보여주었다.

나는 그것을 직접 본 사람들과 이야기를 나눈 적이 있는데, 그들은 그 거울을 볼 때 그의 머리에 가시 면류관을 쓰신 그분의 모습을 보았다고 말했다. 또 그분의 손과 발의 못 자국과 옆구리에 난 상처 구멍도 보았다고 했다. 그리고 그 거울은 그분을 보고 싶어 하는 모든 사람에게, 살아 계신 모습이나 죽으신 모습, 지상이나 천국에 계신 모습, 고난을 당하시던 모습이나 찬양받으시는 모습, 또는 수난당하러 오셨던 모습과 다스리기 위해 다시 오실 모습 등을 보여주는 뛰어난 특징을 가지고 있었다(고후 3:18).

기독도여사는 혼자서 목자들을 찾아갔다. 목자들은 지식, 경험, 감시, 성실 네 사람이었다.

기독도여사: "제게 출산을 앞둔 며느리가 하나 있는데, 이 집에서 본 물건 하나를 꼭 갖고 싶어 합니다. 여러분께서 거절하면 유산할 거라고 생각하는군요."

경험: "그녀를 불러오세요. 도움이 될 만한 것은 다 드릴 수 있습니다."

목자들은 자비를 불러서 말했다.

순례자들을 꾸미고 있는 목자들

목자들 : "자비 씨, 집에 있는 것 중 가지고 싶은 것이 무엇입니까?"
자비 : 얼굴을 붉힌 채, "식당에 걸려 있는 큰 거울을 갖고 싶어요."
그러자 성실이 달려가 거울을 가져와서 그녀에게 기꺼이 주었다. 자비가 고개를 숙여 감사를 표하며 말했다.
자비 : "제가 여러분께 큰 은혜를 입었습니다."
목자들은 또한 다른 젊은 여인들에게도 저마다 원하는 것을 주었고, 그 남편들에게는 담대와 함께 거인 절망을 죽이고 의심성을 무너뜨린 공적을 매우 칭찬해 주었다. 그리고 기독도여사의 목에 목걸이를 걸어주었고 그녀의 네 며느리에게도 똑같이 해주었다. 또 귀에는 귀걸이를, 이마에는 보석을 붙여 주었다.
이윽고 순례자들이 길을 떠나려 하자 목자들은 그들에게 평안을 빌어주었다. 하지만 기독도와 소망에게 했던 것처럼 특별한 주의의 말을 하지는 않았다. 담대가 그들을 안내하고 있었기 때문이다. 담대는 모든 것을 잘 알고 있었고, 위험이 닥치면 적절하게 경고를 할 수 있었다. 기독도와 소망은 목자들로부터 경고를 받았음에도 막상 실천에 옮겨야 할 때 그만 깜빡 잊었었다. 그러니 기독도여사 일행이 기독도 일행보다 더 유리한 처지였다.
순례자 일행은 노래를 부르면서 길을 떠났다.

보라, 순례자들이 편히 쉴 곳이
얼마나 알맞게 마련되어 있는지,
우리를 하나도 빠짐없이 영접하여
다음 세상을 목적지와 본향 삼게 했어요.
우리가 비록 순례자들이지만, 즐거운 삶을 살도록
그들이 우리에게 진기한 것을 내어주었어요.
그것은 우리가 어디를 가든 순례자라는 것을
증명하는 진기한 것이랍니다.

9

요단강을 건너는 순례자들

변절자

　목자들과 헤어지고 길을 떠난 순례자들은 곧 기독도가 배교 마을에 사는 변절자와 만났던 곳에 도착했다. 안내자 담대는 순례자들에게 변절자를 상기시켜주려고 말을 꺼냈다.
　담대 : "이곳이 바로 기독도가 변절자를 만난 곳입니다. 그는 배신자라는 낙인을 등에 지고 살았지요. 이 사람에 대해서 말씀드리자면, 그는 누구의 충고도 귀담아듣지 않아서, 한번 타락한 뒤로는 아무리 설득해도 마음을 되돌릴 수가 없었습니다.
　그가 십자가와 무덤이 있는 곳에 이르렀을 때 어떤 사람이 그것을 좀 보라고 권했지만, 그는 이를 갈고 발을 구르며 자신의 마을로 돌아가겠다고 소리쳤습니다.
　그가 좁은 문에 다다르기 전에 전도자를 만났습니다. 전도자는 그에게 손을 내밀면서 다시 바른길로 되돌아가라고 타일렀으나, 변절자는 그에게 반항하며 험한 말을 퍼부어댔습니다. 그러고는 전도자의 손을 뿌리치고 담을 넘어 도망쳤습니다."

진리의 용사

　순례자들은 이 일을 곰곰이 생각하면서 계속 길을 가서, 전에 작은 믿음이 강도를 만난 곳에 이르렀다. 거기서 칼을 뽑아 들고 얼굴에 피투성이가 된 채 서 있는 사람과 마주하였다.
　그를 보고 담대가 말했다.

담대: "당신은 누구십니까?"

그 남자가 대답했다. "저의 이름은 진리의 용사라고 합니다. 저는 천국으로 가고 있는 순례자입니다. 그런데 길을 가다가 세 남자가 앞을 가로막더니 세 가지 제안을 했습니다. 저더러 자기들과 한패가 되든지, 고향으로 돌아가든지, 죽을 준비를 하든지 셋 중 하나를 그 자리에서 결정하라는 것이었습니다(잠 1:11-14).

첫 번째 제안에, 저는 오랫동안 신앙에 충실하게 살아왔는데 이제 와서 도둑들과 어울릴 수 없다고 대답했습니다. 두 번째 제안은 어떠냐고 묻기에, 만약 고향이 불편하지 않았다면 그곳을 떠나지도 않았을 것인데, 고향이 내게 맞지 않으며 이롭지도 않았기 때문에 떠났다고 대답했지요.

그리고 나서 그들은 세 번째 제안에 대한 대답을 요구했습니다. 그래서 저의 목숨은 소중해서 함부로 버릴 수 없는 매우 값진 것이라고 말했지요. 그리고 '너희는 나에게 그런 선택을 강요할 권한이 없다. 나의 일에 간섭하려거든 단단히 각오하라!'라고 소리쳤지요. 그랬더니 그 세 남자, 야만, 무분별, 참견이 칼을 들고 덤벼들기에 저도 칼을 뽑아 그들에게 맞섰습니다.

진리의 용사

그래서 저는 그 세 놈을 상대로 싸우기 시작했고, 그 전투는 3시간 넘게 격렬하게 벌어졌습니다. 보다시피, 그들은 내게 영광의 상처를 남기고 달아났고, 나도 또한 그들에게 상처를 주었지요. 그들은 아마 방금 당신들이 오는 소리를 듣고 도망한 것 같습니다."

담대: "혼자서 세 명을 상대하다니 대단하군요."

진리의 용사 : "사실입니다. 하지만 진리의 편에 있는 사람에게 적수가 많건 적건 문제가 되지 않습니다. '**군대가 나를 대적하여 진칠 지라도 내 마음이 두렵지 아니하며, 전쟁이 일어나 나를 치려 할지라도 나는 여전히 태연하리로다**'(시 27:3)라는 말씀처럼 말입니다. 또 사람이 군대와 싸워 이겼다는 기록도 읽은 적이 있습니다. 삼손은 나귀 턱뼈로 얼마나 많은 적을 죽였습니까?"

담대 : "왜 구해달라고 소리치지 않았습니까? 그랬더라면 소리를 듣고 더 일찍 사람들이 도우러 왔을 텐데요."

진리의 용사 : "저는 하나님께 소리쳤습니다. 그분은 제 음성을 들으시고 보이지 않는 도움을 주신다는 것을 알고 있습니다. 그것만으로도 충분했습니다."

담대 : "참으로 훌륭하게 대처하셨군요. 당신의 칼을 보여주십시오."

진리의 용사가 칼을 그에게 보여주자, 담대가 칼을 손에 들고서 자세히 들여다본 후 말했다.

담대 : "아하, 이것은 진정한 예루살렘 칼이로군요."

진리의 용사 : "그렇습니다. 이 칼 하나를 손에 쥐고 다룰 수 있는 실력만 있다면 누구든지 천사와 대결할 수도 있을 것입니다. 그것을 어떻게 휘두르는지 알면 이 칼을 잡는 것을 두려워할 필요가 없습니다. 이 칼은 결코 무뎌지지 않습니다. 살과 뼈와 영혼과 정신까지도 찔러 쪼갤 수 있습니다"(히 4:12).

담대 : "오랫동안 싸우느라고 지치지는 않았습니까?"

진리의 용사 : "칼이 손에 달라붙을 때까지 싸웠습니다. 마치 칼이 내 팔에서 나온 것 같이 그 둘이 일체가 되어 피가 손가락을 통해 칼로 들어가는 것 같았을 때 가장 용감하게 싸웠습니다."

담대 : "훌륭하십니다. 당신은 죄에 맞서 싸우면서 피 흘릴 때까지 대항했습니다. 우리와 동행하며 함께 가십시다. 우리는 당신의 친구입니다."

순례자들은 진리의 용사를 맞아서 상처를 씻어주고 기운을 회복할 수 있도록 가진 음식을 대접했다. 그런 후 그들은 다 함께 길을 떠났다. 담대

세 악당을 물리치는 진리의 용사

는 무술이 뛰어난 진리의 용사가 아주 마음에 들었다. 왜냐하면, 힘없고 약한 순례자들과 함께 가고 있기에 그가 도움을 줄 수 있기 때문이었다.

담대는 진리의 용사에게 여러 가지를 물었다.

담대 : "고향이 어디십니까?"

진리의 용사 : "저는 흑암의 땅에서 왔습니다. 그곳에서 태어났으며 부모님은 아직도 그곳에 살고 계십니다."

담대 : "흑암의 땅! 혹시 그곳은 장망성과 같이 바닷가에 있지 않나요?"

진리의 용사 : "네, 맞습니다. 제가 순례 여행을 가게 된 것은 바로 이러합니다. 진리의 전달자라는 사람이 우리 마을에 와서 기독도가 무엇을 했고 어떻게 그가 장망성을 떠났는지에 대해 전해주었습니다. 그가 어떻게 아내와 아이들을 버리고 순례자의 삶을 시작했는지에 대해 이야기했지요. 또 여행을 방해하려고 나타났던 아볼루온을 어떻게 물리쳤고, 바라던 목적지에 어떻게 이르렀는지도 말해 주었습니다.

진리의 전달자는 또한 주님께서 예비하신 모든 숙소에서 기독도가 받은 대접에 대해 이야기했고, 특히 그가 천성의 성문에 이르렀을 때 천사들의 나팔소리와 함께 어떻게 환영받았는지에 대해 말했습니다. 그때 천국의 모든 종소리가 울려 퍼지는 가운데 황금 옷으로 갈아입었다고 합니다. 다 말하자면 끝이 없는데, 수많은 기독도의 여행 이야기를 들으면서 저는 그의 뒤를 따라 순례 여행을 떠나야겠다는 긴박한 마음으로 가득 찼습니다. 부모님께서는 함께 지내기를 원하셨지만, 저는 그렇게 할 수가 없었어요. 그래서 저는 부모님을 떠났고, 여기까지 오게 되었습니다."

담대 : "당신은 좁은 문으로 들어왔습니까?"

진리의 용사 : "네, 그렇습니다. 진리의 전달자가 좁은 문을 통해서 이 길로 들어서지 않으면, 모든 것이 허사라고 말했기 때문입니다."

담대가 기독도여사를 보고 이렇게 말했다.

담대 : "당신 남편의 순례 여행과 그 과정에서 받은 축복이 얼마나 방방곡곡에 알려졌는지 보세요."

진리의 용사는 휘둥그레진 눈으로 기독도여사를 바라보았다.

진리의 용사 : "이분이 기독도의 아내란 말입니까?"

담대 : 고개를 끄덕이면서, "그렇습니다." 또 젊은 남자들을 가리키면서, "이들이 그의 네 아들입니다."

진리의 용사 : 놀라움을 숨길 수 없다는 듯, "뭐라고요? 그들 역시 모두 순례 여행을 하고 있단 말입니까?"

담대 : 웃으면서 "그렇습니다. 모두 진실로 아버지를 따르고 있습니다."

진리의 용사 : "정말로 기쁜 일이군요. 순례 여행을 함께 가지 않으려 했던 가족이 천성문 안으로 들어오는 것을 보면 기독도가 얼마나 기뻐할지 상상할 수 있겠습니까?"

담대 : "두말할 것도 없이 그에게 큰 기쁨이 될 것입니다. 그곳에서 자기 부인과 아들들을 만나는 일은 자신이 천국에 있는 것 다음으로 기쁜 일일 것입니다."

진리의 용사 : "그렇게 이야기하시니 한 가지 당신의 의견을 듣고 싶습

니다. 우리가 천국에 가면 가족과 친구들을 서로 알아볼 수 있을까요? 어떤 사람들은 이를 궁금해합니다."

담대 : "당신은 천국에 도착했을 때 자기 자신을 알아보지 못할 거라고 생각하세요? 또 축복 속에 있는 자기 자신을 보고 기뻐하지 않을 거라고 생각하세요? 만일 자기 자신을 알고 기뻐할 수 있다면, 왜 다른 사람들을 알아보지 못하고 그들의 행복을 기뻐할 수 없단 말입니까? 더군다나 가족은 우리의 분신입니다. 천국에서는 혈연관계가 사라진다 하더라도 그들을 못 보는 것보다는 보는 것이 마땅히 더 좋을 것입니다."

진리의 용사 : "잘 알겠습니다. 제가 순례를 처음 시작한 것에 대하여 더 물어볼 건 없으세요?"

담대 : "있습니다. 당신 부모님은 당신이 순례자가 되는 것을 찬성하셨나요?"

진리의 용사 : "말도 마세요. 모든 방법을 동원해서 저를 집에 머물도록 설득했습니다."

담대 : "부모님이 뭐라고 하면서 반대하시던가요?"

진리의 용사 : "순례자의 삶은 게으른 생활이라고 했습니다. 제가 게으른 삶을 싫어한다면 결코 순례자가 되려 하지 않을 거라고 하셨지요."

담대 : 슬픈 기색을 하면서, "그밖에 또 무슨 말을 했나요?"

진리의 용사 : "부모님은 순례 길이 매우 위험하다고 했어요. 순례자들이 가는 길은 세상에서 가장 위험하다고 하더군요."

담대 : "그럼 어느 곳이 그렇게 위험한지를 설명했나요?"

진리의 용사 : "네, 그것도 하나하나 자세하게 말해 주었습니다."

순례 길을 떠나지 못하게 말리는 진리의 용사 부모

담대: "한두 가지 예를 들어 말해 보세요."

진리의 용사: "부모님은 저에게 낙심의 늪에 대해 이야기해 주었는데, 기독도가 그곳에 빠져 질식해 죽을 뻔했다고 말했습니다. 또 바알세불 성에서는 준비된 궁수들이 좁은 문으로 들어가기 위해 문을 두드리는 모든 사람을 쏠 준비가 되어있다고 말했지요. 숲이 우거진 어두운 곤고산, 사자들, 또 피에 굶주린 자, 몽둥이, 살선 등 세 명의 거인에 대한 이야기도 들었습니다. 게다가 겸손 골짜기에는 사악한 유령들이 나타나며 기독도도 거기서 죽을 뻔했다고 말했습니다.

시망의 음침한 골짜기는 반드시 지나가야 하는데 그곳에는 도깨비들이 득실거리고 불빛 하나 없이 깜깜하며 길에 올가미, 구덩이, 함정 등 덫이 가득 차 있다고 했어요. 순례자들이 의심성의 절망 거인에게 붙잡혀 죽은 이야기와 위험한 마법의 땅 이야기도 했습니다. 다리가 없는 강이 가로막고 있어서 천국에 들어갈 수 없다는 것을 확실히 알려 주었지요."

담대: "그것이 전부입니까?"

진리의 용사: "아니오. 그밖에 이 길에는 사기꾼들로 가득 차 있고, 착한 사람들을 길 밖으로 유인하기 위해 기다리고 있는 사람들이 우글거린다고 말했지요."

담대: 약간 찡그린 얼굴로 이맛살을 찌푸렸다. "구체적으로 어떻게 말씀하시던가요?"

진리의 용사: 어깨를 으쓱했다. "세속현인이 사람들을 속이려고 길에 도사리고 있다고 말했어요. 또 형식주의자와 위선자가 계속 길 위에 서성이고 있고, 이기심, 수다쟁이, 데마 등도 꾀려고 노리고 있다고 말했습니다. 아첨꾼이 그물로 옭아매려고 기다리고 있고, 풋내기 무지는 천성으로 같이 가는 척하다가 산허리에 있는 구멍으로 밀어 넣어 지옥으로 빠지도록 할 거라고 했지요."

담대: "그 정도로도 충분히 당신의 기를 꺾을 수 있었겠네요. 다른 말은 더 없었나요?"

진리의 용사: "아닙니다. 더 있습니다. 오래전부터 영광스러운 것을 찾

을 수 있을까 하여 길을 떠났다가 되돌아온 자들이 스스로 얼마나 어리석었는지 후회하여 온 마을에 웃음거리가 되었다고 말했습니다. 그런 사람들의 이름을 여럿 대셨는데, 그중에는 고집쟁이, 변덕쟁이, 의심이, 겁쟁이, 변절자 등과 늙은 무신론자도 포함되어 있었습니다. 그들은 천국을 발견할 수 있을까 하고 꽤 멀리까지 갔다가 결국 털끝만큼의 이익도 얻지 못한 채 되돌아왔다고 했습니다."

담대: "그것 말고도 당신의 기를 꺾을 만한 다른 말은 더 없었나요?"

진리의 용사: "있었습니다. 순례자 두려움은 하루도 마음 편한 날이 없이 쓸쓸하게 길을 갔다고 말했습니다. 또 낙심은 도중에 거의 굶어 죽을 뻔했다는 이야기도 했어요. 깜빡 잊을 뻔했는데 기독도가 천국의 면류관을 얻기 위해 온갖 위험을 무릅썼지만 결국 검은 강물에 빠져 한 발짝도 더 가지 못하고 죽었다고 말했습니다."

담대: "그런 말을 듣고도 용기가 꺾이지 않았습니까?"

진리의 용사: 웃으면서 머리를 가로저었다. "물론이지요. 그런 것들은 모두 가치가 없는 이야기이기 때문에 아무것도 아닌 것으로 여겼습니다."

담대: "어떻게 그럴 수 있었을까요."

진리의 용사: "저는 진리의 전달자가 한 말을 믿었지요. 그 진실이 모든 것을 극복하게 했습니다."

담대: "이것은 당신의 승리이고, 믿음의 승리로군요"

진리의 용사: "맞습니다. 믿음이 있었기에 집을 떠나 순례 길에 들어섰고, 저를 공격하는 모든 것들과 싸웠습니다. 저의 믿음이 저를 여기까지 데려온 것이지요."

참된 용맹을 보려는 이여, 이리로 오시오.
아무리 비바람 몰아쳐도 여기 있는 한 사람은 변치 않소.
그 누가 용기를 꺾으려 애쓴다 해도
순례자가 되려는 처음 맹세를 단 한 번도 굽히지 않았소.

음울한 이야기들을 길게 늘어놓아 겁을 주려 해도

스스로 혼란스러울 뿐, 그는 더욱 힘이 샘솟아요.
사자에게도 놀라지 않고, 거인과도 맞서 싸워요.
그가 원하는 것 한 가지는 오직 순례자의 권리지요.

도깨비나 마귀조차도 그 의지를 꺾을 수 없어요.
그는 알고 있어요. 마침내 생명을 상속받는다는 것을,
그러니 헛된 마음일랑 멀리멀리 사라져라
무슨 말을 들어도 두렵지 않아요.
그저 밤낮으로 노력한다오. 참된 순례자가 되려고.

마법의 땅

　이 무렵 순례자들은 공기가 사람을 저절로 졸리게 하는 **마법의 땅**에 도착했다. 그곳은 마법에 걸린 정자나무가 여기저기 서 있고 온통 무성한 들장미와 가시덤불로 뒤덮여 있었다. 어떤 사람들의 말로는 이 나무 밑에서 앉거나 잠이 들면, 이 세상에서 다시 깨어나지 못할 수도 있다고 했다.
　순례자들은 담대를 앞세우고 이 숲을 지나갔다. 그는 모두의 안내인이었기 때문이다. 또 마귀나 용, 거인, 도둑들이 뒤에서 공격할 것을 대비해서, 후견인으로 **진리의 용사**가 맨 뒤에 따라갔다. 그들은 그곳이 위험한 장소라는 것을 알았기 때문에 서다마 길을 한 지루씩 뽑아 들고 걸었다. 그리고 서로서로 용기를 북돋아 주었다. 담대는 **심약**에게 자기 뒤를 바짝 따라오라고 말했고, 망설임은 **진리의 용사** 바로 앞에 붙어서 걸어가라고 말했다.
　그들은 얼마 가지 않아서, 자욱한 안개와 어둠이 깔려있어 한동안 서로를 볼 수가 없었다. 앞 사람을 볼 수가 없어서 하는 수 없이 말소리로 서로를 확인했다. 일행 중 가장 힘센 사람도 걸어가기가 힘든데 몸과 마음이 약한 여인들과 소년들은 얼마나 힘들었을지 상상이 갈 것이다. 그러나 앞장선 담대가 위로하고, **진리의 용사**가 뒤에서 호위하면서 격려하는 바람에 꽤 빠른 속도로 걸었다.
　그 길이 끈적끈적한 진흙탕이어서 걷기가 몹시 힘들었다. 게다가 그곳은 먹거나 마시면서 쉴만한 여관이나 식당이 하나도 없었다. 투덜대는 소리, 숨을 헐떡이거나 한숨을 몰아쉬는 소리만 들렸다. 한 사람이 가시덤불에 걸려 넘어지는가 하면, 다른 한 사람은 진흙 속에 빠지기도 했다.

한 사람이 "넘어졌어요"하고 외치면 다른 한 사람은 "빽빽한 가시덤불에 걸려서 못 빠져나가겠어요!"라고 소리쳤다. 그리고 또 다른 사람은 "어디 있어요?"라고 외쳤다. 심지어 몇 사람은 진흙탕에서 신발을 잃어버리기도 했다.

드디어 지친 순례자들이 쉬어가기에 알맞은 따뜻한 정자에 도착했다. 처마가 아름답게 꾸며졌고, 사방을 푸른 나뭇잎이 둘러싸고 있었다. 긴 의자와 등받이가 있는 의자, 지친 사람들이 누울 수 있는 푹신푹신한 소파도 있었다. 아무리 생각해 봐도 순례자들을 유혹하기 위한 곳이었다. 험난한 길을 걷느라 지칠 대로 지쳤지만, 정자에서 쉬어가려고 길을 멈춘 사람은 아무도 없었다.

내가 보기에, 순례자들은 계속해서 안내자의 조언에 주의를 기울이고 있었다. 담대는 그들이 위험에 닥칠 때마다 주의를 주면서, 그것이 어떤 위험인지도 성실하게 설명했다. 그래서 순례자들은 위험이 가까워지면 더욱 정신을 차리고 서로의 기분을 북돋아 주면서, 육체적인 욕망에 넘어가지 않도록 격려했다. 게으름뱅이의 친구라고 불리는 그 정자는 지친 순례자들이 쉬다가 순례를 포기하도록 유혹하기 위해 만들어진 것이었다.

나는 꿈에서 순례자들이 쓸쓸한 마법의 땅을 지나 누구나 길을 잃기 쉬운 곳에 이르는 것을 보았다. 날이 밝은 때라면 안내자가 헤매지 않도록 길을 안내했겠지만 캄캄한 어둠 속이라 어쩔 수 없이 그도 길을 멈춰야 했다. 그러나 담대는 천성으로 향하는 모든 길이 그려져 있는 지도를 품 속에 가지고 있었다. 그래서 그는 불을 켜서 조심스럽게 살펴보니 오른쪽으로 꺾으라고 되어있었다. 만약 그가 지도를 확인하지 않았다면 순례자들은 아마도 진흙탕에 빠져 죽고 말았을 것이다. 그들의 앞에 놓인 가장 큰길 끝에 구덩이가 하나 놓여 있었기 때문이다. 그 구덩이는 순례자들을 죽이기 위해 일부러 만들어 놓은 것으로 깊이를 전혀 알 수 없고 진흙탕으로 가득 차 있었다.

그때 나는 속으로 이런 생각을 했다. "순례자들이 오도 가도 못 할 때 어느 길로 가야 할지 볼 수 있도록 누구나 이런 지도를 하나씩 가지고 있어야겠구나."

그들은 계속 **마법**의 땅을 지나다가 길가에 세워진 또 다른 정자에 도착했다. 그 정자에는 **부주의**와 **무모**라는 사람이 잠자고 있었다. 이 두 사람은 순례 중에 이곳까지 이르렀지만, 여행에 지쳐서 정자에서 쉬다가 그만 푹 잠들어버린 것이다. 그들을 본 순례자들은 멈추어 서서 잠든 사람들의 불쌍한 처지에 고개를 절레절레 저었다. 그들은 두 사람을 계속 자도록 내버려 두어야 할지 아니면 한번 깨워봐야 할지 의논했다.

그들은 할 수 있다면 두 사람을 깨워 보기로 했다. 단 정자에 있는 의자에 앉거나 정자가 주는 안락함을 받아들이지 않도록 조심하기로 했다. 그래서 그들은 정자로 다가가서, 두 사람에게 말을 걸었다. **담대**가 그들의 이름을 알고 있어서 각각 이름을 불렀다. 그러나 아무런 반응이나 대꾸가 없었다. 그러자 **담대**는 그들을 흔들어 보기도 하고, 온갖 수를 써서 깨워 보려 했다.

그중 한 사람이 중얼거렸다. "제가 돈이 생기면 갚아줄게요."

그것을 본 **담대**가 고개를 저었다.

또 다른 사람이 말했다. "칼을 손에 쥐고 있는 한 끝까지 싸울 것이다."

그걸 본 일행 중 야고보가 웃음을 터뜨렸다.

기독도여사 : "이게 무슨 뜻이지요?"

담대 : "잠꼬대를 하고 있습니다. 이들을 아무리 때리거나 꼬집거나 별 짓을 해도 이런 식으로 대답할 것입니다. 옛날에 파도가 덮치는데도, 배의 돛대 위에서 자면서 '술이 깨면 또 한잔해야지!' 하는 사람과 같습니다(잠 23:34-35). 알다시피, 사람이 잠꼬대를 할 때는 무슨 말이나 내뱉지만, 그 말은 믿음이나 이성으로 하는 말이 아닙니다. 그들의 말은 앞뒤가 맞지 않습니다."

담대가 잠자는 자들을 가리키면서 말을 계속했다.

담대 : "이들이 순례를 나설 무렵과 여기 잠자는 지금 사이에 일관성이 없는 것처럼 저들의 말에는 일관성이 없습니다. 부주의한 사람들이 순례 길을 나서면 스무 명 중 열아홉은 이런 꼴을 당하는데 이는 순례 여행의 폐해가 아닐 수 없습니다. 이 **마법의 땅**은 적들이 순례자들에게 대항하는 마지막 보루 중 하나거든요.

보다시피, 이곳은 길이 거의 끝나는 곳에 있어서 전략적으로 적들에게 가장 유리한 위치에 있습니다. 적들은 이렇게 생각합니다.

'이 바보들이 언제 앉아서 쉴까? 그들이 여행을 거의 마칠 무렵까지 먼 길을 오느라 지쳐서 피곤할 때일 거야.'

마법의 땅이 **뿔라 땅**과 아주 가까이 있어서 순례의 마지막 지점과 가까운 것도 그 때문입니다. 그러므로 이들처럼 이곳에서 잠들어 깨워도 못 일어나는 지경에 이르지 않도록 순례자들은 각별히 주의해야 합니다."

이야기를 들은 순례자들은 떨리는 마음으로 여행을 계속하고 싶어 했고, 길이 잘 보이도록 등불을 켜달라고 **담대**에게 부탁했다. 어둠이 매우 깊게 깔려있었지만, 순례자들은 불빛 덕분에 남은 길을 잘 걸어갈 수 있었다(벧후 1:19).

그러나 순례자들이 몹시 지친 나머지 그들을 사랑하시는 그분께 자기들이 가는 길을 좀 더 편안하게 해 달라고 소리쳐 기도했다. 그러자 그들이 가는 길에 바람이 불어와서 안개가 걷히고 공기가 한결 맑아졌다. 그들은 **마법의 땅** 가장자리까지 왔고, 가야 할 방향으로 잘 걸어가고 있다는 것을 볼 수 있었다. 그리고 이제는 서로를 더 잘 알아볼 수 있었다.

기도하는 불굴

순례자들이 **마법의 땅**을 거의 벗어날 무렵, 바로 앞에서 시름에 잠긴 사람이 토해내는 무거운 목소리가 들려왔다. 계속 앞으로 나가서 살펴보니, 손과 눈을 들어 올린 채 무릎을 꿇고 있는 사람이 있었다. 그가 하늘에 계신 분께 진지하게 기도하듯 중얼거리고 있었다. 더 가까이 다가갔지만 그가 무슨 말을 하는지 알아들을 수가 없었다. 그래서 그가 말을 마칠 때까지 살금살금 걸었다.

그 사람은 기도가 끝나자마자 급히 일어나서 천성을 향해 달려가기 시작했다. 담대가 큰 소리로 그를 불러 세웠다.

담대 : "이보시오! 보아하니 당신도 천성으로 가는 모양인데 우리와 함께 가지 않겠습니까?"

그 사람이 걸음을 멈추고 그들이 따라오기를 기다렸다.

그때 정직 노인이 그를 알아보고 말했다.

정직 : "내가 아는 사람이로군."

진리의 용사 : "누군지 말씀해 주시겠습니까?"

정직 : "같은 고향 사람인데, 이름이 불굴이라는 사람이요. 올바르고 선한 순례자임이 분명하오."

그들은 가까이 다가갔고, 불굴이 정직 노인에게 말했다.

불굴 : "아니 정직 어르신이 아니십니까?"

정직 : "그렇다네."

불굴 : "여기서 뵙게 되다니 참으로 반갑습니다."

정직 : "나도 마찬가지야! 자네가 무릎을 꿇고 있는 모습을 보고 반가웠지!"

불굴 : 금새 얼굴이 붉어지면서, "보셨습니까?"

정직 : 고개를 끄덕이며, "그럼, 보았지, 그 모습을 보고 매우 흐뭇했네."

불굴 : "보시고 무슨 생각을 하셨습니까?"

정직 : "생각이라니, 내가 무슨

기도하는 불굴

생각을 했겠는가? 길에서 정직한 사람을 만났으니 같이 여행하면 되겠구나 하고 생각했지."

불굴 : "어르신 생각이 틀리지 않는다면 얼마나 좋겠습니까? 하지만 저는 어르신 생각만큼 정직하지 못하며 그것은 전적으로 제가 부족한 탓입니다."

정직 : "그렇지, 그러나 자네의 경외심을 보니 주님과의 관계가 더욱 올바르다는 확신이 드는구먼. 주님께서는 '항상 경외하는 자는 복 되리라'(잠 28:14)라고 말씀하셨기 때문일세."

진리의 용사 : "형제님, 왜 무릎을 꿇고 있었는지 궁금하군요. 어떤 특별한 은총이라도 있었습니까? 아니면 다른 이유가 있는 겁니까?"

불굴 : "보시다시피 우리는 지금 마법의 땅에 있습니다. 제가 혼자서 길을 걸으면서 곰곰 생각했지요. 이 길이 얼마나 위험한 곳인지, 순례자들 가운데 여기까지 와서 걸음을 멈추다가 얼마나 많은 사람이 죽어갔는지 말입니다. 또 이곳에서 망한 사람들이 어떻게 죽었는가도 생각해 보았습니다. 여기서 죽은 사람들은 질병에 걸려 죽은 것이 아닙니다. 사실 그 죽음이 고통스러웠던 것도 아니었습니다. 잠자다가 죽은 사람들은 소망과 즐거움을 안고 스스로 죽음의 여행을 떠난 것이지요. 죽음이라는 질병의 뜻에 복종한 것입니다."

그때 정직이 끼어들었다.

정직 : "혹시 정자에서 잠자고 있는 두 사람을 보았는가?"

불굴 : "네! 부주의와 무모가 거기 있는 것을 보았습니다. 그들은 아마 몸이 썩을 때까지 누워있을 것입니다(잠 10:7).

그건 그렇고 제 이야기를 계속하겠습니다. 좀 전에 말했듯이 저는 그렇게 한참 동안 생각에 잠겨있었습니다. 그런데 그때 나이는 좀 들었지만 차림새가 멋진 여인이 나타나 세 가지를 주겠다고 말했습니다. 즉 자신의 몸, 돈지갑, 침대를 저에게 주겠다고 했지요. 사실 저는 몹시 지치고 졸린 상태였고 돈이 없는 빈털터리였어요. 아마 마녀는 그것을 알고 있었던 것 같습니다.

하지만 저는 그 여자의 제안을 한두 번 거절했습니다. 그렇지만 여자는 웃기만 할뿐 못 들은 척하더군요. 제가 화를 내 보았지만, 여자는 끄덕하지 않았습니다.

그녀는 다시 똑같은 제안을 했고, 만약 제가 그녀의 말대로 한다면, 저를 아주 위대하고 행복하게 해 줄 것이라고 말했습니다. 그리고 '나는 이 세상의 여주인이고 남자들은 나로 인해 행복해집니다'라고 말하는 것이었습니다. 제가 그녀의 이름을 물었더니 거품 부인이라고 말했어요. 그 말을 듣고 저는 그녀를 더욱 멀리했지만, 그녀는 여전히 저를 따라오면서 유혹했습니다.

그래서 여러분이 본 대로, 저는 무릎을 꿇고 손을 들고 부르짖었습니다. 구하는 자에게 도움을 주시겠다고 하신 하나님께 기도했습니다. 그때 여러분이 가까이 다가오자 그 여자가 떠나갔습니다. 그래서 저는 이 큰 구원에 대해 계속해서 감사를 드렸습니다. 사실 저는 그녀의 의도가 좋지 않고 저의 여정을 막으려는 속셈을 가지고 있다고 믿었기 때문입니다."

불굴을 유혹하는 거품 부인

정직 : 고개를 끄덕이면서, "그녀의 의도는 의심할 여지 없이 나쁘네. 그런데 잠깐! 자네 이야기를 듣다 보니, 나도 그 여자를 보았거나 그녀에 대한 소문을 들어본 것 같군."

불굴 : "아마 보기도 하고 들어보시기도 했을 거예요."

정직 : "거품 부인이라! 혹시 그 여자가 키가 크고 예쁘장하며 얼굴이 거무스름하지 않았나?"

불굴 : "네, 맞아요. 바로 그렇게 생긴 여자였어요."

정직 : "말을 아주 부드럽게 하고 말끝마다 미소를 짓지 않았나?"

불굴 : "정확합니다. 바로 그런 여자였습니다."

정직 : "그녀 허리춤에 큼직한 돈주머니를 차고 종종 손을 집어넣어 돈이 마치 자신의 즐거움인 양 만지작거리지 않던가?"

불굴 : "맞습니다. 그 여자가 여기 서 있더라도 그렇게 정확하게 묘사하지는 못했을 것입니다."

정직 : "그럼 그녀의 초상화를 그린 사람은 훌륭한 화가인가 보군. 그녀에 대해 글을 쓴 사람은 사실을 말한 것일 테고."

담대 : "그 여자는 마녀입니다. 이 땅이 마법에 걸린 것도 그녀 때문이지요. 누구든지 그녀의 무릎을 베고 눕는 것은 도끼날이 달린 단두대에 눕는 것과 같습니다. 그리고 그녀의 미모에 한눈을 파는 것은 하나님과 원수가 되는 것입니다(약 4:4).

그 여자는 많은 순례자들을 돈으로 매수해서 순례를 포기하게 한 장본인이며 대단한 협잡꾼입니다. 그녀는 그녀의 딸과 함께 항상 순례자들의 뒤를 따라다니면서 속세의 삶이 훨씬 좋다고 현혹하고 부추깁니다.

그녀는 아주 뻔뻔하고 대담해서 아무 남자와도 기꺼이 대화합니다. 항상 가난한 순례자들을 깔보고 비웃으면서, 부자들에게는 굽실거리고 극구 칭찬합니다. 만약 간교하게 돈을 번 자가 있다면, 가는 곳마다 그자를 칭찬해 댈 것입니다.

그녀는 축제나 잔치를 매우 좋아해서 진수성찬이 차려진 식탁 앞에는 어김없이 앉아 있습니다. 어떤 곳에서는 자신이 여신이라고 소문을 내고 다녀서 실제로 그녀를 숭배하는 사람도 있다고 합니다. 그녀는 수시로 사람들을 불러 모아 속임수 잔치를 벌여놓고 아무도 자신처럼 베풀 수 없다고 떠들어 댑니다. 그녀는 자기를 사랑하고 아껴주기만 한다면 손자들과도 함께 살 거라고 약속합니다. 만약 그런 자가 나타난다면, 그녀는 장소와 사람을 가리지 않고 지갑에서 돈을 꺼내 물 쓰듯 합니다.

그녀는 사랑받고 칭찬받는 것을 좋아하며 남자 품에 안기는 것을 좋아합니다. 자기 물건을 칭찬하는 데는 지칠 줄 모르고, 자기를 최고로 여기는 사람을 가장 사랑하지요. 그녀는 자기 충고를 따르는 사람들에게 왕관과 왕국을 주겠다고 약속합니다. 하지만 그녀는 수많은 사람을 교수대로 보냈고, 그보다 만 배도 넘게 지옥으로 보냈습니다."

불굴 : "아! 그런 여자를 뿌리쳤다니 얼마나 다행한 일입니까! 그렇지 않았다면 어디론가 끌려갔을지도 모르겠군요!"

담대 : "어디로인가요? 그건 하나님만이 아시지요. 하지만 일반적으로 볼 때, 그녀가 당신을 여러 가지 미련하고 해로운 성욕에 널어뜨려 상처를 주고 파멸과 멸망에 빠지게 할 것입니다(딤전 6:9).

그녀는 압살롬을 꾀어 아버지를 반역하게 했고, 여로보암을 그의 주인에게 대적하게 했습니다. 유다를 꾀어서 그의 주님을 팔도록 한 것도 바로 그녀였지요. 그리고 데마를 설득하여 그 거룩한 순례자의 길을 버리도록 했습니다.

그녀가 저지른 사악한 행위는 이루 다 헤아릴 수 없습니다. 그녀는 임금과 백성, 부모와 자녀, 이웃과 이웃, 남편과 아내, 사람과 그 자아, 심지어 육체와 정신 사이를 이간질합니다. 그러므로 착한 불굴 씨, 당신의 이름처럼 굴하지 않고 보는 일을 마친 다음에 꿋꿋이 일어서기를 바랍니다"(엡 6:13).

이러한 토론에서, 순례자들 사이에 기쁨과 두려움이 뒤섞여 나왔으나, 마침내 그들은 이렇게 노래를 불렀다.

순례자의 길이 얼마나 위험한가!
그들의 원수가 얼마나 많은가!
죄에 이르는 길은 또 얼마나 많은가!
사람들은 알지 못한다네.

어떤 사람은 도랑을 두려워하다가,

진흙탕 속에 나뒹굴고,
어떤 사람은 프라이팬을 피하다가,
불구덩이로 떨어졌다오.

뿔라 땅에 다다르다

그 뒤에 나는 순례자들이 밤낮없이 햇빛이 비치는 뿔라 땅에 이르는 것을 보았다. 그들은 몹시 지쳐있었기 때문에 거기서 잠시 쉬었다.

순례자들은 이 세상에서 그 누구보다도 이 땅에 속해 있고 또 그곳에 있는 과수원과 포도원은 천국에 계신 하나님 것이었으므로, 그들은 과일들을 마음대로 따먹을 수 있었다. 그곳에 잠시 머무는 사이 그들은 기운을 되찾았다. 아름다운 종소리가 울려 퍼지고 나팔 소리가 끊임없이 들려와 잠을 이루지는 못했지만 마치 푹 자고 일어난 것처럼 상쾌했다.

길을 걸어 다니는 사람들이 목소리를 높여서 외쳤다.

"많은 순례자들이 우리 성읍에 왔습니다!" 또 어떤 사람이 대답했다. "많은 사람이 오늘 강을 건너 황금 문 안으로 들어갔습니다."

그들은 다시 목소리를 높였다.

"많은 천사들이 방금 무리 지어 성읍으로 들어왔어요! 그것을 보면 더 많은 순례자들이 거리에 있다는 것을 알 수 있습니다. 천사들은 순례자들의 모든 슬픔을 위로하고 보살피려고 온 거예요!"

그때 순례자들은 자리에서 일어나 거리를 거닐었다. 천성의 음악 소리를 들으며, 천성의 환상을 보면서 얼마나 즐거웠는지 모른다. 이 세상에서 보고, 듣고, 느끼고, 냄새 맡고, 맛본 것 가운데 그들의 몸과 마음을 언짢게 했던 것들은 아무것도 없었다. 다만 그들이 건너야 할 강가에 이르러 강의 물맛을 보았을 때 약간 씁쓸했으나 그것마저 뱃속에 내려가자 달콤한 맛이 되었다.

그곳에는 예전에 순례자였던 사람들의 이름과 그들이 행했던 행적을 적은 기록이 보관되어 있었다. 많은 기록의 주제는 강물의 썰물과 밀물이 이전에 강을 건넜던 순례자들에게 어떤 영향을 주었는지를 다루고 있었다.

어떤 사람들은 강물이 거의 마를 무렵 건너갔으며, 반면에 어떤 사람들은 강물이 강둑에 넘실거릴 때 건넜다고 되어있었다.

그 마을 아이들은 하나님의 정원에 들어가서 순례자들을 위해 꽃다발을 만들어서 사랑을 가득 담아 순례자들에게 건네주었다. 그곳에는 나도와 번홍화와 창포와 계수와 각종 유향목과 몰약과 침향과 귀하고 다양한 향나무들이 자라고 있었다(아 4:14).

순례자들은 몸에 향 기름을 바르고 거기에 머물다가 향기를 뿜으며, 정한 시간이 되었을 때 강을 건널 준비를 했다.

강을 건너가는 기독도여사

이제, 순례자들이 그곳에 머물면서 정한 시간을 기다리는 동안, 천성에서 온 편지가 도착하여 마을 전체가 술렁거렸다. 그것은 순례자 기독도의 아내 기독도여사에게 온 편지였다. 편지를 전달하는 사람은 그녀가 어디에 있는지 물었고 그녀가 있는 집으로 그 편지를 전했다. 그 편지 내용은 이러했다.

"착한 여인이여! 안녕하십니까? 주님께서 당신을 부르신다는 소식을 전합니다. 당신이 앞으로 열흘 안에 불멸의 옷을 입고 그분 앞에 서기를 기다리고 계십니다."

사자가 그녀에게 이 편지를 읽어 준 뒤에, 자신이 진정한 주님의 사자이며 서둘러 떠나라고 일러주기 위해 왔음을 증명하는 확실한 증표를 보여주었다. 그 증표는 사랑으로 끝이 뾰쪽해진 화살이었다. 화살은 재빨리 기독도여사의 가슴에 박혀서 서서히 효과를 발휘하여 정한 시간에 반드시 떠나도록 하는 화살이었다.

기독도여사는 강을 건널 시간이 다가왔음을 깨닫고, 자신을 일행 중 맨 먼저 건너오라고 부르시는 것을 보고, 그녀의 안내자 담대를 불렀다. 그리고 그 편지 내용을 읽어 주었다. 담대는 그 소식을 듣고 기뻐하며 그 편지가 자신에게도 온다면 좋겠다고 말하면서 그녀를 격려했다. 그리고 나서 그녀는 자신의 여행을 어떻게 준비해야 할지에 대한 조언을 구했다.

그러자 담대는 이것저것 알려주면서 말했다.

담대: "뒤에 남겨진 우리가 강기슭까지 바래다 드리겠습니다."

기독도여사는 자녀들을 불러 각각 축복하고, 그들에게 위로의 말을 남겼다.

기독도여사: "너희들의 이마에 새겨진 표시가 그대로 있는 것을 보고, 또 너희가 나와 함께 여기까지 왔을 뿐 아니라 너희들의 입은 옷이 그렇게 하얀 것을 보니 매우 기쁘고 안심이 되는구나!"

끝으로, 그녀는 자신이 소유한 얼마 안 되는 것을 가난한 사람들에게 나눠 주었다. 그리고 아들과 며느리들에게 주님의 사자가 그들에게 올 때까지 근신하고 깨어있으라고 당부했다.

그녀가 안내자와 자녀들에게 말을 마친 뒤 진리의 용사를 불러서 말했다.

기독도여사: "당신은 가는 곳마다 참된 분임을 보여주셨어요. 죽을 때까지 충실하게 살면 주님께서 당신에게 생명의 면류관을 주실 것입니다

떠나기에 앞서 자녀들을 축복하는 기독도여사

(계 2:10).

그리고 제 자식들과 며느리들을 잘 보살펴주시길 바랍니다. 그들이 용기를 잃을 것 같으면, 잘 타일러 주시기 바랍니다."

그런 뒤, 그녀는 불굴에게 반지를 주었고, 늙은 정직을 불러서 말했다.

기독도여사 : "어르신이야말로 마음에 거짓이 없는 참된 이스라엘 사람입니다"(요 1:47).

그 말을 듣고 정직이 말했다.

정직 : "시온 산으로 떠날 때 날씨가 맑기를 바랍니다. 당신이 발을 적시지 않고 강을 건너가는 것을 보면 참으로 기쁘겠습니다."

기독도여사 : "발이 젖든 안 젖든 저는 상관없습니다. 여행 중에 날씨가 어떻든지 그곳에 가기만 하면 자리에 앉아서 쉬고 말릴 시간이 충분할 테니까요."

그때 망설임 씨가 그녀를 보기 위해 방으로 걸어 들어갔다.

기독도여사 : "여기까지 오시는 길이 험난했지만, 당신은 그만큼 더욱 달콤한 휴식을 취할 거예요. 주님의 사자가 언제 찾아올지 모르니 늘 조심하고 깨어있도록 하세요."

망설임이 방을 나가고 이어서 낙심과 그의 딸 근심이 들어오자 그녀가 말했다.

기독도여사 : "여러분은 어떻게 거인 절망의 손에서, 그리고 의심성에서 구출되었는지를 감사하며 영원히 잊지 말아야 합니다. 그 은총 덕분에 여러분이 여기까지 무사히 오게 되었으니까요. 그 점을 명심하고 늘 조심하고, 두려움을 버리세요. 늘 절제하며 마지막까지 희망을 잃지 않기를 바랍니다."

그런 뒤 그녀는 심약에게 돌아서서 말했다.

기독도여사 : "당신이 거인 살선의 손에서 구원받은 것은 주님의 빛 가운데서 영원히 살면서 주님을 뵙기 위해서입니다. 그분께서 당신을 부르시기 전에 그분의 선하심을 의심하거나 두려워했던 것을 회개하시기 바랍니다. 주님께서 오실 때 당신의 잘못 때문에 부끄러워할 일이 없도록 하

세요."

마침내 기독도여사가 강을 건너는 날이 왔다.

길에는 그녀가 여행을 떠나는 모습을 보려고 사람들로 가득 차 있는 것을 나는 보았다. 강 건너편 둑에는 그녀를 천성 문까지 데리고 가려고 말들과 병거들이 가득했다. 그녀는 자기를 배웅하러 나온 사람들에게 작별인사를 하고 나서, 앞으로 나가 강으로 들어갔다.

그녀는 강가에 이르러서, 마지막으로 말했다.

기독도여사 : "주님, 제가 갑니다. 주님과 함께 지내며 주님께 찬송 드리러 제가 갑니다."

강 건너편에서 기독도여사를 기다리던 천사들이 그녀를 데리고 떠나가자, 그녀의 자녀들과 친구들은 그녀가 보이지 않을 때까지 하늘을 쳐다보다가 그들의 숙소로 돌아갔다.

기독도여사는 천성 문을 지나서 안으로 들어갔는데 전에 그녀의 남편 기독도가 받았던 모든 즐거운 환영 행사를 받았다.

그녀가 떠나자, 그녀의 자녀들은 흐느껴 울었다. 그러나 담대와 진리의 용사는 잘 조율된 제금과 수금으로 기뻐하며 축하했다. 그런 다음 저마다 자기 처소로 돌아갔다.

강을 건너는 망설임

얼마 후, 주님의 사자가 망설임에게 편지를 전달하려고 다시 마을에 왔다. 사자가 그를 찾아가 말했다.

"나는 당신이 목발을 짚고서

주님! 제가 갑니다

요단강에 발을 들여놓는 기독도여사

라도 사랑하고 따르던 주님의 이름으로 당신을 찾아왔습니다. 내가 전하고자 하는 것은 그분께서 부활절 다음날 아침 그분의 왕국 식탁에서 당신과 함께 식사하고 싶어 하십니다. 떠날 채비를 하십시오."

그는 또한 그에게 진짜 심부름꾼임을 보여주는 증거로 이렇게 말했다. "내가 너의 금 그릇을 깨뜨리고, 은 사슬을 끊어놓았다"(전 12:6).

이 일이 있은 후, 떠날 준비가 된 망설임은 순례자 친구들을 불러서 말했다.

망설임 : "저는 이미 부름을 받았습니다. 하나님께서 반드시 여러분들에게도 찾아오실 것입니다."

그리고 신리의 봉사에게 자신의 유서를 적어 달라고 부탁했다. 남길 것이라고는 목발과 축복밖에 없으므로 그는 이렇게 남겼다.

"이 목발을 나를 뒤따라올 아들에게 물려준다. 내 아들이 나보다 순례 길을 훌륭하게 가기를 아버지가 바란다."

그리고 나서 그는 담대에게 그동안 길을 안내해 주고 베풀어 준 친절에 감사하다는 말을 하고 나서 마지막 길을 나섰다. 그는 강가에 다다랐을 때 이렇게 말했다.

망설임 : "이제 나는 강 건너편에 있는 병거와 말들이 나를 태우려고 기다리니까 이 목발을 더이상 쓸 필요가 없겠구나."

그가 마지막으로 남긴 말은, "반갑다! 영원한 생명이여!"였다. 그리고 그의 길을 떠났다.

강을 건너는 심약

그 후, 사자가 심약의 방문 앞에 나타나 소식을 전했다.

"당신의 주님께서 당신을 필요로 하십니다. 곧 그분의 얼굴을 뵈어야 합니다. 이 말씀으로 내가 전하는 소식이 참되다는 증거로 삼으세요 '창 밖을 내다보는 자의 눈이 어두워질 것이다'"(전 12:3).

그 후, 심약은 친구들을 불러 놓고 사자가 전해 준 소식과 그 소식이 참이라는 것을 증명하는 표시가 무엇이라는 것을 말해주었다. 그리고 이렇게 말했다.

심약 : "저는 물려줄 유산이 하나도 없으니 유서가 무슨 필요가 있겠습니까? 저의 허약한 마음은 천성에서는 필요가 없으니 남겨두고 떠나지만, 이런 것은 아무리 가난한 순례자들에게라도 물려줄 필요가 없습니다. 그러므로 제가 떠나고 나면, 진리의 용사께서 그것을 거름더미에 버리시기 바랍니다."

그가 떠나기로 된 날이 되자, 그는 예전의 순례자들과 똑같이 강에 들어갔다. 그의 마지막 말은 "믿음과 인내를 붙잡으세요"였다.

그리고 그는 맞은편으로 건너갔다.

강을 건너는 낙심과 근심

여러 날이 지난 후 이번에는 낙심이 부르심을 받았다. 사자가 그에게 도착해서 말했다.

"두려움에 떠는 이여! 당신은 다음 주일까지 주님과 함께 할 준비를 하라는 소식을 전하러 왔습니다. 당신이 모든 의심에서 구원받은 기쁨을 외치시기 바랍니다. 그 소식이 사실이라는 증거로 이것을 받으세요."

사자가 그에게 '짐이 될 메뚜기'(전 12:5)를 주었다.

낙심의 딸 근심이 소식을 듣고 자기도 아버지와 함께 가겠다고 했다. 낙심이 친구들에게 말했다.

낙심 : "여러분은 저와 제 딸이 어떤 사람인지, 우리가 여러분을 얼마나 번거롭게 했는지 여러분이 더 잘 아실 것입니다. 우리가 떠난 뒤 우리의 우울함과 비천한 두려움이 어느 누구에게도 전해지지 않기를 바라는 것이 우리 부녀의 유언입니다. 제가 죽고 나면 이런 것들이 다른 사람에게 옮겨갈 것이 분명하거든요. 이것들은 우리가 처음 순례 길을 나섰을 때 우리 품으로 들어온 유령인데 그동안 도저히 떨쳐버릴 수가 없었습니다. 이제 이 잔재물들이 주변을 어슬렁거리면서 자기를 받아줄 또 다른 순례자를 찾겠지요. 그러나 우울해하는 우리를 지켜보셨듯이 절대로 마음의 문을 열어주지 마시기 바랍니다."

그들이 떠날 때가 되자 강가로 나갔다. 낙심이 마지막 말을 남겼다.

낙심 : "잘 가거라 밤이여! 어서 오너라 낮이여!"

그의 딸은 노래를 부르며 강을 건너갔는데 아무도 그녀의 노랫말을 알아듣지 못했다.

강을 건너는 정직 노인

그리고 얼마 뒤 다른 사자가 마을로 와서 정직이 사는 집이 어디냐고 물었다. 정직이 사는 집으로 간 사자가 이러한 소식을 전했다.

"오늘부터 한 주간이 지난 뒤에 아버지 집으로 가서 주님을 만나 뵙도록 하세요. 내가 전하는 소식이 사실이라는 증표로 이 말씀을 드립니다."

'음악하는 여자들은 다 쇠하여질 것이다'(전 12:4).

그 소식을 듣자, 그는 친구들을 불러서 말했다.

정직 : "저는 곧 죽을 테지만, 유서를 남기지 않겠습니다. 저의 정직함은 제가 가지고 가겠습니다. 제가 떠나고 난 뒤에 뒤따라오는 사람에게 그렇게 전해주십시오."

떠날 날이 되자 그는 강으로 내려갔다. 그 무렵 강물이 불어나서 강둑이 넘치는 곳도 있었다. 그러나 오래전에 강에서 서로 만나기로 약속했던 선한 양심이 약속대로 강가에 와서 정직의 손을 잡고 함께 강을 건넜다. 정직이 마지막 말을 남겼다.

정직 : "은혜가 다스리신다!"

이 말을 남기고 정직은 세상을 떠났다.

천사의 손을 잡고 조심조심 강을 건너는 노신사 정직

강을 건너는 진리의 용사

그 후, 진리의 용사에게 같은 사자가 와서 초청장을 전했다고 널리 알려졌다. 그도 초청이 사실이라는 증표를 받았다.

'그의 항아리가 샘 곁에서 깨졌다'(전 12:6).

진리의 용사는 그 소식이 사실이라는 것을 알아차리고, 그의 친구들을 불러서 초청장을 받았노라고 말했다.

진리의 용사 : "저는 이제 아버지 집으로 갑니다. 여기까지 오는 동안 수많은 어려움을 겪었지만, 여기에 오기 위해 겪었던 어떠한 어려움에 대하여 후회하지 않습니다. 저의 칼은 제 뒤에 오는 순례자에게 물려주겠습니다. 저의 용기와 솜씨는 마땅히 물려받을 만한 사람에게 주겠습니다. 그러나 상처 자국은 제가 가지고 가서 제게 상 주실 주님께 제가 이만큼 싸웠다고 증거물로 보여드릴 것입니다."

그가 강을 건널 날이 되자, 많은 사람들이 강둑으로 배웅을 나왔다. 그가 물속으로 들어가면서 남긴 말이다.

진리의 용사 : "사망아 네가 쏘는 것이 어디 있느냐?" 강물로 더 깊이 들어가자, 그가 다시 말했다. "사망아 너의 승리가 어디 있느냐?"(고전 15:55).

그가 강을 건너가자 강 건너편에서 그를 환영하는 나팔소리가 우렁차게 울려 퍼졌다.

강을 건너는 불굴

그리고 나서 불굴에게 초청장이 도착했다. 그는 마법의 땅에서 순례자들에게 무릎 꿇고 기도하는 모습을 보여줬던 사람이다. 사자가 불굴에게 초청장을 열어서 그 내용을 읽어 주었다.

그 초청장의 내용은 주님께서 그가 먼 곳에 사는 것을 더이상 원치 않으시니 삶을 바꿀 준비를 하라는 것이었다. 불굴은 그 총청장의 내용이 무슨 뜻인지 조용히 생각에 잠겼다.

사자 : "내가 전하는 초청장이 진실인지 의심하지 않아도 됩니다. '네

Ⅱ-9 요단강을 건너는 순례자들

바퀴가 우물 위에서 깨졌다'(전 12:6). 이것이 진실의 증표입니다."

불굴은 그들의 안내자 담대를 속히 오라고 불렀다.

불굴 : "선생님, 제가 순례 여행을 하는 동안 당신과 오래 동행하지는 못했습니다. 하지만 제가 당신을 만난 뒤로, 당신은 나에게 큰 유익을 주셨습니다. 집을 나설 때 아내와 다섯 명의 어린아이들을 남겨두고 떠나왔습니다. 당신이 거룩한 순례자들을 더 많이 안내할 수 있기를 바랍니다.

당신의 주인님 집으로 돌아간다는 것을 알고 있기에, 저의 가족에게 사람을 보내서 소식을 좀 전해주시기를 부탁합니다. 지금까지 제게 일어난 일과 앞으로 일어날 일들을 모두 전해주십시오. 특히 제가 얼마나 행복하게 이곳에 도착했는지 현재 얼마나 복 받고 살고 있는지 그들에게 꼭 전해주세요. 또 기독도의 아내 기독도여사와 그의 아들들이 남편과 아버지를 어떻게 따라왔는지를 꼭 말해 주세요. 그녀가 마지막까지 얼마나 행복하게 살다가 갔으며 어디로 떠났는지도 전해주세요.

제가 가족을 위해 보낼 거라고는 눈물과 기도밖에 없습니다. 저의 가족이 이 모든 이야기를 듣고 깨닫게 된다면 그것으로 충분합니다."

불굴은 남은 일을 모두 정리한 뒤 떠나야 할 시간이 닥치자 서둘러 강으로 나갔다. 그가 강둑에 도착했을 때, 물은 매우 잔잔했다. 불굴은 침착하게 물속으로 들어가다가 중간쯤에서 잠시 걸음을 멈추고 배웅을 나온 사람들에게 말했다.

불굴 : "이 강은 지금까지 많은 사람들을 두렵게 했습니다. 저도 종종 그것을 떠올리고 두려워했음을 고백합니다. 하지만 지금 저는 편안하게 여기 서 있습니다. 이스라엘 백성들이 요단강을 건널 때 언약궤를 메고 가던 제사장들이 발을 딛고 서 있던 바로 그 자리에 저도 단단히 서 있습니다(수 3:17).

강물이 비록 입에는 쓰고 뱃속에서는 싸늘하지만, 강 건너편에서 기다리는 사람들이나, 도착할 천성을 생각하니, 불타는 석탄처럼 내 마음을 따뜻하게 해줍니다.

저는 이제 여행의 끝자락에 서 있습니다. 저를 위해 고난을 당하셨던 주님의 가시 박히신 머리와 침 뱉음 당하신 얼굴을 뵈러 갑니다. 저는 지금까지 제가 들은 이야기를 바탕으로 믿음 생활을 했으나, 이제는 눈으로 직접 뵙고 주님과 함께 살아가면서 기쁨을 누릴 것입니다.

저는 주님의 말씀 듣는 것을 매우 좋아합니다. 또 그분께서 이 땅에 남기신 발자취를 더듬어서 저도 그 발자취를 밟아볼 수 있기를 늘 애타게 소망했습니다. 그분의 이름은 저에게 꿀단지만큼이나 달콤했고 어떤 향기보다도 싱그러운 향기 주머니였습니다. 그분의 목소리는 더없이 감미로웠고 그분의 얼굴을 그리워하는 마음은 햇빛을 갈망하는 것보다 더욱 간절했습니다.

그분의 말씀은 언제나 저의 음식이 되었고, 저의 기력이 떨어질 때 약이 되었습니다. 저를 붙들어주시고, 제가 죄악에 빠지지 않도록 지켜 주셨습니다." 그가 이렇게 이야기하는 동안, 얼굴 모습이 바뀌고 강인했던 허리가 굽어졌다.

불굴: "주님! 제가 주님 곁으로 가오니, 저를 받아주옵소서."

그는 이 말을 남기고 사람들 눈에서 사라졌다.

하지만 **불굴**이 맞은편 둑을 따라 올라가서, 말과 병거, 나팔 소리, 퉁소 소리, 현악기 소리, 노래하는 사람들 노랫소리 등으로 가득한 환영 인파와 함께 줄을 지어서 **천성 문**을 향해 걸어가는 모습은 실로 장관이요 영광스러웠다.

꿈속에서 그 영광스러운 장면을 본 내가 그 자리를 떠날 때까지 기독도 여사가 데려온 네 아들은 강을 건너지 않았다. 들리는 소문에 의하면 그들은 아내와 자식들과 함께 그곳에 머물면서 교회의 부흥을 위해 애쓰고 있다고 한다. 만일 내가 다시 그곳에 가볼 기회가 온다면, 못다 한 이야기를 아쉬워하는 사람들에게 전해주련다. 그때까지 독자 여러분께 작별을 고한다.

"독자 여러분! 안녕히 계세요!"